실학파 문학 연구

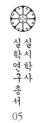

실시학사
실학연구총서
05

【실학과 문학 연구】

實學派 文學

❖ 이지양 · 이현우 · 이철희 · 한영규 · 손혜리 저

❖ 재단법인 실시학사 편

사람의무늬

實學研究叢書를 펴내며

실학(實學)이 우리나라 학계에 연구주제로 떠올라, 정식의 학술논문으로 학술지에 등재(登載)되기 시작한 것은 1952년 이후의 일이다. 천관우(千寬宇)의 「반계 류형원(磻溪 柳馨遠) 연구」가 『역사학보(歷史學報)』 2·3집에 발표된 것이 그 시발점이다. 지난 계몽기(啓蒙期)의 몇몇 선학(先學)들이 실학에 대한 관심을 표명해 왔으나 일반 신문 잡지에 논설조(論說調)로 내놓은 것이 고작이었던 것에 비하면, 천관우의 글은 당시 비록 한편에서 저널리스트식 필치로 써 내려온 것이란 비판이 있었지만 일단 수미정연(首尾整然)한 체제를 갖춘 논문으로 주목할 만하였다. 그러나 당시 연구자의 수가 많지 않고 학계의 관심도 분산되어 있어서 개별 실학자에 대한 연구가 간헐적으로 있는 정도였고 그리 활발한 편은 아니었다. 그중에서 1961년에 한우근(韓沽劤)의 성호(星湖) 이익(李瀷)에 관한 연구가 『이조후기(李朝後期)의 사회(社會)와 사상(思想)』이란 책으로 나와, 그의 실증사학(實證史學)으로서의 견고한 학풍을 보여 주었다.

그러다가 1970년에 이우성(李佑成)의 「실학연구서설(實學研究序說)」이 나와, 그동안 유동적이었던 실학의 명칭문제가 일단 타결된 듯이 보이고, 나아가 실학의 내용을 경세치용(經世致用)·이용후생(利用厚生)·실사구시(實

事求是)의 세 파로 나누어 설명함으로써 그 학문의 성격을 용이하게 파악할 수 있게 하였다. 또한 경세치용파를 근기지방(近畿地方)의 농촌토착적 환경에서, 그리고 이용후생파를 서울의 도시적 상황 속에 형성된 것으로 이해하면서 「18세기 서울의 도시적 양상」을 묘사하여 이용후생파의 성립 배경을 밝히려고 하였다. 다시 나아가 다산(茶山) 정약용(丁若鏞)에 이르러 위의 양파(兩派)가 회합(匯合)되는 동시에 호한(浩汗)한 경전해석(經典解釋)으로 실사구시파(實事求是派)를 추동(推動)시킨 느낌이 있어, 다산학이 실학의 대성을 의미하는 것이라고 언급하였다. 이후 계속해서 실학의 후속 학자로 최한기(崔漢綺)와 최성환(崔瑆煥)을 연구하여 최한기가 『기학(氣學)』과 『인정(人政)』을 저술하는 한편 서양과학지식을 대폭 수용하고, 최성환은 중인(中人) 출신으로 국왕(國王)의 자문에 응한다는 취지에서 『고문비략(顧問備略)』을 저술하여 전반적 제도 개혁을 주장한 것을 높게 평가하였다. 특히 최성환의 바로 뒤에 중인층의 후배들이 개화운동의 배후 공작자로 활약하게 된 것을 말함으로써 실학사상(實學思想)과 개화사상(開化思想)의 연결관계를 미루어 알게 하였다.

한편 '실학국제회의(實學國際會議)'를 구성하여 한·중·일 삼국의 학자들이 각자 자국의 실학을 중심으로, 2년마다 돌아가면서 국제회의를 개최하도록 함으로써 동아시아세계로 실학의 지평을 넓혔다. 그리고 '한국실학학회(韓國實學學會)'를 조직하여 국내 학자들을 수시로 발표시키고 1년에 두 차례 학보를 발행하여 우리나라 실학연구를 다소 진작되게 하기도 하였다.

실시학사(實是學舍)가 서울에서 근기(近畿) 쪽으로 옮긴 뒤에도 나는 젊은 학도들과 강독 및 연토(研討)를 지속해 오고 있지만 연로신쇠(年老身衰)한 처지에서 불원 철수 은퇴할 것을 생각하고 있었다. 뜻밖에 나의 친구 모하(慕何) 이헌조(李憲祖) 형이 거액의 사재를 출연하여 실시학사를 재단법인으로 만들고 그 기금으로 실학연구에 박차를 가해 줄 것을 권유해 왔다. 나는 그의 사회와 학문에 대한 열정에 감동하여 사양치 않고 그의 뜻에 따랐다. 즉시 연구계획을 세우고 국내학자들을 널리 동원하여 1차 연도에 성호·다산을, 2차 연도에 담헌(湛軒)·연암(燕巖)과 실학파 문학을, 그리고 3차 연도에 반계와 초정(楚亭)을 다루기로 하였다. 각 팀에 5명을 한 단위로 하여 1년 동안의 공동연구 끝에 각자 논문을 제출하여 한 권의 책을 내기로 하였다.

이제 2년의 세월이 흘렀다. 각기 1년씩의 기간이 끝나 논문들이 함께 나와, 무려 5책을 한꺼번에 출판하게 되었다. 집필자들은 모두 해당 분야의 전문 연구자로서 가장 정예(精銳)로운 분들이라고 생각한다. 독자 여러분의 보살핌을 바란다. 앞으로 3차에 이어, 4차, 5차로 계속 진행될 것이다. 국내외 학계 여러분의 성원과 협조를 기대하여 마지않는다.

이 글을 마치려 함에 있어, 거듭 모하(慕何) 형에게 고마움을 표하면서 앞으로 그 뜻을 살려 더욱 성과를 내게 될 것을 다짐한다.

끝으로 이 책들의 출판에 임하여 주선과 지원에 진력(盡力)한 이승룡(李承龍) 사무국장, 보조직(補助職)인 김경희(金慶姬) 대리, 편집과 교정에 성의를 다한 최영옥(崔煐玉) 연구간사, 교정에 동참한 배성윤(裵晟允) 씨, 그리고 출판을 담당하여 여러모로 노고(勞苦)를 겪은 '사람의무늬'사(社) 여러분에게 심심(深甚)한 사의를 표해 둔다.

2012년 임진 4월 3일
李佑成

| 차 례 |

楚亭 朴齊家의 書畵癖과 詩의 審美性
| 한영규 |

成大中의 實學的 思考와 文藝活動
| 손혜리 |

燕巖 文學을 통해 본 人間觀과 眞情論

이지양 | 연세대학교 국학연구원 연구교수

1. 문제 제기

연암(燕巖) 박지원(朴趾源, 1737~1805)과 그 저작에 대한 연구는 학계에 축적된 성과가 다대하다. 그 가운데 연암의 참신한 문체, 이용후생(利用厚生)을 중시하는 사상 그리고 연암의 전(傳) 작품에 형상화된 새로운 인물상에 대해서는 연구자들의 관심이 꾸준히 지속되어 왔다고 할 수 있다. 그리고 최근 10년 사이에 연암과 그 아들이 남긴 저작에 대한 번역[1]이 집중적으로 이루어졌고, 비평[2]에 이르러서는 고전 텍스트에 대한 연구가 한 걸음 새로운 차원으로 옮겨 가고 있다. 이러한 기존 연구 성과의 축적은 연암에 대해 조금 더 체계적으로 접근하고 이해할 수 있는 기반이 되어 준다. 그에 힘입어 본고에서는 그동안 단편적으로 주목되고 논의되어 온 연암 문학의 여러 가지 장점의 기저를 관통하는 문제, 즉 연암의 '인간관(人間觀)과 진정론(眞情論)'에 관해 그 구체적인 요소를 짚어 가며 요소 간의 상호 연계성을 밝히고자 한다.

연암이 인간을 어떤 관점으로 보고 있는가, 즉 인간이 어떤 존재라고 생각하는가 하는 것은 그의 문학 전체에 포착된 인물 형상과 인물 활동의 가치 평가에 직결되는 문제이다. 따라서 그 인물 형상이 참신하

1　신호열·김명호 옮김(2004; 2005)은『연암집』에서『열하일기』이외의 부분을 전체 역주한 것이며, 김혈조 옮김(2009)은 기존의『열하일기』번역이 지닌 단점을 보완하여 재번역하고 주석한 것이다. 박희병 옮김(2005)은 추가로 발견한 연암의 편지글을 역주한 것이고, 김윤조 역주(1997)와 박희병 옮김(1998)은 연암의 아들이 쓴『과정록』을 각각 역주한 것이다.

2　박희병(2006; 2007; 2009; 2010).

면 참신한 만큼, 그 인물 형상 및 인물 활동 가치에 대한 연암의 시선과 판단이 일관성을 가지고 있는지, 어떤 굴곡을 보이는지에 대해서도 면밀히 검토할 필요가 있다. 이 검토는 크게 네 가지 항목으로 이루어질 것이다. 첫째, 종래의 유교사상에서 생각해 오던 천(天)과 인(人)의 관계가 연암에게도 그대로 지속되는지, 변화가 일어나는지에 대해 고찰할 것이다. 둘째, 맹자(孟子)의 성선설(性善說) 이래로 인성(人性)이 선(善)하다고 여겨 온 관념이 연암에게서도 그대로 유지되는지, 변화가 일어나는지 살펴볼 것이다. 셋째, 중세의 신분에 따른 역할 구분론과 적자(嫡子)와 서자(庶子)를 차별하는 관념이 연암에게서는 어떻게 나타나고 있는지 구명(究明)할 것이다. 넷째, 성인을 본받아 자신도 성인이 되기를 기약하던 종래의 학문적 목표는 적자(赤子)나 영아(嬰兒)를 중시하면 그 목표의식이 희석되어 버린다. 연암은 적자라든가 영아를 중시했고, 사(士)의 몸가짐을 처자(處子)에 비유하곤 했다. 이런 언술과 지향은 연암의 인간관 및 학문관과 무슨 상관성이 있는지, 연암의 인간관과 학문관은 기존의 것들과 무슨 차이가 있는지 고찰할 것이다. 이 네 가지 요소에 대해 검토함으로써 연암의 인간관이 기존의 인간 이해로부터 어느 정도 차이를 보이며 변화하고 있는지 살펴보고자 한다.

그리고 연암이 가치를 주목하고 추구해 온 진정(眞情)과 진(眞)에 대해서도 그 개념 및 상호 관련성이나 방해 개념들 그리고 진을 표현하는 방법에 대해 체계적으로 검토하고자 한다. 이 문제는 세 가지 요소를 검토하는 것으로 진행하고자 한다. 첫째, 진정과 진의 개념 및 그 인식과 표현법을 살펴보고 둘째, 진을 중시한 관점이 연암이 당대의 문명을 보는 관점, 즉 문명의식(文明意識)에 어떻게 연계되며, 연암의 학문관과는 어떻게 연계되는지 살펴보고자 한다. 셋째, 진정과 진을 중시한 연암의 관점이 연암의 문학에서 서민적(庶民的) 인간상을 등장시킨 것과 어떤 관련이 있는지 살펴볼 것이다.

'인간관과 진정론', 이 두 가지 문제는 실학자로서의 연암과 문학자로서의 연암의 정체성을 이해하는 데 있어서나, 연암의 문학을 이해하고 평가하는 데 있어서도 핵심적 요소가 된다고 여겨진다. 하늘과 인간의 관계, 신분과 인성 문제, 인성과 물성(物性) 문제에 대한 이해는 '기존의 성리학적 인간관'과의 거리를 식별할 수 있는 기준이 되며, 유교적 도덕과 진정 및 진(眞)의 관계를 설정하는 문제는 '기존의 유교 도덕적 가치관'과의 거리를 식별할 수 있는 기준이 되기 때문이다. 연암의 문학을 통해 이 두 가지 문제에 대해 연암이 지녔던 생각과 논리를 체계적으로 재구성해 봄으로써 연암 문학의 성취를 한층 더 깊게 이해하고자 한다.

2. 연암의 인간관(人間觀)

1) 천(天)의 개념 변화, 천(天)과 인(人)

종래의 유교사상에서는 천(天)을 크게 두 가지 의미로 생각해 왔다. 천공(天空) 혹은 천연(天然)이라는 의미의 자연천(自然天)과 천의(天意)를 지닌 만물의 주재자로서의 도덕천(道德天)이 그것이다. 그러나 이 둘은 천인합일(天人合一)이나 천인감응(天人感應) 등으로 서로 통하였으며, 사람은 자연적 질서 속에서 인간 사회의 도덕적 질서를 체득하고 본받으려는 자세를 가졌다. 사람이 하늘을 섬기기 때문에 그 관계를 인간 사회에도 적용하여 신하가 임금을 천으로 받들었으며, 자식이 부모를 천으로 받들고, 아내가 남편을 천으로 받들고, 임금은 백성을 천으로 받든다는 의미의 말들이 사용되었다. '천군(天君)', '모야천지(母也天只)'(『詩

經』,「柏舟」), '소천(所天)' 같은 말들과 "왕은 백성을 하늘로 여긴다〔王者以民人爲天〕."(『史記』,「酈生陸賈列傳」) 같은 문장이 그런 발상에서 생겨난 말이다. 천(天)을 완전무결한 대상이며 완벽한 도덕적 대상으로 존숭하고, 인(人)이 순종하고 본받아야 할 대상으로 생각했던 것이다. "인욕을 막고〔遏人欲〕 천리를 보존한다〔存天理〕."라는 것을 존심양성(存心養性)의 목표처럼 삼았던 것도 그런 발상이며, 천리(天理)·천도(天道)·천명(天命) 같은 말에서도 천에는 인에 비해 절대적 본받음의 대상, 사람이 돌아가야 할 궁극적 귀의처 같은 의미가 내포되어 있다.

그런데 연암은 천(天)에 대해 조금 색다르게 상대적 의미를 부여했다. 첫째, 연암은 담헌(湛軒) 홍대용(洪大容)에게서 영향을 받아 기존의 '천원지방(天圓地方)', '천동지정(天動地靜)'설을 부정하고 '지전설(地轉說)'을 이해하고 깊이 공감했기 때문이다. 그래서 연행(燕行)길에 올랐을 때도 연암은 중국 선비들에게 이 이론을 설명하고 알리려 노력했다. 그것도 「태학유관록(太學留館錄)」과 「곡정필담(鵠汀筆談)」의 후기에서 두 번이나 장황하게 설명을 했다. 자랑했던 셈이다. 연암이 중국의 선비들을 만나 왜 이 이론을 주창했던가에 대해 일찍이 임형택은, '천원지방·천동지정'이 지녔던 중국 중심적 질서 인식이 '지전설'로 인해 자국 중심적 질서 인식으로 전환되는 과정이라고 해석한 바 있다.[3] 그러나 '지전설'로 인한 인식의 변화는 인간 사회에서의 주체적 자각만으로 그치지 않는다.

천(天)에 대한 인식의 변화는 자연히 그 대척점인 인(人)에 대한 인식의 변화도 수반할 것이기 때문에, 궁극적으로는 '천'에 대해서조차 '인'

---

3 임형택(2000), 147면.

이 인식의 주도권을 잡기 마련이다. 천이 유교 도덕적 의미를 떠나 과학적 인식의 대상으로서 의미를 지니게 되면 천과 인의 관계에서 자연스럽게 그 주도권이 인으로 옮겨 오게 되는 것이다. 그것은 기존에 천문(天文)을 탐구하여 그 결과를 해석한 다음 인간 사회에 적용하고 천리(天理)에 순응하고자 하는 입장과는 완전히 다른 것이다. 천을 과학적 탐구의 대상으로 삼으면 인이 인식을 주도하는 능동적 위치에 서게 되므로 천에 대해 순종하던 자세가 사라지게 되고, 도덕천(道德天)의 의미가 현격히 약화된다는 점에서 그러하다.

연암은 이 문제에 대해서는 어떻게 생각을 정리했던 것일까? 유교에서는 천(天)을 경외함으로써 천리와 천도(天道)를 체득하고 따르려 했고, 본연지성(本然之性)을 선한 것으로 여겨 도덕적 수양의 완결 상태가 본연지성을 회복하는 것으로 생각해 왔다. 도덕적 이상의 귀결점이 복성(復性), 즉 극기복례(克己復禮)였던 것인데, 이 문제에서 연암은 사고의 방향을 확실히 틀었던 것일까? 구체적이고 자세하거나 명확하지는 않다. 다만 "하늘의 도란 다른 것이 아니라 '나타내 보일〔示〕' 뿐이요, 땅의 도란 다른 것이 아니라 '드러내 보일〔視〕' 뿐이요, 사람의 도란 다른 것이 아니라 '밝혀 나타낼〔辨〕' 따름이다."[4]라 하여 사람이 인식의 주체라는 점만 명확히 해 두고 있다. 그리고 연암에게 천은 천진(天眞)·천기(天機)·자연(自然)을 중시하고, 양지양능(良知良能)에 주목하는 것으로 이어진다. 이 문제는 다시 '학문의 목표를 이용후생'에 두고 '사의

---

4 『국역 연암집』 1, 150면. 『연암집』, 「答任亨五論原道書」; 『한국문집총간』 252, 38a면, "天道無他, 示而已矣; 地道無異, 視而已矣; 人道無貳, 辨而已矣." 본 논문에서 역문은 신호열·김명호 옮김(2005), 『국역 연암집』에서 인용하되, 특별히 용어를 교체한 것은 바꾼 부분을 밝힌다. 어떤 경우는 문맥에 따라 조사나 어미를 조절하였다. 이후로는 『국역 연암집』 면수만 표기한다. 원문을 인용하면서 표점은 본고의 필자가 붙인 것이다.

주체적 자각'을 강조하는 것으로 연결된다. 이 점은 2장 4절 '성인(聖人)·적자(赤子)·영아(嬰兒)'에서 좀 더 자세히 고찰하기로 한다.

그다음, 두 번째로 연암에게서 천(天)의 개념 변화를 살펴보고 싶은 부분은 천주(天主)와 관련해서이다. 연암 당시에 이미 유교사상의 '천'과 천주교의 '천' 사이에 개념 혼란이 생기고, 천주를 믿는 문제가 심각한 사회문제로 대두되었다.[5] 연암은 조정에서 천주교를 금지하는 영을 내린 것에 대해 사람들이 겪는 개념 혼란을 이렇게 추측하고 있다.

저들이 하늘을 사칭해서 '천주'라는 이름을 만든 것은 너무도 불경스러우나, 이따위 어리석은 백성들로서는 더욱 저들의 마음에 의혹이 생기기를 "내가 즐기는 것은 선행이요 공경하는 바는 하늘인데, 어찌하여 나의 선행을 막으며 나의 공경을 금한단 말인가?"라고 하여, 드디어 그 사심(邪心)을 더욱더 굳히며, 마치 그를 위하여 제 몸을 바치는 것을 당연한 것처럼 생각하고 있습니다.[6]

---

5 1791년 전라도 珍山에 살던 양반 尹持忠(1759~1791)과 그의 외종형인 權尙然(1751~1791)이 천주교도로서 조상의 제사를 폐하고 위패를 불살라 버린 사건이 일어났다. 또 惠民署의 醫員 崔必恭(1745~1801)은 1790년 천주교에 입교했다가 1791년 辛亥迫害 때 背敎한 뒤 關西의 審藥으로 差送되었다. 그러나 다시 천주교를 믿다가 1799년 체포되었으며, 辛酉迫害 때 처형되었다.

충청도의 官校 李存昌(1752~1801)은 鹿庵 權哲身 등에게서 천주교를 배웠다고 한다. 충청도 內浦 일대에서 천주교의 지도적 인물로 활동하다가 신해박해 때 배교했다. 그러나 다시 전도 활동을 벌이다가 1791년 체포되었으나 배교를 서약하고 풀려났으며, 그 뒤 전도활동을 재개하다가 1795년 다시 체포되어 감영에 구금되었다. 1797년 正祖는 이존창이 개과천선하면 방면하도록 명하였다. 1799년 이존창은 충청감사 이태영에게 배교를 서약하고 석방되어, 軟禁 생활을 하면서 將校로 복무하던 중 신유박해 때 처형되었다. 한국 초기 천주교사에서 그는 충청도 지역에 처음 복음을 전파한 '내포의 使徒'로 추앙되고 있다.

6 『국역 연암집』 1, 229~230면. 『연암집』, 「答巡使書」; 『한국문집총간』 252, 50bc면, "彼矯假立號, 大是不敬. 而以若愚民, 則滋惑於心曰: '吾所樂者善, 而所敬者天也, 如之何遏

이런 말은 연암이 『천주실의(天主實義)』를 면밀히 읽고 비판적 검토를 끝내지 않았다면 도저히 할 수 없는 이야기이다. 그렇지만 연암이 천주교에서 공경하는 천과 유교에서 공경하는 천을 구체적으로 어떻게 변별했는지는 알 수 없다. 그 중요한 비판적 변별 근거가 남아 있지 않기 때문이다.[7] 연암의 아들은 이렇게 기록했다.

신유년(1801, 순조 1년)에 천주교도를 대대적으로 처벌한 일이 있었지만 오직 면천군만 아무 일이 없었다. 당시 아버지는 백성들을 깨우치던 여러 조목을 친히 일기에 기록해 두셨다. 그 내용은 분명하고 알기 쉬워 어리석은 백성들이 쉽게 깨달을 수 있었다. 지계공이 아버지의 제문에서 말씀하신바, '세 가지 까다로운 문제를 옳게 밝히셨다'는 말은 바로 이 일을 가리킨 것이다. 하지만 일기를 잃어버려 문집에 싣지 못했으니 애석한 일이다.[8]

천주교의 천 개념과 유교사상의 천 개념을 변별한 구체적 근거 세 가지는 남아 있지 않지만, 결론적으로 연암은 천주교의 천 개념에 대해

我善而禁吾敬也?' 遂以益堅其邪心, 而若爲之伏節死義者然."

7 김명호(2010) 교수는 서학과 관련된 내용이 대거 삭제되었음을 밝히고 있다. "『잡록』(하)와 『열하일기』(정)의 「금료소초」 서문에서는 '서양' 두 자를 지웠으며, 「황도기략」(1) · (2)의 〈천주당〉에서도 '천주'와 '서양'이라는 글자를 삭제했다. 심지어 〈천주당화〉는 전문을 삭제해 버리기도 했다. 그 이후에 필사된 이본들은 「황도기략」에서 〈천주당〉과 〈천주당화〉의 제목을 각각 〈풍금〉과 〈양화〉로 바꾸고 나서야 본문을 온전하게 수록할 수 있었다. 이상과 같은 삭제 · 수정 조치는 아마도 辛酉邪獄과 관련이 있을 듯하다."(15면)라고 하였다.

8 박희병 옮김(1998), 132면. 원문은 김윤조 역주(1997), 344면, "辛酉大獄, 沔境獨晏然. 其時曉告諸條, 親自箚錄於日記中. 明白妙悟, 令愚民易曉. 芝溪公祭先君文所謂辨析三微者, 盖指此事也. 其日錄遺失, 不得備載於文集, 可勝痛惜哉."

서는 영향받지 않았음을 추측할 수 있다.[9] 요컨대 연암에게서 천의 개념은 '지전설'과 관련하여 변화가 생겼음을 알 수 있다.[10] 그것은 상대적 관점에서 만물을 인식하게 했고, 인식의 주체로서의 인간의 역할에 비중을 두게 만들었다. 그리고 '양지양능'에 입각한 인간 이해의 새로

---

9 필자가 본고를 탈고할 무렵, 김명호 교수는 2편의 논문(2011a; 2011b)을 발표했다. 이들 논문에서는 연암이『교우론』과『천주실의』,『기하원본』등 마테오 리치의 저작들로부터 적잖이 영향을 받았던 것으로 판단된다고 하면서 연암이 서학을 개방적 자세로 수용하여 자기 사상의 일부로 만들었음을 논증하였다. 특히『열하일기』중의「象記」에서는『천주실의』에서 天主가 만물을 창조한 창조자라고 한 것에 대해 주자의 학설을 인용하여 비판하는 논리로 활용했다고 하였다. 한마디로 요약하면 "연암은 주자학을 사상적 기반으로 해서 서학을 주체적으로 수용하고자 했다."라는 것이다.

10 본고를 '제1회 실학연구 공동발표회: 조선 후기 실학사의 재조명'(2011년 8월 26일, 한국프레스센터 19층)에서 발표했을 때 강명관 교수가 지정 토론을 맡았는데, 본 논지에 대해 두 가지 근거를 들어 반론을 제기한 바 있다. 첫째, 지전설을 연암 사유의 혁명적 근거로 내세우지만 서양과 동양, 조선에서 지전설이 갖는 영향력이 동일하지 않다는 것이다. "무엇보다 김석문·홍대용·연암으로 이어지는 가냘픈 지전설의 계보와 그 이해 범위는, 극소수 京華世族를 크게 벗어나지 않는 것이었고, 따라서 학문 전반, 사상사 전반에 걸치는 가공할 파괴력이 없었다."라고 지적하였다. 둘째, 지전설이 도출된 과정이나 근거가 서구에서는 과학적 방법에 의한 것이어서 자연에 대한 신학적 해석을 끝낼 수 있었던 반면, 조선에서는 비과학적 추론에 의한 것이었으므로 그 도출 경로와 의미가 전혀 달랐다는 것이다. 더구나 조선에서는 서구에서처럼 부정할 천동설도 없었기에, 그 담론이 형성되는 과정은 물론 권력이 작용하는 방향과 범위, 크기와 의미가 같을 수 없다고 지적했다. 따라서 강명관 교수는 연암의 '천'에 대한 이해가 달라졌기에 중국 중심주의에서 벗어났고, 인간에 대한 이해가 달라졌다는 논리를 수긍하기 어렵다고 했다. 그러면서도 연암의 지전설이 그의 인간관에 큰 의미를 갖는다는 점 자체는 수긍한다고 했다.
필자는 강 교수의 지적에 일면 수긍하면서도, 필자의 논지를 변경해야 할 만한 근거가 된다고 판단하지는 않는다. 오늘날에도 인문학을 공부하는 사람들이 자연과학 이론이나 생명과학 이론에 대해 세세히 전문적으로 다 알지는 못하지만, 얼마든지 그 현상의 일부를 자기 나름으로 유추하고 사회현상이나 인간의 문제에 견주어 이해하기도 하고 설명하기도 하기 때문이다. 자연과학적 이론상으로는 일부 오류가 있어도 동시대의 사회와 문화현상을 예민하게 포착하고 해석하여 새로운 담론에 영향을 끼치는 것이다. 연암이 지전설에 대해 서구처럼 과학적 기술과 방법으로 증명 가능한 사유를 하지 않았더라도 이미 '천'에 대한 이해에 변화가 생겼고, 그것이 인간을 이해하는 관점에도 자극이 되었던 점은 현전 자료로도 읽어 낼 수 있다고 보기 때문이다.

운 관점으로 옮겨 가게 만들기도 했던 것 같다. 이 '양지양능' 문제는 뒤에서 다시 살펴보기로 한다.

2) 인성(人性)과 물성(物性)

유교사상에서는 맹자의 성선설 이래로 인성(人性), 즉 사람의 본성을 선하다고 여겨 왔다. 그런 까닭에 사람은 본연지성(本然之性)을 회복하는 것을 자기 수양의 핵심 과제로 삼아 왔던 것이다. 그뿐만 아니라 인성을 선하게 여기는 생각은 인성과 물성(物性)의 차이가 크다고 여겼고, 인간에게만 고유한 도덕적 의미를 부여하였다. 인의예지(仁義禮智)를 인간에게서만 찾아볼 수 있으며 칠정(七情)이 인간에게서만 자율적으로 바르게 통솔될 수 있다고 여겼던 것이다. 사람의 본질을 선하다고 파악하는 것은 사람을 교육하고 다스리는 데 중요한 대전제가 되기 때문에 사회제도의 형성 및 인간관계 형성에 있어서도 중요한 차이를 만들어 낼 수밖에 없다. 인간을 선하다고 여기면 교화(敎化)에 강조점을 두게 되지만, 인간을 악하다고 여기면 징벌(懲罰)이나 법치(法治)에 강조점을 두게 되는 것이다.

연암은 성리학자들이 경전만을 붙들고 관념적인 사고를 하거나, 고루한 선비들이 과거 시험에 매달려 일생을 보내는 것을 비판적 시선으로 보았기 때문에 성리학자들의 문집에 빈번히 보이는 경전 장구 해석에 대한 글이 없고, 인심·도심 등에 관한 언급도 거의 볼 수 없다. 인성(人性)이라는 말은 『연암집』 전체에 걸쳐 딱 한 번 나온다. 『열하일기』, 「관내정사(關內程史)」에 실린 「호질(虎叱)」에서이다. 범은 위선적 도덕군자인 북곽 선생을 향해 이렇게 꾸짖는다.

대저 천하에 이치는 하나뿐이다! 범의 성품이 악하다면 사람의 성품 역시 악할 것이요, 사람의 성품이 선하다면 범의 성품 역시 선할 것이다. 네가 말하는 천만 마디 말이 오륜을 벗어나지 않고, 남을 훈계하고 권면할 때는 으레 예의염치를 들추어 대지만, 도성의 거리에는 형벌을 받아 코 떨어진 놈, 발뒤꿈치 없는 놈, 이마에 문신을 하고 돌아다니는 놈들이 있으니, 이들은 모두 오륜을 지키지 못한 망나니가 아니더냐. 형벌을 주는 도수인 포승줄과 먹실, 도끼와 톱을 날마다 쓰기에 바빠 겨를이 없는데도 불구하고 사람들의 죄악을 막지 못하고 있도다. 그러나 우리 범의 세계에는 이런 형벌이란 것이 본디부터 없다. 이로써 본다면 범의 성품이 또한 사람의 성품보다 어질지 않느냐?[11]

현전하는 연암의 글 가운데 인성과 물성에 대해 동일함을 언급한 대목은 오직 이 한 대목뿐이나, 이 대목도 연암이 원작자라고 보기는 어렵다. 「호질후지(虎叱後識)」에 연암이 "근세의 중국 사람이 비분강개하여 지은 것으로 생각된다."[12]라고 기록했기 때문에, 학계에서도 진작부터 「호질」의 작자를 연암으로 봐도 타당할까에 대해 논쟁[13]이 있었다.

---

11 『열하일기』 1, 397면. 『연암집』, 「關內程史」, '虎叱'; 『한국문집총간』 252, 197ab면, "夫天下之理一也! 虎誠惡也, 人性亦惡也; 人性善, 則虎之性亦善也. 汝千語萬言, 不離五常, 戒之勸之, 恒在四綱. 然都邑之間, 無鼻無趾, 文面而行者, 皆不遜五品之人也. 然而徽墨斧鉅, 日不暇給, 莫能止其惡焉, 而虎之家自無是刑. 由是觀之, 虎之性不亦賢於人乎." 본고의 『열하일기』 번역은 김혈조 옮김(2009)을 인용하되, 특별히 용어를 교체하거나 문맥 의미를 고친 경우는 고친 부분을 밝히기로 한다. 간혹 조사나 어미를 수정한 경우는 밝히지 않는다. 이후로는 『열하일기』 면수만 표기하기로 한다. 원문을 인용하면서 표점은 본고의 필자가 붙인 것이다.

12 『열하일기』 1, 402면. 『연암집』, 「關內程史」, '虎叱'; 『한국문집총간』 252, 197d면, "燕岩氏曰: '篇雖無作者姓名, 而盖近世華人悲憤之作也.'"

13 「虎叱」이 연암의 창작이나, 원작자는 중국인이고 연암이 개작 내지 재창작한 것이냐에 대해서는 1960년대 이가원 선생과 이우성 선생의 해석과 주장이 팽팽했던 이후, 여러

작자가 명확히 밝혀지거나 결론이 확정된 바는 없지만, 원작자가 연암이 아니더라도 연암이 이 글을 주목하고 베껴 왔다는 것 자체에 이미 동의하는 뜻이 포함되어 있다고 보는 것까지는 대체로 의견이 같다.14 연암은 "지금 이 문장을 읽어 보니 이치에 어긋난 말이 많고 『장자(莊子)』에 나오는 거협(胠篋)과 도척(盜跖) 같은 도적놈 이야기와 뜻이 같다."라고 부정하는 듯한 논평을 하면서도, 이 글을 보면서 '상대적인 관점'에 대해 깊이 공감한다. 사람의 입장에서 본다면 중국과 오랑캐의 구분이 뚜렷하지만 하늘의 입장에서 본다면 그런 구분이 의미가 없다는 것, 그리고 지금은 황제가 백성들을 다스리지만 어리석은 백성이 청나라의 모자를 벗어 팽개치는 날에는 황제는 가만히 앉아서 천하를 잃게 될 것이라는 것이었다. 인간이 호랑이를 꾸짖는 것이 아니라, 호랑이가 우월한 입장에서 인간에게 훈시하는 내용을 가지고, 연암은 상대적 관점으로도 해석하고 중국 정세에 빗대어서도 해석했던 것이다.

인성과 물성 동이(同異) 논쟁은 연암 이전에 이미 성리학자들 사이에서 중요한 논쟁거리였지만, 그것은 결국 인간의 본성에 대한 선악 논쟁이나 마찬가지였다. 연구자들이 이 문제를 주목한 것은 이 문제가 인간 본성이나 인간관의 문제를 넘어 근대적 자연과학에 대한 각성으로 볼

학자들의 논쟁과 재해석이 있었지만 아직까지 어느 한쪽으로 확정된 바 없다. 작자에 대한 연구 과정 검토는 정학성(2007) 교수의 논문 앞부분에서 자세히 이루어지고 있으므로 그것을 참고하기 바란다. 다만 기존에 알려진 대로 유득공, 김택영의 언급과 비교적 근래에 연구자들에게 주목된 유만주의 『흠영』 기록을 볼 때 연암 창작설에 더 비중이 두어진다.

14 김명호 교수는 최근에 발표한 논문(2011a)의 각주 16)에서 다음과 같이 설명하였다. "연구자 사이에 「호질」의 원작자에 관한 논란이 계속되어 왔지만, 유만주의 『흠영』을 보면 당대의 독자들은 이 작품을 연암의 전적인 창작으로 간주했음을 엿볼 수 있다(俞晩柱, 『欽英』 卷6, 303・407~408・416면, 丙午(1786) 윤7월 26일, 11월 1・14일조)."

수 있을까 하는 점에서였는데, 그 점 역시 평가 시각이 일치하지는 않는다. 유교적 인간관 내부의 문제라고 보기도 하는가 하면, 조금 적극적으로 의미를 부여해서 이전의 성리학에서 인간의 심성 문제에만 주력한 것에 비하면 물성이 문제시되는 것 자체가 새로운 태도의 출현이라고 보기도 한다.[15]

그런데 과연 「호질」의 이 한 대목을 근거로 연암이 인성과 물성을 동일시했다거나 인성과 물성을 구별하지 않았다고 볼 수 있는 것일까? 매우 조심스럽긴 하지만 필자는 연암이 인성과 물성을 동일하다고 보았다고 생각한다. 그 근거는 이를 연암의 다른 사고와 맞추어 볼 수 있기 때문이다. 인성과 물성을 동일하다고 본다는 것은 기존의 유교적 인간관과 중요한 차이가 있는 인간관을 생성한다. 그것은 인간의 본성을 선하게만 보지 않음으로써 입체적인 인간관을 만든다. 인간이나 동물이나 마찬가지의 본능적 욕망이 있는데, 그것을 반드시 금지하고 선하게 통제해야만 인간이라고 규정하지 않아도 되기 때문이다. 그러면 연암이 인간의 온갖 욕망, 성욕을 비롯한 본능적 욕망에 대해 전폭적으로 긍정하는 논의를 편 글이 있는가? 현재까지 알려진 글에서는 없는 듯하다. 연암이 드러내 놓고 욕망을 긍정한 글을 쓴 것은 없다. 열녀 문제에 있어서도 그 어려움에 대해서는 공감하고, 상황이 지나치게 맹목적으로 열녀가 된 경우에 대해서는 비판적이었지만, 기본적으로는 열절행

---

15 박성순(2005), 59면. 여기서는 전자의 관점은 조성을, 후자의 관점은 유봉학으로 제시하고 있다. 그리고 61면에서는 김도련의 학설을 '人物均論(홍대용), 人物莫辨論(박지원)도 그 자체로 인간과 동등한 중요성을 사물에 부여한 것이라 볼 수 없으며, 따라서 인간과 사물이 같다는 것이 아니라 본연지성이 인간과 사물에 똑같이 갖추어져 있다는 주장'이라고 요약하여 제시하고 있다. 인성과 물성에 대한 연암의 인식을 '인물막변론'이라고 불러도 좋을지에 대해서는 일단 판단을 유보한 채, 여기서는 소개만 해 두기로 한다.

위가 내포한 도덕적 신의에 대해서는 긍정하는 입장[16]이었다. 그러나 특별히 본능적 욕망에 대해 긍정적으로 말하거나, 금욕적 사고에 대해 비판하지 않았더라도 연암의 인간관은 인성과 물성을 동일하다고 봄으로써 기존의 인간관에서 상당히 탄력적인 변화를 보인다.

그것은 도덕군자가 아니라 하층민, 잔꾀와 속임수는 물론 본능에 충실하고 이익 추구에 충실한 인간상이 지닌 진정을 주목했다는 점이다.[17] 연암의 문학 세계가 지닌 중요한 특징 중 하나가 '하층민에 대한 발견'이라고 할 수 있는데, 그것은 인간관의 변화가 없었다면 불가능하다. 연암은 그들이 보여 주는 생활 현장 속의 구체적 진실과 진정을 도덕적 훈계 없이 그려 내기 시작했던 것이다. 권선징악적 입장에 일정한 거리를 확보하고, 현실을 직시하는 관찰과 실제적 경험 분석을 첨가하여 보다 현실적이고 입체적이며 생동하는 인간, 윤리 도덕만으로 규정될 수 없는 인간의 실상에 가까운 인간상을 만들어 냈다. 동시대의 유학자들이 유교 윤리와 의관 및 예법 질서로 인간을 규정짓는 데 비해

---

16 연암은 「烈女咸陽朴氏傳」에서 사대부 집안의 열녀 만들기가 민간에도 퍼지는 것을 우려하면서도 함양 박씨의 烈을 높이 기렸고, 『열하일기』 2, 「태학유관록」, 33~34면에서 연암이 중국 선비가 '귀국의 아름다운 점 몇 가지'를 말해 달라고 하자 네 가지를 들면서 그중 하나로 여자가 두 남자를 섬기지 않는 것을 들었다. 연암의 여성관은 당시의 일반적 양반사대부의 여성관과 아무 차이가 없다. 유교적 남녀 역할 구분과 덕목 구분에 있어서 역시 마찬가지인데, 고식적 논리를 펴거나 경직된 입장이 아니라는 것뿐이다.
17 우리의 한문학 전통에서는 조선 전기와 중기까지만 해도 시정인이나 시정 공간, 하층민에 대한 시선은 다양하지 못했다. 훈계나 경계의 대상으로 여기거나 충·효·열에 관해 놀라운 행실이 있었을 때 칭찬하거나 장려하기 위해 기록의 대상으로 삼았을 뿐이다. 그런데 조선 후기에 이르면 이들 하층 천민들의 다양한 삶의 모습을 문학의 대상으로 포착한다. 시나 산문의 주인공으로 등장시키는 것이다(이지양(2009) 참조). 그 가운데서도 연암의 산문은 형상화 수법 면이나 인물의 특징을 포착하는 시선, 훈계적 목소리를 줄이고 도리어 그들에게서 배울 점을 찾아내는 시선면에서 특별히 선도적이라 해도 과언이 아닐 정도이다.

연암은 타고난 품성과 생활 현장의 구체성 속에서 있는 그대로의 진실과 진정을 그려 냈던 것이다. 필자는 그것이 인성과 물성에 차이를 두지 않고 동일하게 보는 사고와 깊은 상관성이 있다고 본다. 그래서 위에 언급한 「호질」의 한 대목을 근거로 연암이 인성과 물성을 동일시했다고 판단하는 것이다.

이렇게 볼 경우에는 「원도(原道)에 대해 임형오(任亨五)에게 답함〔答任亨五論原道書〕」이라는 글을 근거로 연암이 인물성동론(人物性同論)의 영향을 받은 것으로 보는 기존의 연구 관점[18]과는 차이가 생긴다. 기존의 연구는 연암의 장인이자 스승인 이보천(李輔天)이 인물성동론을 주장한 어유봉(魚有鳳)에게서 학문을 배웠다는 것으로 추정했다.[19] 그러나 이 경우는 신향림이 지적했듯이[20] 연암의 인물성동론과 노론의 인물성동론이 지닌 차이를 간과한 것으로 보인다. 이 지적은 타당하다고 보며, 필자도 동의하는 바이다. 그런데 신향림이 이런 지적을 한 이유는 연암이 만년에 '주자학의 격물치지설(格物致知說)을 비판하고 양명학의

---

18 조동일(1990), 109~113면; 김문용(1994), 597~603면; 김형찬(1996), 303~308면.
19 김명호 편역(2007), 471면.
20 신향림(2010), 378면. "인간뿐만 아니라 만물의 본성이 선하다고 본 점에서 연암의 심성론은 노론의 인물성동론과 유사한 면이 있다. 그러나 지금까지 살펴본 연암의 공부론에 근거하면, 연암의 심성론과 인물성동론을 주장한 노론 학자들의 심성론은 중요한 차이점이 있다. 인물성동론을 주장한 학자들은 본성을 天命之性(本然之性)의 차원에서 보아 인간과 만물의 본성이 순선하다고 주장하였다. 그러나 이들은 본연지성과 기질지성을 분리하여 생각하였고, 기질지성과 기질지성에서 발한 감정과 욕망이 완전하게 선하다고 생각하지 않았다. 그렇기 때문에 인물성동론을 주장한 학자들도 감정과 욕망을 다스리고 기질을 점진적으로 변화시켜 순선한 본연지성을 회복해야 한다고 주장하였다. 따라서 외재하는 천리를 인식하는 격물치지를 통하여 순선한 본성을 일깨우는 지적인 공부가 실천 이전에 반드시 있어야 한다고 강조하였다. 그러나 연암은 '양지에 따라 마음이 가는 대로 실천해도 도에서 벗어나지 않는다'고 주장하였다. 이는 본성과 마음을 분리하고 지와 행을 분리하여 격물치지를 강조한 노론의 사상과는 현격한 차이가 있는 것이다."

지행합일설(知行合一說)을 긍정'했다고 보기 위해서이다. 필자는 신향림의 주장에 대해 절반만 동의하는 입장이다. 연암이 주자학의 격물치지설을 비판하긴 했지만, 그것이 꼭 양명학의 지행합일성을 긍정하는 쪽으로 귀결되었다고 보지는 않는다는 것이다. 연암의 사상은 현실에 즉해서 당대까지 자신이 접한 수많은 학설들과 좌충우돌하며 재조합, 재창조되는 과정을 거치고 있는 중이었다. 따라서 연암의 인물성동론이 '인간뿐만 아니라 만물의 본성이 선하다'고 보았다거나 '양지에 따라 마음이 가는 대로 실천해도 도에서 벗어나지 않는다'는 관점에 고정되어 있다고 보기는 어렵다는 것이다. 「호질」에서 "범의 성품이 악하다면 사람의 성품 역시 악할 것이요, 사람의 성품이 선하다면 범의 성품 역시 선할 것이다."라고 한 것은 천하의 이치가 같다는 의미이지, 인성과 물성이 선하다는 점을 의미하는 것은 아니기 때문이다. 「호질」과 「원도(原道)에 대해 임형오(任亨五)에게 답함」은, 상대주의적 인식의 관점을 보인다는 점과 인성과 물성을 동일하게 본다는 점에서는 공통되지만, 인성과 물성이 똑같이 선하다고 보고 있지는 않다는 점에서는 공통되지 않다. 「호질」에서는 어디까지나 선하면 같이 선하고, 악하면 같이 악하다는 점에서 '이치는 하나'라는 것을 말하고 있을 뿐이다. 그런 생각이야말로 상대주의적 관점을 확고히 확보할 수 있는 대전제가 되는 발상인 것이다. 연암의 인물성동론이 지닌 탄력성을 연구자들이 다시 한 번 주목해 주기를 기대한다.

3) 사민(四民)의 역할 구분·적서차별

연암은 신분론과 적서차별론에 대해 매우 전진적인 사고를 지니고 있었다. 중세 사회의 근간을 이루는 특징이 신분 세습이라고 볼 때, 그 신분 변동의 양상이 광범위하고도 다양하게 일어나는 것은 중세 해체의 징후와 직결된다. 그러나 중세적 사고는 신분 변동이 일어나는 것 자체를 '기강의 해이'로 보아서 현상을 통제하여 바로잡아야 할 문제라고 여기지, 신분 변동이 일어나는 현실을 인정하고 그 현실에 이론적 타당성을 부여하지는 않는다. 그런데 연암은 현실을 직시하면서 올바른 해결책을 모색하였기 때문에 신분에 의한 역할 구분론에 상당히 탄력적인 허용을 했고, 적서차별 문제에 대해서도 적극적으로 그 차별의 부당성을 설파하였다.

먼저 신분에 따른 역할 구분 문제를 살펴본다. 사민(四民)은 『서경(書經)』, 「주관(周官)」편에 "사공(司空)은 나라의 토지를 관장하고 사민(四民)을 정착시켜 살게 하며 지리(地利)를 때에 맞게 한다〔司空掌邦土 居四民 時地利〕."라고 한 데서 그 용어가 처음 보인다. 그리고 『춘추곡량전(春秋穀梁傳)』, 「성공 원년(成公元年)」 조에는 "옛날부터 사민이 있으니 사민(士民)·상민(商民)·농민(農民)·공민(工民)이다〔古者有四民 : 有士民 有商民 有農民 有工民〕."라고 개념과 역할을 규정한 대목이 보인다. 이 역할 구분의 유래가 매우 오래되었음을 알 수 있다. 『한서(漢書)』, 「식화지(食貨志) 상(上)」에는 "사·농·공·상, 사민의 업(業)이 있다. 학문을 하여 지위를 갖는 자를 사, 토지를 개간하여 곡물을 번식시키는 자를 농, 기교를 연마하여 기물(器物)을 만드는 자를 공, 재물을 유통하여 물화(物貨)를 파는 자를 상이라 한다〔士·農·工·商 四民有業 : 學以居位曰士 闢土殖穀曰農 作巧成器曰工 通財鬻貨曰商〕."라고 하여 그 개념을 좀 더 자세히 풀이하고 있다. 모든 백성은 이 네 가지 역할 가운데 하나를 생업으로 해야 하고, 아무 곳에도 포함되지 않는 것은 좋게 여기지 않았다. 『순자(荀子)』에도 비슷한 내용이 보인다. "사민(四民)의 업(業)에 종사하지 않는 자를 간민(姦民)이라 한다. 간민이 생기지 않아야만 왕도(王道)가 이에 이루어진다

〔不由四民之業者 是謂姦民 姦民不生 王道乃成〕."라고 한 것이 그것이다. 사
민이라는 신분 규정에 의한 역할 구분은 그 유래가 매우 오래된 것이며,
중세 사회의 인간을 규정할 때 핵심적인 문제에 속하는 것이었다.

　연암이 그 오랜 사민(四民)의 역할 구분을 근본적으로 부정한 것은
물론 아니다. 하지만 상당한 탄력성을 두어 그 경계선을 완화시켰다.
그 당시는 연암도 "백 년 이내에 나라 안의 서민들은 모두 양반이 될
것이다."²¹라고 우려했을 만큼 신분 상승을 하는 평민이 많았던 듯하
다.²² 신분 상승이 왜 우려할 문제였을까? 평민이 양반으로 많이들 신
분 상승한다는 것은 두 가지 점에서 우려되었다. 첫째, 국가재정적으로
는 부세(賦稅) 담당층이 줄어든다는 것이 문제였다. 둘째, 사회적으로는
양반은 신분첩까지 팔아서라도 생계를 이어야 할 정도로 몰락하고, 평
민이 부자가 되어 신분첩을 사서 양반이 되면 사회기강이 문란해지는
것이 문제였다. 그런 데다가 양반은 궁사(窮士) 혹은 빈사(貧士)로 굶어
죽을지언정 농·공·상에 종사하지 않으려 해서 환곡 빚이 쌓여 가고
있었다. 그런 병폐를 연암은 이미 젊은 시절에 「양반전(兩班傳)」²³에서

21　김윤조 역주(1997), 228면, "百年之內, 方內黎庶, 其將盡化爲兩班."
22　정조, 『홍재전서』, 「策問」, '抄啓文臣의 親試 再試'에 다음과 같은 대목이 있다. "근래에
　　들어서는 국가의 기강이 엄중하지 않아서 간특함이 불어나고 폐단이 쌓여 백성들은 교
　　묘하게 부역을 모면해 달아나고 관리는 태연하게 禁法을 범하며 토호와 부자는 대부분
　　兼幷하여 귀하거나 천하거나 통틀어 士族이라고 칭하고 있다.〔挽近以來, 國綱不嚴, 姦
　　滋弊積, 民工於逃役, 官恬於干禁, 豪富率多兼幷, 貴賤通稱士族.〕"(『홍재전서』,『한국문
　　집총간』263, 286c면).
23　『국역 연암집』2, 242~243면, "하느님이 백성을 내니, 그 백성은 넷이로세. 네 백성
　　가운데는 선비 가장 귀한지라, 양반으로 불려지면 이익이 막대하다. 농사, 장사 아니하
　　고 文史 대강 섭렵하면, 크게 되면 文科 급제, 작게 되면 進士로세. 문과 급제 紅牌라면
　　두 자 길이 못 넘는데, 온갖 물건 구비되니, 이게 바로 돈 纏帶요, 서른에야 진사되어
　　첫 벼슬에 발 디뎌도, 이름난 蔭官되어 雄南行으로 잘 섬겨진다. 일산 바람에 귀가 희고
　　설렁줄에 배 처지며, 방 안에 떨어진 귀걸이는 어여쁜 기생의 것이요, 뜨락에 흩어져

잘 그려 내고 있다.

연암은 사(士)가 직접 농사를 짓고 장사도 해서 스스로 생업을 꾸려 가야 한다는 방향으로 대책을 생각하고 있었다. 전통적으로 신분별 역할 구분에 있어 가장 일찍부터 무난하게 여겨졌던 것은 사가 농사일을 하는 것이었다. 그것은 진작부터 '주경야독(晝耕夜讀)'의 개념으로 자연스럽게 여겨졌다. 그러나 대체로 사족(士族)은 노비가 일을 하고 농사일을 감독하는 입장이지, 실제 직접 농사일을 하는 경우는 드문 편이었다. 체면 문제, 사회적 위신 문제가 결부되어 있어서 굶어 죽을지언정 일을 하지 않는 양반층이 문제로 부상한 것이었다. 농사조차 그럴진대 더구나 양반 사족이 상업에 종사한다거나 공업에 종사하는 일은 거의 없었다. 군자(君子)는 의(義)를 말하지, 이익(利)을 말하지 않는다고 여겼기 때문에 상업은 하지 않았고, 기술이 있어야 할 수 있었던 공업은 원천적으로 불가능했다. 더욱이 상인은 이익 추구를 일삼느라 속임수도 쓴다고 여겼기에 양반이 상업이나 상인에 대해서도 긍정적인 생각을 갖기는 어려웠다.

그런데 연암은 "상인은 사민 가운데 비록 천한 직업이지만 상인이 아니면 온갖 물건들이 유통·운용될 수 없다. 그러므로 상업을 폐지해서는 안 된다."[24]라고 상업의 가치를 인정했다. 그뿐만 아니라 「허생전

있는 곡식은 鶴을 위한 것이라. 궁한 선비 시골 살면 나름대로 횡포 부려, 이웃 소로 먼저 갈고, 일꾼 뺏어 김을 매도 누가 나를 거역하리. 네 놈 코에 잿물 붓고, 상투 잡아 도리질하고 귀얄수염 다 뽑아도, 감히 원망 없느니라.〔維天生民, 其民維四. 四民之中, 最貴者士, 稱以兩班, 利莫大矣. 不耕不商, 粗涉文史, 大決文科, 小成進士. 文科紅牌, 不過二尺, 百物備具, 維錢之橐, 進士三十, 乃筮初仕, 猶爲名蔭. 善事雄南. 耳白傘風, 腹醯鈴諾, 室珥冶妓, 庭穀鳴鶴. 窮士居鄕, 猶能武斷, 先耕隣牛, 借耘里氓, 孰敢慢我? 灰灌汝鼻, 暈薑汝鬢, 無敢怨咨.〕"(『연암집』, 『한국문집총간』 252, 123a면).

24 김윤조 역주(1997), 101면, "商賈, 在四民之中, 雖爲賤業, 非商賈, 百物莫可以流通運用.

(許生傳)」에서 곤궁한 선비 허생이 아내의 잔소리를 견디다 못해 변승업에게 밑천을 빌려서 장사에 나서는 모습을 그려 내고 있다. 이것은 현실에 입각하여 진취적으로 사고한 결과라고 할 수 있다. 이러한 사고는 연암만의 독창적인 사고는 아니었다. 송말원초의 경학가 허형(許衡, 1209~1281)이 "학문을 하는 사람은 생계를 잘 다스리는 것이 가장 급선무가 된다. 생계가 어려워지면 학문을 하는 길에 방해를 받는다. 선비는 마땅히 농사로 생계를 꾸려야 하며, 장사는 비록 말리(末利)를 좇는 것이긴 하지만 의리를 잃지 않게 처한다면 또한 나쁠 것이 없다."[25]라고 하여, 연암과 거의 같은 생각을 이미 말했기 때문이다. 이런 사고는 어디까지나 중세적 신분론에서 '현실적으로 트인 사고'이지, 사민분업(四民分業) 자체를 문제가 있다고 여겨 부정하거나 의미를 두지 않은 것은 아니다. 사민분업을 부정할 경우는 신분사회가 붕괴되기 때문이다. 그것은 아무런 이행 과정 없이 곧장 근대 시민 계약사회처럼 옮겨가는 사고방식인데, 일종의 혁명적 사고라 할 수 있다. 역사상 반상(班常)의 구분을 철폐한 것은 갑오개혁(1894) 때이지만, 관습적·정서적 구분은 오늘날이라고 완전히 없다 하기 어려우니, 연암의 진취성에 과도

所以不可偏廢也."
25 『星湖僿說』卷7, 人事門,「爲學治生」, "許衡云: '爲學者, 治生最爲先務, 生理不足, 則於爲學之道有所妨. 士君子, 當以農務爲生. 商賈雖爲逐末, 果處之不失義理, 亦無不可.'" 이에 대해 성호 이익은 좀 더 엄격한 양반 선비의 입장을 견지하였다. "이에 대하여 史官은 '그의 가르침을 베푼 방법이 천고에 뛰어난 견해였다'고 평하였는데, 이것을 王守仁이 비판하였으니 매우 옳다. 학문을 하는 것은 십분 義理에 맞는 일이요, 살림살이를 하는 것은 이해에 관계되는 일이니, 이해란 사람마다 제각기 스스로 얻으려 하기 때문에 굳이 권장할 필요가 없으며, 학문을 하는 것은 비록 살림에 의뢰하지만 만일 살림으로써 급선무를 삼는다면 옳지 않다."라고 하였다. 허형의 견해에 비판적 시각을 보인 것이다. 성호는 상업의 필요성은 인정하는 입장이었으되, 士가 상업에 종사하는 것까지는 인정하지 않았다.

한 기대를 삼가야 그 진취적 특성이 잘 보일 것으로 판단된다.

연암은 적서차별 철폐에 대해서는 명확한 소신을 가지고 있었다. 「서얼 소통을 청하는 의소[擬請疏通疏]」[26]에서 연암은 크게 네 가지 근거를 들어 서얼을 금고(禁錮)하는 것이 부당하므로 즉각 소통시켜야 한다고 건의했다. ① 아무 근거 없는 규정이 악습으로 300년간 고착된 것에 불과하다. 옛날을 상고해도 그러한 법이 없고, 예법과 형률을 살펴봐도 근거가 없다. 이는 건국 초기에 간신들이 기회를 틈타 감정을 푼 것이 중대한 제한 규정으로 되어 버렸고, 후대에는 구습을 따라 오류를 답습하여 개혁하지 못했던 것에 지나지 않는다. ② 적서차별은 국가 체통에도 가족 간의 애정에도 이롭지 않다. 그래서 선대의 유현(儒賢)과 명신(名臣)들은 모두 이를 급선무로 여기고, 반드시 벼슬길을 터 주고자 했다. 삼대(三代)의 시대에도 이미 군자와 소인의 구별이 있었지만, 인재를 천거할 때에는 본시 귀천의 차별을 두지 않았는데, 어찌 모계가 비천하다 하여 인재를 버릴 수 있는가. ③ 명분에 맞지 않다. 어찌 자식이 분명한데 호부호형을 못하게 하는가. ④ 옛 제도의 부작용이 나타나면 때에 맞게 혁신해야 한다. 준수해야 할 때에 준수하는 것이 바로 계술(繼述)이거니와, 변통해야 할 때 변통하는 것도 역시 계술이다. 때에 적절하게 해야 한다. 지금이 바로 그런 때다.

이상 네 가지 이유로 연암은 서얼을 차별하는 것이 아무런 타당한 근거가 없다고 판단했다. 실제로 연암은 생활 속에서 서자(庶子) 출신인 사람들과 별다른 구분 없이 마음을 터놓고 지냈다. 그래서 연암에게는 백동수(白東修, 1743~1816), 이희영(李喜英, 1757~1801)·이희경(李喜經,

---

26 『국역 연암집』 1, 373~396면. 『연암집』; 『한국문집총간』 252, 71b~74a면.

1745~?) 형제, 이덕무(李德懋, 1741~1793)·이공무(李功懋) 형제, 유득공(柳得恭, 1749~1807), 서상수(徐常修, 1735~1793), 김용행(金龍行, 1753~1778) 등의 서출들이 친숙하게 출입했다. 그러자 사람들이 연암에게 "사람을 가리어 사귀지 않는다고 마구 비방하고 헐뜯었다."[27]라고 한다. 연암은 그런 비방에 관계치 않고 이들과 진실하게 교유하였다. 적서차별 철폐에 대해 이론적으로나 말로만 명확한 근거를 제시했던 것이 아니고, 실제 생활에서 실천했던 것이다. 적서차별이 부당하므로 철폐해야 한다는 주장도 연암이 글에서 언급했듯이, 연암 이전에 이미 수많은 선현들이 입론했던 것이다. 그렇지만 연암처럼 실제 교유에서도 그랬는지는 의문인데, 연암은 그 점에 있어서는 확실히 당시의 고정관념으로부터 거리를 확보했다 하겠다.

4) 성인(聖人)·적자(赤子)·영아(嬰兒)

유자(儒者)들은 맹자의 성선설을 따라 성정(性情)을 도야(陶冶)하여 극기복례함으로써 본연지성을 회복하고 성인(聖人)을 본받는 것을 인간의 길로 인식했다. 무수히 많은 묘지명과 행장 혹은 인물전이나 연보에서 '성현이 되기를 스스로 기약했다'고 인생의 목표를 설정했던 것을 보게 되는데, 그것은 바로 학문의 목표이기도 했다. 따라서 누구나 '언필칭 요순(言必稱堯舜)'이었고, '궁리(窮理)·정심(正心)·수기치인(修己治人)'의 도(道)를 터득하고자 노력했다. 그럴 경우, 어린아이의 상태, 혹은 어린아이의 마음이란 그다지 긍정할 것이 못 된다. 동심(童心)은 유치하고

---

27 김윤조 역주(1997), 79면, "於是, 人又以交不擇人, 謗毀焉."

미숙한 것으로 여겨지므로 그러한 상태를 빨리 벗어나 성숙해야 되기 때문이다. '관례(冠禮)'에서도 '유치함을 버리고 성숙한 인간이 되는 것'을 중요한 메시지로 전하고 있으며, 관례를 하는 것 자체가 사회적 구성원으로서 성숙한 인격과 책임감을 부여하기 위한 것이었다.

그런데 연암은 학문의 목표를 '성현이 되기를 스스로 기약〔聖賢自期〕' 하는 데 두지 않았다. 「원사(原士)」라는 글에서 이렇게 밝혀 두었다.

무릇 글을 읽는 것은 장차 무엇을 하자는 것인가? 문장술(文章術)을 풍부히 하자는 것인가? 글 잘 짓는다는 명예를 넓히자는 것인가? 그게 아니라 학문과 도(道)를 강론하기 위해 글을 읽는 것이다. 효제(孝悌)와 충신(忠信)은 이러한 강학(講學)의 내용이요, 예악(禮樂)과 형정(刑政)은 강학의 응용이니, 글을 읽고서도 그 내용과 응용을 알지 못한다면 강학을 하는 것이 아니다. 강학을 귀히 여기는 것은 그 내용과 응용 때문이다. 만약 고상하게 성(性)과 명(命)을 담론하고, 극도로 이(理)와 기(氣)를 분변하면서 각각 자기 소견만 주장하고 기어이 하나로 일치시키고자 한다면, 담론하고 분변하는 사이에 혈기(血氣, 감정)가 작용하게 되어 이와 기를 겨우 분변하는 동안 성(性)과 정(情)이 먼저 뒤틀어질 것이다. 이는 강학이 해를 끼친 것이다. 글을 읽어서 크게 써먹기를 구하는 것은 모두 다 사심(私心)이다. 일 년 내내 글을 읽어도 학업이 진보하지 못하는 것은 사심이 해를 끼치기 때문이다.[28]

---

28 『국역 연암집』 2, 379면. 『연암집』, 「原士」; 『한국문집총간』 252, 144ab면, "夫讀書者, 將以何爲也? 將以富文術乎? 將以博文譽乎? 講學論道, 讀書之事也; 孝悌忠信, 講學之實也; 禮樂刑政, 講學之用也. 讀書而不知實用者, 非講學也, 所貴乎講學者, 爲其實用也. 若復高談性命, 極辨理氣, 各主己見, 務欲歸一, 談辨之際, 血氣爲用, 理氣纔辨, 性情先乖, 此講學害之也. 讀書而求有爲者, 皆私意也, 終歲讀書而學不進者, 私意害之也."

학문을 하는 목적은 '효제충신'이라는 내용과 '예악형정'이라는 응용에 있을 뿐, 고상하게 성(性)과 명(命)을 담론하고, 이(理)와 기(氣)를 논변하는 데 있지 않다고 명확히 밝히고 있다. 성리학에 대해 얼마나 비판적이고 부정적인 관점을 가지고 있는지, 이와 기의 논변에 빠져 있으면 겨우 분변하려고 할 때 성(性)과 정(情)이 먼저 뒤틀려져 도리어 공부가 해를 끼친 것이라는 지적은 매우 통렬하다. 연암의 학문 경향이 성리학과 확연히 다른 것은 아들 박종채(朴宗采)가 남긴 기록에서도 확인된다.

아버지는 늘 우리나라 사대부들이 대부분 이용후생학(利用厚生學, 생활의 도구를 능률적이게 하여 백성의 삶을 풍족하게 하는 데 주안을 두는 학문), 경세제국학(經世濟國學, 세상을 경륜하고 나라를 구제하는 학문. 정치학・경제학・사회학 등을 포괄하는 학문), 명물도수학(名物度數學, 수학・물리학・기하학・생물학・천문학 등을 포괄하는 학문) 등의 학문을 소홀히 한다는 점, 그리하여 잘못된 지식을 그대로 답습하고 있으며 그 학문이 몹시 거칠고 조잡한 점을 병통으로 여기셨다. 담헌 공(홍대용)의 평소 지론도 이와 같았다. 그래서 매번 만나면 며칠을 함께 지내며, 위로 고금의 치란(治亂)과 흥망에 대한 일로부터 옛사람들이 벼슬에 나아가거나 물러날 때 보여준 절의(節義), 제도의 연혁(沿革), 농업과 공업의 이익 및 폐단, 재산을 증식하는 법, 환곡(還穀)을 방출하고 수납하는 법, 지리, 국방, 천문, 음악, 나아가 초목, 조수(鳥獸), 문자학, 산학(算學)에 이르기까지 꿰뚫어 포괄하지 아니함이 없었으니 모두가 외워 전할 만한 내용이었다.[29]

---

29 박희병 옮김(1998), 35면. 김윤조 역주(1997), 311면, "先君常病: 吾東士大夫, 多忽於利用厚生・經濟・名物之學, 類多因訛襲謬, 麤齒已甚. 湛軒平日之論, 亦如此. 每相益簪, 輒留

연암의 학문 목표는 성리학자들과 확연히 구분된다. 그는 이기(理氣) 논변에 매달려 관념적 논쟁으로 세월을 보내는 것에 대해 매우 비판적이었으며, 현실생활의 구체적 문제에 주목하여 원리를 탐구하고 새 길을 모색하는 것을 학문의 목표로 삼고 있었다.[30] 그런데 흥미로운 것은 그런 학문을 추구하는 주체인 '올바른 선비〔雅士〕'의 모습을 '영아(嬰兒)'와 '처녀(處女)'에서 찾고 있다는 점이다.

아사(雅士)란, 뜻은 갓난아이〔嬰兒〕와 같고 모습은 처녀와 같으며 일 년 내내 문을 닫고 글을 읽는 사람을 말한다. 어린애는 비록 연약하여도 제가 생각하는 것에 전념하고 처녀는 비록 수줍어도 순결을 지키는 데에 는 굳건하나니, 우러러봐도 하늘에 부끄럽지 않고, 굽어봐도 사람에게 부 끄럽지 않은 것은 오직 문을 닫고 글을 읽는 그 일인저!31

連累日, 上自古今治亂興亡之故·古人出處大節·制度沿革·農工利病·貨殖羸糴, 與夫 山川·關防·曆象·樂律, 以至草木·鳥獸·六書·筭數, 無不貫穿該括, 皆可記而誦也." 번역문을 인용하면서 주석을 일부 수정하였다.

30 『열하일기』, 「일신수필」, '수레제도〔車制〕'에서도 이런 학문관은 강조된다. 다음 대목에 서 뚜렷하다. 『연암집』, 「馹汛隨筆」; 『한국문집총간』 252, 179bc면. "平生讀書曰: '『周 禮』聖人之作也.' 曰輪人, 曰輿人, 曰車人, 曰輈人, 然竟不講造之之法如何, 行之之術如 何. 是所謂徒讀, 何補於學哉? 嗚呼, 嘻噫! …… 誠以利生民之日用, 而有國之大器也." "사대부들이 평생 책을 읽고서 고작 '『주례』는 성인의 저술이다.'라는 말이나 하지, 거기 에 나오는 車人이니 輪人이니, 輿人이니, 輈人이니 하는 용어를 말하고 있지만 그저 입 으로만 외울 뿐이요, 정작 수레를 만드는 법이 어떠한지 수레를 부리는 기술이 어떠한지 하는 연구는 없다. 이는 소위 건성으로 읽는 풍월일 뿐이니, 학문에야 무슨 도움이 될 것인가. 오호라! 한심하고도 기막힐 일이다. …… 수레란 정말 백성을 이롭게 하는 일용 의 물건이고, 국가 경영에서 중요한 도구이다."

31 『국역 연암집』 2, 378면. 『연암집』, 「原士」; 『한국문집총간』 252, 143d~144a면, "吾所謂 雅士者, 志如嬰兒, 貌若處子, 終年閉其戶而讀書也. 嬰兒雖弱, 其慕專也; 處子雖拙, 其守 確也, 仰不愧天, 俯不作人, 其惟閉戶而讀書乎." 번역문 인용에서 '본디 선비〔雅士〕'라고 번역된 것을 '雅士'로 고쳐서 인용하였다. '雅' 에 '본디'라는 근원적인 뜻도 있지만 바르다는 뜻도 있는데, 두 가지 의미로 다 해석이

위의 글에서 갓난아이에 대한 설명은 마치 『노자(老子)』 55장의 한 구절을 약간 부연한 것과 같다. 『노자』 55장에서 갓난아이는 미성숙의 단계로 여겨지지 않고 이미 모든 것을 완전하게 다 갖춘 상태로 여겨지며, 유약하지만 확고하고 음양을 모르지만 정기가 지극하며, 이미 조화롭고 상(常)이 되며 명(明)이 된다고 여긴다. "덕을 품음이 두터운 것을 갓난아이에 비유하니, …… 뼈와 근육은 유약하나 쥐는 것은 확고하고, 아직 음양 화합의 원리를 알지 못하나 온전히 일어남은 정기가 지극함이요, 종일 울어도 목이 쉬지 않음은 조화로움이 지극함이다. 조화로움을 아는 것을 상(常)이라 하며, 상을 아는 것을 명(明)이라 한다."[32] 라고 한 것이다. 연암은 선비가 온 마음을 다해 학문에 집중하는 것을 갓난아이가 자신이 생각하는 것에 전념하는 것으로, 선비가 자기 시간과 행실을 정숙하게 지켜 가는 모습을 처녀에 비유하였다. 위의 글 외에도 연암은 몇 편의 글에서 영아와 처녀에 대해 언급하고 있다. 연암이 30대 중후반 시절에 쓴 것으로 추정[33]되는 「영처고서(嬰處稿序)」와 「선귤당기(蟬橘堂記)」[34]에서이다.

　　우사단(雩祀壇) 아래 도저동(桃渚洞)에 푸른 기와로 이은 사당이 있고,

가능하다고 보기 때문이다.

32 『老子』 55장, "含德之厚, 比於赤子, …… 骨弱筋柔而握固, 未知牝牡之合而全作, 精之至也, 終日號而不嗄, 和之至也. 知和曰常, 知常曰明."

33 강명관 교수는 이덕무가 「영처고자서」를 1760년(20세)에 썼으며, 박지원은 1768년(32세) 백탑 부근으로 이사한 무렵에 이덕무를 처음 만났고, 그 이후에 「영처고서」를 써 주었을 것으로 보았다(강명관(2007b), 241~242면).

34 유득공의 『泠齋集』에 수록된 「갓을 노래한 연구[笠聯句]」의 서문에 "경인년(1770) 봄에 蟬橘堂(이덕무의 서실)에 모여 박연암·李懋官(이덕무)과 함께 未韻을 다 써서 지었다. [庚寅春, 集蟬橘堂, 同朴燕巖·李懋官, 盡未韻.]"라고 하였다. 이덕무가 선귤당이라는 당호를 쓴 시절이 연암이 30대 중반 무렵에 해당한다.

그 안에 얼굴이 붉고 수염을 길게 드리운 이가 모셔져 있으니 영락없는 관운장(關雲長)이다. 학질(瘧疾)을 앓는 남녀들을 그 좌상(座牀) 밑에 들여보내면 정신이 놀라고 넋이 나가 추위에 떠는 증세가 달아나고 만다. 하지만 어린아이〔孺子〕들은 아무런 무서움도 없이 위엄스런 소상(塑像)에게 무례한 짓을 하는데, 눈동자를 후벼도 눈을 깜짝이지 않고 코를 쑤셔도 재채기를 하지 않는다. 그저 덩그러니 앉아 있는 소상에 불과한 것이다. …… 관운장의 가상(假像)에다 아무리 옷을 입히고 관을 씌워 놓아도 진솔(眞率)한 어린아이를 속일 수는 없는 것이다.[35]

갓난아기는 이름이 없으므로 영아(嬰兒)라 부르고 시집가지 않은 여자를 처자(處子)라고 한다. 따라서 영처(嬰處)라는 호는 대개 은사(隱士)가 이름을 나타내고 싶지 않을 때 쓴다. 그런데 지금 갑자기 선귤(蟬橘)로써 자호(自號)를 하였으니 자네는 앞으로 그 이름을 감당하지 못하게 될 것이다. 왜냐하면 영아는 지극히 약한 것이고 처자란 지극히 부드러운 것이어서, 사람들이 자네의 유약함을 보고는 여전히 이 호로써 부를 것이요, 매미 소리가 들리고 귤 향기까지 난다면 자네의 당(堂)은 앞으로 시장처럼 사람이 모이게 될 것이다.[36]

---

35 『국역 연암집』 2, 165면. 『연암집』, 「嬰處稿序」; 『한국문집총간』 252, 110c면, "雩祀壇之下, 桃渚之術, 青甍而廟, 貌之渥丹而鬚儼然, 關公也. 士女患瘧, 納其牀下, 神褫魄, 遁寒崇也. 孺子不嚴, 瀆冒威尊, 爬瞳不瞬, 觸鼻不嚔, 塊然泥塑也. …… 假像衣冠, 不足以欺孺子之眞率矣."

36 『국역 연암집』 2, 182면. 『연암집』, 「蟬橘堂記」; 『한국문집총간』 252, 113a면, "夫孺子無名, 故稱嬰, 女子未字, 曰處子. 嬰處者, 盖隱士之不欲有名者也. 今忽以蟬橘自號, 則子將從此而不勝其名矣. 何則? 夫嬰兒至弱, 處女至柔, 人見其柔弱也, 猶以此呼之. 夫蟬聲而橘香, 則子之堂, 其將從此而如市矣."

여기 「영처고서」에서는 '어린아이〔孺子〕'라고 표현하고 있다. 어린 아이는 편견이나 선입견이 없이 진술하므로 사물을 직시할 수 있고 속지 않는데, 영처자(嬰處子) 이덕무의 글 역시 어린아이처럼 옛글의 답습을 일삼지 않고 빌려 오지도 않으며, 차분히 현재에 임하여 눈앞의 삼라만상을 마주 대하여 '참다운 이치〔眞機〕'가 발현되도록 했다는 칭찬 문맥에서 나온 글이다. 「선귤당기」는 이덕무의 '영처자(嬰處子)'라는 호는 약하고 부드러운 의미가 있으니 은사의 이미지인데, '선귤(蟬橘)'이라는 호는 매미 소리에 귤 향기까지 더했으니 시장의 이미지가 될 것이라고 지적한 글이다. 연암의 이 대목만 보아서는 『맹자』나 『노자』에서 언급한 '적자'나 '영아'의 의미에서 벗어나는 의미가 있다고 보이지 않는다.

어린아이가 아니라 '갓난아이〔赤子, 嬰兒〕'는 조금 다른 의미로 받아들여진다. 적자(赤子)는 극진히 '보호해야 할 대상'이고, 적자지심(赤子之心)은 '천진무구하고 순수한 마음'을 의미한다. 『서경』, 「강고(康誥)」편에 "갓난아이 보호하듯 하면 백성이 편안하리라〔若保赤子 惟民其康乂〕."라고 하였고, 『맹자』, 「이루(離婁) 하(下)」편에 "대인이란 갓난아이의 마음을 잃지 않는 자이다〔大人者 不失其赤子之心者也〕."라고 한 것이 그 중요한 근거가 된다. 유교에서는 이단시하는 『노자』에서도 '영아'나 '적자'라는 말은 같은 의미로 쓰인다. 10장에 "기를 오로지하여 부드러움을 극진히 하기를 능히 갓난아이와 같이 할 수 있는가〔專氣致柔 能嬰兒乎〕."라든가 28장에 "상덕(常德)이 떠나지 않으면 다시 갓난아이로 돌아간다〔常德不離 復歸於嬰兒〕." 같은 대목이 그러하다.

극과 극은 통한다는 말처럼 성인(聖人)과 갓난아이가 동일시되는 듯한 느낌마저 드는 대목이다. 그러나 성인은 날 때부터 성인이 아니라 수양을 거쳐 '극기복례'함으로써 완성된 사람이고, 갓난아이는 태어나면서 이미 완전한 상태라는 점에서 차이가 있다. 얼핏 모순되어 보이지만, 반드시 모순된다고 볼 수는 없는 것이 '성인'과 '갓난아이'는 그 언어 자체가 내포한 의미 맥락이 다르기 때문이다. 성인이 사회적 맥락에서 인격적 완성체라면, 갓난아이는 개별적 생명체의 맥락에서 이미 살아갈 기초적 능력[良知良能]을 갖추고 있다는 점에서 완전한 개체이다. 주자학이 성인의 수기치인에 비중을 둔다면 양명학은 갓난아이의 양지양능에 비중을 둔다고 할 수 있는데, 기본적으로는 이미 유교경전 내에 이 두 속성이 나란히 내포되어 있다. 다만 후대로 오면서 강조하는 비중이 달라진 것뿐이다.

그런데 연구자 가운데는 연암의 여러 산문에 등장하는 '어린아이의 마음'이 이지(李贄, 1527~1602)의 '동심(童心)'과 유사하다고 지적하고, 연암의 문학론이 양명좌파의 영향을 받은 공안파(公安派)의 문학론과 유사함을 가리키기도 한다. 연암의 '영아'와 이지의 '동심'에 유사한 점이 있을 수는 있겠지만, 전면적 영향관계가 있다[37]고 보기는 어렵지 않을까 한다. 연암의 글 이전에 여러 성리학자의 글에도 갓난아이와 처녀의 몸가짐을 선비에 비유한 것이 많았기 때문이다. 몇 가지만 예를 들어 보아도 이것이 유교 전통에 익숙한 수사(修辭)임을 당장 눈치챌 수 있다. 선비의 몸가짐을 처녀의 몸가짐에 비유한 표현은 한수재(寒水齋) 권상하(權尙夏, 1641~1721)가 조카인 섭에게 쓴 편지글[38]과 눌

---

37 강명관(2007b), 242~254면.
38 權尙夏, 『寒水齋集』, 「答燮[六月]」; 『한국문집총간』 150, 374면, "내가 생각하기에 선비란 처녀와 같은 것인데 타인을 위해 중매를 하니 어찌 그런 도리가 있겠느냐? 지금 서울 풍습이 聲利場中으로 내달려 편안하고 고요하게 스스로를 지키는 사람을 다시 볼 수가 없다.[吾意士子如處女, 爲他人作媒, 豈是道理. 卽今洛中風習, 馳騁於聲利場中, 不復見恬靜自守之人.]"

은(訥隱) 이광정(李光庭, 1674~1756)이 쓴 「정락재(靜樂齋) 김공(金公, 金履) 행장」[39] 그리고 대산(大山) 이상정(李象靖, 1711~1781)의 글[40]에서는 물론, 더 많은 글들에서 흔히 발견되는 것이다. 선비의 마음을 갓난아이의 마음에 비유한 표현 역시 마찬가지다. 이재(頤齋) 황윤석(黃胤錫, 1729~1791)은 김용겸(金用謙, 1702~1789)에 대한 만시(挽詩)에서 "평생 갓난아이의 마음이었다."[41]라고 했고, 청성(靑城) 성대중(成大中, 1732~1812)은 「지재김선생행장(遲齋金先生行狀)」에서 "평생 갓난아이의 마음을 보존했고, 시종 처녀의 행실을 지키셨다."[42]라고 표현했으며, 노촌(老村) 임상덕(林象德, 1683~1719)은 「고 사도시 첨정 조태수공 행장 뒤에 쓰다〔書故司䆃寺僉正趙公〔泰壽〕行狀後〕」라는 글에서 "나이가 백발에 이르렀어도 마음을 보존하기를 갓난아이와 같이 하였으며, 지체가 주문(朱門) 대가(大家)에 속했으나 몸가짐 감추기를 처녀와 같이 하였다."[43]라고 표현했다. 그러니 선비와 처녀, 선비와 갓난아이의 핵심적 공통점을 찾아 비유하는 발상과 표현은 연암만의 독특한 사고와 표현이 아닌

---

39 李光庭, 『訥隱集』, 「靜樂齋金公行狀」; 『한국문집총간』 187, 457면, "선비의 처신은 처녀와 같으니 삼가지 않아서는 안 된다.〔士之處身如處女, 不可以不愼也.〕"

40 李象靖, 『大山集』, 「晚修錄」; 『한국문집총간』 227, 247면, "우리들이 학문을 하는 것은 비유하자면 규중처녀가 한번 더럽혀지고 나면 종신토록 씻어 낼 수 없는 것과 같다. 모름지기 전전긍긍 깊은 못에 임하듯 살얼음을 밟듯 조심하여 털끝만큼도 스스로 마음을 놓아 잘못하는 일이 없도록 해야 아마도 명예를 떨어뜨리는 데 이르지 않을 것이다.〔吾人爲學, 譬如閨中處女, 一受汚辱, 終身不磨. 須是戰兢臨履, 一毫不自放過, 庶幾不到得隊墮耳.〕"

41 黃胤錫, 『頤齋遺藁』, 「嘐嘐齋金判書丈 挽」; 『한국문집총간』 246, 112면, "平生赤子心, 筆畫并可測."

42 成大中, 『靑城集』, 「遲齋金先生行狀」; 『한국문집총간』 248, 516면, "平生保赤子之心, 始終守處女之行."

43 林象德, 『老村集』, 「書故司䆃寺僉正趙公〔泰壽〕行狀後」; 『한국문집총간』 206, 82면, "年逮于白首, 而保心如赤子, 地處於朱門, 而藏身若處女."

것이다.

　그러면 왜 연암의 글에서 유독 이 문제가 새롭고 낯설게 부각되는 것일까? 무엇이 달라졌기에 그런 것일까? 그것은 '영아', '적자', '처녀'라는 어휘 자체가 단순한 비유적 이미지에 그치지 않기 때문이다. '영아', '적자', '처녀'라는 개념이 사(士)의 진면목과 연결되고, 학문 목표가 현실적인 문제 해결론으로 바뀌고, 진(眞)에 대한 인식을 강조하는 맥락으로 접속되는 데서 그 의미의 변화가 감지되었기 때문이다. 그런 연결 고리가 없으면 '영아', '적자', '처녀'는 그 이전에 사용되던 의미와 아무런 차별성이 드러나지 않는다. 연암은 50대 중반 이후 만년에도 '영아'와 '적자'를 언급한 글을 쓴다. 이 경우는 사(士)의 현실적 사명이나 진(眞)에 대한 인식과 관련지어 언급하고 있음을 볼 수 있다. 「삼종질(三從姪) 종악(宗岳)이 정승에 제수됨을 축하하고 이어 시노(寺奴) 문제를 논한 편지」[44]에서는 자신이 안의현의 현감이 되어 5,000호의 중남중녀(衆男衆女)를 '적자'나 '영아'를 돌보듯 '어미의 지성(至誠)'을 다하고 있다는 내용이다.

　지금 늘그막에 한 고을 원이 되어 5,000호의 중남중녀(衆男衆女)를 맡아 기르게 되니, 이들은 맹자(孟子)의 이른바 '적자(赤子)'요, 노자(老子)의 일컬은바 '영아(嬰兒)'인 셈이다. 영아란 한번 떼를 쓸 때면 손으로 제 머리칼을 쥐어뜯고, 한번 울음을 터뜨리면 누워서 발을 버둥거리는데, 남들이 아무리 온갖 방법으로 달래 보아도 그 옹알대는 소리가 무슨 말이며 제 의사가 어디에 있는지 알아내지 못하지만, 자상한 제 어미만은 능히

44　朴宗岳이 충청감사로 있다가 우의정을 제수받은 것이 1792년 1월이므로, 이 글은 연암이 56세 무렵, 즉 안의현감으로 있던 시절의 편지로 추정된다.

이를 잘 살펴서 알아듣고 미리 짐작해서 그 뜻을 알아맞힌다. 이에, 처음 해산한 어미는 자나 깨나 하는 생각에 오로지 안절부절못하고 젖을 물리는 데 있기 때문에 소리도 냄새도 없는 속에서도 묵묵히 듣고 꿈속에서도 거기에 마음을 쓰고 있는 줄을 비로소 안다. 이야말로 지성(至誠)이 아니고야 될 수 있겠는가?[45]

이 대목은 앞서 언급한 『맹자』, 「이루 하」의 요지와 정확히 그대로 통한다. 또 『노자』 49장에 "성인(聖人)은 항상 사심이 없다, 백성의 마음으로 제 마음을 삼는다. …… 성인은 모든 백성을 갓난아이처럼 여긴다〔聖人無常心 以百姓心爲心 …… 聖人皆孩之〕."라고 한 내용과도 조금도 차이가 없다. 이것은 사(士)가 현실적 과제에 충실히 대처하는 본질적 사명과 관련된 문제이기 때문이다. 아무런 이질적 차이가 발견되지 않는다.

그런데 다른 두 편의 글에서 언급된 '영아(嬰兒)'와 '어린아이〔小兒〕'는 조금 다른 의미를 가진다. 하나는 『열하일기』, 「도강록(渡江錄)」 7월 8일자 기사에 나오는 글이고, 다른 하나는 「답임형오논원도서(答任亨五論原道書)」이다.

갓난아이에게 물어보시게. 갓난아이가 처음 태어나 칠정 중 어느 정에 감동하여 우는지? 갓난아이는 태어나 처음으로 해와 달을 보고, 그다음

---

45 『국역 연암집』 1, 104~105면. 『연암집』, 「賀三從姪拜相 因論寺奴書」; 『한국문집총간』 252, 30a면, "顧今白頭爲吏, 字得五千戶衆男衆女, 孟子所謂'赤子', 老聃所稱'嬰兒'也. 嬰兒怒則自掠其髮, 啼則臥搤其足, 他人雖千譬百喩, 莫曉其呢喃之何語旨趣之何在, 而唯慈母者, 乃能句而解之, 逆探而中其意. 始知新娩者, 寤寐一念憧憧在乳, 默聽於聲臭之外, 潛伺於夢魂之中. 非至誠, 能之乎?"

에 부모와 앞에 꽉 찬 친척들을 보고 즐거워하고 기뻐하지 않을 수 없을 것이네. 이런 기쁨과 즐거움은 늙을 때까지 두 번 다시 없을 터이니, 슬퍼하거나 화를 낼 이치가 없을 것이고 응당 즐거워하고 웃어야 할 것이 아닌가. 그런데도 도리어 한없이 울어대고 분노와 한이 가슴에 꽉 찬 듯이 행동을 한단 말이야. 이를 두고 신성하게 태어나거나 어리석고 평범하게 태어나거나 간에 사람은 모두 죽게 되어 있고, 살아서는 허물과 걱정 근심을 백방으로 겪게 되므로 갓난아이는 자신이 태어난 것을 후회하여 먼저 울어서 자신을 위로하는 것이라고 한다면, 이는 갓난아이의 본마음을 참으로 이해하지 못해서 하는 말이네.

갓난아이가 어머니 태중에 있을 때 캄캄하고 막히고 좁은 곳에서 웅크리고 부대끼다가 갑자기 넓은 곳으로 빠져나와 손과 발을 쳐서 기지개를 켜고 마음과 생각이 확 트이게 되니, 어찌 참소리를 질러 억눌렸던 정을 다 크게 씻어 내지 않을 수 있겠는가! 그러므로 갓난아이의 거짓과 조작이 없는 참소리를 응당 본받는다면, 금강산 비로봉에 올라 동해를 바라봄에 한바탕 울 적당한 장소가 될 것이고, …… 지금 요동 들판에 임해서 여기서부터 산해관까지 일천이백 리가 도무지 사방에 한 점의 산이라고는 없이, 하늘 끝과 땅 끝이 마치 아교로 붙인 듯, 실로 꿰맨 듯하고 고금의 비와 구름만이 창창하니, 여기가 바로 한바탕 울어 볼 장소가 아니겠는가?[46]

---

46 『열하일기』 1, 130~132면. 『연암집』, 「渡江錄」 '七月八日甲申'; 『한국문집총간』 252, 160b면, "問之赤子. 赤子初生, 所感何情? 初見日月, 次見父母·親戚滿前, 莫不歡悅. 如此喜樂, 至老無雙, 理應哀怒, 情應樂笑? 乃反無限啼叫, 忿恨彌中. 將謂人生神聖愚凡, 一例崩殂, 中間尤咎, 患憂百端, 兒悔其生, 先自哭吊, 此大非赤子本情. 兒胞居胎, 處蒙冥沌塞, 纏糾逼窄, 一朝迸出寥廓, 展手伸脚, 心意空闊, 如何不發出眞聲盡情一洩哉! 故當法嬰兒聲無假做, 登毗盧絶頂, 望見東海, 可作一場. …… 今臨遼野, 自此至山海關一千二百里, 四面都無一點山, 乾端坤倪, 如黏膠線縫, 古雨今雲, 只是蒼蒼, 可作一場?"

배고파 울던 어린애[小兒]도 호랑이를 무서워하여 울음을 그치지. 내 모르겠네만, 무릇 이와 같은 행동은 성(性)에서 터득한 것인가, 형(形)에서 터득한 것인가? …… 그러므로 양지(良知)와 양능(良能)은 흡사 자연히 그렇게 된 듯, 성(性)에 가장 근접한 것이긴 하네.[47]

「도강록」에서 인용한 글은 연암이 47세인 1783년에 완성했다는 『열하일기』 속의 글이고, 「임형오에게 답한 편지」는 그보다 더 만년에 쓴 글인데, 이 두 대목에 이르면 앞서의 글에 나타난 '영아'와는 이질적 차이가 발견된다. 「도강록」에서는 갓난아이가 태어나면서 우는 것을 '본정'이라 하면서 그것이 참된 소리요, 꾸밈없는 소리이니 어른이 갓난아이를 '본받아서' 한바탕 울어 볼 만하다고 하는 것이다. 그리고 「임형오에게 답한 편지」에서는 어린아이가 배가 고파서 울다가도 호랑이가 무서워 울음을 그치는 것이 양지·양능이니 도에 가장 근접한 모습이라고 말했다. 「도강록」에서 아이의 본능적인 울음을 참된 소리라고 의미 부여를 하는 것도 본성에 가장 근접한 모습으로 여기는 것과 같다.[48] 이 두 대목

---

47 『국역 연암집』 1, 147~148면. 『연암집』, 「答任亨五論原道書」; 『한국문집총간』 252, 37c면, "小兒啼飢, 惴虎則止. 吾不識也, 凡若是者, 得之性乎, 得之形乎? 故如使吾子, 行思置足, 步步安排, 則終日而不能數里矣. 故良知也良能也, 似乎自然, 最爲近之."

48 김명호 교수는 2011년 2월 22일 실시학사 세미나에서 바로 이 '好哭場' 대목을 지적하여 이렇게 설명하였다. "갓난아기가 태어날 적에 우는 것은 인생을 미리 비관한 때문이라는 염세적인 주장은 마테오 리치의 『천주실의』에서 유래했을 것으로 추측된다. …… 제3편 「論人魂不滅 大異禽獸」에서 중국 선비는 만물의 영장이라는 인간의 삶이 실은 동물보다 더 고달프다고 하면서 '人之生也, 母嘗痛苦. 出胎赤身, 開口先哭, 似已自知生世之難……'이라고 하였다. 요절한 천재 시인 李彦瑱이 「衕衕居室」 제42수에서 '兒墮地便啼哭, 阿爸悶阿婆惱. 鷄生啄不待乳, 犢生走不待抱.'라고 노래한 것 역시 동일한 전거와 발상에서 나온 것이다." 이 논지는 그 이후에 발표한 논문(2011a)에서 보다 더 상세하게 논증하여 발표하였다. 그러나 김명호 교수도 지적하였듯이, 연암은 『천주실의』를 읽고 수용과 비판을 연암 스스로 적절히 하였을 뿐, 연암의 사상이나 학문론의 중심이

에서는 주자학이 아니라 양명학적 인식론을 보이는 것이다. 이런 점에 주목하여 신향림은 연암이 만년에 양명학에 경도되었다고 지적했다.

과연 연암은 공안파에 기울고, 양명학에 경도되었던 것일까? 그랬을 수도 있다. 그러나 공안파에도 없고 양명학에도 없었던 것은, 연암의 '아사(雅士)'론이며, 연암의 학문론이다. 현실생활의 구체적 문제에 주목하여 원리를 탐구하고 새 길을 모색하는 것을 학문의 목표로 삼고 '아사'의 진면목을 가다듬는 과정에서 '적자', '영아', '처자', '동심', '양지양능'에 관한 사유가 이리저리 직조되는 것이다. 연암이 자기 시대의 인간과 학문을 이해하고 새롭게 정립하기 위해 고민한 사유의 자취라 하겠다. 유교경전에 굳건히 뿌리를 두고 있으면서 노장을 섭렵하고, 당대의 새로운 사고들과 접속하면서 자기 시대 학문의 목표를 새롭게 설정하고, 자기 시대의 인간을 새롭게 이해하려는 노력이 곳곳에서 선명하게 읽힌다. 그 점이야말로 연암의 연암다운 본질적인 사고 특성이라고 생각된다.

연구자들이 성급하게 연암을 어느 사상인가로 귀속시켜 규정하고, 누군가의 영향을 받은 것이라고 계보를 만드는 것은 좀 지양해야 할 것 같다. 연암을 성급히 어디론가 귀속시켜 버리지 말아야 연암이 고민한 문제의 참모습이 드러날 수 있을 것이다. 그런 귀속적 규정은 나중에 천천히 해도 늦지 않다고 본다. 연암이 자기 시대의 현실을 직시하면서, 진정한 해결책을 찾아 이리저리 찾아 헤맨 사유의 흔적, 그 자체가 '고심의 자취'이며, 그런 고심의 자취야말로 오늘날 우리에게도 중요한 지적 전통이 될 것이기 때문이다.

경도될 만큼 영향을 받은 것은 아니라고 보고 있다. 그 점에 대해서는 필자도 같은 판단을 하고 있다.

3. 연암의 진정론(眞情論)

1) 진정(眞情)과 진(眞), 그 인식과 표현법

진정의 주관성과 진의 주객일치성(主客一致性)

진정이란 개인의 내면에서 저절로 간절하게 우러난 감정이다. 그런 '진정'이야말로 보편적 공감을 불러일으킴으로써 광범위한 '호소력'과 '설득력'을 갖는 힘이 있다. 연암은 「회성원집발(繪聲園集跋)」에서 "언어는 비록 다르나 문자는 똑같으니, 그 시에서 즐거워하고 웃고 슬퍼하고 우는 것은 통역을 안 해도 바로 통한다. 왜 그런가? 감정을 겉으로 꾸미지 않고, 소리가 충심에서 우러나왔기 때문이다."[49]라고 했다. 이 말은 꾸미지 않은 감정과 충심에서 우러나온 소리, 즉 진정의 호소력과 공감력이 매우 크다는 사실을 강조하고 있다. 그렇긴 하지만 진정이란 것도 결국 주관적 감정인 것이라, 반드시 타인이 공감할 수 있거나 이해할 수 있는 것은 아니다. 때로는 타인이 전혀 공감하지 못할 뿐 아니라, 도리어 진정을 의심하거나 비난할 수도 있다.

저 언덕 위에서 사람들이 무리 지어 노래하고 떼 지어 웃고 즐기고 있는데, 갑자기 술 취한 사람이 통곡하며 말끝마다 제 어미를 불러 대고 있었다. 구경꾼이 담장을 두르듯 모여들었으나, 얼굴에는 부끄러운 빛 하나 없고 거듭 흐느끼는 소리의 억양이 모두 다 절주(節奏)에 들어맞았다. 이는 그의 마음이 우는 데 전념하여 자연히 음률에 들어맞은 것이다. 만약

---

49 『국역 연암집』 1, 309면. 『연암집』, 「繪聲園集跋」; 『한국문집총간』 252, 70c면, "言語雖殊, 書軌攸同, 惟其歡笑悲啼, 不譯而通. 何則? 情不外假, 聲出由衷."

취한 사람이 복사꽃을 보고 어머니 생각이 나서 그런다 해도 아닐 것이요, 또 이는 계절과 사물에 감촉되어 저절로 슬픔이 일어났다 해도 아닐 것이요, 또 효자가 어머니를 생각하여 어디를 가도 그렇게 된다고 해도 역시 아닐 것이다. 이는 곧 구경하는 사람의 억측일 뿐이요, 취한 사람의 진정은 아니니, 모름지기 취한 사람에게 무슨 일로 통곡하고 있는지 물어보아야 할 것이다.[50]

통곡하는 사람 본인은 슬픔이 사무쳐서 '우는 데 전념'한 상태이지만, 그 슬픔이 타인에게 곧장 전해지지는 않는다. 영문을 몰라 어리둥절한 채 의문을 느낄 수도 있고, 대수롭지 않게 생각할 수도 있다. 또 통곡하는 이유를 물어보아 곡절을 듣게 되더라도 전혀 공감하지 못할 수도 있다. 진정은 호소력이 크다지만, 결국 철저히 주관적 영역에 속해 있는 것이다. 심지어 본인 스스로도 자신의 진정을 제대로 자각하거나 이해하지 못하기도 하고, 제대로 자각했더라도 타인과의 소통에 실패하기도 한다. 연암은 그런 상황을 아이들의 놀이에 비유했다.

한 아이가 뜰에서 놀다가 제 귀가 갑자기 울리자 놀라서 입을 다물지 못한 채 기뻐하며, 가만히 이웃집 아이더러 말하기를 "너 이 소리 좀 들어 봐라. 내 귀에서 앵앵 하며 피리 불고 생황 부는 소리가 나는데 별같이 동글동글하다!" 하였다. 이웃집 아이가 귀를 기울여 맞대어 보았으나 끝내 아무 소리도 듣지 못했다. 그러자 안타깝게 소리치며 남이 몰라주는

50 『국역 연암집』 2, 353면. 『연암집』, 「桃花洞詩軸跋」; 『한국문집총간』 252, 139d면, "堤上歌吹爲群, 懽笑成隊, 忽有醉人慟哭, 聲聲呼母. 觀者如堵, 容無愧怍, 累欷掩抑, 咸中節奏. 心專於哭, 自然合律. 若謂醉人看桃花思母, 非也; 又謂是感時觸物自然興悲, 非也. 又謂孝子思母, 隨處而然, 亦非也. 是乃觀者臆量耳, 非醉人眞情, 須問醉人所慟."

것을 한스럽게 여겼다.[51]

여기서 귀에 뭔가 들리는 것이 있는 아이는 그 현상이 자기 귀에서 일어났으므로 생생히 체험하긴 했지만, 그 현상의 의미나 발생 원인에 대해서는 제대로 알지 못한다. 자신도 자신의 내면에서 일어난 현상을 제대로 이해하지 못할 뿐 아니라, 현상을 제대로 설명해 내지도 못한다. 위의 글은 귀 울림 현상을 예로 들어 설명했지만 귀 울림만이 아니라 감정도 마찬가지다. 아무리 자신에게 절실한 감정이라 해도 그 진정을 자신이 다 알아차릴 수도 없고 설명할 수도 없다. 또 열심히 설명하더라도 귀 울림을 이해하지 못하는 아이처럼 타인은 끝내 그 진정을 이해하지 못할 수도 있다. 진정이 철저히 주관적 영역에 속한 것이기 때문이다. 본인조차 자신의 감정이 진정인지 아닌지 분명하게 확정 지을 수 없을 때가 많기 때문에, 본인이 진정이라고 말한 것이 진짜 진정인지 확인하려면 그 시간이 얼마간 지난 다음에 주변의 여러 가지 정황과 견주어 현실적 검증을 거쳐야만 그때 나의 진정이 무엇이었구나 짚어 낼 수가 있다. 그렇게 지극히 주관적인 진정이 객관적 상황과 검증을 거친 다음에 하나의 의미로 드러나는 것을 '진(眞)'이라 할 수 있을 것이다.

연암이 천주교 신자의 마음을 돌려놓았다고 감사에게 쓴 편지를 보면, 천주교 신자인 필군이라는 백성은 진정을 말했지만 타인에게 전해지지 않았다. 그것은 다른 검증 과정을 거쳐서야 그의 말이 '진'이니 믿

---

51 『국역 연암집』 1, 295면. 『연암집』, 「孔雀館文稿自序」; 『한국문집총간』 252, 60a면, "小兒嬉庭, 其耳忽鳴, 啞然而喜, 潛謂鄰兒曰: '爾聽此聲. 我耳其嚶, 奏鞸吹笙, 其團如星.' 鄰兒傾耳相接, 竟無所聽. 閟然叫號, 恨人之不知也."

을 만하다고 판단이 내려졌다. 그래서 "지금 이 필군이 전에는 비록 미혹되었지만, 뉘우치고 깨달은 것이 전에 올린 소지에 이미 입증되었으며, 흉금을 드러내어 진심으로 복종하는 품이 조금도 숨김이 없는 것 같습니다. 그런데 지금 또 되풀이하여 심문하고 추궁하였으나, 그 진술이 전날의 진술과 한결같고, 완전히 마음을 고쳐먹은 형상이 자못 말과 얼굴에 나타났습니다."[52]라고 한 것이다. 타인만 그것을 판단할 수 있는 것이 아니라, 본인도 자신의 그때 감정이 진정이었다고 판단하게 되는 것은 나중의 일이다. 지극히 주관적인 영역의 진정을 진정으로 인정하기 위해서는 진정성을 확인할 수 있는 다양한 객관적 검증 장치가 필요한 것이다. 그러므로 진정(眞情) 또한 진(眞)의 판단 대상이다. 그것이 진정과 진의 관계[53]이다. 그런 점에서 진은 현상의 존재와 그 현상에 대한 인식이 합치되어 결정되는 판단 개념어[54]라고 하겠다. 연암은 진정과 진을 중시했지만, 그에 대해 명확히 개념을 정의하거나, 두 개념의 상관성을 설명하지는 않았다. 그러나 남아 있는 글을 통해 이상과

---

52 『국역 연암집』 1, 213면. 『연암집』, 「上巡使書」; 『한국문집총간』 252, 48a면, "今此必軍 曾雖迷惑, 其所悔悟, 已徵於前呈所志, 披露款服, 似無隱情. 今又反覆究詰, 所供一如前 招, 其頓然革心之狀, 頗達言面."

53 진정과 진의 관계에 대해 필자는 「18세기의 眞 추구론과 性靈說」(이지양(1999))에서 언급한 적이 있으나, 구체적으로 다루지는 못했다. 그때는 연암의 논리에 집중한 것이 아니라, 18세기 연암 주변 일군의 문인들의 글에서 발견되는 진을 추구하는 논리들을 모아서 다룬 것이다. 18세기 '진정'을 추구하는 논리는 '假'의 상대개념으로 '眞'을 인식하게 했고, 그것은 문학이 유교적 윤리관으로부터 일정한 거리를 확보하도록 했으며, 문학에서 지금, 여기, 우리의 감정과 우리의 말[방언]의 가치를 주목하게 만들었다고 했다.

54 '진'을 철학적 개념 정의를 빌어 간략히 정리하면 '객관적 사물과 주관적 인식이 일치를 이룬 것'으로 말할 수 있다. 그것은 결국 어떤 대상에 대해 증명을 통해 참과 거짓, 두 경우를 판단하게 되는 판단 개념어의 하나가 되는 것이다. 연암의 글에서 사용된 '진'의 개념이 이러한 판단 개념어로서의 개념으로 사용되고 있다고 보아 이런 표현을 한 것이다.

같은 개념과 두 개념 간의 관계를 유추할 수 있다.

진의 상대어

진을 인식하는 데 방해가 되는 요소들이 있다. 사(似)·환(幻)·어지러운 평판·시각과 청각·편견이나 고정관념 같은 것들이다. 이런 요소들은 진과 가(假)·진과 위(僞)를 분별하기 어렵도록 만든다. 착시 현상을 일으키면서 사람을 미혹시키고 분별력을 떨어뜨리기 때문이다. 연암은 이러한 것을 하나씩 지적하면서 이런 것에 빠져들어 혼란을 겪는 사람들에게 주의할 점을 지적한다.

첫째, '비슷한 것은 가짜〔似已非眞〕'[55]이므로 그 피상적 비슷함을 구별하라고 말한 것이다. 연암은 "무릇 '흡사하다', '같다', '유사하다', '닮았다', '꼭 같다' 등은 같은 것을 비유하는 말들이지만, 비슷한 것을 가지고 비슷하다고 비유하는 것은 어디까지나 비슷한 것일 뿐이지 진짜는 아니네."[56]라고 지적한다. 닮은 것을 동일시하는 것은 이것도 모르고 저것도 모르기 때문에 그렇다는 것이다. 좀 더 구체적으로 설명한 대목도 있다. "비슷한 것을 구하려 드는 것은 그 자체가 참이 아니라는 것을 인정하는 셈이다. 천하에서 이른바 서로 같은 것을 말할 때 '꼭 닮았다〔酷肖〕'라 일컫고, 분별하기 어려운 것을 말할 때 '진짜에 아주 가깝다〔逼眞〕'고 일컫는다. 무릇 '진(眞)'이라 말하거나 '초(肖)'라고 말할 때에는 그 속에 '가(假)'와 '이(異)'의 뜻이 내재되어 있다. 그러므로 천하에는 이해하기 어렵지만 배울 수 있는 것이 있고, 전혀 다르면서도

---

55 『국역 연암집』 2, 8면. 『연암집』, 「贈左蘇山人」; 『한국문집총간』 252, 89b면.
56 『열하일기』 1, 368면. 『연암집』, 「關內程史」, '灤河泛舟記'; 『한국문집총간』 252, 193bc
   면, "凡言'似'·'如'·'類'·'肖'·'若'者, 諭同之辭也. 然而以似諭似者, 似似而非似也."

서로 비슷한 것이 있다."[57]라고 하였다. 외형과 내심을 구별하면서 외형은 달라도 내심은 같을 수가 있고, 외형은 비슷해도 내심은 다를 수가 있으니 잘 구별하라는 것이다. 또 외형이 비슷한 것은 피상적인 겉모습에 불과하므로 속지 말라고 했다.

둘째, 환(幻)에 스스로 현혹되지 말라고 했다. 연암은 요술쟁이가 보여 주는 환희(幻戲)를 자신의 눈으로 보고도 시비를 분별 못하고 참과 거짓을 살피지 못한다면, 눈이 없는 것과 마찬가지라고 했다. 그런데도 '항시 요술쟁이에게 현혹되는 것을 보면, 이는 눈이 함부로 허망하게 보려고 한 것이 아니라, 분명하게 보려고 하는 것이 도리어 탈'[58]이 되기 때문이라고 한다. '요술쟁이가 우리를 현혹시킨 것이 아니라, 사실은 보는 사람 스스로가 현혹되었을 뿐'[59]이라고 하면서, 요술쟁이의 환희 정도야 천변만화를 하더라도 족히 두려울 게 없지만 정말 '두려워할 요술은 크게 간사한 사람이 충성스럽게 비치는 것이며, 아주 점잖은 척하지만 알고 보면 천하에 가장 고약한 사람인 향원(鄕愿)이 덕을 꾸미는 일일 것'[60]이라고 한다. 눈으로 실재(實在)하는 사물과 현상을 보지 못하고, 실재하지도 않는 사물과 현상을 보는 것, 허상을 만들어 내어 보는 것이 환(幻)인데, 요술쟁이가 무대에서 펼치는 환은 세상 현실 속에

57 『국역 연암집』 2, 169면. 『연암집』, 「綠天館集序」; 『한국문집총간』 252, 111a면, "求似者非眞也. 天下之所謂相同者, 必稱酷肖, 難辨者亦曰'逼眞'. 夫語眞語肖之際, 假與異在其中矣. 故天下有難解而可學, 絶異而相似者."

58 『열하일기』 3, 33면. 『연암집』, 「幻戲記」, '後識'; 『한국문집총간』 252, 279c면, "常爲幻者所眩, 則是目未嘗非妄, 而視之明, 反爲之祟也."

59 『열하일기』 3, 34면. 『연암집』, 「幻戲記」, '後識'; 『한국문집총간』 252, 279c면, "今日觀幻, 非幻者能眩之, 實觀者自眩爾."

60 『열하일기』 3, 36면. 『연암집』, 「幻戲記」, '後識'; 『한국문집총간』 252, 279d~280a면, "天下有可畏之幻, 大姦之似忠也, 鄕愿之類德也."

서 일어나는 환에 비하면 아무것도 아니라는 말이다. 현실 속에서 얼마나 많은 허상을 보고, 착각을 일으키는지 그것이 정말 두려운 '환희'라고 했다. 연암은 이런 환희는 보는 자가 스스로 자신을 속이기 때문에 가능한 일이라고 하면서 진을 분별해야 한다고 역설했다.

셋째, 현상에 대한 어지러운 평판을 모두 모아서 판단하라고 했다. 「황교문답(黃敎問答)」, '반선시말(班禪始末)'에서는 분명히 하나뿐인 반선(班禪)이건만, 그 평가가 종잡을 수 없이 다양한 것을 들었다. 보는 사람마다 제각기 들은 바와 전한 바를 가지고 말하기 때문에, 그 모양을 짐작할 수도 없고, 보아도 그 빛깔을 능히 감정할 수 없을 정도로 반선에 대한 평판은 엇갈리고 있었다. 연암은 놀랍기도 하고 이상하기도 하며, 칭찬하는 듯도 하고 조소하는 듯도 하며 기괴하고 거짓말 같아서 모두 믿을 수가 없었지만, 보고 듣는 대로 빠짐없이 모두 다 기록했다. 그렇게 모든 정보의 조각들을 모음으로써 반선의 혼란스러운 상과, 그렇게 말한 사람들 각각의 수준과 상태가 동시에 드러나게 만들었다. 혼란스러운 현상에 대처하는 하나의 방법을 보여 준 것이다. 연암이 쓴 '반선시말'에 대해 처남 이중존(李仲存)은 이렇게 평했다.

그들이 하는 말들은 모두 놀랍고 이상하여, 활불을 칭찬하는 것 같기도 하고 조롱하는 것 같기도 하며, 괴상하고 기이하며 속임수 같고 거짓말 같아서 다 믿을 수 없다. 그래서 끌어 붙여 이를 기록하고, 잡된 내용들을 모아 서술하여 문득 「황교문답」 한 편을 완성한 것이다. 신령스럽고 환상적이며 거대하고 화려하며, 밝고도 섬세하여 아주 특이하고 이색적인 글이 되었다. 이른바 활불의 술법이나 내력을 갈고리로 후벼 파내고 더듬어서 찾아낼 수 있을 뿐 아니라, 연암이 만나서 이야기한 사람들의 성격이나 학식 및 용모와 말버릇까지 모두 펄펄 살아서 뛸 듯 환하게

드러난다.[61]

현상의 혼란스러운 정보를 잡다하게 모아 놓음으로써 그것으로 진(眞)을 구별하는 또 하나의 방법을 만들었음을 지적한 것이다.

넷째, 시각과 청각 같은 감각도 진을 인식하는 데 방해가 됨을 알아야 한다고 했다. 연암은 「일야구도하기(一夜九渡河記)」에서 "소리와 빛깔이란 내 마음 밖에서 생기는 바깥 사물이다. 이 바깥 사물이 항상 사람의 귀와 눈에 탈을 만들어 사람으로 하여금 이렇게 똑바로 보고 듣지 못하게 만든다."[62]라고 했다.

다섯째, 편견이나 고정관념 역시 진에 대한 인식을 방해한다고 지적하였다.

저 까마귀를 보라. 그 깃털보다 더 검은 것이 없건만, 홀연 유금(乳金)빛이 번지기도 하고 다시 석록(石綠)빛을 반짝이기도 하며, 해가 비추면 자줏빛이 튀어 올라 눈이 어른거리다가 비췻빛으로 바뀐다. 그렇다면 내가 그 새를 '푸른 까마귀'라 불러도 될 것이고, '붉은 까마귀'라 불러도 될 것이다. 그 새에게는 본래 일정한 빛깔이 없거늘, 내가 눈으로써 먼저 그 빛깔을 정한 것이다. 어찌 단지 눈으로만 정했으리오. 보지 않고서 먼저 그 마음으로 정한 것이다. 아, 까마귀를 검은색으로 고정 짓는 것만으

---

61 『열하일기』 2, 221면. 『연암집』, 「黃教問答」, '仲存評語'; 『한국문집총간』 252, 238b면, "大抵皆是可驚可異, 似譽似嘲, 瑰奇譎詭, 莫可盡信. 而第爲之牽聯而書之, 叢雜而述之, 便成一篇. 靈幻鉅麗, 空明纖妙, 異樣文字. 不特所謂活佛者, 法術來歷, 可以鉤距探取, 卽晤語諸人之性情・學識・容貌・辭氣, 躍躍然都顯出來."
62 『열하일기』 2, 486면. 『연암집』, 「山莊雜記」, '一夜九渡河記'; 『한국문집총간』 252, 273b면, "聲與色, 外物也. 外物常爲累於耳目, 令人失其視聽之正, 如此."

로도 충분하거늘, 또다시 까마귀로써 천하의 모든 색을 고정 지으려 하는
구나.[63]

마음이 이미 규정을 내리고 있고, 편견이나 고정관념을 가지고 있으
면 어떤 현상을 보든 그것을 직시(直視)하지 못하기에 진(眞)을 인식하지
못한다고 말한 것이다. 중국에 사행을 가는 사람들이 해마다 많은데도
중국의 실상을 직시하고 진을 인식하지 못하는 것 역시 지금의 중국을
오랑캐라고 얕보는 편견 때문[64]이라고 지적하기도 했다. 연암은 진을
인식하는 데 방해가 되는 요소를 잘 구별하고 있었다. 사(似)·환(幻)·
현상을 보는 다양한 관점과 평판·시청각·편견이나 고정관념 같은 것
들이 어떻게 진을 인식하는 데 방해가 되는지 말이다. 그리고 연암 나
름의 진에 대한 인식법을 제시하고 있었다.

진의 인식 조건

진은 어디에 있는가? 좌우의 경계에 있다. 연암은 "참되고 올바른
식견은 진실로 옳다고 여기는 것과 그르다고 여기는 것의 중간에 있다.

---

63 『국역 연암집』 2, 155면. 『연암집』, 「菱洋詩集序」; 『한국문집총간』 252, 108d면, "瞻彼烏
矣. 莫黑其羽, 忽暈乳金, 復耀石綠, 日映之而騰紫, 目閃閃而轉翠. 然則吾雖謂之蒼烏, 可
也; 復謂之赤烏, 亦可也. 彼旣本無定色, 而我乃以目先定. 奚特定於其目? 不觀, 而先定於
其心. 噫! 錮烏於黑足矣, 迺復以烏錮天下之衆色."
64 "대저 우리나라 사신이 비록 매년 중국에 들어가고 북경은 천하의 한 모퉁이 땅이건만
자금성 어디에서 황제의 국을 끓이는지 그런 건 전연 알지 못하고 있고, 聞見이 진실
되지 못해 늘 바보가 꿈 이야기하는 듯하거늘, 하물며 양자강 이남의 일이야 말해 뭐하
겠나. 康熙 때에 세 藩이 반란을 일으켰는데 전해지는 말에 잘못된 게 많으니, 農巖(金昌
協, 1651~1708)이 지은 「적을 살핀다〔審敵篇〕」라는 글에서 그 억측을 볼 수 있네. 심지
어 老稼齋(김창업)는 친히 海賊을 봤다고 기록하고 있기까지 하네. 그 견문의 진실되지
못함이 이런 데서 입증된다네."(박희병 옮김(2005), 87~88면).

…… 떨어져 있지도 않고 붙어 있지도 않으며, 오른쪽도 아니고 왼쪽도 아닌 '중간[中]'에 있다."[65]라고 했다. 이때 중간이란 경계선, 사물과 사물의 틈새, 글줄의 행간이다.

그럼 이렇게 경계에 있는 진(眞)은 어떻게 인식할 수 있는가? 마음의 고심처를 읽음으로 인식할 수 있다. "어린아이들이 나비 잡는 것을 보면 사마천(司馬遷)의 마음을 간파해 낼 수 있다."라고 한 것과 상통한다. 진을 인식하는 마음은 '앞다리를 반쯤 꿇고, 뒷다리는 비스듬히 발꿈치를 들고서 두 손가락을 집게 모양으로 만들어 다가가는데, 잡을까 말까 망설이는 사이'에 있다. 그 경계선, 아이와 나비의 경계선에서 진이 포착될 뻔하다가 나비가 그만 날아가 버리면 '어이없이 웃다가 얼굴을 붉히기도 하고 성을 내기도 하는 것'이 사마천이 『사기』를 저술할 때의 마음[66]이라고 한다. 진을 인식하기 위해서는 바로 그 마음의 고심처를 읽어야 한다는 것이다.

이 고심처를 읽기 위해서는 어떻게 해야 하는가? '사물을 눈으로 보지 말고 마음으로 보아야'[67] 한다. 어떤 마음으로 보아야 하는가? '선입견을 버리고 깊이 사색하는 마음[冥心]'[68]으로 보아야 한다고 했다. '명

65 『국역 연암집』 2, 147면. 『연암집』, 「蜋丸集序」; 『한국문집총간』 252, 107cd면, "眞正之見, 固在於是非之中. …… 不離不襯, 不右不左, 孰得其中."
66 『국역 연암집』 2, 79면. 『연암집』, 「答京之〔之三〕」; 『한국문집총간』 252, 95d면, "見小兒捕蝶, 可以得馬遷之心矣. 前股半跪, 後脚斜翹, 丫指以前手, 猶然疑蝶, 則去矣. 四顧無人, 哦然而笑, 將羞將怒, 此馬遷著書時也."
67 『국역 연암집』 1, 334면. 『연암집』, 「素玩亭記」; 『한국문집총간』 252, 65c면, "不以目視之, 以心照之."
68 임형택 선생은 「박연암의 인식론과 미의식」(임형택(1988))에서, 연암의 인식론의 요체를 '光明眼·眞定見'으로 파악하고, 그것에 도달하는 방법을 '冥心' 혹은 '眞知在心(참다운 인식은 마음에 있다)'으로 설명하였다. 김명호 교수는 '선입견과 감각적 인식에 좌우되지 않는 주체적인 사고'(김명호(1990), 135면)라고 했고, 박희병 교수는 '명심'을 『장자』에서 연원을 찾아 '外物과 內我의 구분이 사라지고 둘이 통일된 마음상태, 감각적 인식

심(冥心)하는 자는 귀와 눈에 얽매이지 않지만, 귀와 눈을 믿는 사람일수록 보고 듣는 것을 더 상세하게 살피게 되어 그것이 결국 병폐를 만들어 내기 때문'[69]이다. '선입견을 버리고 깊이 사색하는 마음'이란 어떤 것을 말하는가? 편견이나 고정관념에 사로잡히지 않고, '한 가지를 들으면 열 가지를 눈앞에 그려 보고, 열 가지를 보면 백 가지를 마음속에 설정해 보아, 천만 가지 괴기(怪奇)한 것들이란 도리어 사물에 잠시 붙은 것이며 자기 자신과는 아무런 상관이 없다. 따라서 마음이 한가롭게 여유가 있고 사물에 응수함이 무궁무진한'[70] 것을 말한다.

이렇게 명심으로 진을 인식하면 서화고동(書畵古董)에 대해 여오(汝五, 徐常修)가 진짜와 가짜를 잘 분별하듯[71] 분별하게 되고, 웃고 떠드는 '사이'에서 천하의 진짜 정세(政勢)를 살필 수 있게 되며(심세편), 의관복식 따위로 유교문명의 적통을 이었다는 긍지를 지니는 것이 아니라, 참된 문명이 기와 부스러기나 쇠똥 같은 생활 문명에 있다는 것을 진으로 인식하게 되며, 신분의 편견에 싸이지 않고 인간됨의 진실성을 진으로 인식하게 된다.

을 넘어선 주객합일의 心境'(박희병(1996))이라고 설명했다. 최근에 김명호 교수는 연암집 이본 비교를 통해 "연암이 말한 '명심'의 사상적 연원이 실은 주자학에 있다."(김명호(2011a))라고 밝혔다.
'명심'에 대한 이러한 개념 설명들은 그 연원을 어디에서 찾는가와 별개의 문제로 개념 자체는 대동소이하게 느껴진다. 그리고 그것은 '眞' 혹은 '眞知'와 잘 구별되지 않는다. 그러나 연암의 글 속에서는 '명심'은 '眞' 자체와는 구별되며, 진을 인식하는 마음자세, 인식의 마음가짐 정도로 파악된다.

69 『열하일기』 2, 485면. 『연암집』, 「山莊雜記」, '一夜九渡河記'; 『한국문집총간』 252, 273a 면, "冥心者, 耳目不爲之累, 信耳目者, 視聽彌審而彌爲之病焉."

70 『국역 연암집』 2, 155면. 『연암집』, 「菱洋詩集序」; 『한국문집총간』 252, 108d면, "聞一, 則形十於目; 見十, 則設百於心, 千怪萬奇, 還奇於物, 而己無與焉. 故心閒有餘, 應酬無窮."

71 『국역 연암집』 1, 369~373면. 『연암집』, 「筆洗說」; 『한국문집총간』 252, 70d~71b면.

진의 표현법

그렇게 인식된 진은 어떻게 표현될 수 있는가? 연암은 진의 표현법을 몇 가지 알려 주고 있다. 첫째, 근엄하게 무게 잡는 엄숙주의를 탈피하고, 사소하고 하찮은 것을 구체적으로 그려 내어 자연스럽게 표현해야 한다고 말한다. "글이란 뜻을 그려 내는 데 그칠 따름이다. 글제를 앞에 놓고 붓을 쥐고서 갑자기 옛말을 생각하거나, 억지로 경서(經書)의 뜻을 찾아내어 일부러 근엄한 척하고 글자마다 정중하게 하는 사람은, 비유하자면 화공(畵工)을 불러서 초상을 그리게 할 적에 용모를 가다듬고 그 앞에 나서는 것과 같다. 시선을 움직이지 않고 옷은 주름살 하나 없이 펴서 평상시의 태도를 잃어버린다면, 아무리 훌륭한 화공이라도 그 참모습을 그려 내기 어려울 것이다. 글을 짓는 사람도 어찌 이와 다를 것이 있겠는가. …… 글을 짓는 사람은 오직 그 참〔眞〕을 그릴 따름이다."[72]라는 것이다.

둘째, 옛날이 아니라 지금, 먼 곳이 아니라 여기를 그려 내야 한다고 말한다. "눈앞의 일에 참된 흥취가 들어 있는데, 하필이면 먼 옛것을 취해야 하나. 한당은 지금 세상이 아닐 뿐더러, 우리 민요는 중국과 다르고말고."[73]라고 한 것이 그런 의미이다.

셋째, 아무리 훌륭한 고전이라도 모방하지 말고 나의 말로 새롭게 표현하라고 했다. 고전은 참고할 고전이 없이 고전이 되었기 때문이라

---

72 『국역 연암집』1, 294면. 『연암집』, 「孔雀館文稿 自序」; 『한국문집총간』 252, 60a면, "文以寫意則止而已矣. 彼臨題操毫, 忽思古語, 强覓經旨, 假意謹嚴, 逐字矜莊者, 譬如招工寫眞, 更容貌而前也. 目視不轉, 衣紋如拭, 失其常度, 雖良畫史, 難得其眞. 爲文者, 亦何異於是哉? …… 爲文者, 惟其眞而已矣."
73 『국역 연암집』2, 12면. 『연암집』, 「贈左蘇山人」; 『한국문집총간』 252, 89c면, "卽事有眞趣, 何必遠古捪. 漢唐非今世, 風謠異諸夏."

는 것이다. 연암은 "창힐(蒼頡)이 글자를 만들 때 어떤 옛것에서 모방하였다는 말을 듣지 못하였고, 안연(顔淵)이 배우기를 좋아했지만 유독 저서가 없었다. 만약 옛것을 좋아하는 사람이 창힐이 글자를 만들 때를 생각하고, 안연이 표현하지 못한 취지를 저술한다면 글이 비로소 올바르게 될 것이다."[74]라고 하였다. 또 "반고(班固)나 사마천(司馬遷)이 다시 태어난다 해도 반고나 사마천을 결단코 모방하지 아니할 것이다. 새 글자는 창조하기 어렵더라도 내 생각은 마땅히 다 써야 할 텐데, 어쩌길래 옛 법에만 구속이 되어 허겁지겁하기를 붙잡고 매달린 듯이 하는가."[75]라고 하였다.

넷째, 우언(寓言)의 수법으로 진을 표현했다. 유득공은 「열하일기서(熱河日記序)」[76]에서 연암의 창작론의 핵심을 아주 잘 압축하여 설명하고 있다. 세상의 모든 글이 궁극적으로는 미묘함과 드러냄이라는 두 갈래의 표현법을 가지고 있다고 보았다.

문장을 써서 교훈을 남긴 책 중에, 신령스럽고 밝은 일에 통달하고 사물의 법칙을 꿰뚫은 책으로 『주역』이나 『춘추』보다 더 훌륭한 저술은 없을 터이다. 『주역』은 은밀하게 감추려 했고 『춘추』는 들춰내어 드러내려

---

74 『국역 연암집』2, 170면. 『연암집』, 「綠天館集序」; 『한국문집총간』 252, 111b면, "蒼頡造字, 倣於何古, 顔淵好學, 獨無著書. 苟使好古者, 思蒼頡造字之時, 著顔子未發之旨, 文始正矣."

75 『국역 연암집』2, 12~13면. 『연암집』, 「贈左蘇山人」; 『한국문집총간』 252, 89c면, "班馬若再起, 決不學班馬. 新字雖難刱, 我臆宜盡寫. 奈何拘古法, 刲刲類係把."

76 「열하일기서」의 작자와 집필 시기에 대해서는 김영진 교수의 논문(2007) 각주 44)를 참조하였다. 각주 44)에 다음과 같이 설명하였다. "이가원 역주본(1968)에 실린 저자 미상의 「열하일기서」는 수경실본 『영재서종』 내 『영재집』 권8에 수록되어 있어 유득공의 것으로 확인되었다. 다만 이 글이 『열하일기』 탈고 직후의 것인지 좀 후대에 쓰인 것인지는 미상이다."

했다. 은밀하게 감추는 방법은 이치를 말하는 것을 위주로 하는 것이니, 이런 방법이 발전하여 어떤 사물에 의탁하여 뜻을 전하는 우언(寓言)이 된다. 들춰내어 드러내는 방법은 실제의 사적(事跡)을 기록하는 것을 위주로 하는 것이다. 이런 방법이 변하여 정사(正史)에서 누락된 사적을 기록하는 외전(外傳)이 된다.[77]

『주역』 육십사괘(六十四卦)에 등장하는 만물이 모두 다 참으로 존재한 것이 아니지만, 시초(蓍草)를 뽑아서 괘(卦)를 벌이면, 그 참된 상(象)이 곧 나타나고 길흉(吉凶)이나 재화(災禍)가 마치 북채로 북을 치듯 신속히 울리는 것이 우언의 방법이기 때문에 외전(外傳)을 쓰는 이는 이러한 방법을 이용했다고 했다. 옛 기록에 '장주(莊周)가 저서에 능하다'고 했던 것도 이런 우언의 방법으로 미묘한 곳을 드러내어 정사(正史)에서 빠뜨린 일을 보충할 수 있게 만들었기 때문이라는 것이다. 이런 설명은 연암의 『방경각외전』이나 다른 글들에서도 흔히 사용하는 우언의 수법이 '그 참된 상(象)'을 그려 내는 효과와 직결됨을 드러내 준다. 유득공은 「열하일기서」 끝머리에서 연암의 글에 대해 이렇게 평가했다.

이제야 알겠다. 장자가 지은 외전에는 실제도 있고 거짓도 있지만, 연암씨가 지은 외전에는 실제만 있고 거짓이 없다는 사실을.[78]

---

77 『열하일기』 1, 20면. 「熱河日記序」, "立言設敎, 通神明之故, 窮事物之則者, 莫尙乎『易』, 『春秋』, 『易』微而『春秋』顯, 美主談理, 流而爲寓言; 顯主記事, 變而爲外傳."(한국고전종합DB 사이트의 원문이미지보기 서비스 활용, 이하 동일).
78 『열하일기』 1, 23면. 「熱河日記序」, "始知: 莊生之爲外傳, 有眞有假; 燕巖氏之爲外傳, 有眞無假."

연암의 글에는 참됨은 있지만 거짓됨은 없는데, 그렇게 우언을 겸해서 이치를 논한 것이 어찌 한갓 허황되고 재미있는 이야기를 늘어놓은 것에 불과할 뿐이겠느냐는 것이 유득공이 『열하일기』에 대해 내린 최종 결론이다. 연암의 글 가운데 중국의 노래나 가요, 풍속에 관한 것조차 사실은 나라의 치란(治亂)에 관계된 것이고, 성곽(城郭)과 궁실에 대한 묘사나 농사짓고 목축하며 도자기 굽고 쇠를 다루는 것들에 대한 내용은 일체가 '기구를 과학적으로 편리하게 하여 민생을 두텁게 하자'는 이용후생의 방법이 되는 내용이라는 것이다.

그럼 연암의 진(眞)에 관한 논의는 어디서 온 것이며, 연암이 가장 고심하여 표현하고자 한 진의 영역은 무엇일까? 연암이 명·청시대 중국 공안파 문인들의 성령설(性靈說)에 상당한 자극을 받았다는 것은 이미 학계에 잘 알려져 있다. 그러나 그것은 그야말로 자극을 받은 것이지, 단순한 수용이나 모방이 아니다. 연암이 고심을 거듭한 끝에 주체적으로 자기화한 것이다. 연암이 진을 추구한 것은 연암의 학문 목표와 아무런 차이가 없고 완전히 일치한다. 타국의 학풍이나 타인의 참신한 문체에 부화뇌동하지 않고 연암 자신의 방법으로 이 땅에서의 이용후생 문제를 해결하고자 고심했던 것이다. 연암의 문학이 단순히 소모적인 재미로 끝나지 않고 재미있으면서도 새로운 인식의 방향을 제시하여 진취적 기운을 불어넣을 수 있었던 비결이기도 하다.

2) 참된 문명의식 – 의관복식에서 생활문물로

17세기 이후 동아시아 사회에서 각국의 '의관제도'는 '자국 문명의 정체성'을 드러내는 하나의 '표징'처럼 여겨졌다. 중국은 명나라에서 청나라로 교체되어 '변발(辮髮)·호복(胡服)'을 하게 되자 만주족 관인과 명나라의 한족(漢族) 사대부를 막론하고 모두 심리적 갈등과 상처를 입었다. 만주족 관인들 스스로도 자신들의 변발·호복을 문명한 복장이라고 여기지 않았으며, 한족들은 만주족의 의복을 강요당해 수치스러워하였다.[79] 일본에서는 승려 머리에 승려 복장을 한 유자(儒者), 즉 승유(僧儒)에 대해 정체성을 따지는 논의[80]가 일어났다. 이런 분위기에서 조선의 연행사, 통신사들은 중국이나 일본에 가게 되면 '상투와 도포'를 유교문명의 적자(嫡子)임을 나타내는 표징(表徵)으로 여겨 자랑삼아 필담의 소재로 올리곤 했다.

우리나라 선비들이 상투와 도포를 유교문명의 표징으로 여기는 데는 그럴 만한 이유가 있었다고 여겨진다. 동아시아에서는 죄수들의 머리는 완전히 깎거나 쑥대머리로 헝클어져 있고, 승려들은 삭발하여 머리카락이 없으며, 미성년자는 더벅머리이거나 땋은 머리이고, 서민과 천민은 상투를 틀더라도 갓을 쓰지는 않는다. 그러니 유교문화권에서 유교문화의 주도 계층인 사(士) 계급만이 상투를 틀고 갓을 썼던 것이다. 그러니 청나라의 변발이나 일본의 승려 머리 혹은 사무라이식 머리 모양에 비해 유교문명의 적통을 계승한 자로서의 우월감을 느낄 만했던 것이다. 이 '상투'는 1895년 갑오개혁 때 상투를 없애고 머리를 짧게 깎도록 단발령(斷髮令)이 내릴 때까지 지속되었다. 단발령은 그 당시에도 강력한 저항을 불러일으켰고, 조금 더 이후로는 '내 목을 자를지언정 상투는 자르지 못한다'는 선언에서 느껴지듯 '전통 고수, 충·효

---

79 이 문제는 연암도 『열하일기』, 「審勢編」에서 "중국의 붉은 마래기 모자나 말발굽처럼 생긴 소매는 비단 한족만 부끄럽게 여길 뿐 아니라 만주족 역시 부끄러워한다.〔中州之 紅帽蹄袖, 非獨漢人恥之, 滿人亦恥之.〕"라고 지적한 바 있다(『열하일기』 2, 278면. 『연 암집』;『한국문집총간』 252, 258면).
80 허은주(2010).

의식, 반일 의식'과 결합되어 도리어 '상투 고수(固守)' 의식을 불러일으켰다. '의복'도 역시 흰옷을 금지하고, 오랜 시간에 걸쳐 양복으로 교체되기 전까지 그대로 넓은 소매의 도포가 유지되었다. 그것은 한국인의 정체성을 드러내 주는 '표징'이라고 여겼기 때문이다.

그런데 연암은 의관복식을 어디까지나 차림새로 인식했을 뿐이어서, 상투나 도포를 유교문명의 긍지를 상징하는 것으로 결부시키지는 않았다. 연암은 우리나라 사람들이 정작 중요한 저들의 예속(禮俗)이나 문물(文物)을 당해 내지는 못하면서, 사소하기 그지없는 "한 줌의 상투를 가지고 세상에서 제일 잘난 척한다."[81]라고 못마땅하게 지적했다. 「허생전」에서는 허생의 입을 빌어 "머리는 송곳처럼 뾰족하게 묶었으니 이는 남쪽 오랑캐의 방망이상투이거늘, 무슨 놈의 예법이란 말인가?"[82]라고 비판하면서 일부 사대부 자제들에게 변발을 권유하는 전략을 제안하기도 했다. 그뿐만 아니라 명말의 인물 이탁오(李卓吾: 李贄, 1527~1602)가 머리가 가렵고 손질하기 번거로운 것을 견디지 못해 삭발한 것을 예로 들면서 "다시 머리를 길러서 묶게 하고 모자를 쓰게 한다면 도리어 번거롭고 가렵다고 불편하게 여길 자가 나올 것이다."[83]라고 말하기도 하였다. 연암은 상투를 '번거롭고 가려우며 불편하다'고 보고 있었을 뿐 아니라, 우리나라의 경우 청나라가 상투를 강제로 없애지 않고

---

81 『열하일기』 2, 278면. 『연암집』, 「審勢編」; 『한국문집총간』 252, 258a면, "其禮俗文物, 四夷莫當. 顧無寸長可與頡頑中土, 而獨以一撮之髻, 自賢於天下."
82 『열하일기』 3, 241면. 『연암집』, 「玉匣夜話」; 『한국문집총간』 252, 304c면, "會撮如錐, 是南蠻之椎結也, 何謂禮法?"
83 『열하일기』 3, 382면. 『연암집』, 「銅蘭涉筆」; 『한국문집총간』 252, 322c면, "李卓吾以其煩癢, 公然剃髮, 中國人亦謂其凶性, 蓋中國剃髮之徵也. 今中國人開剃, 金元之所無. 若中國生出眞主如皇明太祖, 掃廓乾坤, 而愚民之習熟成俗者已百餘年之久, 則亦或有以束髮加帽, 反爲煩癢而不便者."

그대로 둔 것은 예의에 속박시켜 문약하게 만드는 측면이 있다고 보았다.[84] 그러니 걸핏하면 상투 자랑을 일삼는 것은 안목 없고 경박한 행위쯤으로 여기고 있었다. 도포에 대해서도 국가 위기 시에 말타기에 방해만 될 뿐이라고 여겼다. 도포 자락과 소매가 펄럭이는 것이 말타기의 여덟 가지 폐단의 핵심 중의 핵심 원인이라고 지적[85]한 것이다. 이것 역시 허생이 이완 대장에게 흰색 바지저고리는 상복(喪服)이나 마찬가지라면서 필요에 따라 '호복 입기'를 강조한 것과 그대로 통하는 발상이다.

연암은 어떻게 의관제도에 대한 전통적 인식의 무게와 시대적 통념을 떨치고 홀로 '의관 차림새와 유교문명의 자긍의식'을 분리시켜 사고할 수 있었던 것일까?

첫째, 연암은 젊은 시절[86]부터 의복 차림새가 사람의 의식(意識) 상태나 정신 작용과 긴밀한 연관성이 있다고 생각하지 않았다. 「회우록서(會友錄序)」에서 내국인은 언어와 의관이 같은데도 친구 되기가 어렵고, 외국인은 언어가 다르고 복색이 다른데도 친구가 되는 까닭은 편견과 명분에 구속되지 않아 마음을 통할 수 있기 때문이라고 지적했다. 또한 추한 용모에다 헝클어진 머리로 북상투를 튼〔羊髮北髻〕꼴로 다니는 광

---

84 『열하일기』 3, 457면. 『연암집』, 「銅蘭涉筆」; 『한국문집총간』 252, 335c면, "淸之初起, 俘獲漢人, 必隨得隨剃. 而丁丑之盟, 獨不令東人開剃. 蓋亦有由世傳, 淸人多勸汗淸太宗令剃我國. 汗默然不應, 密謂諸貝勒曰: '朝鮮素號禮義, 愛其髮甚於其頭. 今若强拂其情, 則軍還之後, 必相反覆, 不如因其俗, 以禮義拘之. 彼若反習吾俗, 便於騎射, 非吾之利也.' 遂止. 自我論之, 幸莫大矣. 由彼之計, 則特狃我以文弱矣."

85 『열하일기』 1, 490면. 『연암집』, 「漠北行程錄」; 『한국문집총간』 252, 209b면, "今此八危, 皆由濶袖汗衫, 而猶安其危."

86 박희병 교수는 「會友錄序」를 연암이 30세인 1766년에 쓴 것으로 추정했다(박희병 (2006), 135면). 그리고 「광문자전」은 18세인 1754년에, 「양반전」과 「書廣文傳後」는 28세인 1764년에 지은 것이니 모두 젊은 시절에 지은 것이라 할 수 있다.

문(廣文)의 사람됨은 신의 있게 그려 내고, 새벽부터 의관을 정제하고 단정하게 앉아 얼음에 박 밀듯 책을 외워 대는 양반은 형편없이 무능하게 그려 냈다. 연암은 겉모양이 동일하다고 내면의식도 동일한 것은 아니며, 겉모양이 좋다고 내면의식도 훌륭한 것은 아님을 분명히 인식하고 있었던 것이다.

둘째, 연암은 의복제도의 유래와 변천에 대해 깊이 알고 있었다. 「영대정잡영(映帶亭雜咏)」에 실린 「갓을 노래한 연구〔笠聯句〕」 시는 연암과 이덕무·유득공이 함께 지은 것인데, 세상의 모든 갓들을 망라하다시피 해 그 생김새와 용도 그리고 그것을 썼던 인물들에 대해 열거하고 있다. 연암이 전의감동(典醫監洞)에 거주하던 무렵에 지은 것이라 하니 36세 전후로 추정되는데, 우연한 유희라고 보기는 어렵고 이 무렵에 연암그룹 인물들이 의복제도에 관심을 가지고 있었던 것이 아닌가 한다. 그뿐만 아니라 『연암집』과 『열하일기』에서 연암이 치관(緇冠)·심의(深衣)·포(袍)·립(笠)·대(帶)에 관해 언급한 것들은 모두 근거를 가지고 말하고 있음을 볼 수 있다. 「동란섭필(銅蘭涉筆)」에서 "우리나라 도포와 갓은 중국 중들의 그것과 무척 닮았다."라고 하면서 "우리 동방의 의관제도는 신라의 옛 제도를 답습한 것이 많다. 신라는 처음에 중국의 제도를 모방했으나,[87] 세속에서 불교를 숭상했기 때문에 민간의 여염집에서는 중국 중들의 복장제도를 본받아 지금까지 천여 년이 지나도록 변하지 않았다. 그런데도 지금 중국의 중들이 우리나라의 의관제도를 좋아해서 본뜬다고 거꾸로 말하고 있으니, 어찌 그렇겠는가."[88]라고 한

---

87 『열하일기』 2, 364면. 『연암집』, 「忘羊錄」; 『한국문집총간』 252, 245c면, "我東三國時, 新羅最先慕唐, 以水路通中國, 衣冠文物, 悉效華制, 可謂變夷爲夏矣."
88 『열하일기』 3, 380면. 『연암집』, 「銅蘭涉筆」; 『한국문집총간』 252, 323ab면, "我東袍笠

것 역시 연암이 의복제도에 대해 널리 생각했던 것을 단적으로 드러내주는 대목이다. 그뿐만 아니라, 우리나라 의복이 중국에서 배워 왔지만 중국과 달라졌고, 중국 자체에서도 시대를 따라 변천하여 복식이 바뀌었음[89]도 알고 있었다. 연암은 의복의 정통성 운운하는 것이 '유행에 뒤떨어져 구식으로 남은 채 구경거리로 전락하는 우스꽝스러움'에 지나지 않을 수도 있음을 간파하고 있었던 것이다. 「자소집서(自笑集序)」에서 "예가 상실되면 변두리에서 구한다[禮失而求諸野]."라면서 한관(漢官)의 위의(威儀)는 연희(演戲) 마당의 광대에게서 장난과 웃음거리로 변했으며, 우리나라 부인들의 의복은 고려 말에 몽골의 오랑캐 제도로 변질되었지만, 지금 누군가가 비록 예(禮)를 알아서 습관을 고쳐 옛 제도를 회복하고자 해도 그것이 가능하겠느냐고 물었던 것도 그런 맥락으로 이해된다.

셋째, 연암은 의관제도에 긍지를 갖는 사람들의 무지와 편견을 꿰뚫고 있었다. 「일신수필(馹汛隨筆)」에서 일등선비[上士]의 중국 관광 소감을 '도무지 볼 것이 없다'와 '변발' 비방 일색이라고 지적하였다. 그들은 그 어떤 박학다식한 학자에 대해서라도 "한번 머리를 깎고 변발을 했다면 이건 되놈인 것이다. 되놈이라면 개돼지 같은 짐승일 터이니, 개돼지에게 무슨 볼 만한 것을 찾을 것인가?"[90]라고 한다. 이것이야말

與帶, 恰似中國之僧. …… 東方衣冠多襲新羅之舊, 新羅始倣華制. 然俗尙佛敎, 故間閭多效中國僧服. 至今千餘年而不知變, 反謂中國僧徒, 悅我東衣冠而效之, 豈其然乎."

89 『열하일기』 1, 325면. 『연암집』, 「馹汛隨筆」; 『한국문집총간』 252, 187d면, "演劇者, 蟒袍·象笏·皮笠·棕笠·藤笠·鬚笠·絲笠·紗帽, 幞頭之屬, 宛然我國風俗. 道袍, 我國風俗道袍, 或有紫色, 而方領黑緣, 此似古唐制也. 嗚呼! 神州之陸沉, 百有餘年, 而衣冠之制猶存, 彷彿於俳優戲劇之間, 天若有意於斯焉."

90 『열하일기』 1, 250면. 『연암집』, 「馹汛隨筆」; 『한국문집총간』 252, 176a면, "上士則愀然變色, 易容而言曰: '都無可觀.' …… 一薙髮則胡虜也, 胡虜則犬羊也. 吾於犬羊也何觀

로 그들의 일등의리라는 것이다. 그들이 이런 말을 하기만 하면 주변 사람들은 모두 숙연히 입을 다물고 아무 소리 못하게 된다고 했다. 온갖 배울 점을 두고도 생트집을 잡아 상대를 무시하려는 이 터무니없는 의리정신을 연암은 냉소했다. 그리고 "나는 삼류선비이다."라고 시작하여 중국의 진정한 장관(壯觀)은 깨진 기와 조각과 냄새나는 똥거름에 있다고 일갈하였다. 천하의 문물제도를 보는 기준은 상투나 도포가 아니라 깨진 기와로 쌓은 담과 벽돌로 지은 집 그리고 똥거름을 맵시 있게 쌓아 두고 연료로 삼는 것이라고 하였다.

의관을 내세워 자랑삼는 사람들은 국내에서도 그러하여, 그들 나름의 좁은 안목과 식견에 벗어나는 것이면 이단시하고 트집을 잡았다. 연암이 학창의(鶴氅衣)를 입는 것을 두고 함양군수 윤광석(尹光碩)이 과장하고 왜곡하여 '되놈의 의복을 입고 백성들을 대한다〔胡服臨民〕'는 설을 지어내어 서울에 전파한 것[91]이나 조경암(趙敬庵, 趙衍龜)이 치관(緇冠)을 쓰고 심의(深衣)를 입고 구월산(九月山)에 갔을 때 산성(山城) 별장

焉?" 이런 생각은 「北學議序」에도 피력되어 있다. "우리를 저들과 비교해 본다면 진실로 한 치의 나은 점도 없다. 그럼에도 단지 머리를 깎지 않고 상투를 튼 것만 가지고 스스로 천하에 제일이라고 하면서 '지금의 중국은 옛날의 중국이 아니다'라고 말한다. 그 산천은 비린내 노린내 천지라 나무라고, 그 인민은 개나 양이라고 욕을 하고, 그 언어는 오랑캐 말이라고 모함하면서, 중국 고유의 훌륭한 법과 아름다운 제도마저 배척해 버리고 만다면 장차 어디에서 본받아 행하겠는가.〔以我較彼, 固無寸長. 而獨以一撮之結, 自賢於天下曰: '今之中國, 非古之中國也.' 其山川則罪之以腥羶, 其人民則辱之以犬羊, 其言語則誣之以侏離, 幷與其中國固有之良法美制而攘斥之, 則亦將何所倣而行之耶.〕"

91 『過庭錄』 卷2에 서술된 이 일은 「이중존에게 답함〔答李仲存書〕」(『연암집』; 『한국문집총간』 252, 44a면) 첫 번째 편지와 두 번째 편지에도 언급되어 있다. 첫 번째 편지에서는 "지금 평소에 전혀 모르던 사람이 갑자기 '되놈의 의복'이란 따위의 말로 곧장 남에게 덮어씌우는 것도 안 될 일인데, 더구나 글로 만들어서 욕지거리를 늘어놓는단 말이오?〔今有平生所不知何人, 忽以胡服等語, 直加諸人, 則不可也, 況其作爲文字, 醜辱狼藉乎?〕"라고 간략히 언급했지만, 두 번째 편지에서는 학창의와 총각머리를 두고 인근 사대부와 나눈 이야기를 상세히 서술하고 있다.

(別將)이 '오랑캐〔兀良哈〕'라고 꾸짖은 일[92] 등이 그런 것에 해당한다. 연암은 의복제도에 대해 무지하여, 되놈을 본 적도 없는 사람일수록 조금만 낯설고 생소하면 '되놈'이라고 덮어씌워 이단시하는 사람들의 허황된 수준을 잘 알고 있었다. 그런 사람들에게서 터무니없는 공격을 받게 되면 불쾌하고 난처해하면서도 한바탕 풍자하여 웃고 넘어갔다.

넷째, 연암은 의복제도 같은 형식 통제로 사람의 의식을 통제할 수 없다고 생각했다. 「관내정사(關內程史)」의 「호질후지」의 "구구(區區)하게 저 의관제도의 하찮은 것을 고집해선 무엇할 것인가. …… 가령 어리석은 인민들로 하여금 한번 일어나서 그들이 씌워 주었던 벙거지를 벗어서 땅에 팽개치게 한다면, 청 황제는 벌써 천하를 앉은 자리에서 잃어버리게 될지니, 지난날 이를 믿고서 스스로 강하다고 뽐내던 것이 도리어 망하는 실마리가 되지 않겠는가."[93]라는 대목에서 그런 생각을 읽을 수 있다. 청나라 황제가 변발과 호복을 강조하는 것이 군사적 강함을 염두에 둔 것이라 할 때, 그것은 녹림(綠林) 간의 적미적(赤眉賊)이나 황건적(黃巾賊)과 차별성이 없다는 것이 연암의 생각이었다. 황제가 권력으로써 인민에게 입힌 모자와 옷, 인민이 그것을 벗어 버리는 순간 황제의 통솔권에서 벗어나 버린다는 것을 지적한 이 말은 인민의 자각과 봉기에 역점을 두어 해석할 수도 있지만, 의관복식 따위를 통제하고 그것으로 길들이는 것이나 그것을 거부하는 것은 유치하리만

---

92 『국역 연암집』 1, 190면. 『연암집』, 「答李仲存書」 二; 『한국문집총간』 252, 44b면, "有趙敬庵者〔名衍龜〕, 好古篤行人也. 嘗携二學童遊九月山, 緇冠深衣而行, 山城別將領數卒蹤跡之. …… 城將疾呼曰: '果是兀良哈也.'"
93 『열하일기』 1, 405면. 『연암집』, 「關內程史」; 『한국문집총간』 252, 198b면, "況區區自强於衣帽之末哉. …… 假令愚民一脫其帽而抵之地, 淸皇帝已坐失其天下矣. 向之所以自恃而爲强者, 乃反救亡之不暇也."

큼 쉽고 피상적이며 단순하여, 말단적 통치행위에 불과함을 지적한 것으로도 해석이 가능하다. "구구(區區)하게 저 의관제도의 하찮은 것을 고집해선 무엇할 것인가."라는 말이 연암의 기본 생각에 가까운 것이 아닐까.

이상에서 네 가지 근거를 들어 연암이 18세기에 이미 생활의 편리함과 활동성에 주목하며 도포와 상투를 한갓 외양에 불과한 것으로 여겨 큰 의미를 두지 않았음을 고찰하였다. 그 당시 온 나라의 선비들이 의관제도로 유교문명의 적자임을 자처하는 듯 긍지를 지니고, 그것으로 나라 안팎에서 자랑을 일삼을 때, 연암은 그것이 유교문명의 본질이나 정체성과 무관한 것임을 직시하고 있었다. 연암은 문명의 본질은 의관제도처럼 겉으로 드러나 보이고, 시대에 따라 쉽게 유행을 타고 변천되는 것에 있는 것이 아니라, 사람의 내면의식과 일상적 활동의 방향에 달려 있다고 생각했다. 그러므로 의복으로 긍지를 가지거나 의식을 통제하려는 행위가 얼마나 부질없는 것인지 꿰뚫어 보았다. 그 결과로 연암은 시대적 편견과 허황된 우월감을 떨치고 '위생'과 '편리'와 '실용'을 우선하여 의복 개혁을 생각할 수 있었다.

3) 참된 인간상 – 생동하는 서민적 인간상

연암 문학의 최고 특징이라고 한다면, 하층민에게서 새로운 시대의 인물상을 발견해 내고, 하층민의 일상적 생활형상을 생동감 있게 담아 냈다는 것이다. 18세기 이전의 우리의 한문학 전통에서는 삼강오륜(三綱五倫)에 모범을 드리운 하층민이 아니면 문학적 기록 대상이 되기 어려웠다. 조선조의 대표적 문집을 간행한 『한국문집총간』만 살펴보더라도 조선조 전기나 중기까지만 해도 하층민이나 하층민들의 생활습성

같은 것이 문학의 대상으로 포착된 기록을 발견하기는 어렵다. 어쩌다 있더라도 충·효·열로 표창할 만한 행실을 보인 경우에 한정된다. 그런데 연암의 산문에는 스무 살 무렵에 지었다는 9전(傳) 속의 「광문자전(廣文者傳)」, 「마장전(馬駔傳)」, 「예덕선생전(穢德先生傳)」 같은 작품 외에도 『열하일기』에 연암의 마부(馬夫)로 갔던 창대(昌大)와 하인 장복(張福)이의 언행이 생동감 있게 그려져 있다. 하인들의 우스갯소리와 익살스러운 행동, 엉뚱한 실수, 사소한 속임수, 허풍 같은 것을 아무런 도덕적 훈계 없이 현장에 같이 있는 것처럼 그려 낸 것은, 500회가 넘는다는 조선조의 중국 사행 전체를 통해 연암이 처음이면서 유일하지 않을까 생각된다. 『열하일기』는 첫머리인 「도강록(渡江錄)」 6월 24일 출발 광경부터 비장(裨將)들이 군복을 갖춰 입고 수선을 떠는 모습을 그리는 것으로 시작한다.

아침에 일어나 창문을 여니, 짙은 구름이 잔뜩 끼었고, 비 올 기세가 산에 그득했다. 세면을 하고 머리를 빗은 다음에 행장을 정돈했다. 집에 보낼 편지와 여기저기 보낼 답장을 손수 봉하여 파발 편에 부치고 나서야, 아침 죽을 대충 먹고 일행이 머무는 숙소로 천천히 걸어갔다. 여러 비장들은 벌써 군복과 전립(戰笠)을 차려입고 있었다. 이마 정수리에는 은화(銀花)와 운월(雲月)을 세우고 공작의 깃을 달았으며, 허리에는 쪽빛의 비단을 묶었다. 허리띠에는 환도를 차고 손에는 짧은 채찍을 잡았다. 자기들끼리 서로 마주 보고 웃으면서 "모양이 어떤가?" 하였다.[94]

---

94 『열하일기』 1, 30면, 「渡江錄」 6월 24일 일기. 『연암집』; 『한국문집총간』 252, 146c면, "朝起開牕, 濃雲密布, 雨意彌山. 盥櫛已訖, 整頓行李. 手封家書及諸處答札, 出付撥便, 於是略啜早粥, 徐往舘所. 諸裨已著軍服戰笠矣. 頂起銀花雲月, 懸孔雀羽, 腰繫藍方紗紬纏帶, 佩環刀, 手握短鞭. 相視而笑曰: '貌樣何如?'"

출발 광경 묘사가 관료들이 인사를 나누거나 상급자를 찾아 인사드리는 것이 아니라 비장끼리 맘 설레며 떠드는 모습을 담아냈기에 글의 시작이 경쾌하고 아무런 부담이 없다. 연암은 그다음 날도 "여기저기 노숙한 곳곳에서 각 방(房) 관속들과 역관들이 옷가지와 이부자리를 햇볕에 내다 말렸다. 간밤의 큰 비에 젖었기 때문이다."[95]라고 중인들이 하는 일상적인 일을 기록하고 있다. 전혀 중요하게 느껴지지 않는 이런 사소한 일들을 자연스럽게 기록한 솜씨야말로 연암의 글이 연암다운 이유라고 할 것이다. 사소한 것에서 큰 것까지 연암의 눈길이 닿지 않는 곳이 없으며, 상사(上使)의 말부터 하인의 말, 지나가는 행인의 말에 이르기까지 연암의 귀가 듣지 않는 것이 없다. 연암은 다른 사람의 마두가 쇄마 구종들과 나누는 이야기도 귀담아듣고 재미있어하면서 모두 기록한다.

상판사(上判事)의 마두 득룡(得龍)이란 자가 말몰이꾼들에게 강세작(康世爵)의 고사를 이야기한다. 멀리 안개 속에 보이는 금석산(金石山)을 가리키며 "저기가 형주(荊州) 사람인 강세작의 은신처라네."라고 말하는데, 그 얘기가 흥미진진하여 들을 만했다.[96]

이렇게 눈과 귀를 활짝 열고 손이 부지런하게 기록하기가 쉬울까. 더구나 자신보다 하층 신분의 사람들이 하는 말을 듣고 말이다. 그뿐만

95 『열하일기』 1, 48면, 「渡江錄」 6월 25일 일기. 『연암집』; 『한국문집총간』 252, 148d면, "二十五日壬申. 朝小雨, 午晴. 各房及譯員等諸屯, 處處出晒衣衾, 見濕於夜雨故也."
96 『열하일기』 1, 50면, 「渡江錄」 6월 26일 일기. 『연암집』; 『한국문집총간』 252, 148d~149a면, "上判事馬頭得龍, 與刷馬驅人輩, 談說康世爵事. 霧中遙指金石山曰: '此荊州人康世爵所隱處.' 其說津津可聽."

아니라 연암은 권위적으로 하인들을 억압하거나 훈계하지 않는다. 그들이 하는 말과 행동을 지켜보면서 가볍게 우려를 표할 뿐이다. 초기에 길에서 봉황성의 갑군(甲軍)으로 수자리 살러 가는 호인(胡人) 5, 6명과 마주치자 연암 일행인 마두와 쇄마 구종들이 그들을 윽박질러 말에서 내려 인사하도록 만들고 허풍을 떠는 장면에서도 연암은 일단 지켜보기만 한다. 그리고 이렇게 기록했다.

내가 "너희가 중국에 들어가 여러 가지 시끄러운 사단을 일으킨다고 하더니, 지금 눈으로 보니 과연 듣던 대로구나. 아까의 일은 부질없는 짓이니, 다음부터는 아예 장난으로라도 시끄러운 짓을 하지 말도록 해라." 라고 말하니, 모두 "이렇게 머나먼 길과 기나긴 날에 이런 장난이라도 치지 않는다면 시간을 보낼 수 없습니다."라고 대꾸한다.[97]

책문을 통과할 때 하인들이 부리는 허세,[98] 서씨 집의 서화를 구경할 때 우리나라 비장들이 함부로 떠들며 무식하게 행동한 일을 서술한 대목,[99] 중국의 참외 파는 늙은이의 거짓말에 속아 바가지 쓴 일을 적어 놓은 대목,[100] 중국 땅 초상난 집에서 조문객을 받을 때마다 북 치고 피리 부는 것을 적어 놓은 대목[101] 등등에서 하층민들의 살아가는 모습과 인정물태(人情物態)를 가감 없이 담아냄으로써 현실감과 웃음을 동시에

---

97 『열하일기』1, 55면, 「渡江錄」6월 27일 일기. 『연암집』;『한국문집총간』252, 149c면, "余日: '聞汝輩入中國, 多惹鬧端云, 吾今目覩, 果驗前聞. 俄者亦涉不緊, 此後切勿因戲起鬧.' 皆對日: '不如此, 長途永日, 無以消遣.'"

98 『열하일기』1, 54~55 · 63~67면, 「渡江錄」6월 27일 일기.

99 『열하일기』2, 344~345면, 「關內程史」7월 25일 일기.

100 『열하일기』2, 224~225면, 「盛京雜識」7월 13일 일기.

101 『열하일기』2, 228~231면, 「盛京雜識」7월 14일 일기.

주는 것이다. 창대와 장복이는 연암을 따라다니면서 곳곳에서 자잘한
웃음을 자아낸다. 「환연도중록(還燕道中錄)」 8월 20일자 기록을 보면 열
하에 다녀온 창대가 북경에 남아 있던 장복과 만나는 장면이 이렇게 그
려져 있다.

창대가 장복을 보자마자 그동안 일행과 떨어져 혼자 쓸쓸히 보낸 괴로
움을 물어보지도 않고 대뜸 한다는 말이,
"너에게 줄 특별한 상금을 가지고 왔단다."
라고 하고, 장복 역시 그간의 노고는 묻지도 않고 환하게 웃는 얼굴로,
"상으로 내린 은자가 얼마나 되냐?" 라고 묻는다.
창대가 "천 냥인데, 응당 너하고 반반씩 나누어야지."라고 하니 장복이
"너, 황제를 보았니?"라고 묻자 창대는
"보고말고. 황제의 눈알은 호랑이 눈알 같았고, 콧구멍은 화로처럼 생
겼더라. 옷을 벗은 채 벌거숭이 차림으로 앉아 있더군." 하니 장복이
"모자는 무얼 쓰고 있더냐?"라고 물으니 창대는
"황금으로 된 투구를 쓰고 있더라. 나를 불러서 커다란 술잔에 술을
한잔 부어 주면서 '네가 서방님을 잘 모시고 험한 길도 꺼리지 않고 왔으
니, 참으로 기특하구나.'라고 하시데그려. 그리고 정사의 벼슬을 일품각
로(一品閣老)로, 부사를 병부상서(兵部尙書)로 각각 올려 주더라."라고 하
는데 황당한 거짓말이 아닌 게 없다. 비단 장복만 그 거짓말에 꼴깍 속아
넘어간 게 아니라, 하인 중에 사리를 좀 안다고 하는 자들도 믿지 않는
사람이 없었다.[102]

---

102 『열하일기』 2, 140~141면. 『연암집』, 「還燕道中錄」 8월 20일자 일기; 『한국문집총간』
252, 228b, "昌大見張福, 不敘其間離索之苦, 直言: '汝有別賞銀帶來.' 張福, 亦未及勞

연암은 이들이 비루하든, 통속적이든, 거짓말을 일삼든, 엉터리 계산을 하든, 약게 굴든 간에 관찰자의 시선으로 그들 모습을 우선 있는 그대로 그려 냈다. 충분한 묘사를 통해 직접 윤리 도덕을 앞세우지 않고도 독자가 저절로 인물에 대한 느낌과 평가를 할 수 있도록 생생히 그려 냈던 것이다. 연암의 문학세계에 등장하는 인물들은 양반 귀족이라고 훌륭한 점이 있고, 하층 천민이라고 비루한 것이 아니었다.

긍정적 인간상으로 그려진 인물들은 대개 「예덕선생전」의 엄행수, 「허생전」의 비범한 식견을 지니고도 가난하게 살아가는 허생, 「김신선전(金神仙傳)」의 은자 김홍기, 「우상전(虞裳傳)」의 천재 시인 이언진, 「광문자전」의 신의 있는 비렁뱅이 광문 같은 인물들이다. 이들은 혁혁한 가문 출신도 아니고, 세상에서 현달하지도 못했지만, 비범한 재능을 지녔거나 정직하고 근면하게 살아가는 사람들이다. 그리고 부정적 인간상으로 그려진 인물들은 모두 양반들이다.[103] 「양반전」에서 문벌과 지체를 밑천으로 신분을 판 정선 양반, 그 신분 거래를 주선한 정선군수, 「허생전」에서 시국에 긴요한 세 가지 제안을 모두 거절한 이완 대장, 「호질」에 등장하는 북곽 선생, 『열하일기』 속에 등장하는 고정관념에 싸인 고루한 정 진사 같은 인물들은 무능하고 게으른 위선자들이거나 편견에 싸인 인물들이다.

苦, 笑容可掬, 問: ‘賞銀幾兩?’ 昌大曰: ‘一千兩, 當與爾中分.’ 張福曰: ‘汝見皇帝否?’ 昌大曰: ‘見之. 皇帝眼似虎狼, 鼻如火爐, 脫衣赤身而坐.’ 張福問: ‘所冠何物?’ 曰: ‘黃金頭盔. 招我, 賜酒一大杯曰:「汝善啗書房主, 不憚險而來, 奇特矣」上使道一品閣老, 副使道兵部尚書.’ 無非荒話, 非但張福受誑, 下隸之稍知事理者, 莫不信之.”

103 임형택 선생은 이런 특징에 대해 "붓끝이 위로 고관 귀인에게 가면 단조롭게 되고 아래로 관속 하인배들에게 가면 재미나고 생기 있게 되는 것이다. ……『열하일기』의 서술 수법은 휴머니즘의 바탕에 민중의 활력을 반영하고 있다."라고 지적했다(임형택(2000), 162면).

그런데 연암의 글에 등장하는 인물 가운데는 긍정적 인물로도 부정적 인물로도 평가하기 애매하고, 도덕적 선악으로도 평가하기 애매한 경계선의 인물이 많다. 이들은 매우 통속적 인물 유형으로 그려져 있지만, 밉지 않고 세상 물정에 그 나름으로 밝게 적응하면서 살아간다. 「마장전」에 등장하는 세 사람의 거지, 허생의 처, 양반 신분을 사려고 했다가 포기한 정선 부자, 허생에게 돈을 빌려 준 부자 역관 변승업, 『열하일기』 속에 등장하는 창복과 장대 같은 인물들이 그러하다. 이들의 등장으로 글이 한층 현실성을 띠며 입체적으로 살아난다. 비현실적인 도덕적 흑백론을 넘어 어떻게 될지 알 수 없는 불확실하고 애매한 현실적 상황이 전개되는 것이다. 그뿐만 아니라 한 사람의 인물상 안에 긍정적 부분과 부정적 부분 그리고 그런 평가를 할 수 없는 애매한 부분들을 모두 담아낸다. 그래서 연암의 문학 속 인물들은 한 사람이 다양한 감정을 불러일으킨다. 밉다가도 딱하고, 한심하면서도 우습고, 어리석은데도 공감이 가는 식이다.

연암이 현실 속에서 하층민을 대하는 시선 역시 문학작품 속의 시선과 공통점을 느끼게 하는 부분들이 있다. 연암의 아들이 아버지를 추억한 글에 보면, 술만 마시면 주정을 하며 행패를 부리는 종에 대해 연암이 내린 처방은 매일 짚신을 삼게 한 것으로 나온다. "내가 그 사람을 보니 본래 악한 성품은 아닌데 오래 떠돌아다녀 마음을 붙들어 매지 못해 그런 것으로 여겨지더군요. 내가 그자더러 짚신을 삼게 한 것은 일에 마음을 붙여 자연스레 마음이 단속되기를 바라서였지요."[104]라는 것이 연암의 말이다. 그뿐만 아니라 읍에 사는 평민이 늘 사람을 때리

---

104 박희병 옮김(1998), 94면. 김윤조 역주(1997), 331면, "先君曰: '吾看其人, 本非惡性, 特流浪旣久, 心放不操而然耳. 吾所以使之織屨者, 欲其使之心寓於事, 自然操執耳.'"

燕巖 文學을 통해 본 人間觀과 眞情論　75

고 욕설을 퍼부으며 술과 음식을 빼앗기를 밥 먹듯이 하며 싸우고, 관아에 와서도 성깔을 부려 주변의 원성을 사자, 연암은 각수장이를 불러 평소에 그 평민이 휘두른 몽둥이에다 이 몽둥이가 행패를 부리는 주인에게로 돌아가야 한다는 것을 사또가 허락한다고 새기게 하여 누구나 잘 보이는 곳에 매달아 두게 했다.[105] 매우 유머러스하면서도 따뜻하고 인간 심리를 잘 이해한 대처라고 할 수 있다.

신분이나 지위, 빈부, 학식 여부에 대한 편견이나 고정관념 없이, 공평하게 인간을 관찰하는 시선과 고르게 경청하는 귀, 부지런한 손으로 연암이 그려 낸 것은 생동하는 인간상이다. 한 사람의 인물 내에서도 복합적인 측면을 다양하고 섬세하게 짚어 내고 그려 가는 솜씨, 특히 하층민을 그렇게 그려 내는 솜씨는 연암이 이룩한 최고의 문학적 성과라 할 것이다. 연암 문학의 '참된 인간상'은 유교 도덕적 인간상이 아니라, 현실 속에서 구체적으로 생동하는 인간상이라 할 수 있다.

4. 맺음말

이상에서 연암이 인간을 어떤 관점에서 보고 있으며, 그러한 관점이 '현실을 직시하여 진(眞)을 추구하려는 학문관과 진정을 중시하여 진을 그려 낸 문학세계와 어떤 상관성이 있는지 살펴보았다. 먼저 천(天)의 개념 변화가 인간 사회의 질서 인식이나 인간에 대한 이해의 변화, 즉 상대주의적 인식과 주체의 자각과 어떻게 연계되며, 인성과 물성이 같

---

105 박희병 옮김(1998), 96면.

다고 보는 점이 상대주의적 인식과 진정(眞情) 및 진(眞)에 대한 이해와 어떻게 연계되는지 살펴보았다. 연암은 「호질」과 「원도(原道)에 대해 임형오(任亨五)에게 답함」에서 인성과 물성을 동일하게 봄으로써 상대주의적 인식의 관점을 확보하고 성선설에 일정한 거리를 확보했다. 그것은 종래의 권선징악적 문학과 달리, 진정과 진을 추구하는 기반을 마련한 것이라 하겠다. 그리고 사민(四民)의 역할 구분을 근본적으로 부정하지는 않았지만, 구분의 경계선을 희미하게 만들어 소통시키려는 생각을 가졌으며, 적서차별에 대해서는 반대하는 입장이었으며 그 근거를 명확히 제시했다. 연암은 성리학자들이 이기(理氣) 논변을 일삼는 것을 공허하게 여겼고 현실을 직시하여 사물의 원리를 탐구하고 현실의 문제점에 대처하여 이용후생(利用厚生)에 힘쓸 것을 강조하였다. 그것은 적자(赤子)·영아(嬰兒)의 양지양능(良知良能)을 중요하게 생각함으로써 특별히 인격 자체를 도야하기 위해 공부해야 한다는 생각에서 자유로울 수 있었기 때문이다. 연암의 이러한 생각들은 유교경전에 확고히 뿌리를 두고 『노자』를 섭렵하고, 양명학도 섭렵하고, 동시대 중국 공안파(公安派)의 문집 및 서학(西學)에 관련된 서적들을 읽고 고민하는 과정을 거친 흔적이라는 것을 잘 보여 준다. 연암은 '법고창신(法古刱新)'을 주장했고, 스스로 실천했던 것이다. 그는 기존의 성리학적 인간관에서 상당 부분 변화된 인간관을 정립해 가고 있었고, 그런 인간관 속에서 학문관과 문학관, 문학세계도 과감히 변화시킬 수 있었던 것으로 보인다.

연암은 선함을 권장하고 악함을 징계하는 유교 도덕주의적 문학관, 문학은 도(道)를 잘 전달하기만 하면 된다는 문학관에서 벗어나 진(眞)과 진정(眞情)을 중시하는 문학관을 가졌다. 진을 추구함으로써 현실을 폭넓게 관찰하고, 균형감을 가지고 문제를 직시함으로써 그 시대의 진정한 새 가치를 발견하고 추구했다. 유교문명의 상징처럼 여겨지고 있었던 상투와 도포에 대해 의미를 부여하기는커녕 그 공허함을 비판하고, 실생활 속에서 구현되어야 할 '생활 문명'에 대해 중요성을 부각시켰다. 그리고 진정을 중시함으로써 인간의 감정과 욕망을 도덕적 판단을 유보한 채 관찰하고 묘사할 수 있었고, 고정관념을 벗어나 인간의 복잡하고 다양한 측면을 섬세하게 읽어 냈다. 그 결과는 문학의 등장인물로 하층민들의 긍정적 인간됨과 생활상을 그려 내고, 기존의 문학에서 늘 고상하게 그려지던 양반사대부들에 대해 무능하고 위선적인 측면을 통렬히 비판하는가 하면, 선악의 판단을 유보한 채 생활 속의 입체적 인간상을 그려 내는 것으로 나타났다.

연암의 인간관과 진정론은 기존의 성리학적 인간관이나 성선설에 입각한 권선징악적 문학론, 심성도야를 추구하는 문학론에 비해 이미 상당한 거리로 이탈해 나온 것이다. 이 거리는 당시 사회 상황을 감안할 때 대단한 진보를 이룬 것이라 평가해도 좋을 것이다. 그뿐만 아니라 연암이 이룩한 문학적 성과는 비록 한문으로 쓰였을지라도 우리 문학사의 산맥 전체에서 하나의 중심적 봉우리를 차지한다고 할 수 있다. 평등한 시선으로 서민층의 인간상을 발견하고 새로운 기법으로 생동하게 그려 낸 것이야말로 문학사에서는 대단한 성취라고 할 만하기 때문이다.

參考文獻

『老子』.

『孟子』.

『書經』.

權尙夏, 『寒水齋集』, 『한국문집총간』 150, 민족문화추진회.

박종채 지음, 김윤조 역주(1997), 『역주 과정록』, 태학사.

_____ 지음, 박희병 옮김(1998), 『나의 아버지 박지원』, 돌베개.

박지원, 『燕巖集』, 『한국문집총간』 252, 민족문화추진회.

_____ 지음, 신호열·김명호 옮김(2004 ; 2005), 『국역 연암집』 1~2,
민족문화추진회.

_____ 지음, 박희병 옮김(2005), 『고추장 작은 단지를 보내니』, 돌
베개.

_____ 지음, 김명호 편역(2007), 『지금 조선의 시를 쓰라』, 돌베개.

_____ 지음, 김혈조 옮김(2009), 『열하일기』 1~3, 돌베개.

成大中, 『靑城集』, 『한국문집총간』 248, 민족문화추진회.

柳得恭, 『泠齋集』, 『한국문집총간』 260, 민족문화추진회.

李光庭, 『訥隱集』, 『한국문집총간』 187, 민족문화추진회.

李象靖, 『大山集』, 『한국문집총간』 227, 민족문화추진회.

이익 지음, 민족문화추진회 역(1976~1978), 『국역 星湖僿說』, 민족문
화추진회.

林象德, 『老村集』, 『한국문집총간』 206, 민족문화추진회.

정 조, 『홍재전서』, 『한국문집총간』 263, 민족문화추진회.

黃胤錫, 『頤齋遺藁』, 『한국문집총간』 246, 민족문화추진회.

한국고전종합DB 사이트, 원문이미지보기 서비스 활용.

강명관(2007a), 『국문학과 민족 그리고 근대』, 소명출판.

_____(2007b), 『안쪽과 바깥쪽』, 소명출판.

김명호(1990), 『열하일기 연구』, 창작과 비평사.

김혈조(1997), 『그렇다면 도로 눈을 감고 가시오』, 학고재.

박성순(2005), 『조선유학과 서양과학의 만남』, 고즈윈, 2005.

박희병(2006), 『연암을 읽는다』, 돌베개.

_____ 외 편역(2007; 2009), 『연암 산문 정독』 1∼2, 돌베개.

_____(2010), 『연암과 선귤당의 대화』, 돌베개.

김명호(2010), 「『열하일기』 異本의 재검토」, 『동양학』 48, 단국대 동양학연구소.

_____(2011a), 「『열하일기』와 『천주실의』」, 『한국한문학연구』 48, 한국한문학회.

_____(2011b), 「연암의 우정론과 서학의 영향」, 『고전문학연구』 40, 한국고전문학회.

김문용(1994), 「북학파의 인물성동론」, 『人物性論』, 한길사.

김영진(2007), 「유득공의 생애와 교유, 年譜」, 『대동한문학』 27, 대동한문학회.

김형찬(1996), 「박지원 실학사상의 철학적 기반」, 『실학의 철학』, 예문서원.

박기석(1986), 「호질의 작자」, 『한국문학사의 쟁점』, 집문당.

박희병(1996), 「燕巖 사상에 있어서 언어와 冥心」, 『한국의 경학과 한문학』, 태학사.

신향림(2010), 「燕巖 朴趾源의 만년 思想에 대한 再論―맹인 설화와 「答任亨五論原道書」를 중심으로」, 『한국한문학연구』 46, 한국한문학회.

이우성(1968), 「「虎叱」의 作者와 主題」, 『창작과 비평』 11, 창작과비
평사.

이지양(1999), 「18세기의 眞 추구론과 性靈說」, 『한국한문학연구』 24,
한국한문학회.

_____(2009), 「조선 후기의 시정과 문학 속의 풍속」, 『새 민족문학사
강좌』 1, 창비.

임형택(1988), 「박연암의 인식론과 미의식」, 『한국한문학연구』 11, 한
국한문학회.

_____(2000), 「박지원의 주체의식과 세계인식」, 『실사구시의 한국
학』, 창작과비평사.

정학성(2007), 「「호질」에 대한 재성찰」, 『한국한문학연구』 40, 한국한
문학회.

조동일(1990), 「조선 후기 인성론과 문학사상」, 『한국문화』 11, 서울
대 규장각 한국학연구원.

허은주(2010), 「儒服과 유자의식 - 하야시 라잔[林羅山]의 경우」, 『일
본언어문화』 16, 한국일본언어문화학회.

雅亭 李德懋의 經濟實用 사상과 創新·眞境의 문학

이현우 | 성균관대학교 강사

1. 들어가는 말

이 논문은 실학파―이용후생파의 한 사람으로 늘 거론되고 있음에
도 불구하고 그 실학의 내용에 대해서는 불분명했던 아정(雅亭) 이덕무
(李德懋, 1741~1793)의 실학사상을 구명하여 시대에 대응한 그의 자세
를 짚어 보고, 이와 관련하여 그의 문학세계를 살펴보는 데에 목적을
둔다. 즉 아정의 우국우민(憂國憂民)·경제실용(經濟實用) 사상과 그의
문학이론 및 작품세계와의 유기적 관련성을 고찰하고자 하는 것이다.

아정은 당시 이용후생파 가운데 가장 방대한 저술을 남겼으며, 초정
(楚亭) 박제가(朴齊家), 영재(泠齋) 유득공(柳得恭), 강산(薑山) 이서구(李書
九)의 시와 함께 아정의 시는『한객건연집(韓客巾衍集)』으로 엮어져 중
국에까지 문명을 떨치면서 '별개이경(別開異境)'이라는 찬사를 받기도
하였다.[1] 그러나 그는 학자로서 담헌(湛軒) 홍대용(洪大容), 연암(燕巖) 박
지원(朴趾源) 등 다른 실학파 학자들에 비해 그다지 관심을 받지 못하였
다. 그 이유는 자학(字學)이나 명물도수(名物度數) 방면의 연구에 치중하
여 특별한 사회개혁론을 제시하지 않았으며, 대청관(對淸觀)에 있어서
도 적대적 입장을 강하게 보이며 주자학을 묵수하는 보수적 입장을 견
지한 인물이라는 점 때문이다.[2] 또 전통적 유학정신의 실천이 남달랐던

---

1 청대 문인 潘庭筠은 아정의 시에 대해 "炯菴, 錘字鍊意, 力掃凡谿, 別開異境, 晚宋晚明之
   間, 應踞一席. 又如火齊木難, 觸目都是奇寶, 非尋常近玩之比"(柳琴 編,『韓客巾衍集』권
   1,「李德懋·跋文」)라고 평한 바 있다.
2 이혜순(1987)은 아정이 燕京 使行 중에 보인 對淸意識을 통해 중세적 사고로 귀의하려는
   노력이 있었음을 지적하고, 아정을 실학자그룹에 귀속시키는 것을 유보하자고 하였다.

유가적 인본주의자로 평가되거나,[3] 이용후생파이기는 하나 도덕적 가치 실현을 우선시하여, 발전된 경제의 토대 위에서 유민익국(裕民益國)을 실현하려 했던 연암·초정과 학문의 성격이 다르다[4]는 논의도 있었다. 문학 연구는 대개 실학파 문인으로 전제한 다음 작품세계를 선별적으로 다루거나, 공안파(公安派)의 영향을 받은 소품가(小品家)로 재단하는 연구가 있었다.[5]

『청장관전서(靑莊館全書)』에 수록된 아정의 저술들을 살펴보면, 이희경(李喜經)의 저서 『설수외사(雪岫外史)』나 박제가의 『북학의(北學議)』와 같이 수미일관한 경세의식을 담은 저작이 희소한 것이 사실이다. 여기서 우리는 『연암집(燕巖集)』에 수록된 「형암행장(炯菴行狀)」의 다음 발언에 주목하고자 한다.

무관(懋官)은 가난한 선비 시절부터 민생이 곤궁하고 인재가 묻히고 마는 데에 깊은 관심을 쏟아서 개연히 경제(經濟)에 뜻을 두고 백성을 구제하려 하였다. 그의 논설(論說)과 기록은 전장(典章)과 제도(制度)에 특히 치중하여 백성을 구제하는 것을 요체로 삼았다. 그런즉 우국우민의 뜻을 잠시도 잊은 적이 없었으니, 진실로 그를 기용하여 능력을 시험해 보기로 한다면 어디건 안 될 곳이 없었을 것이다.[6]

---

3 이화형(1994)은 아정의 근대 지향적 실학정신은 인정하되, 이혜순(1987)의 문제 제기를 적실한 것으로 평가하였다.
4 이에 대해서는 류재일(1998) 참조.
5 이에 대해서는 권정원(2005) 참조.
6 朴趾源, 『燕巖集』 卷3, 「炯菴行狀」, "自在韋布, 亦嘗惓惓於生民之困悴, 才俊之沉沒, 慨然有志於經濟. 其議論記述, 尤致意於典章制度, 以救民濟物爲要. 然則其憂國憂民之意, 未嘗須臾忘也, 固宜擧而試之, 將無所不可."

연암은 아정이 평생에 걸쳐 추구했던 사상이 결국 '우국우민', '구민제물(救民濟物)'의 정신에 귀결되고, 그의 학문은 현실에 적용이 가능한 실용적인 것이었음을 말하고 있다. 경세제민(經世濟民)의 방도로 이용후생을 강구한 연암그룹과 그 사상을 깊이 공유하고 있었음을 확인할 수 있는 것이다.

만년에 아정이 초정에게 보낸 편지에서도 이러한 사유를 간취할 수 있다.

우리들이 20년 전에 백가서(百家書)를 박람(博覽)하여 풍부하다 하겠으나, 궁극적인 뜻은 바로 경전(經典)과 사서(史書)를 온전히 이해하고, 책을 지어 이론을 세운 것은 '경제실용'에서 벗어나지 않았으니, 스스로를 가만히 어중(漁仲)·귀여(貴與)의 반열에 붙여 생각했던 것 같소.[7]

아정은 정초(鄭樵)의 『통지(通志)』, 마단림(馬端臨)의 『문헌통고(文獻通考)』와 같은 국가에 보익(補益)이 되는 대저작의 편찬을 염두에 두고 있었다. 자신의 저서입언(著書立言)이 경제실용에 있음을 분명히 밝히고 있는 것이다. 그는 일찍이 우리나라의 세 가지 좋은 책으로 『성학집요(聖學輯要)』, 『반계수록(磻溪隨錄)』, 『동의보감(東醫寶鑑)』을 꼽고, 사장(詞章)만 숭상하고 경제와 의술(醫術)을 멸시하는 당시의 풍조를 비판하기도 하였거니와,[8] 유형원(柳馨遠)과 같은 선배 실학자들의 사회경장론(社

7 『靑莊館全書』卷20, 付『刊本雅亭遺稿』7,「與朴在先〔齊家〕書」, "吾儕二十年前, 汎覽百家, 亦云富有, 畢竟歸趣, 卽全經全史, 而著書立言, 不出經濟實用間. 竊自付於漁仲貴與之間."(『청장관전서』권20, 『雅亭遺稿』다음에 內閣에서 인쇄한 '雅亭遺稿'가 합본되어 있는바, 이 내각 간행본은 민족문화추진위원회 刊, 『국역 청장관전서』에 의거하여 '刊本雅亭遺稿'라 칭한다. 원문의 우리말 번역은 민족문화추진회 편(1978), 『국역 청장관전서』를 주로 참고하였으며, 번역이 껄끄러운 대목은 윤문하였다.)

會更張論)에 공감을 표하기도 하였다.[9] 다시 말해 『청장관전서』에 들어 있는 그의 저술들은 대부분이 시문과 백과사전류의 글로 채워져 있고, 독립된 편목을 세워 논설을 개진한 경우가 드물지만, 실학적 소견을 피력한 대목을 적지 않게 확인할 수 있는 것이다.

그렇다면 연암그룹 내의 다른 실학자와 달리 세상에 널리 회자되는 저작이 없고, 그의 저술 가운데 일견 모순되는 사유가 혼재하는 까닭은 무엇 때문일까.

먼저 아정의 급작스런 죽음으로 인해 스스로에 의한 작품 산삭(刪削)이 가해지지 않았다는 점이다. 아들 광규(光葵) 역시 부친의 유고를 있는 그대로 편집한 듯싶다. 『청장관전서』 가운데 젊은 시절 유가경전을 공부하면서 초록해 둔 독서일록(讀書日錄)에 가까운 글들이 많이 수록된 것도 이런 연유가 아닌가 한다.

그리고 아정은 초대 검서관으로 특채되어 15년 동안 규장각에 근무하여 사망하기까지 많은 내외직을 겸임하면서[10] 대부분의 국가 편찬사업에 관여하여 개인 저술을 남길 여력이 없었다는 점이다.[11] 그의 저술

---

8 『靑莊館全書』 卷20, 付 『刊本雅亭遺稿』 6, 「與李洛瑞(書九)書」, "朝鮮有三部好書, 日聖學輯要, 日磻溪隨錄, 日東醫寶鑑. 一則道學, 一則經濟, 一則活人之方, 皆儒者事也, 道學固爲人根本之事, 尙矣也. 今世專尙詞翰, 於經濟蔑如也, 醫者之術, 其誰明之."

9 『靑莊館全書』 卷60, 『盎葉記』 7, 「柳李言俗弊」 참조.

10 39세 6월에 外閣(校書館) 檢書官에, 41세 1월에 內閣(奎章閣) 검서관에 임명된 뒤 서적 편찬에 참여한 공로를 인정받아 實職을 제수받았다. 검서관 직임을 수행하면서, 司䆃寺主簿를 시작으로 沙斤道察訪, 廣興會主簿, 司饔院主簿, 積城縣監, 瓦署別提, 尙衣院主簿, 掌苑署別提 등의 벼슬을 겸임하였고, 외직으로는 사근도찰방과 적성현감을 역임하였다.

11 『圖書集成』, 『國朝寶鑑』, 『奎章閣志』, 『弘文館志』, 『詩觀小傳』, 『武藝圖譜通志』, 『御製集』 등 국가 편찬의 거질의 도서 대부분이 아정의 손을 거쳐 나왔는데, 사망하던 달에 박제가에게 쓴 편지에 "弟則從仕以來, 鹿鹿爲吏, 幾焚筆硯者, 爲十有五年, 年暮而才退, 固不足爲役於文苑."이라 하였다(『靑莊館全書』 卷20, 付 『刊本雅亭遺稿』 7, 「與朴在先

가운데 검서관 이후에 쓴 글은 대부분 응제(應製) 시문이며 수년 동안 혼자서 거질의 『규장전운(奎章全韻)』 편찬과 『송사전(宋史筌)』 개수(改修) 작업에 매달렸으니, 사후에 정조(正祖)가 그의 문헌적 업적을 기념하여 내각에서 유고를 출판하도록 한 것이 이러한 사실을 알려 준다.

또한 호학군주(好學君主), 개혁군주로 알려진 정조는 애초에 검서관들을 학인으로 대우하기보다는 절대군주로서 왕권을 강화하고 자신의 이념을 전파하기 위해 도구적 기능인으로 채용하였으니, 또한 경제적 포부를 개진하는 글을 생산하기 어려운 분위기였던 것으로 판단된다. 문체반정 당시에 정조는 아정·초정을 두고 "나는 기실 이들을 배우로 길러 왔다."[12]라고 했으며, 아정 스스로 '누의지천(螻蟻之賤)'으로서 검서관의 직임이 배우·골계·서화 따위에 비할 바가 아니라는 생각을 드러낸 바 있었다.[13]

일찍이 연암은 또한 아정이 '나라에서 저술하는 일을 맡겼더라면 크게 볼 만한 것을 내놓았을 것'이라고[14] 하여 그 능력을 펼치지 못한 현실을 안타까워하였거니와, 이와 같이 아정은 국가에 보익이 되는 저술을 남기고자 하는 열망을 지니고 있었음을 확인할 수 있다. 이상은 우리가 아정의 저작을 연구할 때 유의해야 할 점들인데, 그동안 학계에서

〔齊家〕書」 참조).

12 정조는 『日得錄』 卷5에서 "李德懋·朴齊家輩, 文體全出於稗官小品. 以予置此輩於內閣, 意予好其文, 而此輩處地異他, 故欲以此自標, 予實俳畜之. 如成大中之純正, 未嘗不亟獎之."라 하였다.

13 『靑莊館全書』 卷20, 付「刊本雅亭遺稿」 3, 「檢書廳記」, "顧其爲任, 非俳優滑稽碁醫書畵猥瑣狎褻之比, 而通籍金門給事藝苑之榮, 則又不啻過之. 嗟乎, 吾四人者, 以螻蟻之賤, 遭遇聖世, 首膺是任, 奔走供奉, 七年于玆, 豈非幸人也歟."

14 朴宗采, 『過庭錄』 卷4, "先君在安義, 聞李懋官沒, 悼念已甚曰: '惜乎, 死了一人才矣. 使懋官, 當制作撰述之地, 必專據一席, 大有可觀矣."

간과했던 면이 없지 않았다.

『청장관전서』에 수록된 저술을 살펴보면, 모두 21종 33책 71권이라는 방대한 분량에 압도된다. 1,070여 수에 달하는 시(詩)를 남겼으며, 경학(經學)·사학(史學)을 비롯하여 문학비평·음운학(音韻學)에 해박하였다. 아정은 그 밖에 교육·군사·의약 등에도 깊은 관심을 보였다. 이와 같이 다양한 분야의 글에 산견하는 자료를 통해서 실학사상을 조명한다는 것은 용이한 일이 아니다. 따라서 본고에서 아정의 실학적 사유에 대해서는 앞의 「형암행장」에서 적시한 '우국우민', '구민제물'에 주목하여 논의를 진행하고자 한다. 문학에 있어서는 지금까지 그의 문학에 저류하고 있는 실학적 사유를 간과한 채 고립적으로 작품을 고찰한면이 적지 않았으므로 실학파적 문예의식의 소산으로 파악되는 작품을 몇 가지로 분류하여 살펴보고자 한다.

2. 우국우민(憂國憂民)과 경제실용(經濟實用) 사상

아정의 저술 가운데 우국우민이나 경제실용과 관련이 있는 자료를 들어 보면 이러하다. 『입연기(入燕記)』·『천애지기서(天涯知己書)』·『청령국지(蜻蛉國志)』는 청(淸)나라와 일본에 대한 인식을, 『병정표(丙丁表)』·「주군제론(周軍制論)」·「당군제론(唐軍制論)」·「명군제론(明軍制論)」·「비왜론(備倭論)」에서는 국토방위에 대한 견해를 살펴볼 수 있다. 『앙엽기(盎葉記)』에 수록되어 있는 기사 중에 「선배논과거오인(先輩論科擧誤人)」은 과거제를 비판한 조목이고, 「병정귀감(丙丁龜鑑)」·「궁전지제(弓箭之制)」·「중원성제(中原城制)」 등은 군사(軍事)에 관한 것, 「고려능수(高麗綾繡)」·「망건(網巾)」·「입위우구(笠爲雨具)」·「입당개조(笠當改造)」 등은 생활 일상에 관련된 것이고, 「청참(淸塹)」·「교서(校書)」·「판목(版木)」 등 서적 판각에 관한 것도 있는데, 대개 자신의 의견이나 논평을 제시하여 주목을 요한다. 그 밖에 실학적 소견들이 보이는 자료는 초정·영재·원 중거(元重擧)에게 보낸 서간(書簡), 생활 일상에 관련된 소품이 많은 『이 목구심서(耳目口心書)』, 사근찰방(沙斤察訪) 시절에 그곳의 민풍토속을 담 은 『한죽당섭필(寒竹堂涉筆)』, 『예기(禮記)』를 실용실무에 맞게 재해석한 『예기억(禮記臆)』도 관심을 끄는 자료이다. 이를 '생산 및 통상', '국토방 위', '일본에 대한 고찰'이라는 장으로 나누어 살펴보고자 한다.

1) 생산 및 통상에 관한 견해

아정은 우리나라의 국부(國富)가 나날이 줄어들고 민생(民生)은 점점 궁핍해지고 있다고 보았다. 그는 사치하여 방종한 데로 흐르는 것을 경 계하였지만, 절검(節儉)을 무조건 미덕으로 여기지는 않았다. 우리나라 사람들이 평시에 무명옷을 입는 것은 '검소함을 숭상하려는 의도에서 가 아니라 가난하기 때문에' 풍속을 이루게 된 것이라고 하면서 "신라 때는 토산품으로 대소화(大小花)·어아금(魚牙錦)·조하금(朝霞錦)·백첩 포(白氎布) 등의 이름이 있었으나 지금은 모두 보이지 않는다."라고 하 여 오히려 이전 시기에 국부와 민생이 더 요족(饒足)했을 것으로 추측하 였다.[15] 또한 고려는 문하시중에게 세미(歲米) 4백 석를 주었다면, 조선 조에 들어와서는 정1품 벼슬아치에게 세미 98석과 주포(紬布)·저화(楮 貨) 따위를 지급하였으나, 임란(壬亂) 이후는 세미 60여 석에 불과하였

---

15 『靑莊館全書』卷63, 『天涯知己書』, 「筆談」, "東國非尙儉, 全係貧耳. 新羅時土産, 有大小 花·牙錦·朝霞錦·白氎布等名, 今皆不見. 當時國富民庶, 可知也."

고 비단·저화는 지급하지 않았다는[16] 사실을 통해 나라의 재정 규모가 날로 줄어들었으며, 일찍이 "조선조보다 검소한 시기가 없었다."[17]라고 진단하였다.

그렇다면 국부를 늘리고 민생을 개선하는 방법은 무엇이겠는가? 아정 역시 여느 실학자들과 마찬가지로 놀고먹는 유식자(遊食者)를 비판하였다.[18] 그는 생민의 업(業)이 사(士)·농(農)·공(工)·상(商)의 네 종류에서 벗어나지 않는다고 전제하고, 사(士)를 '과거(科學)를 준비하는 자'와 '벼슬하는 자' 둘로 분류하였다. 사가 벼슬을 못할 경우, 가족을 부양하기 위해 농·공·상 가운데 능력에 맞는 생업에 종사할 수 있다고 보았다.[19] 부모 봉양을 위해 전대를 두르고 구걸에 나선 김용각(金龍珏)의 일화를 통해 안회(顏回)·증삼(曾參)이라면 '진작에 천한 일을 피하지 않고 방도를 마련했을 것'이라고 하면서 '죽을 지경에 이르더라도' 직접 경제활동에 참여하지 않는 우리나라 선비들의 헛된 명분의식을 개

---

16 『靑莊館全書』卷53, 『耳目口心書』6, "高麗中書尙書令門下侍中, 歲米四百石, 至助敎十石. 國朝正一品, 歲俸九十八石, 紬六疋, 正布十五疋, 楮貨十張, 從九品十二石, 正布二疋, 楮貨一張. 壬辰後一品, 歲俸六十餘石, 無細布楮貨."

17 『靑莊館全書』卷58, 『盎葉記』5, 「高麗綾繡」, "高麗史顯宗, 遣使如宋, 獻金絲織成龍鳳繡, 繡龍鳳鞍各一, 帝置館登州以待之. 權旺爲慶尙按廉, 務除民弊, 忠烈王以晉州所貢綾羅盆艷, 怒罷其職. 見此二事, 則莫寒儉於本朝也."

18 『靑莊館全書』卷48, 『耳目口心書』1, "天之生物, 無非欲生之心也, 彼蜘蛛腹便便貌矍然, 虫之不捷者耳. 不使之方便, 則不可以食, 故與之絲食於網, 余惑於人之游食者耳. 四肢七竅, 不猶愈於蛛之絲乎?"

19 『靑莊館全書』卷19, 『雅亭遺稿』11, 「李大器〔晚中〕」, "生民之業, 不出於士農工商. 然至于後世, 士有二目焉, 科也宦也. 夫科, 數也, 宦, 時也. 農曰力, 工曰藝, 商則財也, 仰事俯育, 無不從此"; 卷31, 『士小節』下, 「童規」, "雖貧賤而抱關庸保農醫商匠爲業, 不失爲修飭之士, 至若自幼及壯, 其所聞見, 無非不正之事與浮浪之人, 則其或見正事見正人, 反乃以爲駭異也. 雖自以爲文藝絶人, 風流動盪, 識者見之, 乃是雜流耳."; 卷28, 『士小節』中, 「士典」, "親飢如之何, 事苟非奸且濫焉. 量其智與力, 爲之而已. 販可, 傭亦可, 然能超俗習, 嗟其誰歟!"

탄하였다.[20]

아정은 한 걸음 더 나아가 사가 "치산(治産)을 잘하여 집안을 보전하는 것이 녹봉을 구하는 것보다 낫다."[21]라는 관점을 드러내었다. 이 시기는 과거를 준비하는 인구가 폭발적으로 증가하고, 벼슬아치가 되는 일이 극히 요원하였으므로 치산에 힘쓰는 것이 가난한 한사(寒士)가 도모할 수 있는 현실적인 방안이었던 것이다. 그는 나라의 재력을 소모시키는 과거제를 혁파하고, 천거제인 공거제(貢擧制)의 시행을 제안한 바 있는데,[22] 놀고먹는 유식자에 지나지 않는 '과거를 준비하는 사'의 증가를 억제하고, 이 인력을 농·공·상의 실업(實業) 분야로 유도하기 위한 주장으로 이해된다.

그뿐만 아니라 아정은 인간의 재화(財貨)에 대한 욕구를 이해하였다. '사람이 재리(財利)에 급급해하는 것은 자신의 성명(性命)을 보존하기 위한 것'[23]이라고 보았다. 선비의 아내도 생활이 곤궁하면 생업을 경영할 수 있는데, 예컨대 닭과 오리를 치는 일, 간장류를 판매하는 일, 견과류를 적기에 내다 파는 일, 산야(山野)에서 염색 재료를 채취하는 일, 각종 염색법을 익혀 두는 것 등이 그것이다. 다만 생계를 도모하는 차원에서 권장을 할 뿐, 이식(利息)을 무한정 불리는 행위는 부정적으로 보았다.[24]

---

20 『靑莊館全書』卷68, 『寒竹堂涉筆』上, 「金龍玨」, "童子金龍玨,家貧親老,持槖行乞納一文. ······ 余歎曰: '言之至此, 使天下之人有儒名而使親饑者, 嗫口不敢自白, 然顔曾當之, 不必乞丐, 應有調度, 不避賤事, 不如東國士抵死. 不敢力作畏人嘲笑也.'"

21 『靑莊館全書』卷29, 『士小節』中, 「士典」, "治生保家, 優於干祿, 攝生保身, 勝於佞佛."

22 『靑莊館全書』卷63, 『天涯知己書』, 「筆談」, "若不行貢擧之法, 只存一科, 餘小小雜名, 罷之可也. 國體日損, 士習日薄, 財力之耗, 官之冗, 專由於此"

23 『靑莊館全書』卷50, 『耳目口心書』3, "人之汲汲於財利者, 不過欲保全其性命也. 庸下之人, 反以性命爲輕."

24 『靑莊館全書』卷30, 『士小節』下, 「婦儀」, "士人之妻, 家計貧乏, 稍營生理, 未爲不可. 紡績蠶繭固是本業, 至若牧鷄鴨, 沽販醬醋酒油, 又善藏棗栗·金橘·朱榴, 待時而出, 又貿

아정 스스로도 침중계(枕中鷄)를 기르는 법, 겨울철에 흙구덩이에서 닭을 기르는 법, 수박을 크게 하는 법 따위에 비상한 관심을 보여 가난한 사(士)로서 자구책을 모색하기도 하였다.

또 주목되는 점은 생민의 생활 일상과 관련된 직종에 대해 독서하는 여가에 배워 두어야 하며, 그것이 작은 기예〔小技〕라 해서 멸시해서는 안 된다고도 하였다. 그러한 직종으로 목수의 일, 미장이의 일, 대장장이의 일, 옹기장이의 일, 새끼 꼬는 일, 신 삼는 일, 그물 뜨는 일, 발 엮는 일, 먹 만들고 붓 만드는 일, 재단하는 일, 책 매는 일, 술 빚는 일, 밥 짓는 일을 들었다.[25] 이는 빈사(貧士)의 자립적인 경제생활에 대한 고민을 담고 있는바, 35세에 엮은 『사소절(士小節)』에 보인다. 이러한 주장이 중국을 다녀오기 전의 기록에서 나타난다는 점에서 주목을 요한다.

아정은 우리나라는 이용후생(利用厚生)하는 정치가 다른 나라에 비해 뒤떨어졌다고 보았다. 그로 인해 제품을 만드는 기술도 형편없게 되었다고 한다. 『일본일사(日本逸史)』를 인용하여 일본이 면화 재배에 성공하기까지 기울인 노력과 재배 방법을 자세히 서술하고, 일본은 우리보다 6백 년이나 앞서 목화씨 입수에 공을 들인 점에 주시하였다. 그러면서 다음과 같이 우려를 표명하였다.

積紅花·紫草·丹木·黃蘗·黔金·藍靛, 知學桃紅·粉紅·松花·黃油·綠草·綠天·靑鴉·靑雀·頭紫·銀色·玉色諸染色法. 非惟有補於生計, 亦是女功之一端. 然痼於利欲, 多行刻薄不近人情之事, 亦豈賢淑之行也哉?"

25 『靑莊館全書』卷29, 『士小節』中, 「士典」, "耕樵漁牧, 固本分也. 梓匠圬墁鎔冶陶埴, 至於索綯捆屨網織簾, 製墨造筆, 剪裁裝潢, 釀酒炊飯, 凡人生日用之事, 與孝弟倫常, 幷行不廢者, 可隨才力, 讀書修行之暇. 時時學習, 不可以小技茂之."

우리나라의 생활을 부유케 하고 기용을 편리하게 하는 정치가 다른 나라에 뒤떨어졌으니, 아마 나라를 위한 계책에 마음 쓰지 않았음이 예부터 그러했던 것이다. 유리를 녹여서 물건을 만들고 도자기에 채색화 그려 넣는 것 등은 지극히 사소한 일이지만 끝내 배우려고 하지 않으면서, 담배를 심어 연기를 빠는 일은 재물을 허비하고 건강을 해침이 아주 심한데도 담배가 중국에 들어온 지 얼마 되지도 않았는데 지금까지 습속화했으니, 참으로 알 수 없는 일이다. 고구마는 담배에 비해서 이득이 매우 많은데도 그 종자를 전해 온 지가 이미 3백 년이 지났지만 아직도 전국에 고루 심어지지 않았으니 어찌 개탄할 일이 아니겠는가?[26]

정책 당국자들은 '이용(利用)'의 정책을 펴지 아니하고, 백성들 역시 '이용'에 관심이 없어 생활을 윤택케 하는 기술개발을 등한시하고 있다. 백해무익한 담배는 급속히 퍼져 풍습을 이룬 반면, 이득이 많은 고구마는 수백 년 전에 들어왔지만 아직 전국에 보급되지 못한 일을 '개탄할 일'이라고 지적하였다.

아정은 실제로 생활의 편의를 위해 기물(器物)을 스스로 고안하는 일이 많았다. 일찍이 북경 유리창에서 초정과 함께 중국의 편리한 수레제도를 체험하였고,[27] 적성(積城)현감 시절에는 두 바퀴가 달린 작은 수레 '여거(犁車)'를 직접 제작하였다. 또 굴신하기에 편리한 의자를 특별히

---

26 『靑莊館全書』卷59, 『盎葉記』6, 「日本綿花之始」, "案我國文益漸始得綿種, 後於日本六百餘年, 我國厚生利用之政, 必後於他國, 蓋其無意於謀國, 自古而然也. 鎔造琉璃彩畵磁器, 至細瑣也, 終不能學, 至若種烟吸烟耗財害身, 可謂孔酷, 而自烟之入中國, 不多年而傳習至今, 此則不可曉也. 朱藷比烟, 利益甚多, 而僅傳其種, 已近三紀, 未見遍植一國, 寧不慨然?"

27 朴齊家, 『貞蕤閣集』, 『北學議』, 內篇 「車」, "車中, 可以看書, 可以對客, 卽一能行之屋耳. 余於琉璃廠西南, 數與懋官同車."

설계하여 사용하였고, 통기(通爪)·촉두(燭豆)도 고안했다고 한다.[28] 이러한 기물의 고안은 이용후생의 정신을 실천에 옮긴 것에 다름 아니다.

아정은 또한 모든 기화(器貨)에 공인(工人)의 이름을 새길 것을 주장하였다. 그리하면 공인들이 책임감을 느껴 질 좋은 제품을 생산할 것이다. 중국이나 일본은 아무리 하찮은 물건이라도 반드시 공인의 관지(款識)가 들어 있는 반면, 우리나라는 자기가 지은 책에도 이름을 명기하지 않는 일이 비일비재하다고 하였다.[29] 그는 『성호사설(星湖僿說)』을 '알아 보는 자와 함께 말할 수 있는' 책이라고 극찬하였는데, 물건에 공인의 이름을 새기자는 이 주장은 『성호사설』, 「물륵공명(物勒工名)」 조에도 나와 있는 내용이어서 흥미롭다.[30]

경제 안정을 위해서 제도의 표준을 세워야 하는데, 아정은 불균일한 도량형을 통일하는 것이 시급하다고 주장하였다. 『예기』를 실용적 견지에서 재해석하고 평석을 붙인 『예기억』에서 그는 『서경(書經)』, 「우서(虞書)」에는 5년에 한 번씩 천하의 도량을 정리하였고, 『예기』, 「월령(月令)」에는 1년에 두 번씩 국중(國中)의 도량을 정리하였으며, 명(明) 홍무(洪武) 초기에는 3일 만에 한 차례씩 곡두(斛斗)와 칭척(稱尺)을 점검한 일을 근거로 들었다.[31] 그런데 우리는,

---

28 『青莊館全書』卷20, 付『刊本雅亭遺稿』8, 부록, 李光葵, 「先考府君遺事」 42조 참조.
29 『青莊館全書』卷7, 『禮記臆』1, 「月令」, "物勒工名, 中國之器貨, 雖筆墨之微, 必記識工名, 蓋古制然也. 日本之俗, 亦勒於款識. 猶詩文必著某製, 書畫必著某寫也. 東俗專不尙款識, 甚至著書刊刻, 不書某人著, 當世之人讀之者, 茫然不省其爲誰氏之作."
30 『青莊館全書』卷16, 『雅亭遺稿』8, 「成士執大中」, "僿說, 心公識博. 嗚呼! 可與知者道耳. 玆奉完佗日, 幸爲我乞諸隣, 俾覽全書也."
31 『青莊館全書』卷7, 『禮記臆』1, 「月令」, '日夜分則同度量章', "虞書於天下則五歲一正之, 月令於國中則一歲再正之, 明洪武初三日, 一次較勘, 斛斗秤尺, 此王政之急務也."

지금 우리나라는 도수(度數)가 모두 엉망이어서 척도(尺度)·양형(量衡)이 집집마다 다르고 저자마다 틀린다. 그리하여 재화는 귀한 것과 천한 것이 정당한 값을 잃게 되었다. 의식은 화려한 것과 검소한 것이 일정한 제도를 어기게 되며, 심지어는 약제(藥劑)가 고르지 못하여 사람의 기신이 쇠약해지게 되고, 복태(卜駄)가 고르지 못하여 말[馬]의 힘이 다하게 된다. 아, 이것이 어찌 검찰(檢察)하지 않아도 될 수 있는 작은 일이겠는가? 일본은 도수에 밝으니, 주관(周官)의 정신이 오히려 남아 있는 것이다.[32]

라고 하여 도수가 균일하지 않아 생기는 폐해가 저자의 상행위에 한정하지 아니하고, 개인의 의식 생활이나 짐을 운반하는 동물의 수명을 좌우하기까지 한다는 것에 유의하였다. 이처럼 우리의 생활 일상에 깊숙이 작용하는 제도인 만큼, 도량형을 통일하는 일이 정치의 급선무가 된다고 강조한 것이다.

국제교류를 통해 면화와 고구마가 우리나라에 유입되었듯이, 아정은 국부를 늘리기 위해 국제교역의 중요성을 역설하였다. 주로 고려와 일본의 사례를 들었다. 고려가 외국과 통상에 힘쓸 때, 고려의 서적과 청자지(靑磁紙)·취지(翠紙)와 같은 토산품이 외국에 나갔으며,[33] 일본이 해상강국이 된 까닭도 "외국과 교통하기 때문이다."[34]라고 파악하였다. 대외교역은 국부를 늘려 생민을 구제할 뿐만이 아니다.

---

32 앞의 글, "今我國俗度數皆謬, 尺度量衡, 家殊而市異. 貨財之貴賤失價, 衣食之奢儉違制, 以至藥劑不調, 而人氣以之耗駄, 任難平而馬力以之竭, 嗚呼! 此豈小事而不之檢察也哉? 日本明於度數, 猶有周官遺意."

33 『靑莊館全書』 卷58, 『盎葉記』 5, 「靑磁紙」, "金章宗, 嘗書高麗靑磁紙, 洪武二年, 宋濂等, 采輯元史, 擇高麗翠紙, 爲之衣, 此二種."

34 『靑莊館全書』 卷65, 『蜻蛉國志』 2, 「異國」, "日本之國富兵强, 雄長海中者, 能通異國故也."

우리나라는 바닷길로 통화(通貨)하지 않기 때문에 문헌이 더욱 희귀하다. 따라서 서적이 미비되고 삼왕(三王)의 사적도 모르는 것은 오로지 이 때문이다. 일본 사람들은 강남(江南)과 통상했으므로 명나라 말기의 고기(古器)·서화(書畫)·서적·약재(藥材) 등이 나가사키[長崎]에 꼭 차 있다. 일본의 겸가당(蒹葭堂) 주인 목세숙(木世肅)은 서적 3만 권을 비장하고 있고 또 중국의 명사들과 많은 교제를 맺고 있다. 그래서 문아(文雅)가 바야흐로 성대하여 우리나라에 견줄 바가 아니다. 또 고려 때는 송(宋)나라의 상선이 해마다 왔었는데, 그때 고려 임금이 후한 예로 공궤(供饋)했으므로 문물이 매우 구비되었었다.[35]

지금 우리나라는 해로로 교역하지 않기 때문에 문헌이 더욱 희귀하고, 그 때문에 우리의 문화 수준이 낙후해진 반면, 일본 사람들은 중국 강남을 통해 서적들을 대거 수입해 가므로 일본의 문운이 바야흐로 성대하여 우리나라에 견줄 바가 아니게 되었다 한다. 우리도 고려가 해로를 통해 외국과 활발히 통교한 결과, 문화적 전성기를 가져온 전례가 있었다. 교역을 통해 경제적 부를 축적하고, 그것을 토대로 문화적 번성이 가능하다는 인식에 이르고 있는 것이다.

담헌이 해로 운송의 편리함을 역설했듯이,[36] 해로에 관심을 보인 것은 많은 양의 외국 문물을 더 빠르고 편리하게 운송하는 방편의 하나였

---

35 『靑莊館全書』卷63, 『天涯知己書』, 「筆談」, "我國不以水路通貨, 故文獻尤貿貿, 書籍之不備, 與不識三王事者, 全由此也. 日本人通江南, 故明末古器及書畫書籍藥材, 輻湊于長崎, 日本蒹葭堂主人木世肅, 藏秘書三萬卷, 且多交中國名士. 文雅方盛, 非我國之可比也. 且高麗時, 宋商之舶, 年年來泊, 麗王厚禮供饋, 文物甚備也."
36 洪大容, 『湛軒書』外集 卷10, 「燕記·器用」, "運輸之利, 人不如馬, 馬不如車, 車不如船. 是以數千里運河漕運之便, 其利什佰."

기 때문이다. 아정은 양질의 선진 문물 수용에 보다 적극적인 자세를 주문하였으니, 그는 우리나라 문사(文士)들이 해마다 중국에 갔으나 "꿈 속처럼 흐리멍덩한 가운데 아무 소득이 없이 빈손으로 돌아왔다."라고 하였다. "우리나라의 문교(文敎)가 중국에 비교하여 매양 퇴보하여", "1 백 년 뒤에야 조금 진척이 있었다."라고 하면서 '우리나라에서 처음 좋 아하는 것은 중국에서 쇠퇴하고 싫어하는 것'[37]에 지나지 않는다고 비 판하였다. 이처럼 우리의 후진성을 통감한 가운데 국제교역이 가져오 는 문화적 이점을 간파한 것이라 하겠다.

아정은 청대의 문물제도에 대해서도 개방적·객관적 입장을 보였다. 『입연기』4월 12일 조에서 그는 압록강을 사이에 두고 헐벗은 조선의 산천과 풍요롭고 강성한 청나라의 모습을 대조적으로 기술할 만큼, 청 나라의 발전된 문물을 객관적으로 인식하고 있었다. 초정이 『북학의』에 서 자세히 기술한 청의 수레·벽돌·도로 제도 등이 『입연기』에도 소략 하나마 기록되어 있는 것이다.[38] 연경(燕京)으로 가는 연도에서 청조 치 하 백성들의 요족한 생활을 목도하였고, 반듯하게 구획된 농지와 도로, 성시(城市)마다 즐비한 상점과 다양한 종류의 물화(物貨)에 대해 경이롭 게 기술한 바 있다.[39]

이상에서 살펴보았듯이, 아정은 이용후생을 중시하여 생산기술의

---

37 『靑莊館全書』卷68, 『寒竹堂涉筆』上, 「孤雲論儒釋」, "年年陸行, 文士時入. 而但無心悅 之苦, 誠如夢如睡, 眞成白痴, 無所得而空來. …… 大抵東國文敎, 較中國, 每退計數百年 後始少進. 東國始初之所嗜, 卽中國衰晚之所厭也."
38 아정의 반청의식은 연행 시기에 주로 儒學이나 병자년의 치욕과 관련하여 나타나고 있 다. 아정이 연암그룹 인사 중에 가장 먼저 연행에 참여했다는 사실도 고려해야 할 것이 다. 초정·영재도 초기에는 반청의식을 보였으나 3, 4차에 걸쳐 使行이 진행될수록 중국 의 현실을 받아들였던 것이다. 이에 대해서는 이경수(1995) 23면 참조.
39 『靑莊館全書』卷66, 『入燕記』上, 4월 27일, 5월 초7일 참조.

향상, 국제교역의 필요성을 제시하였다. 사·농·공·상의 신분제를 철폐하자는 단계에 이르지는 않았지만, 다른 이용후생파와 마찬가지로 아정 역시 사(士)도 생활이 곤궁하면 각종 생업에 종사할 수 있다고 보았다. 빈곤을 극복하기 위해 생산을 진흥시키고 외국과 통상하는 방도를 모색하였고, 청과 일본의 발전상에 대해서도 파악하고 있었다. 주목되는 점은 『북학의』가 청조를 견문한 후에 나온 것임에 비해 아정의 자료들은 대개 연경에 다녀오기 전에 남겼다는 사실이다. 그 폭과 깊이는 초정에 미치지 못하지만, 아정이 개진한 내용이 『북학의』에 보이는 그것과 거의 동일하다. 즉 1778년 초정과 함께 중국에 다녀오기 전에 아정의 이용후생 사상의 틀이 잡혀 있었다고 판단된다.

2) 국토방위에 관한 의견

아정은 국토방위에 대해 그 중요성을 깊이 인식하고 있었다. 적성(積城)현감으로 부임하여 처음 행한 일이 급여를 덜어 고각(鼓角)을 갖추어 놓은 일이었다. 또 병기(兵器)를 수리하고 군오(軍伍)를 정돈하는 등 군비(軍備) 관리에 치적을 남겼고,[40] 관내의 칠중성(七重城)에 올라가 민초들이 외적과 싸운 현장을 답사하기도 하였다.[41] 단아한 선비였던 그가 일찍부터 군사, 국방 분야에 깊은 관심을 보인 데에는 처남 백동수(白東修)와 종형(宗兄) 이경무(李敬懋)의 존재를 간과할 수 없을 듯하

---

40 『青莊館全書』卷20, 付『刊本雅亭遺稿』8, 부록, 李光葵, 「先考府君遺事」; 朴趾源, 「行狀」; 朴齊家, 『貞蕤閣集』, 「送李懋官出宰積城縣序」, "吾聞積城 …… 衙舍傾圮破壞, 撑柱以度日, 縣門鼓角不備, 則口吹而足蹁, 一人兼二事焉."

41 『青莊館全書』卷70, 부록 「先考積城縣監府君年譜 乙巳」, "初五日, 上七重城, 觀虎獵, 城在積城縣西, 新羅時匹夫, 與契丹兵戰死處也."

다. 백동수는 서족(庶族) 출신의 무반(武班)으로 무예에 조예가 깊어 『무예도보통지(武藝圖譜通志)』 편찬에 참여한 인물이다. 다산(茶山) 정약용(丁若鏞)이 『경세유표(經世遺表)』에서 '남북으로부터의 우환'을 근심한 이경무의 발언을 소개하고 있거니와,[42] 이경무는 영정(英正) 연간에 무반의 요직을 두루 역임한 무장(武將) 출신이다. 이경무가 외직에 있을 때 아정은 그의 군사훈련을 참관하기도 하였다.[43] 아정은 이들과 절친하게 접촉하면서 군사에 대한 지식을 축적했던 것으로 여겨진다.

그리고 왕명에 의해 찬집한 것이기는 하나, 아정은 『무예도보통지』, 『병지(兵志)』와 같은 국가의 편찬사업에 참여하면서 열고관(閱古觀)에 비장된 국내외 병서(兵書)를 독파하여 군사제도, 병기(兵技), 방어시설, 군비(軍備) 강화 등을 고찰할 수 있었다. 그리하여 『무예도보통지』의 「범례(凡例)」와 「부진설(附進說)」을 집필하였으며,[44] 군제(軍制)에 대한 세 편의 논문, 일본의 재침을 대비한 「비왜론(備倭論)」을 지어 그 대책을 제시하였다. 생애 후반기 저술로 보이는 『앙엽기』에는 군제, 성제(城制), 군복(軍服), 전립(戰笠)에 대해 흥미로운 견해가 다수 수록되어 있어 또한 주목을 요한다.

---

42 丁若鏞, 『經世遺表』 卷2, 「冬官工曹・事官之屬」에 "昔將臣李敬懋嘗謂臣曰: '今兵器火器, 皆是新制, 日本鳥銃, 今爲古調. 此後南北有憂, 不復以鳥銃鞭棍至矣. 今之急務, 在於北學中原.' 誠識務之言也."라는 대목이 보인다. 이경무는 英正 연간에 전라좌수사, 황해병사, 정조 즉위년 포도대장, 경기수사, 금군별장, 통제사, 어영대장, 금위대장, 훈련대장 등 軍務에 관련된 요직을 두루 역임하였고, 후에 형조판서에까지 올랐다.

43 『靑莊館全書』 卷66, 『入燕記』 上, 3월 30일 조.

44 『武藝圖譜通志』는 1789년 정조가 雅亭・楚亭・白東修 등을 불러 찬집을 명하는데, 「凡例」와 「附進說」은 아정이, 「兵技總敍」는 아정・초정이 공동 집필하였다. 『靑莊館全書』 卷24, 『編書雜稿』 4, 「武藝圖譜通志附進說」, "因命開書局于壯勇營, 出內府兵家二十餘部, 以資考檢. 亦有名物事文可以旁引百家者, 命臣德懋, 繙閱古觀秘書. 臣齊家則撰輯之暇, 繕寫鏤本, 臣東脩與營校之知兵者, 察試技藝."라는 대목을 통해 아정의 역할을 짐작할 수 있다.

아정은 이웃 나라의 동향에 대해 각별한 관심을 가졌다. 그는 「고려 열전(高麗列傳)」에서 송나라가 거란, 여진, 몽고의 동태를 경홀히 하다 가 차차 망국에 이르는 과정을 고찰하였는데, 금(金)을 치기 위해 고려 에 길을 빌려 달라고 한 일이나, 갑자기 고려를 이적시하여 통교를 끊 은 처사는 송나라가 당시 국제 정세에 너무 오활했기 때문이라고 파악 하였다.[45] 그러므로 "국사를 담당한 자는" 반드시 해외에 있는 여러 나 라에 대해 "자세히 알아 두었다가 뜻하지 않은 일에 대처해야 한다."[46] 라고 했다. 당시 국제 정세가 안정되어 있었지만 먼 외국이라 하더라도 경계를 늦추지 않아야 한다는 것이니, 이들이 임란 때 일본에 조총을 전해준 제2의 아란타(阿蘭陀)가 될 수도 있기 때문이었다.

외국에 대한 정보는 유사시에 군사적 정보로 전용할 수 있다는 점에 서 하나도 소홀히 할 수 없다. 아정은 임진왜란과 병자호란 당시에 우 리가 일본이나 만주에 대해 전혀 정보가 없어 속수무책 당했던[47] 역사 적 경험을 회고하였다. 『앙엽기』, 「남북적장(南北敵將)」에서는 조선 출 병에 관련된 청 왕족과 장수들의 기호, 그들 각인(各人)의 조선에 대한 시각, 인간적 품성을 기술하여 첩보전에 대해서도 그 중요성을 인식하 고 있었다.

또한 아정은 전란 시기에 우국우민 정신을 실천한 재야 사인(士人)

---

45 『靑莊館全書』 卷22, 『編書雜稿』 2, 「高麗列傳」, "自大成王以來, 朝聘之禮, 封冊之典, 歲 加月增, 高麗之嚮迮, 宋朝之懷柔. 可謂盛矣. 至若應誠之假道, 料敵甚迀, 寧宗之絶信, 待 人太薄, 何其不善終也."

46 『靑莊館全書』 卷60, 『盎葉記』 7, 「久邊國」, "謀國者, 不可不詳知, 海外諸國, 西北諸沿 革 · 年代 · 方域 · 道里 · 風俗 · 物産, 以應不測之變也."

47 『靑莊館全書』 卷55, 『盎葉記』 2, 「南北敵將」, "凡制勝之策, 多用間諜, 先知敵國將帥姓名 官爵年紀顏貌勇猛才畧, 然後可以應變, 我國全不知兵, 日本之入寇, 滿洲之來侵, 茫然不 知其將帥之誰某, 則亦安知騎步之爲幾何耶?"

으로 곽재우(郭再祐)를 주목하였다. 대단히 긴 편폭으로 구성된 「홍의 장군전(紅衣將軍傳)」에 의하면, 곽재우는 독서하는 여가에 병가서(兵家書)를 널리 읽었고, 말과 활도 능숙히 다루었다. 의병장으로 출전하여 지형을 이용하여 전술을 세우고, 심리전을 통해 적을 위축시켜 연전연승을 거두었으며, 적이 물러났을 때는 산성의 수축을 적극 건의한 인물로 그렸다.[48] 이순신을 따로 문목(門目)을 세워야 할 분으로 꼽았는데, 곽재우 역시 문무를 겸전한 사(士)의 표상으로 취재한 듯싶다.

「비왜론」은 '교활하고 사나운 우리나라의 강한 이웃' 일본에 대한 방비책을 다룬 논문이다. 먼저 우리나라에 왜구 출몰 지역이 고려 말 이래로 남해에서 서해 연안과 동해안, 북쪽 함흥 지역까지 점차 확산되었다는 점을 경계하였다. 그리고 임란 이후 일본은 하이국(蝦夷國, 북해도)을 복속시켜 전투력이 배가되었으며, 활발한 국제교역을 통해 자국에 유리하게, 조선에 불리하게 정보를 왜곡시킬 수 있는 나라라는 것이다. 무엇보다 일본의 주 교역국인 아란타(阿蘭陀, 和蘭)의 존재에 대해 상세히 분석하고 있다. 일찍이 조선은 표류해 온 아란타에 대해 경홀히 대한 반면, 일본은 그들을 잘 알고 우대하였으며, 이제 대형 함선과 거포(巨礮)를 제작하는 기술을 보유하고 있는 나라라는 것이다. 『청령국지』에 비해 일본 인식이 더욱 심화된 것으로 보인다.

아정은 「주군제론(周軍制論)」, 「당군제론(唐軍制論)」, 「명군제론(明軍制論)」 등 세 편의 논문을 통해 중국의 군제를 분석하였다. 주(周)의 졸오(卒伍)와 여사(旅師), 당(唐)의 부병제(府兵制), 명(明)의 위소제(衛所制)는 모두 병농일치제(兵農一致制)를 근간한 제도로 파악하였다. 정조의 명으로 우

---

48 『靑莊館全書』 卷20, 付 『刊本雅亭遺稿』 3, 「紅衣將軍傳」 참조.

리 군제개혁에 활용할 자료로서 기술한 것이지만, 당나라 부병제[49]의 여덟 가지 장점을 자세히 서술하고 있어 이상적인 제도로 여긴 듯하다.

부병제도의 장점은 양병(養兵)하는 경비를 덜 수 있다는 것, 병졸에게 정해진 문적(文籍)이 있어서 소집하는 번거로움을 덜 수 있다는 것, 번(番)과 휴(休)를 번갈아 서므로 장기간 정역(征役)하는 병졸이 없다는 것, 병졸이 정예(精銳)하지 못하면 해당 부서에 죄를 물으므로 병사가 잘 단련되기 마련이라는 것, 병졸이 다 토착하여 생업에 종사하므로 도망할 걱정이 없다는 것을 들었다. 당시 우리나라의 군사제도는 번상(番上)을 하고 관(官)에서 무기와 갑옷을 제공한다는 점에서 대체로 이 부병제도와 비슷한데, 이러한 장점을 잘 살려 우리나라 군제의 정비를 구상한 듯하다.

아정은 우리나라의 군사, 국방에 총체적으로 문제가 있음을 『명사(明史)』를 인용하여 제기하였다. 만력 연간에 조선에 들어와 있던 명나라 경략(經略)·도독(都督)들이 황제에게 올린 글에 조선 사람들은 장삼에 소매가 넓은 옷을 입으며, 군사를 훈련시키는 방법이 없어 속오법(束伍法)으로 가르쳐야 하고, 조선 팔도에는 열에 아홉 곳은 성(城)이 없어 수축(修築)을 하면서 전투를 치러야 하며, 조선의 풍속은 세역(世役)을 천히 여기기 때문에 금고(禁錮)를 당한 사람들은 도망가는 일이 빈번하다는 것이다. 이에 대해 아정은 우리나라의 병통을 어김없이 지적했다고 논평하였다.[50]

---

49 府兵은 정부에 소속되었던 군사를 가리킨다. 부병제도는 後周·隋·唐에서 사용하던 군사제도로서 유사시에는 종군하고 보통 때에는 각 州로 분산되어 농사를 지으며, 거리의 遠近으로 나누어 首都를 番衛하였다(朴齊家, 『北學議』, 外篇「兵論」참조).

50 『靑莊館全書』 卷57, 『盎葉記』 4, 「天兵議東國」, "案明史萬曆二十九年, 兵部覆奏經督條, 陳七事, 其署曰: '麗人驚悍耐寒苦, 而長衫大袖. 訓鍊無方, 宜以束伍之法教之. 朝鮮八道,

당시에 성곽이 절대적 방어 역할을 하고 있음에 비추어, 아정은 성제(城制)에 각별한 관심을 보였다. 젊은 시절 연성대첩비(延城大捷碑)를 답사하고, 비문에 조헌(趙憲)이 연안부사에게 축성을 권고한 건에 대해 언급이 없음을 의아해하였다.[51] 이정암(李廷馣)이 적은 군사로 성을 사수하여 3천의 일본 군사를 패퇴시킨 데는 왜란이 일어나기 직전에 축성한 사실을 관건으로 파악하고, 비문에 이 사실이 간과되고 있음을 지적한 것이다.

그는 우리나라 산성의 한 예로서,

선천부(宣川府)에서 20여 리 되는 곳에 산성이 있다. 땅에다 띠풀을 풀어 놓은 형상이었고 낮고 좁아서 지킬 수 없었으며, 성과 여장(女墻)까지 합쳐 높이가 겨우 세 길이었다. 또 서림산성(西林山城)이 있는데 그 모양이 또아리와 같았고, 잔호(殘戶) 이삼십 집이 있을 뿐이었다.[52]

라고 하여 협루하고 잔약한 우리나라 산성의 실태를 그렸다. 우리나라의 성곽은 임진왜란·병자호란 당시에 방어나 공격에서 거의 무용지물

十九無城, 皆應修築屯聚, 以備不虞. 朝鮮俗, 貴世官賤世役, 一切禁錮, 往往走虜, 爲本國患, 宜破格搜採.' 此皆切中我國之病."

51 『靑莊館全書』卷62, 『西海旅言』10월 초6일, "申公恪之爲府使也. 重峰趙先生, 貽書申公, 築城爲戰守之備, 壬辰秋八月, 月川君李公廷馣, 以五百人守此城, 倭長政屠信川載寧二郡而來, 以三千人攻城急, 城中火起, 士無戰心, 欲棄城走, 公坐積薪上, 士皆感激, 戰益力, 斬倭十八級, 奪牛馬, 倭宵遁, 城彈丸也. 士蚍蜉也, 不可以敵三千方勝之寇, 然非李公守之以死, 無可爲也. 余於夕日讀延城大捷碑, 白沙李相國之文也. 歷叙戰功, 不言重峰貽書申公築城事, 不知其何故."

52 『靑莊館全書』卷66, 『入燕記』上, 4월 초6일, "距宣川府二十餘里, 有山城如解帶委于地, 淺狹不可守, 城倂女墻, 僅高三丈. 又有關, 號鎭西關, 林木茂密, 頗有幽趣. 又西林山城, 如竇藪殘戶數三十而已."

로 드러났듯이, 여전히 그 성제(城制)를 유지하고 있는 안이한 방위 태세를 지적한 것으로 보인다. 이에 비해 『앙엽기』, 「중원성제(中原城制)」에서는 벽돌로 쌓은 중국의 성은 깨뜨리기 어렵다고 보았다. 중국의 성제는 옹정제(雍正帝) 때부터 정례(定例)를 세우고, 해만(海墁)을 견고하게 축조하고, 회토를 깔아 물이 괴지 않도록 그 제도를 점차 발전시켜 왔음을 주목하였다. 내성(內城)·외성(外城)·성장(城墻) 등 3층의 방어구조를 갖춘 당시 중국의 성제를 기술하여[53] 우리나라가 따라야 할 축성제도로 제시한 듯하다.

다음은 요양(遼陽)에서 바라본 연대(烟臺)를 기술한 대목이다.

높이는 5, 6길쯤 되고 벽돌로 둥글게 쌓아 올렸다. 꼭대기에 여장(女墻)을 만들었는데 이런 연대가 별처럼 바둑알처럼 산해관에 이르기까지 벌여 있다. 몽고·여진의 침략을 막기 위해서이다. 또 바다 옆에도 벌여 세웠는데 이는 해적을 막기 위한 것으로, 원숭환(袁崇煥)이 만든 것이다. 연대 하나를 쌓는 데 드는 비용이 은 5백 냥이라고 한다.[54]

튼실한 국가재정을 바탕으로 각지에 축조해 놓은 청나라의 주밀한 방어 태세를 경탄하고 있어 우리나라 관방(關防)시설을 기술한 대목과 크게 대비된다. 이처럼 연경을 오가면서 청나라의 군비 태세에도 비상한 관심을 보였다. 청나라가 더 이상 요충지의 방어시설을 수축(修築)하

---

53 『青莊館全書』卷61, 『盎葉記』8, 「中原城制」 참조.
54 『青莊館全書』卷66, 『入燕記』上, 4월 27일, "高五六丈, 以甓圓築, 上設女堞, 星羅碁置, 至于山海關, 以禦蒙古女眞. 又於海旁列置, 以禦海寇, 此袁崇煥所營, 一臺之費, 銀五百兩云."

지 않고 해이해지는 조짐도 주시하였다.[55] 이런 기록을 통해 간취할 수 있는 것은, 아정이 청 왕조에 대해 거부감이 있었던 것이 사실이지만 북벌론(北伐論)이 얼마나 허황된 논리인가를 우회적으로 비판한 것으로 보인다.

아정은 우리의 주요 무기인 궁시(弓矢)에 대해 여러 차례 다루었다. 우리나라는 궁시 위주로 전쟁을 치르기 때문에 궁시제도가 발달한 듯하나, 기실 우리나라 활은 날씨가 흐리기만 하면 뿔과 아교가 풀어져 쓸 수 없는 반면, 중국 활은 만들 때 활 몸과 화살대 등 재료를 채취하는 범위가 매우 넓어[56] 견고하고 치밀한 궁시를 생산한다고 했다. 힘의 집중을 높이는 단거리 사격을 도외시하고, 실패율이 높은 원거리 사격만을 숭상하는 풍습에 대해서도 지적하였다.[57]

전투력을 떨어뜨리는 우리나라의 복장은 명(明) 측으로부터 조롱거리가 되곤 하였는데, 아정은 중국처럼 좁은 소매로 개조할 것을 주장하였다.[58] 갓의 폐단에 대해서는 『앙엽기』의 「입당개조(笠當改造)」·「입폐(笠弊)」·「논제립(論諸笠)」에서 다각도로 분석한 다음, 큰 모자에 갓양태가 짧은 제도를 제안하였다. 이와 관련하여 일본, 여진, 몽고 갓의 제작법과 장점을 구체적으로 논하고, 몽고립(蒙古笠)은 우리나라 갓보다 낮고 작으면서 견고하여 군인이 쓰기에 적당하다는 의견을 내놓기도 하였다.[59]

---

55 『靑莊館全書』卷67, 『入燕記』下, 윤6월 초7일 조 참조.
56 『靑莊館全書』卷60, 『盎葉記』7, 「弓箭之制」, "我弓, 天陰則角與膠不親, 將何用之. 且彼之弓之幹弦, 箭之筍羽, 取料甚廣, 皆可法也."
57 앞의 글, "乾隆三十三年, 奉旨, 步射大侯, 以八十步爲則, 太遠, 善射之人, 多致遺棄, 嗣後改爲五十步, 以二矢爲合式. 蓋步近則矢力專而發必中, 我國尙遠射, 非計之得也."
58 『靑莊館全書』卷57, 『盎葉記』4, 「易服之令」 참조.

그 밖에 훈련을 강화하고 군사의 전문성을 제고하는 일에 대해서는 기격(技擊)이 주축이 되는『무예도보통지』를 편찬하게 된 동기를 밝힌 부분에서[60] 그 의식을 살펴볼 수 있다. 정예(精銳)된 군사가 부족하여 외침에 참패를 면치 못한 사실을 통탄하고, 24기(技)를 재구성하여 훈련법을 전승하는 것이 중요하다고 보고, 각종 병서(兵書)를 상고하고 조사하여 군사들이 실전에서 활용할 수 있도록 도설(圖說)로 풀이한 것이다.

그렇다면 이러한 군제개혁과 군비 강화, 군사 시설을 확충하는 데 소요되는 재원은 어디서 확보할 것인가. 이에 대해『무예도보통지』,「부진설」에서 제기한 다음 내용을 들어 본다.

대저 병(兵)이란 마지못할 때 쓰는 것입니다. 그러나 성인(聖人)이 그것으로 포악을 금하고 난(亂)을 제지하는 뜻으로 사용하였으니, 애당초 이용(利用)과 후생(厚生)의 목적과 서로 표리(表裡)가 되지 않을 수 없습니다. 그러므로 봄 사냥과 가을 사냥은 말을 훈련시키는 것이요, 향음주례(鄕飮酒禮)는 활쏘기를 연습하는 것이며, 투호(投壺) 놀이와 축국(蹴踘) 놀이에 이르기까지 은미한 뜻이 그 사이에 존재하지 않는 것이 없습니다. …… 미루어 넓히면 농포(農圃)·방직(紡織)·궁실(宮室)·주거(舟車)·교량(橋梁)·성보(城堡)·축목(畜牧)·도야(陶冶)·관복(冠服)·반우(盤盂) 등 민생의 일용하는 기구들이니, 노력은 반만 들이고도 효과는 배나 될 것입니다. ……

59 『靑莊館全書』卷61, 『盎葉記』8, 「論諸笠」, "蒙古笠, 亦如東笠, 稍低小堅硬, 金漆彩畫花草, 可爲軍裝."

60 『靑莊館全書』卷24, 『編書雜稿』4, 「武藝圖譜通志附進說」, "駱尙志曰: '以一教十, 以十教百, 數年之內, 可得精卒數萬.' 則民不異於曩昔矣. 苟能董百工以治其器, 募良師以習其藝. 凡在登壇制閫之列, 荷戈執殳之流, 悉能按圖考譜, 通其術而求其用, 則可以策全勝於不戰, 垂鴻烈於無窮, 國需楨幹之材, 家播千城之詠矣."

그리하여 조정에서는 실용 있는 정책을 강구하고, 백성들은 실용 있는 직업을 지키고, 학자들은 실용 있는 책을 찬집하고, 병졸들은 실용 있는 기예를 익히고, 상고(商賈)는 실용 있는 화물을 교통하며, 공장(工匠)들은 실용 있는 기구를 만든다면, 어찌 나라를 지키는 데 대하여 염려하며 어찌 백성을 보호하는 데 대한 걱정이 있겠습니까.[61]

백성들이 일용하는 기구를 편리하게 하고 의식주를 풍요롭게 하는 가운데, 국부가 증대되어 절로 국방력이 강화된다는 논리이다. 이용후생의 실용정신에 입각한 이 주장은 『북학의』, 「병론(兵論)」의 내용과 대동소이하다. 아정 역시 초정과 그 사유를 서로 공유하고 있었음을 확인할 수 있다. 국방문제를 경제개혁과 결부시킨 것은 당시 부족한 국가재정을 고려하고, 군역 담당층의 부담을 줄이자는 실현 가능한 방안으로 판단된다.

이상에서 알 수 있듯이, 아정의 국방에 대한 기본 인식은 방어 위주의 논리로서 청과 일본 및 해외 제국에 대한 경계의식을 가지고 그 대처 방안을 모색한 글이 주를 이룬다. 특히 국방문제를 이용하고 후생하는 정책으로 해결해야 한다는 주장이 주목된다. 그리고 국토방위에 대한 의견을 풍부하게 제시하여 다양한 문제의식을 노출시킨 데 의의가 있다고 하겠다. 이러한 국방의식은 민족적 자아의 발견이라는

---

61 앞의 글, "夫兵, 不得已也. 然聖人用之, 以禁暴止亂之義, 則未始不與利用厚生, 相爲表裡. 故春蒐秋獮, 所以簡其馬也. 鄕飮之禮, 所以習其射也. 以至投壺蹴踘之戲, 莫不有微意存於其間, 則是書之作. 又豈特兵家之一事而已哉? 推而廣之, 凡農圃・紡織・宮室・舟車・橋梁・城堡・畜牧・陶冶・冠服・盤盂民生日用之具, 所以事半而功倍者, 擧將牖其迷而導其俗. …… 朝廷講實用之政, 黎庶守實用之業, 文苑撰實用之書, 卒伍肆實用之技, 商賈通實用之貨, 工匠作實用之器, 則何慮乎衛國, 何患乎保民也哉?"

시각에서, 또한 민(民)의 부담을 경감하려는 견지에서 그의 우국우민 정신의 소산으로 여겨진다.

3) 일본에 대한 종합적 고찰

아정은 우리와 역사적으로 접촉이 잦았던 이웃 나라 사정에 깊은 관심을 가졌다. 『송사전』의 개찬(改撰)을 맡으면서 별도로 요(遼), 금(金), 원(元) 등 비한족(非漢族) 국가에 대해 각각 열전(列傳)을 지어 그 성쇠를 자세히 고찰하였다. 『사고전서(四庫全書)』 편찬에 참여한 반정균(潘庭筠)에게 편지를 보내어 조선(朝鮮)·안남(安南)·일본(日本)·유구(琉球)의 서책을 수록하였다면 그 목록을 보내 달라고 청하기도 하였다.[62] 아정은 또 안남은 연경과 멀리 떨어져 있음에도 역대로 문물이 성하였으며, 유구는 근실히 노력하여 풍속을 크게 혁신한 수준에 이르렀다고 평가하였다. 그러면서 '이는 내가 전적(典籍)에서 상고한 것으로 나만이 흠모할 뿐, 남들은 알지 못하는 것'[63]이라고 하여 자신이 축적한 지식과 안목에 대해 높은 자부심을 지니고 있었다.

대외 사정에 밝은 아정의 면모는 영재가 쓴 『청령국지』 서문에도 소개되어 있다. 언젠가 임금으로부터 여진, 몽고, 일본, 유구의 군진(軍陳)을 편찬하라는 명을 받고 '내각에 이들 나라에 대한 책이 없음에' 난감

---

62 『靑莊館全書』 卷19, 『雅亭遺稿』 11, 「潘秋庿〔庭筠〕」, "先生充編輯四庫全書之官云, …… 旣包羅天下之書, 則海外之書如朝鮮·安南·日本·琉球之書, 亦爲收入耶? 若然則略示其目錄如何?"

63 『靑莊館全書』 卷20, 付 『刊本雅亭遺稿』 6, 「與李洛瑞〔書九〕書」, "安南故交趾之域也, 距燕京萬里, 歷世文物, 鬱然可觀. 琉球海中之一彈丸也. 然遺子入學, 自明至于今, 勤勤懇懇, 丕變夷風, 此皆僕考檢典籍, 獨自欽羨, 而人所不知者也."

한 상태에 처했을 때, 아정이 외국 사정을 깨알같이 초해 둔 자료를 바탕으로 왕명을 수행할 수 있었음을 회고하였다.[64] 이로 보아 아정은 학문적 호기심을 넘어서 국가에서 필요로 하는 양질의 대외 정보를 축적하고 있었다고 생각된다.

특히 지리적으로나 역사적으로 일본에 대해서는 관심의 비중이 다를 수밖에 없었다. 상하 2권 분량의 『청령국지』를 찬술하였고, 일본을 방비하는 대책을 담은 논문 「비왜론」을 지었으며, 그 밖에 『앙엽기』·『청비록(淸脾錄)』 등에서 40여 조목의 일본 관련 기사를 생산한 것이 이러한 사실을 말해 준다. 특히 『청령국지』는 상권에 세계도(世系圖)·세계(世系)·성씨(姓氏)·직관(職官)·인물(人物)·예문(藝文)·신불(神佛) 편을, 하권에는 여지도(輿地圖)·여지(輿地)·풍속(風俗)·기복(器服)·물산(物産)·병전(兵戰)·이국(異國) 편 등 모두 14편으로 이루어져 있다. 일본 고대에서부터 당대에 이르기까지 체계적으로 집필한 일본지적(日本志的) 성격의 서책임을 알려 준다.

연암그룹의 중심인물들은 일본에 간 적이 없고, 일본에 대한 관심도 청나라에 비해 저조했지만, 아정은 연암그룹과 교류했던 원중거(元重擧)와 성대중(成大中)을 통해 일본에 대한 이해를 심화시켰던 것으로 보인다.[65] 1763년 계미통신사의 일원으로 일본에 다녀온 원중거와 성대중은 각각 『화국지(和國志)』와 『일본록(日本錄)』 등을 찬술한 바 있다. 평

---

64 柳得恭, 『泠齋集』 卷7, 「蜻蛉國志序」, "余嘗與懋官承命撰次歷代兵志, 艸藁成入侍. 上曰: '中國而自周至于皇明, 我東而自新羅百濟高句麗至于勝國, 今皆可知矣. 女眞蒙古日本琉球, 獨非我南北之隣乎? 不可不知其軍陣之制, 爾等其續撰以奏.' 旣退余謂懋官曰: '內閣恐無此種書奈何?' 懋官曰: '我有之矣.' 搜其篋得蠅頭書, 北虜及海外諸國事甚悉. 遂採輯成書以進."

65 담헌과 연암, 초정과 영재의 일본관에 대해서는 하우봉(1989)에서 다룬 바 있다.

소 이들과 가깝게 지내던[66] 아정은 그들의 전문(傳聞)과 저술에 힘입어 일본 관련 저술을 다수 남기게 되었다. 이용후생파 가운데 일본에 대해 체계적이고 방대한 지식을 지닌 사람은 단연 아정을 꼽을 수 있다. 그런데 아정의 일본 관련 기록에 대해서는 이미 자세한 연구가 나와 있다.[67] 따라서 이 장에서는 아정의 우국우민, 경제실용적 사유와 관련하여 그 성격을 살펴보고자 하는 것이다.

다음 인용한 글은 『간본아정유고(刊本雅亭遺稿)』, 「행장(行狀)」 가운데 『청령국지』에 대해 서술한 대목이다.

> 교활한 저 섬 오랑캐는 백대의 원수로서 그 소굴이 깊숙하여 도적(圖籍)을 증거할 수 없었다. 내가 적을 살피고자 하나 종시 방법이 어두웠는데, 군(君)이 일찍이 스스로 말하기를 "내 진실로 유사시를 당하여 섬나라에 사신 간다면 그들의 기밀을 살핌이 남만 못하지 않으리라. 내 일찍이 표류되었다 돌아온 사람에게 그 지역의 사실을 묻되 역력히 그 땅을 밟아 본 것처럼 하니, 그 사람이 깜짝 놀라면서 공(公)이 언제 바다를 건너갔었느냐고 하였다."라고 했다. 그리하여 그 일본의 세계(世系)·지도(地圖)·풍요(風謠)·토산(土産)을 기록하였는데, 그것이 바로 『청령국지』이다.[68]

---

66 원중거는 元有鎭의 繼父로, 아정의 막내누이가 원유진에게 출가하였다. 아정과 원중거의 관계는 오수경(2003) 참조. 아정은 성대중과도 막역한 사이로, 일본으로 떠나는 성대중에게 「成秘書士執大中寄詩要和仍次其韻」라는 시로써 전송하였고, 『雅亭遺稿』 8에 수록된 書簡 「成士執〔大中〕」 편에는 성대중으로부터 일본의 문풍에 대해 전해 들은 내용이 들어 있다.

67 이에 대해 하우봉(1985)에서 자세히 다루었다.

68 『靑莊館全書』 卷20, 付 『刊本雅亭遺稿』 8, 부록, 朴趾源, 「行狀」, "狡彼島夷, 百世之讐. 巢窟幽晦, 圖籍無徵. 我欲審敵, 終古昧方, 君嘗自言, '我苟當有事時, 使絶國覘機謀, 庶幾不下於人. 嘗遇人漂海還, 問彼中事, 歷歷如躬履其土, 其人驚曰, 公何時過海?' 故紀日本世系地圖風謠土産爲蜻蛉國志.."

위 글을 쓴 연암은, 일본에 대한 깊은 적대감을 드러내면서 아정의 발언을 빌어 『청령국지』의 성격을 잘 요약하고 있다. 아정 자신은 일본 땅을 밟을 기회가 없었으므로 알고 있는 지식을 검증하고자 했고, 표류인도 놀랄 만큼 일본에 대해 상당한 정보를 축적하고 있었다. 아정은 폭넓고 풍부하게 일본을 다룬 이 책이 사행을 가는 사람들에게 소용될 저술이라 자신하였다.

외국에 대한 종합적이고 전문적인 지식의 필요성에 대해 아정은 『국조보감(國朝寶鑑)』에 등재된 기사를 사례로 들었다. 성종(成宗) 때 구변국(久邊國)에서 우리나라에 칭신(稱臣)의 예를 올리며 대장경판을 구한 일이 있었다. 이에 대해 아정은 '동남 해외에 있는 나라들을 두루 살펴보아도 그런 이름이 없으며' 이 일은 왜인(倭人)이 "우리나라를 속이고 대장경을 얻어 가려는 시도였다."라고 간파하고, 그 당시의 정책 당국자들이 대외 사정에 어두워서 당한 일임을 지적하였다. 우리나라 대장경판은 일본이 '늘 침을 흘리며 욕심을 내 왔으나 입수할 길이 없었던' 사정을 기술한 다음,

그러므로 국사(國事)를 담당한 자는 반드시 해외 여러 나라와 서북쪽 나라들의 모든 연혁(沿革), 연대(年代), 방역(方域), 도리(道里), 풍속, 물산 같은 것도 자세히 알아 두었다가 뜻하지 않은 일[不測之變]에 대처해야 한다.[69]

---

69 『靑莊館全書』卷60, 『盎葉記』7, 「久邊國」, "案歷攷東南海外諸國, 無所謂久邊國者, 此時倭人狡獪, 杜撰國名及王姓名土貢名, 打扮一使人, 乃敢詆我國嘗試之, 以求大藏佛經, 而當時謀國者見欺, 而不能明辨而痛斥之. 蓋李氏, 卽我國姓, 外視附托, 自稱李氏, 而我國大藏, 倭所以嘗津津垂涎而不得. 故設此詐謀以要之, 終未覺得, 惜哉! …… 謀國者, 不可不詳知, 海外諸國, 西北諸沿革·年代·方域·道里·風俗·物產, 以應不測之變也."

라고 하여 대외문제를 대처함에 있어 정책 담당자는 깊이가 있고 풍부한 지식을 갖추어야 국익을 보전할 수 있음을 역설하였다. 일본에 대한 관심이 정치·군사적 분야를 넘어서[70] 이제는 제도·풍속·종교 분야에까지 종합·총체적 지식의 필요성을 인식하는 단계에 이르렀다고 보아진다. 앞 절에서 일본이 면화 씨앗의 입수와 재배에 기울인 노력이라든가, 발달한 도수제도(度數制度)의 시행을 일본과 비교하여 우리나라를 비판한 내용은 시의적절한 것이었으니, 아정의 일본에 대한 이해가 상당한 수준에 이르렀음을 말해 준다.

앞 「행장」의 인용 대목에서 연암이 '적을 살핀다'든가, 아정이 '그들의 기밀을 살핀다'는 발언에서 볼 수 있듯이, 두 사람은 일본에 대한 종래의 적대적 감정을 유지하고 있었던 것이다. 23세 때 아정은 부사(副使) 서기(書記)로서 일본 사행에 오르는 원중거에게 준 글에 "용년(龍年) 사월(蛇月)에 팔도의 생민이 남지 않았으니 현소(玄蘇)와 가등청정(加藤淸正), 구세(九世)의 원수를 잊기 어렵다."라고 표현하였다. 이어서 "섬 풍속은 속임과 거짓이 많아, 겉으로만 조선을 대접할 테니. 읍양하고 오르내릴 때도, 부디 충신(忠信)으로 대하기를. 눈물 펑펑 쏟아지려 하니, 임진년 일을 말하지 마오."[71]라고 하여 조선의 선비로서 자존의식을 가지고 '간교한' 일본인을 응대할 것을 당부하고 있다. 만년에 집필한 『앙엽기』, 「남북적장(南北敵將)」이라는 글에서도 임진년 당시에 우리

---

70 임진왜란 이후 일본에 대한 관심은 정치·군사적 목적에 집중되어 있었는데, 이에 대한 연구는 하우봉(1989) 참조.

71 『靑莊館全書』卷2, 『嬰處詩稿』2, 「奉贈書記遜菴元丈〔重擧〕隨副使之日本〔幷序〕」, "龍年 蛇月, 八路之生民無遺, 玄僧淸酋, 九世之深讎難忘. 何幸猴精之宗族顚覆, 所以鰈域之使 价頻繁. …… '島俗多狙詐, 外面待朝鮮. 揖讓陞降際, 忠信當勉旃. 我淚欲汪汪, 莫說壬辰 年.'"

민족의 참상을 마주하고 "당시를 상상해 보면, 분노가 저절로 끓어오른 다."라고[72] 하여 깊은 적대감을 숨기지 않았다. 대개 임진왜란과 관련한 구원(舊怨)을 드러낸 것이다.

그러나 『청령국지』나 그 외 40여 조목의 기사에 나타난 전반적 기술 태도는 일본을 있는 그대로 객관적으로 알리고자 하는 자세를 견지하고 있다. 주관적 감상을 배제한 채, 가능한 한 자신의 논평을 자제하고 있는 것이다. 예컨대 성대중의 『일본록』에서는 대마도(對馬島)에 대해 "아, 이 섬이 없었다면 임진왜란이 어떻게 일어났을 것이며, 금과 비단 등 폐백을 주는 일이 왜 생겨났겠는가.", "참으로 양국(兩國: 조선과 일본-필자)의 적이다."[73]라고 하면서 시종 적의(敵意)를 숨기지 않은 채 성토하는 논조를 보였다. 이에 비해 아정은 대마도인이 "임진왜란 때에 수길(秀吉)의 군사를 인도하여 조선에 입구(入寇)했었다."[74]라는 객관적 사실만을 서술하였다.

특히 『청령국지』 제1장에 『고사기(古事記)』, 『일본서기(日本書紀)』, 『화한삼재도회(和漢三才圖會)』에 보이는 일본 천황(天皇)의 세계(世系)를 그대로 수록하여 이채를 띤다. 아정은 여기에 자신의 논평을 붙였는데, 황호(皇號)나 차서(次序)를 상고할 근거가 없다는 점, 연대가 많이 어긋난다는 점을 변증한 것이었다. 일본 사회에서 통용되는 그들의 역사 기록을 그대로 제시함으로써 일본을 보다 객관적으로 파악하고자 한 것 같다. '왜황(倭皇)'이나 '위연호(僞年號)'라는 표현은 당시 중국 중심의 세계관에서

---

72 『靑莊館全書』 卷55, 『盎葉記』 2, 「南北敵將」, "想像當日, 不覺心沸."

73 成大中, 『日本錄』 二, "嗚呼, 使無此島, 龍蛇之禍何由, 而至金繪皮幣之役, 何由而生? …… 亦鄙夷畜之, 而設州置守所以捍接我也, 島主旣受圖書, 臣貢方物, 則於我亦外藩之臣, 而酒彼此交訌, 東西俱罔, 實兩國之賊也."

74 『靑莊館全書』 卷65, 『蜻蛉國志』 2, 「輿地」, "壬辰導秀吉兵, 入寇朝鮮."

볼 때 '천황'이나 일본 연호를 받아들이기 어려웠다는 사실과 임란과 관련된 인물에 대한 적대감을 제외하면 전반적인 기술 태도는 대단히 개방적·객관적 자세를 보여 주고 있다.

아정은 이용후생파로서, 일본이 강한 군사력을 유지하면서 상공업을 중시하는 정책을 취하여 해상강국이 된 데에 깊은 관심을 나타내었다. 『청령국지』, 「풍속(風俗)」 조에서 "왜인(倭人)의 습성은 굳세고 사나우며 창과 칼을 정교하게 다루고 배를 익숙하게 다룬다."라고 하였고, 에도막부〔江戶幕府〕가 나라를 다스리는 방법이 "첫째가 무(武)이고, 둘째가 법(法)이며, 셋째가 지사(智詐)이다."[75]라고 하여 일본을 무치(武治)를 기반으로 하는 사회로 파악하였다. 그 때문에 문약에 빠진 우리나라와 달리, 일본인들은 '한가하게 있을 때조차 앞에다 짚베개를 만들어 놓고, 손에 나무칼을 쥐고 한만히 짚베개를 치면서 자세를 연습하는' 사실을 주시하였다.[76] 이와 같이 아정은 생활 속에서 무력(武力)을 배양하는 일본 사회의 분위기를 전하였다. 그리고 일본 개인의 높은 전투력을 파악한 상태에서 만년에 「비왜론」과 같은 논문을 집필할 수 있었던 것이다.

또한 이용후생의 관점에서 일본의 도로와 다리 건설, 식목(植木) 사업에 큰 관심을 보였다. 일본은 '도로 닦는 일을 하나의 큰 정사(政事)로 삼으며', '다리를 닦는 일도 도로 닦는 일처럼 중요한' 정사로 여긴다고 하였다. 물화의 공급을 원활히 하기 위해서는 넓은 도로와 큰 다리를

---

75 앞의 책, 「風俗」, "倭人, 習性强悍, 精於劒槊, 慣於舟楫. …… 江戶之爲國, 一曰武, 二曰法, 三曰智詐."
76 『靑莊館全書』卷24, 『編書雜稿』4, 「武藝圖譜通志附進說」, "倭人燕居, 前置藁枕, 手把木刀, 閒漫擊枕, 以習其勢, 技安得不神乎?"

건설하는 일이 필수적이다. 다리는 '하늘에 닿을 만큼 높아서', '그 아래에 돛단배가 다니도록' 설치하였고, 또한 '요도바시[淀橋]로부터 에도[江戶]까지 1천3백10리의 길에' 아름드리나무가 빼곡하며, 집집마다 나무를 심는 일을 즐겨서 "백성들이 재목을 쓰기에 모자라지 않으며 상고(商賈)들이 유통한다."라고도 하였다.77 일본의 위정자들은 상공업을 진흥시키는 데에 치력하고 백성들은 그에 근면하게 부응하는 모습을 기술한 것으로 보인다.

아정은 『청령국지』와 40여 조목의 단편적 기사 가운데 일본의 대외관계 및 국제교역에 대해서 가장 많은 부분을 기술하였다. 몇 나라와만 사대(事大), 교린(交隣) 외교에 치중한 우리나라와 달리,78 일본의 경우 상선(商船)을 통해 해외 여러 나라와 활발히 교역하면서 국부를 늘려 간 점을 주목하였다.

에도[江戶] 정권은 나라 안의 금(金)을 정제하여 중국의 소주(蘇州)·항주(杭州)와 여러 외국과의 교역에 사용하며, 그렇게 "통상하는 외국이 모두 서른 남짓하다."79라고 하였다. 『청령국지』, 「이국(異國)」 조에는 "일본에는 예전부터 천축(天竺)과 남만 여러 나라의 장삿배가 왔고, 일

---

77 『靑莊館全書』卷65, 『蜻蛉國志』2, 「風俗」, "治道爲一大政. …… 堤上植松一字, 其大連抱, 自淀橋至江戶, 一千三百十里, 除城府店舍, 挾路皆松陰. 大抵種樹爲業, 其野居者, 築室已田, 近簷種花果, 其外菜圃, 圃外竹林, 四圍成藩, 藩外田疇, 疇外限已田之界, 皆種松一字, 圍繞, 楮漆桑茶. …… 故民不乏材用, 而商賈流通, 治橋, 亦如治道, 橋皆架木鋪板, 大坂諸橋, 跨江上摩雲天, 下行颿檣."

78 『靑莊館全書』卷54, 『盎葉記』1, 「暹羅日本使臣」 조에서 鮮初에 경상도 仁同이 '일본·琉球·九州의 세 島夷들이 보물을 받들고', '조공 오는 자를 조석으로 맞이하고 전송하는 일이 사철 끊이지가 않았'던 국제교류의 요충지였던 시절을 자세히 기술한 바 있다.

79 『靑莊館全書』卷64, 『蜻蛉國志』1, 「人物」, "又占佐渡之金穴, 金穴國中, 只有一處, 而獨關白主之, 故國中無賦稅而國用充溢. 金有九品, 皆刻關白字標, 周行國中, 其精金則泉流于蘇杭及海中諸國, 諸國之通商者, 凡三十有餘."

본사람들도 가지 않은 곳이 없었다.”라고 하여 일본이 국제교역을 시작한 역사가 오래되었다고 한다. 에도막부가 외국과 왕래 금지 조처를 내린 1638년 이후는 아란타의 중개상인을 통하였다. 이 부분에 다음과 같은 아정의 평가가 개입되어 있어 흥미롭다.

> 무릇 35개국에는 아란타(阿蘭陀) 사람들이 들어가서 교역하여 그곳 토산의 화물을 가져와 일본에서 팔았으니, 일본이 나라가 가멸하고 군사가 강해져 바다 가운데에서 세력을 떨치는 까닭은 능히 외국과 교통하기 때문이다.[80]

상업유통에 치력한 일본이 대외관계에서도 그것으로 국부를 증진시켜 강국이 된 점을 높이 평가한 것이다. 이 「이국」 조에 일본 상선이 드나드는 30여 나라에 대해 자세히 기술하였는데, 그 가운데 일본의 주된 교역국인 ‘아란타’ 항목을 들어 본다.

> 아란타(阿蘭陀)는 서북 끝에 있는 가장 추운 나라이며, 홍모국(紅毛國)이라고도 한다. …… 일본에서 1만 2천9백 리 떨어져 있다. 그 나라의 임금은 고모파이아(古牟波爾亞)라 부른다. 그 나라 사람들은 살갗이 희고 머리털이 붉고 코가 높고 눈이 둥글며, 늘 개처럼 한 다리를 들고 오줌을 누며, 아름답게 꾸민 모직(毛織) 옷을 많이 입는다.
>
> 먼 나라와 무역하기를 좋아하여, 교류파(咬嵧吧)에 관(官)을 두고 일본과 그 밖의 여러 나라에 상선을 보내는데, 10년마다 한 번 회계(會計)한다. 그 차관(次官)은

80 『靑莊館全書』 卷65, 『蜻蛉國志』 2, 「異國」, “自古天竺及南蠻諸國市舶來于日本, 日本人亦無處不到. …… 寬永十五年以來, 不許南蠻船來泊, 又禁日本人往來異國. …… 凡三十五箇國, 阿蘭陀人, 入其地交易, 將來土産貨物, 來賣於日本, 則日本之國富兵强, 雄長海中者, 能通異國故也.”

해마다 6~7월에 나가사키[長崎]에 와서 이듬해 봄 에도[江戶]에 나아가 연시(年始)에 교대(交代)의 예(禮)를 올리고, 다시 6~7월에 오는 사람과 교대하여 가는데, 그 사람을 가비단(加比丹)이라 한다. 글을 가로로 쓰며, 음식을 먹을 때에는 낮은 관원이 앞에서 고무(鼓舞)하여 권한다. 장수하지 못하여 60세 된 사람이 매우 드물다. 성정(性情)이 정교한데 천문(天文)·지리(地理)·산수(算敎)와 외치 의약(外治醫藥)이 가장 좋다. 상선이 35~36개국에 왕래하므로 진기한 물건이 이루 헤아릴 수 없이 많다. 소문답랄(蘇門答剌)·파우(琶牛)·방갈랄(傍葛剌)·파사(波斯)·발니(渤泥) 등의 나라에는 아란타만이 왕래할 수 있는데, 대개 그 배들은 다 8개의 돛이 있으므로 순풍·역풍을 가리지 않기 때문이다. 이곳의 토산물로는 성성피(猩猩皮)·산호주(珊瑚珠)·마노(瑪瑙)·호박(琥珀)·목내이(木乃伊)·안경(眼鏡)·나경(羅經)·토규(土圭)·성척(星尺)이 있다.[81]

아란타에 대한 아정의 관심이[82] 집약되어 있기에 다소 길지만 전문을 들어 보았다. 일본과의 지리적 거리, 문화풍속, 교역 품목을 서술한 것은 다른 30여 개국과 차이가 없으나, 아란타를 이처럼 상세히 다룬 것은 임진왜란 때 일본에 총포를 전해 준 나라라는 경계의식과 서구 문명에 대한 학문적 호기심의 일단으로 여겨진다. 지금까지 아정이 파악

---

81 앞의 글, "阿蘭陀, 西北之極界, 最寒國也, 亦曰紅毛. …… 距日本一萬二千九百里. 其國主, 號古牟波爾亞. 其國人, 色晳髮紅, 鼻高眼圓. 常擧一脚尿之如犬. 衣多毛織, 美餙. 好交易于遠國, 置官於咬嚠吧, 通市舶於日本, 及諸國, 每十歲一度, 爲總計勘定. 其次官, 每年六七月來長崎, 翌年春, 參于江戶勤年始及交代禮, 復與六七月來者交代去, 其人稱加比丹. 用橫文字, 凡食時, 卑官, 鼓舞于前以進之. 人不長壽, 六十歲甚稀. 性情巧, 天文地理算數, 及外治醫藥甚良. 商舶往來三十五六箇國, 故珍品異物, 不可勝計. 蘇門答剌琶牛榜葛剌波斯浡泥等國, 惟阿蘭陀能往來, 蓋其舶, 皆八帆, 不擇逆順風故也. 其土産, 曰猩猩皮·珊瑚珠·瑪瑙·琥珀·木乃伊·眼鏡·羅經·土圭·星尺."
82 아정의 아란타에 대한 관심은 『靑莊館全書』 卷58, 『盎葉記』 5, 「黑坊」; 丁若鏞, 『與猶堂全書』 卷22, 雜評 「李雅亭備倭論評」 조 참조.

한 국제교역의 이점이 잘 녹아 있다. 또 외국과 통상을 하자면 아란타와 같이 장사 수완을 길러야 하며, 뛰어난 항해기술과 조선기술이 전제되어야 하는 것이다.

일본을 연구하면서 아정을 가장 긴장시켰던 일은 우리나라보다 일본이 해외 도서를 먼저 수입해 간다는 사실일 것이다. 앞의 2장 1절 '생산 및 통상에 관한 견해'에서 살펴보았듯이, 대외관계에 폐쇄적이었던 우리와 달리 일본 사람들은 육로보다 운송이 편리한 바닷길을 통해 한꺼번에 많은 양의 서적을 들여간 것이다. 개인이 3만 권을 비장할 정도로 일본의 문운(文運)이 바야흐로 성대하여 우리나라와 견줄 바가 아니게 되었다는 것이다.[83] 아정은 우리나라에서 구하기 어려웠던 『도서집성(圖書集成)』을 1778년 북경 유리창에서 산질(散帙)을 발견하고 "으스대며 기관(奇觀)으로 여겼었다."라고 고백하고, 이어서 일본이 이미 이 책을 3질 수입해 간 사실도 기술하였다.[84] 일본에 방대한 해외 문헌이 모여든다는 사실, 이는 평생 책을 좋아하던 서생인 그가 해외통상의 중요성을 인식하고, 기존의 일본관을 수정하는 한 계기가 되지 않았을까. 우리의 문화적 역량에 자부심이 강했던 아정은 동아시아의 문화 수준을 '조선이 제일이요, 다음은 안남(安南)이요, 그 다음은 유구(琉球)의 차례'라고 파악하였다. "이는 세력이 강한 것을 이름이 아니라 문명으

---

83 『靑莊館全書』 卷63, 『天涯知己書』, 「筆談」, "我國不以水路通貨, 故文獻尤貿貿. 書籍之不備, 與不識三王事者, 全由此也. 日本人通江南, 故明末古器及書畫書籍藥材, 輻湊于長崎, 日本兼葭堂主人木世肅, 藏秘書三萬卷, 且多交中國名士. 文雅方盛, 非我國之可比也."

84 『靑莊館全書』 卷57, 『盎葉記』 4, 「圖書集成」, "德懋戊戌遊燕市, 於書坊, 得見圖書集成散帙者, 如獲吉光片羽, 詑以爲奇觀. …… 乾隆甲午, 始輯四庫全書開獻之路, 於是浙江鮑士恭·范懋柱·汪啓淑·兩淮馬裕四家, 獻書至五六七百種. 因賜內府所藏圖書集成各一部, 以爲好古之勸, 士人藏此書者, 凡四家. 自漢唐以來, 藏書家所罕遇之盛事也. 中國富商購圖書集成三部, 輸于日本長碕島, 一部在長碕官庫, 二部入江戶, 亦異聞也."

로 따진 것이다."라고 하면서 중국도 우리를 그렇게 대우했다는 사실을 적시하였다.[85] 여기에 일본은 열외였다. 이제 동아시아의 문화 지형도가 뒤바뀌는 기운을 감지한 것이니, 우리 문화 수준의 국제적 위상에 대해서도 각성을 촉구한 것으로 판단된다.

아정의 사후에 쓴 「청령국지서(蜻蛉國志序)」에서 영재는 상고하고 정밀히 하여 "허황하게 기록한 말이 없다."라고 하여 엄정한 집필 자세를 높이 평가하고, 위정자가 참고하면 이웃 나라와 좋은 관계를 맺을 수 있고, 사행으로 가는 자가 참고하면 외국의 사정을 잘 엿볼 수 있는 책으로 집필 의도를 헤아린 바 있다.[86] 아정의 일본에 대한 연구 또한 그의 치열한 우국우민 정신을 살필 수 있는 것이다.

3. 창신(創新) · 진경(眞境)의 문학

제2장에서 살펴본바, 아정은 우리의 낙후함을 인식하여 외국의 선진 문물 수용에 적극적인 자세를 취하였고, 그가 내놓은 개혁 방안 또한 연암이나 초정의 이용후생론과 다르지 않음을 확인하였다. 아정은 문학에 있어서도 역대 우리 문학에 대해 문제의식을 가지고 통찰력 있는 견해를 보였고, 이를 실제 창작 면에서 실천하였다. 당시 중국 문단

---

85 『靑莊館全書』卷20, 付『刊本雅亭遺稿』6,「與李洛瑞〔書九〕書」, "歷讀前史外夷列傳, 朝鮮爲第一, 其次安南, 又其次琉球, 匪謂其强圉, 列序其文明也. 故崔致遠 · 金夷魚 · 金可紀 · 崔承祐, 貢擧於唐朝, 至今照耀, 朴寅亮使宋而名滿天下, 徐兢著高麗圖經, 而金富軾特列世家."

86 柳得恭, 『泠齋集』卷7,「蜻蛉國志序」, "懋官撰此志, …… 莫不據實而書, 考覈精詳, 無風聞空鑿之語, 爲邦者資之, 足以善隣, 出疆者資之, 足以覘國. 惡可以稗官雜記目之哉?"

의 동향과 관련하여 이를 어떻게 수용할 것인가 하는 문제에 대해서도 고민하였다.

아정은 원굉도(袁宏道)의 시 「독서(讀書)」를 인용하여 자신이 지향하는 문학성향을 표명하였다.

책 위 먼지 털고서,	拭却韋編塵
의관하고 옛사람을 뵙네.	衣冠對古人
쓰인 건 모두 폐부에서 나온 것,	著來皆肺腑
설파하니 더욱 총기가 나네.	道破益精神
도끼 들고 주옥을 캐고,	把斧樵珠玉
그물 쳐 봉황 기린을 잡은 듯.	恢綱網鳳獜
나도 한 자루 비 들고,	擬將半尺帚
온 땅의 가시묵밭을 쓸리라.	匝地掃荊榛

이는 아정이 26세에 편집한 『이목구심서』2에 수록되어 있다. 옛사람의 글 구절을 모방하는 데에 열중한 의고파(擬古派)를 겨냥한 것으로, 선현으로부터 취할 바는 그들의 창조적 정신에 있음을 역설한 것이다. 아정은 "참으로 이것은 독서하는 법을 터득하였다."[87]라고 논평하였다. 도습(蹈襲)의 폐단을 일소(一掃)하겠다는 공안파(公安派)의 취지에 깊이 공감한 것으로 이해된다.

그는 이처럼 "문장은 개혁해야 한다."[88]라는 생각을 가지고 있었다. 종질(宗姪) 이광석(李光錫)에게 보낸 편지에 "종래 우리나라 시문은 그

---

87 『靑莊館全書』 卷49, 『耳目口心書』2, "眞道得讀書法."
88 앞의 책, "道學可因, 文章可革."

재주가 마치 귀신의 신령한 변화와 같은 것이 적지 않다."라고 하여 역대 우리 문인들의 문예적 기량을 인정하였다. 그러면서 "이 문필의 좁은 길을 타개해서 파천황(破天荒)의 일을 해 보지 않으려나?"라고 권유의 뜻을 비치면서 "나의 말이 비록 쉬운 일이 아니지만 속인들의 저작이 너무 비루함을 안타까이 여겨 한 말이다."[89]라고 에둘러 말을 수습하였다.

여기서 남공철(南公轍)이 쓴 『간본아정유고』 서문을 인용해 본다.

그가 평생 동안 저서(著書)한 것이 지극히 많지만 한 글자 한 글귀라도 옛날에 나온 묵은 말이나 죽은 법과 방불한 것을 찾아볼 수 없다. 논자들은 "무관(懋官)이 나오고부터 비록 저속한 학풍은 없어졌지만 또한 문풍이 일변(一變)하였다."라고 하는데, 여기에 대해서는 후세에 반드시 논변할 사람이 있을 것이다.[90]

그 당시 문풍의 변화를 끌어낸 이로 대개 연암을 들고 있는데, 남공철은 오히려 아정을 지목하고 있어 대단히 흥미롭다. 우리 학풍을 질적으로 향상시킨 아정의 노력을 높이 평가하지만, 문풍을 일변시킨 것에 대해서는 그 책임을 묻고 있는 것이다. 아정 문학의 생소함, 충격에 대해 기성 문단의 부정적 반응을 읽을 수 있다.

이와 관련하여 이 장에서는 아정의 문학세계를 다음의 세 가지로 나

---

89 『靑莊館全書』卷15, 『雅亭遺稿』7, 「族姪復初〔光錫〕」, "試觀東國詩文, 其才若鬼神之靈幻者不少, 檗見心溪何不打開文墨蹊逕, 遂爲破天荒也? 余言雖不平易, 盖悲俗製之卑卑也, 願肆力焉."

90 『靑莊館全書』卷20, 付『雅亭遺稿』, 南公轍, 「序」, "其平生所著書至多, 而求一字一句之彷彿陳言死法, 不可得焉. 論者以爲自懋官出, 俗學雖廢, 而文風亦一變, 後必有辨之者."

누어 다루고자 한다. 먼저 모의(模擬)와 도습을 배격하고, 개성과 독창성, 사실성을 중시한 문학론을 살펴본다. 다음으로 불평불만의 정서와 성찰적 자세를 드러낸 작품을 통하여 서족(庶族)으로서, 독서인으로서의 자아를 살펴본다. 그리고 우리나라 사람들의 생활 일상과 농촌 실경을 묘사한 작품을 중심으로 아정이 추구한 '진아(眞我)의 진시(眞詩)'를 분석하고자 한다.

1) 도습(蹈襲)에 대한 배격과 창신·진경의 추구

아정은 옛것을 이상화하고 도습하는 행위를 강도 높게 비판하였다. 가령 '옛사람의 글을 답습한 것을 인면창(人面瘡)'[91]이라 하였고 '시를 너무 모방하려고 하면 두보(杜甫)의 노예일 뿐'[92]이라고도 하였다. 이달(李達)과 허난설헌(許蘭雪軒)은 '당(唐)을 모방하는 데에 고질화된' 사람들로서 "옛사람의 말만 전부 차용한 작품을 쓴다."라고도 하였다.[93] 두보의 「추흥률팔수(秋興律八首)」의 체제를 모방한 이몽양(李夢陽)의 「추회팔수(秋懷八首)」에 대해 "두보를 모방하려고 무진히 애를 쓴 점이 가증스럽다."[94]라고도 하였다. 이와 같이 아정이 도습을 성토한 것은 당

---

91 『靑莊館全書』卷49, 『耳目口心書』2, "蹈襲古人文字曰人面瘡, 不知以何物, 代貝母用, 急抹其口."

92 『靑莊館全書』卷10, 『雅亭遺稿』2, 「信筆有感」, "簾光圍繞炯然吾, 晝永虛齋一事無. 醜石生衣通體好, 澹雲無蔕任心娛. 學先超脫非朱嫡, 詩太依模卽杜奴. 久靜元知銷暑法, 涼生壁半藕花圖."

93 『靑莊館全書』卷5, 『嬰處雜稿』1, 「瑣雅」, "痼疾於模唐者, 其蓀谷乎, 蘭雪全用古人語者多, 是可恨也."

94 앞의 글, "獻吉詩極力學少陵處, 可憎殺. 杜有秋興八首之律, 李又以律, 倣其體題, 曰秋懷八首, 此等處, 終出古人脚底, 使眼力長者, 侮之而且惜焉."

시 문풍의 병폐가 모두 이로부터 기인한다는 현실인식 때문이었다.

비평서 『청비록』을 엮을 만큼 역대 우리 시문에 조예가 깊었던 아정은 당시 문단의 병폐를 자주 언급하였다. 김창흡(金昌翕)의 『하산집(何山集)』 서문을 인용하여 우리나라 문풍을 정리하기를, 우리나라는 "기휘(忌諱)하는 데에 엄밀하고 옛것을 답습하는 습관에 젖어 3백 년간의 고질이 되었다."라고 한다. 그래도 '선조(宣祖) 이전에는 교졸(巧拙)의 차이는 있어도 자기의 참모습을 표현했지만' 임란 이후에는 점점 세련미를 추구한 결과 '반드시 휘부(彙部)를 따라야 하고', '내력이 있는 말을 써야 하는' 구박(拘縛)에 갇혀 마침내 진기(眞機)를 잃었으며, 백 사람들로부터 일격(一格)의 시만 나오게 되었다고 했다. 그러한 글로는 사람의 득실을 살필 수 없으므로 시 본래의 구실마저 상실하게 되었다는 것이다.[95] 『이목구심서』를 엮을 무렵 선배 문인의 견해를 검토하면서 문풍을 일신(一新)시키고자 하는 문제의식을 보였던 것이다.

아정은 시문은 한 조화(造化)인데 이것을 어떻게 모방할 수 있는가라고 반문한다. 사람마다 얼굴이 닮지 않았듯이 '모두 한 문장이 가슴속에 담겨 있기'[96] 때문이다. 작가가 시문을 짓는 일을 자신의 흉중에서 흘러나오는 천진(天眞)을 구현하는 것이자, 개성을 표현하는 창조 행위로 인식한 것이다. 개성과 독창성을 본질로 하는 문학이 획일성을 벗어

---

95 『靑莊館全書』 卷51, 『耳目口心書』 4, "我東爲詩, 淵源旣淺, 無復憲章之可論, 而獨其詳於忌諱, 狃於仍襲, 實爲三百年痼瘵. 然而宣廟以前, 雖有巧拙, 猶爲各呈其眞態, 以後漸就都雅, 則磨礱粉澤之日勝, 而忌諱愈詳, 仍襲愈熟, 非古之爲法而終爲法拘也. 故命物之必依彙部, 使事之要有來歷, 蠢蠢圈套之中, 不敢傍走一步. 遂使眞機活用, 括而不行, 豈復有截斷中流, 超津筏而上者乎? 蓋合而論之, 百家一格. 卽夫一人之作, 而境事雷同, 情致混倂, 又是千篇一律, 無可揀別矣. 噫, 詩可以觀, 豈欲其如是哉?"

96 『靑莊館全書』 卷48, 『耳目口心書』 1, "文章一造化也, 造化豈可拘縛而齊之於摹擬乎? 夫人人, 俱有一具文章, 蟠鬱胸中, 如其面不相肖."

나려면 어떻게 해야 할까. 다음에 이광규의 「선고부군유사(先考府君遺事)」 1칙(則)을 인용해 본다.

　　혹자가 "역대의 시(詩) 가운데서 어느 것이 가장 좋으냐."라고 물었다. (先君이) 이렇게 대답하였다. "벌이 꿀을 만들 때 꽃을 가리지 않는다. 벌이 꽃을 가린다면 꿀을 만들지 못할 것이다. 시를 하는 것 또한 이와 마찬가지다. 시를 하는 사람은 마땅히 여러 작가를 널리 보아서 재량(裁量)하여야 한다. 그렇게 하면 자신의 시에 역대 시의 체제와 격조를 갖추게 될 것이다. 요즘 사람들은 당(唐)이니 송(宋)이니 원(元)이니 명(明)이니 하여 각각 높이는 것이 있다 하는데, 이는 시를 말하는 철론(鐵論)이 아니다."[97]

　　시작(詩作)을 벌이 꿀을 만드는 행위에 비유하였다. 작가가 편견을 가지고 취사(取捨)한다면 시를 짓지 못한다. 여러 작가, 여러 시대의 것을 두루 보아서 자신의 창작 영역을 넓히라고 주문하고 있다. 어느 한 시대의 시를 숭상하여 수용하는 것을 경계하였다.
　　아정은 우리의 문풍의 침체된 원인이 수용에도 문제가 있다고 보았다. 중국 문학을 수용함에 있어 자각적이지 않았으며 지극히 나태한 태도를 보였다는 것이다. 조선조에 들어와 문사(文士)들이 해마다 중국에 갔으나 "꿈속처럼 흐리멍덩한 가운데 백치(白痴)가 되어 아무 소득도 없이 빈손으로 돌아왔다."라며 "이것은 신라의 부지런하고 성실한 것

---

97 『靑莊館全書』 卷20, 付『刊本雅亭遺稿』 8, 부록, 李光葵, 「先考府君遺事」, "或問: '歷代詩何者最好?' 曰: '蜂之醸蜜, 不擇花, 蜂若擇花, 蜜必不成, 爲詩亦猶是也. 爲詩者當汎濫於諸家, 有所裁度, 則吾詩各, 具歷代體格, 今之人曰唐曰宋曰元曰明, 各有所尙, 非言詩之鐵論也.'"

만도 못한 것이었다."라고 하였다.[98] 이어서 우리의 후진적 상태를 다음과 같이 기술하였다.

대저 우리나라의 문교(文敎)가 중국에 비교하여, 매양 계수(計數)가 퇴보되어 1백 년 뒤에야 비로소 조금 진척이 있다. 우리나라에서 처음으로 좋아하는 것은 중국에서 쇠퇴하고 오래되어서 싫어하는 것이니, 그것은 태산 봉우리에서 해를 보면 닭의 첫 울음은 해가 이미 올라왔음을 뜻하는 것인데, 태산 아래 사람들은 아직도 꿈속에 있는 것과 같으며, 또 아미산(蛾眉山) 꼭대기의 눈이 5월이 되어서야 비로소 녹는 것과 같은 것이다.[99]

지금 우리 문단에서 숭상하는 것은 발원지인 중국에서 백여 년 전에 유행하던 것이다. 중국과의 지리적 상거가 있다고 해도 중국을 다녀오는 인사들이 해마다 '아무 소득도 없이 빈손으로 돌아오니' 결국 창신의 단계는 꿈도 꾸지 못하는 사정을 지적한 것으로 이해된다.

이러한 관점에서 아정은 중국에서 활동했던 최치원(崔致遠)과 이제현(李齊賢)을 주목했던 것 같다. 「논시절구(論詩絶句)」에서 두 사람의 시를 비교하였는데, 최치원을 논한 제1수에 "약간의 시구 남아 있어도 뚜렷한 정신은 없구나."[100]라며 그 평가에 인색하였다. 최치원이 창신에 이

---

98 『靑莊館全書』卷68, 『寒竹堂涉筆』上, 「孤雲論儒釋」, "至若昭代, 則人文漸開, 間有英才, 雖無入學之規, 年年陸行, 文士時入, 而但無心悅之苦, 誠如夢如睡, 眞成白痴, 無所得而空來, 所以反遜於新羅之勤業也."

99 앞의 글, "大抵東國文敎, 較中國, 每退計數百年後始少進. 東國始初之所嗜, 卽中國衰晚之所厭也, 如岱峯觀日, 鷄初鳴, 日輪已騰躍而下界之人, 尙在夢中, 又如蛾眉山雪, 五月始消."

100 『靑莊館全書』卷11, 『雅亭遺稿』3, 「論詩絶句」一, "三崔一朴貢科賓, 羅代詞林只四人. 無可奈何夷界夏, 零星詩句沒精神."

르지 못했으며, 신라 사람으로서의 특색이 선명하지 못한 점을 지적했다고 보아진다. 이보다 후에 사근도찰방(沙斤道察訪) 시절[101]의 산문 「고운논유석(孤雲論儒釋)」에서도 같은 논조를 유지하며 "그의 시(詩)는 평평(平平)할 뿐, 일찍이 당현(唐賢)들과 같은 청신(淸新)하고 뛰어난 것은 일구(一句) 반편(半篇)도 찾아볼 수가 없다."[102]라고 혹평하였다.

이에 비해 동(同) 제2수에서는 "목은(牧隱) 이색(李穡)은 황정견(黃庭堅)과 소식(蘇軾)을 배우고 포은(圃隱) 정몽주(鄭夢周)는 당(唐)을 배워, 고려 때 대가로 굉장히 울렸구나. 금(金)·원(元)·송(宋)을 융화한 사람은 누구냐. 역로(櫟老)의 시에서 만장의 광채 나네."[103]라며 익재(益齋) 이제현을 높이 평가하였다. 한두 작가 또는 한 시대를 배운 목은·포은보다 여러 시대의 것을 두루 섭렵하여 융화한 익재를 찬탄한 것이다. 백가일격(百家一格)에 빠진 우리 문풍을 통찰한 결과, 중체(衆體)를 구비한 익재시를 선호하는 것은 당연한 반응이라 하겠다.

그리고 아정은 익재를 '동방 2천 년 이래의 명가(名家)'라고 평가하고, 그 시가 우수한 이유는 첫째 화려하고 우아하며 우리나라의 침체된 습관을 시원스럽게 탈피하였고, 둘째 중국의 지리, 자연환경을 차용한 우리나라 시들과 달리, 현장을 직접 답사하여 시를 지었기 때문이라고 하였다.[104] 두보가 기주(夔州)·무협(巫峽)을 노래하면 우리나라 시인들

---

101 아정이 沙斤道察訪에 재임한 기간은 2년 남짓으로, 이 시기에 상하 두 권 분량의 『한죽당섭필』을 집필하였다. 『先考積城縣監府君年譜』에 의하면 42세(1782) 2월 15일에 사근도찰방에 부임하여 44세(1784) 2월 25일 날짜로 司饔院主簿로 전임되었다.

102 『靑莊館全書』 卷12, 『寒竹堂涉筆』 上, 「孤雲論儒釋」, "然其詩平平, 何嘗有唐賢淸新警絶一句半篇乎."

103 『靑莊館全書』 卷11, 『雅亭遺稿』 3, 「論詩絶句」 二, "牧隱黃蘇圃隱唐, 高麗家數韻洋洋. 問誰融化金元宋, 櫟老詩騰萬丈光."

104 『靑莊館全書』 卷34, 『淸脾錄』 3, 「李益齋」, "詞林鉅公, 每推挹翠軒爲詩宗, 遡以上之,

도 따라서 기주와 무협을 노래하는 '거짓' 시가 양산되는 지경에[105] 진
경(眞境) 그대로를 묘사한 익재의 시를 고평한 것이다. 사실성을 중시하
는 아정의 문학성향을 잘 보여 준다. 중국을 직접 가지 못하는 조선 사
람들은 응당 '지금', '여기' 눈앞에 펼쳐진 조선의 현실, 조선의 실경(實
景), 조선 사람의 삶과 정서를 담아내야 할 것이다.

그 밖에 우리나라 고문(古文)을 창도한 익재의 공을 언급하였고, 시
재(詩才)로 원나라 문인들 앞에서 충선왕(忠宣王)의 군색함을 해소한 일
을 두고 "나라를 빛냈다〔華國〕."라고 찬탄하였다.[106] 충선왕이 서번(西
蕃)으로 귀양 갈 때 뒤따르면서 충정과 분노를 표출, 대원제국(大元帝國)
의 위세에도 자아를 몰각하지 않은 자세를 주목하였다. 최치원에 대한
평가와는 큰 차이를 보인 것이다.

중국 문학을 어떻게 평가하고 수용할 것인가. 이에 대한 고민은 25
세 무렵에 쓴 장문의 평문에 보인다. 아정은 중국의 전후칠자(前後七子)
가 제재(題材)나 의경(意境) 따위를 모방함으로써 고문을 재현하려고 한
점을 비판하였다. 이반룡(李攀龍)의 문장은 '맥락(脈絡)이 통하지 않아
뼈가 부러지고 피가 막히는 듯한데' 그것은 옛사람의 말을 억지로 끌어

推佶畢齋爲第一. 余嘗讀益齋集, 斷然以益齋詩, 爲二千年來東方名家. 其詩華艶韶雅, 快
脫東方僻滯之習, 雖在中原, 優入虞·揚·范·揭之室. 成憁齋所謂益齋能老健而不能藻
者, 非鐵論也. 以益齋而不能藻, 何者果能藻乎? 今世之人, 甚至不知益齋之爲李齊賢者,
可悲也."

105 尹光心 編, 『幷世集』, 李德懋, 「蘇書齋詩集序」, "杜甫曰秋興, 人亦曰秋興, 杜甫曰老栢,
人亦曰老栢, 杜甫曰夔州巫峽, 人亦曰夔州巫峽, 杜甫不加尊, 而人則野而詩僞矣."

106 『靑莊館全書』 卷32, 『淸脾錄』 1, 「鷄聲似柳」, "高麗忠宣王入元朝, 開萬卷堂, 學士閻
復·姚燧·趙孟頫, 皆遊王門. 一日王占一聯云, '鷄聲恰似門前柳.' 諸學士問用事來處,
王無以應, 李文忠公齊賢, 從旁卽曰解: '吾東人詩, 有屋頭初日金鷄唱, 恰似垂柳裊裊長.
以鷄聲之頓, 比柳條之織, 我殿下詩用此意也. 且韓退之琴詩曰: 浮雲柳絮無根蔕', 則古
人之於聲音, 亦有以柳絮比之矣. 滿座稱嘆, 蒼卒詭語以解王窘, 可謂華國."

다가 조잡하게 엮어 놓았기 때문이라고 한다.[107] 이에 의고파가 내세운 문필진한(文必秦漢), 시필성당(詩必盛唐)이라는 주장에 대해 "그것은 구속(拘束)이다."라며 그 한계를 지적하였다. 원굉도·서위(徐渭) 같은 창신파(創新派)의 주장에 대해서도 "그것은 구속이다."라며 또한 그 한계를 지적하였다. 극단적인 창신(創新)·신기(新奇)를 추구한다면 '본연(本然)을 잃고 너무 높고 허원(虛遠)한 곳에 빠질' 우려가 있기 때문이라고 한다. 그러면서 의고파의 '웅건(雄健)함'과 공안파의 '초오(超悟)함'을 취하되, 각각 그 지나친 것을 버리면 된다고 한다.[108] 아정은 도습을 배격하여 의고파의 약점에 대해 자주 비판하였으나 그들의 굉박(宏博), 호한한 점을 고평하였고, 또 공안파의 논리를 차용하여 자신의 창신론을 개진하고 있으나 지나치게 신기한 것만 창출하는 그들의 한계를 인지하고 있었다. 의고와 창신을 통합하되, 과잉을 경계하자는 주장에서 아정 특유의 균형감각을 엿볼 수 있다.

  그러면 도습을 강력히 배격했던 아정이 의고파의 성취를 인정한 부분을 어떻게 이해할 것인가. 그는 중도(中道)를 얻기 어려울 때는 '옛것을 참작하고 지금을 헤아리는[酌古量今]' 좋은 방도가 있다고 한다. 이것이 사군자(士君子)의 중정(中正)한 학문하는 자세라고 여겼던 것이

---

107 『靑莊館全書』卷5,『嬰處雜稿』1,「瑣雅」, "于鱗文强項, 有時而骨折血滯."
108 『靑莊館全書』卷48,『耳目口心書』1, "或曰: '文當擬左傳·國策·史記·漢書, 而韓·柳以下不論. 詩當擬建安·黃初·開元·天寶, 而元·白以下不論. 或敢脫此法律而出它語, 皆非吾所謂文章也. 子當何答.' 曰: '我當曰拘也. …… 文章安有定法哉, 理何必先民所恒訓, 語何必前賢所恒道. …… 我當曰拘也. 若以子之才則可, 且擇天下之士如子之才, 而善於超脫者, 傳之以此方亦可, 然天下之才, 非超脫而止也. 有典雅者, 有平易者, 壹皆責之, 以別創新奇, 或恐反喪其本然而日趋于高曠超絶之域.' 或曰: '子奚取焉.' 曰: '集二子而各棄其酷焉可也, 然方遜志·王陽明·唐荊川·歸震川輩, 亦文章別派也, 豈肯受節制於此二子哉? 蓋于鱗輩雄健, 中郎輩退步矣, 中郎輩超悟, 于鱗輩退步矣.'"

다.[109] 『청비록』을 엮으며 아정은 패란(悖亂)으로 지목된 자들의 시도 좋은 시로 뽑았다. 가령 반역자로 복주(伏誅)된 이계(李烓)의 경우는 '재사(才思)'가 있어서, 윤휴(尹鑴)의 경우는 '장려(壯麗)'하기 때문에 선발하였다며 "사람을 가지고 시를 폐해서는 안 된다."[110]라는 생각을 피력하였다. 고염무(顧炎武)의 기절(氣節)에 대해 존모의 감정을 숨기지 않았던 그는 모기령(毛奇齡)의 훼절에 대해서는 대단히 비판적이었다. 그러나 모기령의 시문이 "고화일탕(高華逸宕)하다."[111]라며 그러한 시구를 많이 뽑아 놓았다. 이러한 관점에서 박학 취향의 아정이 의고파의 장처를 평가한 것으로 보이지만, 그들의 창작론을 수용했다고 보기는 어렵다고 여겨진다.[112]

요는 그 장점을 우리 실정에 맞게 어떻게 수용하느냐가 될 것이다. 여기서 허균(許筠)에 대한 아정의 발언을 들어 본다.

우리나라 사람들은 나려(羅麗) 이후로 견문에 제약을 받아서 비록 뛰어

---

109 『靑莊館全書』 卷5, 『嬰處雜稿』 1, 「歲精惜潭」, "脫累之士, 事事欲遵古, 流俗之人, 事事欲從今, 互相激憤, 難得適中. 自有酌古量今底好道理, 何害士君子中正之學也."

110 『靑莊館全書』 卷32, 『淸脾錄』 1, 「李烓·尹鑴」, "李烓, 孝寧大君之後, 號鳴皋, 賣國伏誅. 固是亂流, 而詩甚奇. 如浮雲自作他山雨, 返照俄成隔水虹, 何等才思! 尹鑴亦亂流, 如雲開萬國同看月, 花發千村共得春, 句甚壯麗, 不必以人廢詩."

111 『靑莊館全書』 卷33, 『淸脾錄』 2, 「毛西河」, "毛西河奇齡全集, 詩文高華逸宕."

112 아정은 20대 초반 쓴 「論詩」에서 "雙李獻吉于鱗, 大明文章先輩. 態態古氣孰追, 泱泱逸聲難配."(『嬰處詩稿』 2)라고 하여 李夢陽·李攀龍의 호한한 면을 고평하였다. 역시 젊은 시절에 쓴 것으로 보이는 편지에도 "獻吉集, 素愛慕者, 能知余而教留, 多感."(『雅亭遺稿』 7, 「族姪復初光錫」)라며 이몽양에 대한 호감을 드러낸 바 있다. 이광석에게 이 편지를 보낼 때 아정은 자신이 필사한 『說郛』·『歷代備考』·『東國總目』을 빌려 주었고, 『헌길집』을 더 보도록 한 데 대해 이렇게 고마움을 표현하였다. 박학을 추구하던 아정의 면모로 파악되는 것이다. 아정의 의고파에 대한 전반적 어조는 도습 배격과 관련하여 일관되게 비판하고 있다고 판단된다.

난 인재가 있더라도 옛사람의 글을 답습하기만 해서 문장가라고 이를 만한 사람을 전혀 볼 수 없다. 그런 중에서 유독 허단보(許端甫)가 신론(新論)을 창출(創出)하여 서위(徐渭)·원굉도(袁宏道)의 무리와 같으니 기이한 일이다. …… 허단보의 『부부집(覆瓿集)』의 간독(簡牘)들은 아름답고도 기이해서 즐겨 읽을 만한 것으로 우리나라에는 드물게 있는 것이다. 그는 명(明)나라 사람의 글을 배운 자인데도 그가 취하여 쓴 것은 『세설신어(世說新語)』 1권이다. 그러므로 그 맑고도 미묘함을 따르기 어려운 것이다.[113]

우리나라는 역대로 견문 부족이 자신감을 위축시켰고, 그 결과 오래도록 창신의 단계에 이르지 못했다고 한다. 그런데 허균은 동시대의 공안파에 의해 계발되었으면서 거기에 안주하지 않고, 스스로 독창적 작품세계를 이룬 것으로 높이 평가하였다.

외사촌 동생 박상홍(朴相洪)에게 보낸 편지에 아정의 관점이 좀 더 잘 나타나 있다.

문장은 깨달은 바가 있고 난 후에 근거를 세울 수 있네. 중랑(中郎)을 말세의 괴품(怪品)이라 하여 업신여기지 말고 마음을 전일하게 가져 고요히 생각을 모은다면, 반드시 영대(靈臺)가 환히 밝아져 한번 눈을 굴리면 만물이 모두 나의 문장이 될 것이네. 그대의 재주가 질박하기 때문에 이런 방법으로 구제하네. 그러나 어찌 일체 이러한 것에만 빠져서 제자리로 돌아오기를 잊어서야 되겠는가? 언제나 이런 무리는 손의 예로 대우해야 하

---

113 『靑莊館全書』 卷51, 『耳目口心書』 4, "我國自羅麗以來, 局於聞見, 雖有逸才, 只蹈襲一套其. 自謂文章絶不可見, 惟許端甫, 創出新論, 若徐袁輩奇哉! …… 許端甫覆瓿集, 簡牘娟奇可喜, 東國罕有也. 學明文者, 而其取用者, 一部世說也."

지, 나의 집에 불러들여서 도리어 주인으로 섬겨서는 아니 되네.[114]

공안파의 초오(超悟)함을 고평한 아정은 여기서도 오(悟)를 중시하는 시각을 보인다. 지나치게 질박함을 추구하는 박상홍에게 균형감각을 가지도록 원굉도를 학습할 것을 권하고 있다. 그러나 그 정교한 논리에 깊이 빠져들까 우려하는 마음도 비친다. 즉 손의 예로 대우하고 주인으로 섬기지는 않는다는 것, 이것이 중국 문학을 수용하는 우리의 자세여야 함을 역설한 것이다. 외래의 것을 실리적으로 수용하되, 자아를 잃지 말아야 한다는 주장으로 풀이된다.

앞의 이계·모기령의 사례에서 살펴보았듯이, 아정은 "아무리 망령되고 바르지 못한 사람이라 할지라도 그의 아름다운 문장이 사람을 감동시킬 수 있다면 그의 저술을 초록해 두겠노라."[115]라고 하였다. 깊은 감동은 어디에서 오는가. 그는 진실한 슬픔, 진실한 기쁨만이 진실한 시를 만들어 내며, 아무런 작위(作爲)가 없는 아기에게서 그런 모습을 찾을 수 있다고 하였다. '진실한 시'는 참된 감정을 발원한다. 그런데 오늘날의 시는 옛사람과 비슷하지 않은 것을 염려하고, 진부하고 닳아 빠진 곳에 비점을 치며 "이것은 옛날 것이고 요즘 것이 아니다."라고 한다. 이렇게 '거짓'으로 나아가니 시가 비로소 슬픔, 기쁨의 감정과 무관하게 되었노라고 하였다.[116] 또한 참된 문학은 '진정(眞情)'을 담고 있

---

114 『靑莊館全書』 卷16, 『雅亭遺稿』 8, 「內弟朴稚川〔宗山〕」, "文章有悟處, 然後立脚, 勿以中郎, 爲末季怪品侮之, 齋心靜會, 必透得玲瓏寶一轉眼, 則萬物皆吾文章也. 君才古質, 故以此救之. 然豈一切沈湎於是物, 流宕忘返也乎哉? 每當以此輩, 賓禮待之, 不可喚入我室, 反以主人事之也."

115 『靑莊館全書』 卷33, 『淸脾錄』 2, 「劉平國」, "余嘗感此詩之公平, 每闡發妓女·旁流·浮屠·童儒之詩及異國之人所咏, 而但苦未易得耳. 至若亂流匪人, 文彩動人, 則錄其所著."

116 尹光心 編, 『幷世集』, 李德懋, 「薛書齋詩集序」, "夫眞喜眞悲, 是生眞詩焉耳. 兒生初啼,

어야 함을 역설한 것이다.

여기서 '무관(懋官)으로부터', '문풍이 일변(一變)하였다'는 남공철의 발언을 짚어 보자. 아정의 저작을 살펴보면 20대에 이미 공안파의 창신론적 문학관에 깊은 영향을 받았고, 특유의 소품체(小品體)를 완성했으며, 만년에 이르도록 그 문학을 일관되게 유지했던 것으로 보인다. 1792년 문체파동 당시에 아정이 소품체로 견책을 받은 것은 그해 7월, 왕명에 의해 제진한 책문(策文)이 빌미가 된 듯싶다. 이때 아정의 「육자책(六字策)」의 평비에 참가한 문임(文任)은 채제공(蔡濟恭), 서유린(徐有隣), 이병모(李秉模) 등이었는데, 기성 문학관의 견지에서 각각 '색은극가염오(索隱極可厭惡)', '궤기(詭奇)', '과어기초(過於奇峭)'라는 부정적인 평어를 남겼다.[117] 이즈음 그의 기벽한 문체가 새삼 주목을 받은 것이다. 초정은 세상 사람들이 아정의 시문을 두고 "그 정밀함을 헐뜯어 '어지러이 꼬였다' 말하고 글자의 번성함을 괴이하게 여겨 '험벽하고 난삽하다'고 말하지만, 이는 도잠의 오언율시나 두보의 장편 등을 기준으로 말한 것이다."[118]라며 문학관의 차이로 인한 편견임을 주장한 바 있다. 아정의 사후에 고문가 성대중은 '난삽(難澁)', '고고(枯槁)', '괴벽(怪僻)'하다고 아정 문학을 평하였다.[119] 남공철을 위시한 기성 문단은 아정 문학의 이러한 면을 부정적으로 인식했던 것이다.

啼已忽笑, 無所事焉, 莫知其然, 此詩之性也. …… 父兄師長直恐其子弟之不似古人, 不知强傚古人不足爲古人也. …… 批其腐鍊者曰: '此古也, 非今也.' …… 日趨于僞, 而詩始不與于悲喜矣."

117 『青莊館全書』 卷71, 부록 「先考積城縣監府君年譜」, 壬子 7월 초1일 조 참조.

118 朴齊家, 『貞蕤閣集』 卷1, 「雅亭集序」, "人訾其密則曰沓拖, 怪其繁則曰僻澁. 此又以陶柳王韋之五言, 律杜韓黃蘇之長篇者矣."

119 『青莊館全書』 卷20, 付 『刊本雅亭遺稿』 卷8, 부록, 成大中, 「跋」, "發爲詩文, 寧澁無蕩, 寧枯無膩, 寧近乎僻, 無近乎膚."

모방을 하지 않고 자기 문학을 하여 일가를 이루는 것이 얼마나 어려운가. 아정이 특히 왕세정(王世貞)을 비판하면서 표절하고 모방하는 것이 시의 큰 병폐라고 주장했는데, 왕세정 자신이 전적으로 이 같은 병폐를 범하고 있기 때문이었다. 그렇다면 당시 문인들은 아정의 노력을 어떻게 평가했을까. 여기서 반정균, 윤행임(尹行恁), 연암의 발언을 차례대로 소개해 본다.

① 형암(炯菴)은 글자를 저울에 단 듯하고 뜻을 가다듬으며, 힘써 평범한 길을 쓸어버리고 다른 경지를 열어, 만송(晚宋)과 만명(晚明) 사이에 응당 한자리를 차지할 것이다. 또 화제주(火齊珠)·목란주(木蘭珠)와도 같이 눈길이 닿는 작품마다 모두 기이한 보배이니, 예사로이 감상할 종류가 아니다.[120]

② 시문을 지으매, 마치 누가 도와주는 듯이 창연(蒼然)하고 암연(闇然)하여 연(燕)·조(趙) 거리에서 노래와 축(筑)이 서로 화답하는 것과 같았다. 마음이 격동하면 소리가 힘차게 나와서 각려(刻厲)하고도 놀랍고 새로우며, 아결(雅潔)하고도 그윽하고 단정하였다. 창의적으로 문장을 짓되, 홀로 신묘한 경지에 들어가서 억지로 깎아 만든 흔적이 조금도 없었다.[121]

③ 문장을 지을 때는 반드시 옛사람의 취지를 구하되, 답습하거나 거짓으로 꾸며서 표현하지 않았다. 한 글자 한 구절도 다 정리(情理)에 핍근하고 진경

---

120 『韓客巾衍集』1, 潘庭筠, 「李德懋」, "炯庵錘字鍊意, 力掃凡谿, 別開異境, 晚宋晚明之間, 應踞一石, 又如火齊木蘭, 觸目都是奇寶, 非尋常近玩之比."

121 『靑莊館全書』卷20, 付「雅亭遺稿」, 尹行恁, 「雅亭遺稿序」, "發以爲詩文, 若有相之者, 蒼然闇然, 如燕趙之市, 歌筑互答, 激之則烈其音, 刻厲而警新, 雅潔而幽靚, 創意杼軸, 獨造妙界, 無椎斧痕."

(眞境)을 묘사하여 편마다 그 묘미가 곡진해서 읽어 볼 만하였다. …… 문장을 짓는 데 있어서는 백가(百家)의 책에서 널리 취재하여 스스로 일가(一家)를 이루었고, 독창적인 경지를 홀로 추구하고 진부한 것은 따라 배우지 않았다. 기이하고 날카로우면서도 참되고 절실함에서 벗어나지 아니하였으며, 박실(樸實)하면서도 범용한 상태로 떨어지지 않았으니, 수백 수천 년이 지난 뒤라도 한 번 읽어 보기만 하면 완연히 눈으로 보는 것과 같을 것이다.[122]

①은 『한객건연집』에 들어 있는 반정균의 평문(評文)이고 ②는 『간본아정유고』의 간행을 맡았던 윤행임의 서문이며 ③은 『연암집』에 실린 「형암행장(炯菴行狀)」의 한 대목이다. ①은 아정의 청년기 시에 대한 평가이고, ②와 ③은 아정의 사후에 내린 평가이고 보면, 아정이 문학에 있어 평생 일관된 입장을 견지하였음을 알 수 있다. 반정균은 담헌과 절친했던 청대의 저명한 문인이고, 윤행임은 당시 규장각의 각신(閣臣)으로서 보수적 위치에 있었던 문인이란 점이 관심을 끈다. 모두 아정의 문예적 기량과 성취를 극찬하였다. '자성일가(自成一家)', '별개이경(別開異境)', '창의(創意)', '진경(眞境)' 등등으로 그가 추구한 문학과 성취에 대해 높이 평가하고 있는 것이다. 특히 반정균이 만송(晚宋)과 만명(晚明)을 언급한 것은 의고파 배격에 치력하고, 창신을 추구한 아정의 성과를 인정한 것으로 이해된다.

---

122 朴趾源, 『燕巖集』 卷3, 「炯菴行狀」, "爲文章, 必求古人旨趣, 不爲蹈襲虛僞之辭. 一字一句, 皆切近情理, 摸寫眞境, 每篇可讀, 曲盡其妙. …… 其爲文, 博采百氏, 自成一家, 匠心獨詣, 不師陳腐. 奇峭而不離於眞切, 樸實而不墮於庸凡, 使千百載下, 一讀而宛然如目擊也."

2) 분만(憤懣)의 정서와 자기 성찰

아정의 처음 자(字)는 명숙(明叔)이었다. 28세 무렵에 『서경』의 '덕무무관(德懋懋官)'에서 취하여 개자(改字)하였다. 덕이 많은 사람에게는 관직을 성대하게 내린다는 뜻이니, 무관(懋官)이라는 자에서 출사에 대한 열망을 간취할 수 있다. 초정 또한 아정을 훌륭한 경세적 역량을 지닌 인물로 평가하였다. 즉 「이무관상찬(李懋官像贊)」이란 글에서 아정이 "지금은 도잠(陶潛)처럼 숨어 살지만, 옛날에 났으면 이윤(伊尹)같이 높았으리."[123]라고 하여 시대를 잘 만났다면 명재상(名宰相)의 반열에 올랐을 것으로 보았다.

이와 같이 경륜을 세상에 펼치고 싶었던 그는 서족(庶族)으로서 출신(出身)에 제약을 받았기 때문에 울분이 남다를 수밖에 없었다. 아정 사후에 남공철은 『간본아정유고』 서문에서 그가 "남모르게 혼자 간직하였던 서글픔과 불평으로 마음에 답답한 것들을 모두 시로 발표했다."[124]라고 기술한 바 있다. 분만감(憤懣感)을 토로한 작품은 그의 현실적 고민과 관계된 것이기 때문에 시인 아정을 이해하는 하나의 관건이 될 것으로 판단된다. 아정의 문학성향이 진경(眞境) 표현에 의의를 두었거니와, 이러한 종류의 작품은 "진실한 기쁨, 진실한 슬픔만이 진실한 시를 만든다."[125]라는 그의 진실한 문학의 요건에 부합하기 때문에 또한 주목을 요한다.

---

123 朴齊家, 『貞蕤閣集』 卷1, 「李懋官像贊」, "居今曰潛, 在昔伊高. 人皆見其落筆則爲世說, 不知滿腔之爲離騷."

124 『靑莊館全書』 卷20, 付 『刊本雅亭遺稿』 8, 부록, 南公轍, 「序」, "懋官雖晚生偏邦, 然遭値聖上右文之治, 得以盡見閣古觀書籍, 而間嘗遊燕京, 與閩淅間文人才子, 上下角逐. 其幽愁不平之鬱於中者, 一發之詩, 而又深於草木鳥獸山川風俗之學, 著述皆可傳於世."

125 尹光心 編, 『幷世集』, 李德懋, 「蘇書齋詩集序」, "夫眞喜眞悲, 是生眞詩焉耳."

아정은 '서족(庶族)을 업신여기는 것은 바로 오랑캐의 풍습'이라고 보았다. '아무리 서출(庶出)일지라도 조상의 입장에서 보면 다 같은 자손'인데, 적서(嫡庶) 간에는 장유(長幼)의 상규(常規)조차 행해지지 않아 심지어 '어린애들이 머리가 하얀 조숙(祖叔) 항렬을 희롱하고 건드리는' 풍조까지 생겨나고 있음을 개탄하였다.[126] 그는 서출로서 느끼는 깊은 좌절감을 다음과 같이 토로하였다.

대저 우리나라의 서류(庶類)는 국가에서 출세를 크게 금하고, 종중(宗中)에서도 크게 수치스럽게 여기고 있네. 보통선비[中士]들은 함께 말하기를 부끄러워하고, 하류(下流)들은 마구 나무라니, 거의 사람 축에 끼지 못하고 있는 실정일세. 서류 중에 어진 자는 욕을 먹고, 간특한 자는 죄를 짓기 십상이니, 처신하기가 참으로 어렵구려.[127]

위는 조선조 사회에서 서얼의 처지를 명료하게 표현한 대목이 아닌가 싶다. 종질(宗姪) 이광석이 아정과 관련된 항간의 소문에 대해 힐책조의 편지를 내어 이사를 권유하자, 위와 같이 답신을 보낸 것이다. 이때 아정은 "이웃에 사는 권세 있는 자를 추부(趨附)하여 거업(擧業)하려 한다."라는 비난에 대해 장문의 편지로 그것이 무고임을 해명한 바 있다. 『간본아정유고』의 출간을 맡았던 윤행임은 "무관(懋官)과 같은 서류(庶流)들은 세상에 합하기를 바라지 않았고, 이 때문에 세상에서도 용납

---

126 『靑莊館全書』卷27~29, 「士小節」上, 「士典」, "嘲侮庶族. 大是夷貊之風, 雖曰庶出, 自祖先視之, 則均是子孫, 其可侮之乎? 甚至幼少者, 戲打白首祖叔之行者, 盍少反思之."
127 『靑莊館全書』卷16, 『雅亭遺稿』8, 「族姪復初」, "夫東國之庶類者, 朝家之大禁, 宗族之大僇也. 中士恥與談討, 下流爲之嗤罵, 幾不齒於人類, 賢者蒙辱, 黠者陷辟, 其爲蹴跡, 蓋亦難矣."

해 주지 않으니, …… 결국 죽을 때까지 세상을 원망하며 방종했다."[128]
라고 하여 서얼 문제를 개인의 그릇된 품성으로 돌렸지만, 이 글에서
아정은 나라의 정책적 억제, 종중(宗中)의 불인정, 인간적 멸시로부터
야기된 사회적 문제라고 짚었다.

다음에 『영처시고(嬰處詩稿)』 2에 수록된 「추야잡감(秋夜雜感)」을 들
어 본다.

쓸쓸한 등잔불에 굴원의 부를 외며 오열하다가,	寒燈誦咽靈均賦
큰 숫돌에 일본도를 갈아 보기도.	大石磨翻日本刀
이 천지에 차라리 밭 갈고 낚시하며 늙어 버리지,	天地寧爲耕釣叟
영웅은 본디 개 닭의 무리 되는 것 원치 않는다네.	英雄不願狗鷄曹

아직 세파를 겪지 않은 소년다운 호기(豪氣)가 보이고 또한 비장감이
서려 있다. 날이 선 일본도는 세계와의 심각한 불화를 은유한 것이리
라. 큰 뜻을 펼칠 기회가 주어지지 않는다면 아예 현실사회를 떠날지언
정 개 닭의 노릇은 하고 싶지 않다는 심경을 피력하였다. 직서적 어법
을 통해 날카로운 심리 상태를 여과 없이 보여 준다. 그는 말년에 이르
러서도 "일분의 객기를 마저 녹이지 못하여, 수시로 주당(酒黨) 가운데
왕래한다."[129]라고 술회하였으니, 검서관에 발탁된 이후에도 이 같은
분만감을 완전히 해소하지 못했던 것으로 보인다.

---

128 『靑莊館全書』卷20, 付『刊本雅亭遺稿』8, 부록, 尹行恁, 「序」, 「雅亭遺稿序」, "如懋官
者, 多畸窮困窘, 未嘗希合於世也. 故世亦不見容. …… 以沒其齒而不知反焉."
129 『靑莊館全書』卷12, 『雅亭遺稿』4, 「桂山夜話」, "百年甘作信天翁, 飮啄無關雨與風. 客
氣一分消未得, 有時來往酒人中."

세계와의 불화를 표출한 작품을 더 살펴보기로 한다.

벌레인가 기와인가 나라는 존재는,   蟲也瓦也吾

재주도 기술도 전혀 없네.   苦無才與技

배 속에는 불 같은 기운이 가득,   腹有氣烘烘

여느 사람들과 크게 다르지.   大與人殊異

사람들이 백이를 탐욕스럽다고 하면,   人謂伯夷貪

내 이를 갈며 분노하고.   吾怒切吾齒

사람들이 굴원을 거짓이라 말하면,   人謂靈均詐

내 눈을 치켜뜨며 성을 내노라.   吾嗔裂吾眥

내게 입이 백 개가 있다 한들,   假吾有百喙

들어 줄 이 한 사람 없으니 어찌하랴.   奈人無一耳

우러러 하늘에 말해 본들 하늘이 눈을 감고,   仰語天天睟

굽어 땅을 보아도 땅이 본 체를 않네.   俯視地地眵

……   ……

이마 뺨 주름지고 갈라졌으며,   顴頰纇皺皴

오장육부는 볶아지고 달여졌네.   肝肺脾熬煎

백이가 탐욕스럽고 굴원이 거짓이라 한들,   夷與均貪詐

네가 상관할 바 무어 있으리.   於汝何干焉

우선 술이나 마시고 취하기 바라며,   姑飮酒謀醉

책이나 보며 잠을 청할 뿐.   因看書引眠

아아, 잠들었다 깨지 않아서,   于于而無訛

저 벌레와 기와 같은 것으로 돌아갔으면.   還他蟲瓦然

『아정유고』 2에 실려 있는 시 「충야와야오(蟲也瓦也吾)」이다. 제1구에 자신을 벌레인지 기와인가를 물어 신선한 충격을 던지고, 마지막 구에서 차라리 생리적으로 꿈틀대는 미물이나 감각이 없는 물건이 되기를 바란다고 하여 시적 긴장감을 유지하고 있다. 제1구에서 제4구까지는 생산적 기여도가 없는 자신에 대한 자괴감과 반성의 뜻을 드러내면서 원래 큰 포부를 지닌 사람이었다고 한다. 이어서 '하늘이 눈을 감고', '땅이 본 체를 않는다'고 하여 소외감의 깊이를, 벌레나 기와 같은 보잘것없는 사물에 자신을 비유하여 존재감 없는 처지를 강조하였다. 백이, 굴원 같은 인물에 대한 존모(尊慕)는 그들의 불우에 공감하고, 독서하는 선비로서 국가의 위란에 대한 책임의식을 표명한 것으로 이해된다. 또한 생활 일상의 천근한(淺近) 사물을 시어로 수용하여 자괴감에 사로잡힌 내면심리를 효과적으로 표현하였다.

그러나 앞의 시와 같이 체념적·퇴영적 정조를 끝까지 끌고 가는 경우는 드물다. 26세에 편집한 『이목구심서』에는 분만감을 표출한 소품이 적지 않지만, 대개 이러한 감정을 극복하는 과정을 진솔하게 기술하고 있다. 가령 '가슴속에 불평한 기운이 있어 시시로 까닭 없는 슬픔이 일어나 탄식이 극에 달하면'[130] 명절(名節)을 세운 인물의 삶을 통해 자신을 응시한 다음, 책 읽기에 몰두하여 평정(平靜)한 상태에 이르는 것이다. 25세 섣달 어느 날 삼경 무렵에, 이렇게 하여 『논어(論語)』를 기갈이 들린 듯 읽어 내리며 '발광하여 뛰쳐나갈 뻔한' 마음을 다잡은 일화를 대단히 사실적으로 그렸다.[131] 이와 같이 그의 독서는 벼슬

---

130 『青莊館全書』卷48, 『耳目口心書』1, "平日胸中有塊磊氣, 時時作無故之悲, 而噓唏之極."
131 앞의 책, "古人之瓊行危節, 歷歷從思想來, 慨然曰: '名節可立, 雖振撼風霜, 閱歷濤波, 九于死而罔悔也.' …… 讀論語三四章, 其聲也初咽澁而終和平, 胸中澎湃, 有鳴鳴漸微, 鬱崒之氣, 始按下, 神思淸明洒落. 仲尼何人也, 雍穆和悅之詞氣, 使余麤心, 剝落銷磨, 迺抵于平? 非夫子, 我幾發狂走."

길로 나가는 수단이 될 수 없었고 자기 위안, 자기 극복의 방단이 되기도 하였다.

이와 관련하여 『한객건연집』 두 번째 작품으로 수록되어 있는 「추등우급(秋燈雨急)」이라는 시를 들어 본다.

서늘한 밤 그림자 보며 등불 심지 자르는데,	涼宵顧影剔燈紅
검록(劍錄)과 성경(星經)은 시렁 가득 꽂혔네.	劍錄星經揷架充
문득 조각배 바다에 뜰 생각이 있어,	頓有扁舟浮海想
가을 서재가 홀연히 빗속에 둥둥 뜨는 듯.	秋齋忽泛雨聲中

『아정유고』 1에도 들어 있는 이 시는 청년기의 호한한 기상과 번민을 잘 보여 준다. 시렁에 가득한 검서(劍書)와 천문서(天文書)를 통해 경국제세(經國濟世)의 원대한 포부를 품고 있었음을 알려 준다. 그러나 제3, 4구에서는 자신의 운명을 자각한 상태에서, 그것이 가능하지 않다는 것을 번민하며 조각배에 몸을 싣고 바야흐로 현실세계를 떠나고자 하는 시상(詩想)을 일으킨다. 빗속의 서재를 조각배에, 주위 공간을 바다에 비유하여 발상의 참신성이 돋보인다. 반정균은 "착상이 범상치 않다〔落想不凡〕."라는 평어를 붙인 바 있다.

『아정유고』 1 소재 「해조(解嘲)」 시를 들어 본다.

큰 재주꾼 억지로 되기 어려워,	大黠知難强
차라리 철저하게 참을 닦으련다.	寧修撤底眞
깨끗한 이름 옛날 그대로인 나인데,	淨名吾古我
헐뜯는 이 그 어떤 사람이던가.	赤口彼何人
혼탁한 풍습을 따르기 좋아해,	好蒞澆漓習

담박한 정신을 괴롭히려 드는구나.	要煩澹泊神
풍설(風說)은 두 귀에 들리는 그대로,	風痕從兩耳
갈수록 높은 하늘만 믿노라.	去去信高旻

나라의 동량 노릇을 할 수 없다면 '참'을 닦는 길로 매진하겠다는 각오를 다진다. 그런데 그마저도 세상이 의심하고 버려두지 않는다. 처신하기가 너무 어렵지만 끝내 맑고 담박한 자세를 잃지 않겠노라고 다짐한다. 이 점에서 수기실천(修己實踐)을 주제로 한 아정의 시편들을 유가적 이데올로기를 강화하려는 의도로만 볼 것이 아니다.

한편 아정은 1779년 39세에 영재·초정 등과 함께 초대 검서관으로 발탁되었다. 서족이라는 신분적 한계를 고려하여 특채된 것이어서 나라의 은의를 입었다고 하겠다. 그는 "태평성대에 버려진 사람 없음을 알았으니, 이제부터 남은 생애 벼슬길에 맡겨 보겠네."[132]라며 검서관이 된 기쁨을 표현하였다. 서책을 좋아한 그로서는 이 시기에 왕실 서고에서 책에 파묻혀 사는 생활을 즐겨 다루었으나, 다음 『아정유고』 4의 「희시료우(戱示寮友)」 시는 다른 면모를 보인다.

네 검서들 번갈아 오고 가는데,	去去來來四檢書
사흘 밤 짝지어 숙직한 지 열흘 남짓.	三宵偶直一旬餘
차례로 돌고 돌아 회문금(回文錦) 같으니,	連綿恰似回文錦
어디가 끝이고 어디가 처음인가.	那箇爲終那箇初

---

132 『靑莊館全書』 卷12, 『雅亭遺稿』 4, 「摛文院信筆」, "吾生四十笑吾涯, 被酒年年臥落花. 始識明時無棄物, 從今日月屬官家."

이문원(摛文院) 숙직은 원래 각신(閣臣)이 맡았으며, 유고 시에만 검서관이 대신하도록 하였다. 그런데 언제부턴가 검서관의 고유한 업무인 양 바뀌어 버렸으니, 위 시는 연이어 돌아오는 숙직까지 떠맡아야하는 현실을 자조한 것이다. 아정은 혼자서 방대한 운서(韻書)를 편찬하고, 『송사전』과 같은 정조의 저술을 개찬(改撰)하는 작업까지 맡고 있었다. 그는 격무에 시달려 개인 저술을 남길 여력이 없는 사정을 초정·윤가기(尹可基)에게 털어놓았는데,[133] 이처럼 숙직과 같은 순번 밖의 일까지 부가되었던 것이다.

그리고 임종 직전에 초정에게 쓴 편지에 "부족한 봉록으로 숙수(菽水)도 이어 나갈 수 없는 처지여서 초조하다."[134]라고 했던 것을 보면 야(野)에 있을 때보다 경제적 형편이 크게 나아진 것 같지도 않다. 게다가 문체반정 당시에 정조는 아정과 초정의 문체가 논란거리가 되자 '이들을 내각에 둔 일로 이들의 문장을 좋아해서라고 여기는 듯하나', '나는 기실 이들을 배우로 길러온 것'이라고 말했다.[135] '배우' 운운은 이들을 특채한 데 대한 일각의 시비를 염두에 둔 발언이라 볼 수 있겠으나, 정조의 검서관에 대한 기본 의식을 드러낸 것에 다름 아니다.

1791년 아정의 나이 51세 때 정조는 아정에게 서얼 문제에 대한 소견을 물었다. 아정은 그 자리에서 '일명(一名, 庶孼)이 인류(人類)의 서얼에 끼지 못하는 것은 참으로 천하의 가장 원통한 일'이라고 대답하였

---

133 『靑莊館全書』 卷20, 付 『刊本雅亭遺稿』 7, 「與朴在先〔齊家〕書」; 『靑莊館全書』 卷16, 『雅亭遺稿』 8, 「尹曾若可基」 참조.

134 앞의 글, "弟老親氣貌日衰減, 遭此荒年, 斗祿不足以繼菽水, 秖自焦迫而已."

135 正祖, 『弘齋全書』 卷165, 『日得錄』 卷5, "李德懋朴齊家輩, 文體全出於稗官小品. 以予置此輩於內閣, 意予好其文, 而此輩處地異他, 故欲以此自標, 予實俳畜之. 如成大中之純正, 未嘗不亟獎之."

고, 정조는 서얼에게 청환현직(淸宦顯職)을 불허하고 과부에게 개가를 금지하는 두 가지 일을 개혁하지 못했음을 자인하였다. 아정은 이 문제로 인해 나라에서 '허다한 인재를 잃게 되는' 현실을 근심한다고 하면서, 첫째 건은 정도전(鄭道傳)·유자광(柳子光)이 난역(亂逆)과 권간(權奸)으로 지탄을 받은 후, 사대부들이 이를 방색(防塞)의 구실로 삼아 '서자가 있어도 반드시 남의 아들을 후사로 세우고 예조(禮曹)에서도 이를 묵인해 주니, 이는 법전(法典)의 조문[136]을 위배하는 것'이라고 발언하였다. 둘째 건은 '개가한 자의 자손에게는 청환현직을 허락하지 않는다는 『대전통편(大典通編)』의 조항을 삭제하면' 나라에서 구태여 신경 쓰지 않더라도 해결되어 갈 사안이라고 답하였다.[137] 아정은 정조 9년(1785) 『대전통편』을 편찬하면서 문제가 되는『경국대전(經國大典)』의 조문을 그대로 남겨 둔 사실을 꼬집은 것이다. 이상의 정황을 미루어 볼 때 검서관으로 발탁된 후에도 아정의 대사회적 분만감은 해소되지 못했던 것으로 여겨진다.

서류(庶流)를 차별, 배제하는 사회현실에 대해 문제의식을 가졌던 아정은 능력은 출중하나 쓰이지 못한 동류들의 처지를 깊이 동정하였다. 1757년경부터 1765년 1월까지의 시들이 수록되어 있는『영처시고』에는 원중거, 김홍운(金洪運), 윤가기, 백동수, 박상홍 등 서족(庶族) 문사들과 교유하면서 남긴 시편들에 서족으로서의 자의식이나 자아 인식이 드러나 있다. 그중에 원중거를 '온후(溫厚)하고 청직(淸直)하여 후생의 표준이 될 만한' 어른으로 존경했지만 오래도록 낮은 벼슬을 전전하고

---

136 『經國大典』,「禮典·奉祀」의 "嫡妾俱無子者, 告官位同宗支子爲後."를 가리킨다.
137 당시 아정과 정조의 대화는 '序齒事實'이라는 이름으로 기록하여 엮었다고 한다.『靑莊館全書』卷71, 부록『先考積城縣監府君年譜』, 辛亥 5월 초1일 조 참조.

곤궁에서 벗어나지 못하는 것을 탄식하였다.[138] 원중거는 40세가 넘어서야 장흥고봉사(長興庫奉事)라는 미관말직에 임명되었고, 45세에 통신사 서기(書記)의 직함을 띠고 사행단에 들었다.[139]

다음은 계미년(1763, 영조 39)에 일본 사행길에 오르는 원중거에게 준 시 「봉증서기손암원장〔중거〕수부사지일본(奉贈書記遜菴元丈〔重擧〕隨副使之日本)」(『영처시고』 2 소재)의 서두 부분이다.

문장이 능히 사람을 몰아서,	文章能驅人
만 리 길 배에 오르기를 재촉하네.	催登萬里船
긴 바람이 청삼을 날리는데,	長風拂青衫
담담한 웃음 태연스럽기만 하네.	一笑澹無牽
세상 사람들은 다 영화롭게 여겨,	世人皆榮之
서기를 마치 신선처럼 보지만.	書記看如仙
서기 그것을 무어 좋다 하랴,	書記那可好
나는 홀로 가엾이 생각한다오.	吾意悽獨憐

앞의 네 구는 원중거가 문장과 풍모와 인품을 두루 갖춘 인물로서 그렸고, 뒤의 네 구는 그러한 인물이 통신사 서기로 가기에는 격에 맞지 않다는 심경을 피력하였다. 일본 사람들이 조선 문사의 글을 보배로 여겼기 때문에 서기가 하는 일은 그들의 요구에 부응하여 시문을 지어

---

138 『靑莊館全書』卷16, 『雅亭遺稿』8, 「尹曾若〔可基〕」, "玄川元丈, 暮年薄宦, 久而不調, 買山之錢, 去益難辦. 吾輩之窮, 胡至於斯? 大抵此丈溫厚淸直, 堪爲後生標準, 但惜其知者甚鮮, 而鬢鬚純白, 衰象日著也."

139 원중거에 대해서는 오수경(2003), 173~217면 참조.

주는 일이었다. 계미통신사의 경우는 이 일을 맡은 문사를 국왕이 직접 시재(試才)하였는데, 원중거와 성대중 등 서족 문사들이 뽑혔던 것이다.[140] 영재의 「일동시선서(日東詩選序)」에 의하면 "장편(長篇)이나 험운(險韻)을 가지고 몰려와 곤란하게 만들고, 이리저리 뒤엉켜 질서도 없어서 그 요구를 감당해 낼 수가 없을 지경이었다."[141]라고 한다. 아정은 원중거 같은 인재가 일본 땅에서 문재(文才)를 현시(顯示)하는 일로 소비되는 현실을 떠올리고 "가엾이 생각한다."라고 한 것이다.

한편 앞에서 살펴본 「해조」의 경우처럼 인격 도야나 자기 단속에 머무는 것이 아니라, 사회적 자아 각성에 시선이 가 있는 작품도 발견할 수 있다.

> 가난하여 반 꿰미 돈도 간직하지 못한 주제에 천하의 궁한(窮寒), 질액(疾厄)에 시달리는 사람에게 은택을 베풀려 한다. 노둔하여 한 부(部)의 책도 통투(通透)하지 못하는 주제에 만고의 경사(經史), 총패(叢稗)를 다 보려고 한다. 오활한 자가 아니면 어리석은 사람이로다. 아, 덕무(德懋)여! 아, 덕무여![142]

이는 검서관이 되기 전에 쓴 글로, 소품집 『선귤당농소(蟬橘堂濃笑)』에 들어 있는 일칙(一則)이다. 민생을 걱정하는 선비이자, 박학을 추구하는 선비로서의 모습을 보여 준다. 자신의 생계가 막연하지만 궁한과

---

140 이때 製述官에 南玉, 書記에는 원중거·성대중·金仁謙이 뽑혔다. 계미 통신사에 대해서는 임형택(1994) 참조.

141 柳得恭, 『泠齋集』 卷7, 「日東詩選序」, "書記之任, 專掌應酬, 執贄參謁者, 例爲一詩以畀之, 筆不暫停, 沛然若宿構然後始謂之能. 間以長篇險韻, 沓來困之, 叢雜無理, 殆不能堪."

142 『靑莊館全書』 卷63, 『蟬橘堂濃笑』, "貧不貯半緡錢, 欲施天下窮寒疾厄, 鹵不透一部書, 欲覽萬古經史叢稗, 匪迂卽痴. 嗟李生, 嗟李生!"

질병을 겪는 사람들의 고충을 먼저 생각하고 있다. 이광석에게 보낸 편지에 의하면, 아정은 기창(飢瘡)을 견디지 못하여 몸져눕고 '문전에 빚쟁이들이 날마다 기러기 떼처럼 오고 있을' 정도로 극심한 생활고에 시달렸다.[143] 이러한 절박한 상태에서 독서가 자기 안위나 지적 편력에 머물 수 없었던 것이다.

「추야잡감」·「추등우급」 편이 청년 시절의 날카로움을 보였다면 보다 후기에 쓴 작품은 다른 면모를 보여 준다. 아정은 자신의 삶을 돌아보면서 "처음에는 호탕하였다가 점점 할 일 없어졌다."라고 하였다. "몸을 숨기려는데 글은 무엇 하러 저술하랴, 학문을 이루지 못했으니 운명을 비로소 알겠다."라고도 하였다. 그는 평생 독서과 저술을 게을리하지 않았던 사람이니, 자신의 의견이 채택될 리 없는 현실에 비로소 초연해진 것이다. 그러면서 "거짓은 많고 참이 드문 것을 익히 겪었으니, 두 눈을 이제 나 홀로 갖고 있다."[144]라고 하여 세상의 시선에 휘둘리지 아니하고 참된 자아를 확립하게 되었노라고 하였다.

네 수로 구성된 「11월 14일 취(十一月十四日醉)」(『아정유고』 2 소재)의 네 번째 작품을 들어 본다.

작은 구경과 옅은 즐거움 그 경계 또한 넓어,　　　小玩纖娛境亦恢

해진 발 틈으로 스미는 햇살에 눈이 부시네.　　　敗簾篩旭眼花猜

부지런한 창 앞의 벌, 거센 힘 다리에서 나오고,　　　勮蜂扇贔屭因脚

---

143 『靑莊館全書』卷16, 『雅亭遺稿』8, 「族姪復初」, "眉皺於催租聲, 貧涯固然也, 然何不順遣, 不伐之門, 日見債徒, 列如鷹隊, 且慰帖眉頭, 遜辭以待耳."

144 『靑莊館全書』卷10, 『雅亭遺稿』2, 「暮春獨酌」, "鼎鼎年華入酒卮, 初因莽宕轉無爲. 身將隱矣書何著, 學未成焉命始知. 通體迂惟當世我, 寸心交是一生誰. 贗多眞少經來慣, 雙眼如今獨自持."

영롱한 어항의 붕어, 그 묘한 모습 아가미에 있네.   盆鰂玲瓏妙在腮

하루라도 어찌 술 세상에 놀지 않으랴만,   一日那無遊酒國

한평생 나는 책 더미 속에 숨으려 하네.   百年吾欲隱書堆

그 닮음새는 잊어버리고 참된 뜻을 나타내고자,   只求寫意忘其似

밀랍을 다져 품자매(品字梅)[145]를   鑄蠟新成品字梅

새로이 만들어 본다.

   만물의 다양함을 느끼고, 미물이 가진 힘의 원천을 호기심 어린 눈으로 관찰하였다. 그리고 자신의 삶을 지탱하는 힘은 독서에서 나온다는 것을 인식하였다. 아정은 밀랍을 녹여 매화를 만들고 『윤회매십전(輪回梅十箋)』을 지어 만드는 방법을 자세히 적은 뒤, 초정·영재의 창수 시를 붙여 운치를 즐기기도 하였다.[146] 미련(尾聯)에서는 혹한 속에서도 봉우리를 틔워 맨 먼저 봄소식을 알려 주는 매화에 담긴 지사적 정신을 사랑하겠다는 뜻으로 이해된다.

   아정은 느끼는 감정대로 기쁨과 슬픔을 표현하는 갓난아기의 모습에서 진실한 시의 모습을 찾을 수 있다고 하였다.[147] 이 절에서 주로 검서관이 되기 이전에 생산한 작품을 대상으로 살펴본바,[148] 이러한 문학

---

145 王象晉의 『群芳譜』, 「梅」에 의하면 品字梅란 매화의 일종으로, 꽃 하나에 열매 셋이 '品' 자 모양으로 서로 붙어 있기 때문에 생긴 이름이다.

146 아정은 밀랍으로 매화를 만들고 '輪回梅'라는 이름을 붙였다. 벌이 꽃술을 채집하여 꿀을 만들고, 꿀이 밀이 되고 밀이 다시 꽃이 되는 것이 불교의 윤회설과 같기 때문이라고 한다. 친구들과 윤회매를 읊은 시가 여러 편 보인다. 『靑莊館全書』 卷62, 『輪回梅十箋』; 『靑莊館全書』 卷35, 『淸脾錄』 4, 「輪回梅」 참조.

147 尹光心 編, 『幷世集』, 李德懋, 「蘇書齋詩集序」, "夫眞喜眞悲, 是生眞詩焉耳. 兒生初啼, 啼已忽笑, 無所事焉, 莫知其然, 此詩之性也."

148 『청장관전서』에서는 1,070여 수의 시가 보이는데, 『嬰處詩稿』에는 17세부터 25세까지 생산한 시편을 실었고, 『雅亭遺稿』 1·2·3에는 26세부터 38세까지의 시편들을 수록

정신을 보여 준다고 판단된다. 즉 내적 번민을 진솔하게 표출하되, 대개 고사를 사용하지 아니하였고 생활 일상의 자잘한 소재를 받아들여 그가 지향한 사실적 문학세계를 훌륭히 구현했다고 보아진다. 연암은 이러한 그의 시문에 대해 "한 글자 한 구절도 다 정리(情理)에 핍근하고 진경(眞境)을 묘사하여 편마다 묘미가 곡진하다."[149]라고 평가한 바 있다. 그리고 아정은 "군자로서 대체(大體)를 아는 자는 편벽에 빠지지 않고, 신절(愼節)에 어긋나지 않으며 가슴속에 맺혀 있지 않다."[150]라고 했듯이, 불평스런 마음을 토로하면서도 완세불공(玩世不恭)한 태도를 보이거나 방달불기(放達不羈)로 치닫지도 않았다. 끝내 자기 연민에 머무르지 아니하였고 선비로서 자아확립과 자기 성찰에 이르고 있다. 사회적·국가적 의제들에도 관심을 끈을 놓지 않고 있음을 확인하였다.

3) 우리나라 사람의 생활 일상과 농촌 실경의 묘사

앞에서 우리는 도습을 배격하고 개성과 사실을 중시하는 아정의 문학관이 종래 우리 문풍에 대한 반성하에 제기된 것임을 살펴보았다. 이러한 문학인식으로 『영처시고』를 발표하자 '무관(懋官)의 시는 옛사람의 시를 배웠음에도', '그와 비슷한 점'을 볼 수 없으며 '야인(野人)의 비루함에 안주하고 시속(時俗)의 자질구레한 것을 즐기고 있으니, 바로

하였다. 검서관 생활을 시작한 39세부터 말년까지의 작품을 엮은 『아정유고』 4에는 應製詩가 주를 이루고, 작품도 80여 수에 불과하다.

149 朴趾源, 『燕巖集』 卷3, 「炯菴行狀」, "爲文章, 必求古人旨趣, 不爲蹈襲虛僞之辭. 一字一句, 皆切近情理, 摸寫眞境, 每篇可讀, 曲盡其妙."

150 『靑莊館全書』 卷4, 『嬰處文稿』 2, 「怡心說」, "惟有君子人, 知大體者, 不入乎偏僻, 不肯背乎愼節, 不介滯乎胸抱之內."

금(今)의 시(詩)이지 고(古)의 시가 아니다'는 비난을 받았다. 이에 연암은 무관은 '조선 사람'이고 '지금 사람'이기 때문에 중국의 형식과 문체, 그리고 옛것을 본뜰수록 그 내용이 비루해지고 그 표현이 거짓될 뿐이라고 반박하면서, 무관의 시야말로 '진기(眞機)가 발현된', '조선의 국풍(國風)'에 해당한다는 논리를 펼쳤다.[151] 옛것을 도습하지 않고 남의 것을 빌어 오지 않더라도 '지금', '여기' 눈앞에 펼쳐진 조선의 소재, 조선의 실경(實景), 조선 사람의 삶과 정서를 담아내면 훌륭한 시가 될 수 있다는 것이다.

다음에 『아정유고』 3에 들어 있는 「논시절구(論詩絶句)」의 제1수를 들어 본다.

최씨 셋, 박씨 하나가 중국에서 과거했으니,	三崔一朴貢科賓
신라 때 선비로는 이 네 사람뿐일세.	羅代詞林只四人
어쩔 수 없이 우리와 중국은 경계(境界)가 있어,	無可奈何夷界夏
약간의 시구 남아 있어도 뚜렷한 정신은 없구나.	零星詩句沒精神

최씨 셋은 최치원(崔致遠)·최승우(崔承祐)·최언위(崔彦撝)를 말하며, 박씨 하나는 박인범(朴仁範)을 가리킨다. 이들은 모두 당(唐)에 유학하고

---

151 朴趾源, 『燕巖集』 卷7, 「嬰處稿序」, "嬰官之爲詩也, 學古人而不見其似也, 曾毫髮之不類, 詎勞斃乎音聲. 安野人之鄙鄙, 樂時俗之瑣瑣, 乃今之詩也, 非古之詩也. 余聞而大喜曰: '此可以觀, 由古視今, 今誠卑矣. 古人自視, 未必自古, 當時觀者, 亦一今耳. …… 今嬰官朝鮮人也, 山川風氣地異中華, 言語謠俗世非漢唐, 若乃效法於中華, 襲體於漢唐, 則吾徒見其法益高而意益卑, 體益似而言益僞耳. 左海雖僻國, 亦千乘, 羅麗雖儉, 民多美俗, 則字其方言, 韻其民謠, 自然成章, 眞機發現, 不事沿襲, 無相假貸, 從容現在, 卽事森羅, 惟此詩爲然. …… 若使聖人者, 作於諸夏, 而觀風於列國也, 攷諸嬰處之稿, 而三韓之鳥獸艸木, 多識其名矣, 貊男濟婦之性情, 可以觀矣. 雖謂朝鮮之風可也.'"

빈공과(賓貢科)에 급제하였다. 당시(唐詩)를 열심히 배워 우리나라 근체시(近體詩) 확립에 기여했으나 뚜렷이 독자적 경지를 열지 못했으며, 신라 사람으로서의 주체적 특색이 선명하지 못했던 점을 비판한 것으로 이해된다.

『아정유고』 1에 수록된 다음 시는 28세 때인 1768년 중구일에 쓴 것이다.

타작마당 말라서 기왓장 같고,	場土乾如瓦
비스듬히 놓은 긴 말구유.	橫長馬槽腹
퍽퍽하고 깃 소리를 내며,	拍拍生羽音
머리 위로 볏단이 날아오르네. (제1수)	頭邊飛禾束

강 따라 오가는 말 등에,	聯翩江馬背
두어 섬 연안(延安) 소금 실어 나르네.	二石延安鹽
갯밭에 무 풍년 드니,	渚田豊萊菌
올 겨울 김장값이 참 싸겠네. (제2수)	今冬菹眞廉

하늘 위에는 별들이 초롱초롱,	天上星的的
물속에는 고기 떼 여기저기.	水中魚種種
깨끗하고 밝은 밤에 넋을 씻으며,	濯魄空明夕
초정이 「섭강편(涉江篇)」을 읊는다. (제8수)	楚亭涉江誦[152]

---

152 『靑莊館全書』 卷9, 『雅亭遺稿』 1, 「九日麻浦 同在先 宿內弟朴穉川〔宗山〕舍 時張幼毅〔間〕來〔九首〕」.

초정과 함께 마포(麻浦)에 사는 외사촌 박상홍의 집에 묵으면서 지은 작품으로 모두 아홉 수이다. 제1수는 바싹 마른 타작마당에 머리 위로 솟구치는 볏단을 말 구유통에 내리치는, 추수기 농가의 일상을 청각과 시각을 통해 생동하게 묘사하였다. 아정은『청비록』에서 이희경의 "저녁연기 나는 낡은 집에 절구공이 오르내리고, 저무는 울타리 안에 도리깨가 번득이네〔寒煙破屋杵頭出, 落日疏籬耞尾翻〕."라는 구절을 왕유(王維)의 「농작도(農作圖)」에 포함시킬 만하다고 높이 평가했듯이,[153] 위 제1수 3, 4구에서도 이와 유사한 생동하는 의경을 보여 준다. 제2수는 김장철을 맞아 한강변을 따라 소금을 실어 나르는 일상 풍경을 사실적으로 그렸다. 수확의 기쁨과 풍요가 전해지는 가운데, 제8수에서는 초사(楚辭)를 좋아하여 '초정(楚亭)'이라 자호했던 박제가가 오늘도 굴원(屈原)을 낭송한다. 아름다운 한강의 자연 경물에 도취되어 불우인의 넋을 씻어 내는 듯. 또한 총총히 박힌 별들을 '적적(的的)'하다든가, 무리 지어 유영하는 고기 떼를 '종종(種種)'하다는 첩어를 구사하여 섬세한 언어 감각을 보여 주고 있다.

다음은 강촌의 일상을 스케치한『영처시고』2에 수록된 「강곡(江曲)」(모두 5수) 가운데 두 수를 살펴본다.

배에 황해 소금 가득 싣고,	滿船黃海鹽
내일이면 충주에 가신다지요.	明日忠州去
충주에는 목면이 많다 하니,	忠州多木綿
저는 이미 베틀북을 만져 놓았지요. (제1수)	妾已理機杼

---

153 『靑莊館全書』卷34,『淸脾錄』3, 「綸菴」, "'寒烟破屋杵頭出, 落日疎籬耞尾翻.' 此李喜經綸菴詩也. 田家小景, 可入王摩詰農作圖中. 綸菴爲人精緻, 詩皆入裏, 恨不多見."

아이는 물고기를 낚아 오고,	兒子釣魚至
제 아비는 벼를 팔아 와.	阿翁販稻歸
생선국에 쌀밥 지어,	羹魚炊稻飯
울타리에 핀 꽃 속에서 오순도순 얘기한다. (제2수)	籬花語依依.

제1수에서 시적 화자는 만선(滿船)의 소금을 싣고 길 떠나는 지아비가 충주산 면화를 사올 것을 기대하며 면포 짤 채비를 마쳤다. 한강의 남북 수로를 통해 소금과 면화가 활발히 유통되던 사정과 서민 부부의 근면한 생활상을 보여 준다. 제2수에도 가족들이 저마다 노동을 통해 생계를 영위하는 단란한 생활상이 그림같이 펼쳐져 있다. 검박(儉薄)하나 우리나라 서민들의 건강하고 아름다운 삶이 형상화된 시편들이다.

아정은 25세 때인 을유년(1765) 제야를 맞아 「세시잡영(歲時雜詠)」(『영처시고』 1, 모두 22수)을 지었는데, 독특한 시상 전개가 이채롭다. 다음에 세 수를 들어 본다.

큰누이는 흰떡을 찌고,	大妹炊白餠
작은누이는 붉은 치마를 다린다.	小妹熨茜裳
어린 아우는 형에게 절을 하고,	稚弟拜阿兄
형은 어머니께 절을 올린다. (제3수)	阿兄拜阿孃

먼지 묻은 초립을 꺼내 털고는,	笠彈簇簇埃
푸른 두루마기로 세배하러 나가네.	青袍歲拜去
삼호(三湖)의 이모 집 거쳐,	三湖姨母家
동문(東門)의 백모 계시는 곳으로. (제5수)	東門伯母處

상부자는 소 몇 마리 잡고,   上富屠數牛

중부자도 소 한 마리는 잡네.   中富屠一牛

지난해 전염병에 소 많이 죽었으니,   往年牛疫死

봄 농사를 어찌 걱정하지 않는고. (제15수)   春農何不憂

제3수의 전반부는 새해를 맞아 떡국을 준비하고 설빔을 채비하는 누이들의 모습을, 후반부에는 가족 간에 세배를 나누는 정겨운 광경을, 제5수에도 도성 주위에 사는 친척 집으로 세배를 나서는 모습을 묘사하였다. 아정은 유년 시절에 한동안 이모부 여필주(呂弼周)의 집에 얹혀 지내기도 하였다. 제3수는 『이목구심서』 1에도 수록하고 작시(作詩) 경위를 설명해 놓았다. 시를 쓰는 시점인 을유년 세모에 모친은 이미 별세하고 안 계시다. 가만히 귀를 기울이면, 어머니의 기침 소리가 은은하게 아직도 귓가에 있는 듯하고, 큰누이는 출가를 하여 지금쯤 친정 생각에 눈물을 흘리고 있을 것이라 하여[154] 시상(詩想)을 깊고 풍부하게 풀이해 놓았다. 한편 제15수에는 소 도축이 까다로웠던 조선조 사회에서 부유한 지배층이 소를 무단으로 도살하는 세태를 비판하고 있다. 이처럼 아정의 「세시잡영」은 우리의 세시풍속과 관련하여 시상을 전개하면서, 시인 자신의 일상적 삶을 기술하고 민생을 걱정하는 자세를 견지하여 일반 풍속시와 다른 면모를 보여 준다.

아정의 시적 재능이 잘 발휘된 곳은 농촌을 소재로 농촌 사람들의 생활과 정서를 형상화한 시편들이다. 『연보(年譜)』에 의하면, 아정은 26

---

154 『靑莊館全書』 卷48, 『耳目口心書』 1, "于今悲思而靜聽, 則吾母之咳喘, 隱隱尙在于耳也. 怳惚而四瞻, 則咳喘之吾母, 影亦不可覩矣. …… 大妹歸于夫家, 正應思家而彈淚暗啼矣, 小妹衣裙淚漬而斑斑. 余携稚弟, 再拜哭于祠, 雖欲疾聲而喚阿孃, 阿孃其漠然而無應矣."

세에 종로 대사동(大寺洞)으로 이사하기 전까지 마호(麻湖)의 외숙 박순원(朴淳源), 용호(龍湖)의 계부(季父) 박성옥(朴聖沃)의 집에서 일정 기간 살았고, 이모부 여필주, 친우 남복수(南復秀)의 집에서도 머무는 등 여러 곳으로 옮겨 다니며 농촌을 체험하였고, 해마다 천안에 있는 자신의 전장(田莊)을 오가며 농촌의 실경(實景)을 담은 시를 여러 편 남겼다.[155]

아정은 시문을 농사에 비유하곤 하였다. 종이와 벼루는 농토, 붓과 먹은 쟁기와 호미, 의사(意思)는 노농(老農), 팔과 손가락은 농우(農牛)에 비유하고, 이 가운데 어려운 것은 오직 노농이라고 하면서 "농사를 직업으로 하는 사람이 게으르면 배가 굶주린다."라고 하였다.[156] 이와 관련하여 다음 인용을 들어 본다.

상농부(上農夫)가 새벽에 봄비를 맞으면서 밭을 갈 때 왼손으로 쟁기를 잡고, 오른손으로 고삐를 쥐고서 검은 소의 등을 때리며 크게 고함을 지른다. 그 소리가 산이 찢어지는 듯, 물이 소용돌이쳐 흐르는 듯 쩌렁쩌렁 울린다. 검은 소는 발굽을 날리며 부드러운 흙을 구름덩이처럼, 물고기 비늘을 나란히 겹쳐 놓은 것처럼 손쉽게 갈아 제친다. 이 또한 우주 간의 한 가지 장쾌한 일이라 하겠다.[157]

---

155 류재일(2001)은 아정의 농촌 소재 시를 다루었는데, 주로 이상적인 공동체사회로서의 농촌의 모습에 주목하였다.

156 『靑莊館全書』卷4,『嬰處文稿』2,「筆耕題書帖」, "紙硯者, 田地也. 筆墨者, 耒鎒也. 文字者, 種子也. 意思者, 老農也. 腕指者, 牛也. 卷者, 倉箱也. 水滴者, 灌漑也. 田地也, 耒鎒也, 種子也, 牛也, 倉箱也, 灌漑也, 不足憂其不易也, 其難也, 老農乎. 老農者, 意思也. 非意思, 文不可以敷施. 不以文而徒筆工者, 老農之傭雇也. 是以耕於地者, 懶則腹飢, 耕於筆者, 懶則心飢."

157 『靑莊館全書』卷63,『蟬橘堂濃笑』, "上農夫曉耕春雨田, 左手扶耒, 右手牽靷, 彈烏犍背. 大叱一聲, 靑山欲裂, 白水活活. 翻蹄下潤暖靑泥, 雲委鱗堆, 甚易與耳. 宇宙間, 一快事."

위는 소품(小品)을 모아 놓은『선귤당농소』에 들어 있는 일칙(一則)이
다. 농부의 우렁찬 고함 소리는 겨우내 잠자던 천지만물에 호흡을 불어
넣고, 이와 어우러져 검은 소는 구름 같은 흙덩이, 물고기 비늘 모양의
이랑을 만들어 낸다. 농부가 소를 능숙하게 다루며 밭갈이를 해치우는
광경을 생동하게 묘사하였다. 문필을 업으로 하는 사람이 이와 같이 노
성한 솜씨로 정신이 유동(流動)하는 시문을 지어내야 한다는 취지로 쓴
것이지만, 노농(老農)의 숙련된 솜씨와 근면함을 우주 간의 일쾌사(一快
事)라고 극찬하고 있는 것이다.

다음은『아정유고』2에 수록된「전사잡영(田舍雜咏)」제1수이다.

잎을 띤 울 밑에 누른 암소 누웠고,   帶葉籬根臥牸黃
맑은 하늘에 상(牀)에다 탁탁 벼 터는 소리.   天晴魄魄打禾牀
서리 맞은 여러 과일들은 고루 붉고 검은데,   酣霜雜果均丹漆
아침 햇살에 지저귀는 새들 각성(角聲)   哢旭寒禽迭角商
상성(商聲)을 번갈아 낸다.
이리저리 이어진 밭두렁은 거미가 그물을 펼친 듯,   聯絡田塍蛛布網
다닥다닥 모인 이웃집들 굴조개 껍질이 붙은 듯.   附離隣落蠣粘房
시름 젖은 나그네 늙은 농부 따라 술 마시니,   羈愁試逐佃翁飲
단풍 숲 속에서 화끈거리는 귀볼   耳熱楓間我酒狂
주광(酒狂)이 되었구려.

김택영(金澤榮)이 아정의 시를 '기궤(奇詭) 첨신(尖新)'하다고 평가했
듯이,[158]『한객건연집』에도 실려 있는 이 시는 구마다 참신한 감각과

---

158 金澤榮,『韶濩堂集』, 文集 卷2,「申紫霞詩集序」, "吾邦之詩, 以高麗李益齋爲宗, 而本朝宜

세련된 비유, 다양한 색채 대비를 살려 우리 고유의 소박하고 아늑한 농촌의 풍경을 실감 나게 그렸다. 평화로이 누운 암소와 잘 익은 과일을 통해 올해의 풍년을 짐작할 수 있거니와, 주광(酒狂)이 된 '시름 젖은 나그네'에서는 앞서 마포 강변에서 굴원을 읽는 고고(孤苦)한 선비의 이미지가 연상된다.

이어서 제2수를 보자.

남쪽 길에서 이틀 밤을 묵는데 가난을 알지 못하니,	南程信宿不知貧
낮에는 베 짜고 새벽에는 방아 찧어 일마다 참되네.	午織晨舂事事眞
서울의 의관을 시냇가 아낙네들이 구경하고,	京洛衣冠溪女玩
충청도의 요속(謠俗)을 마을 노인들이 들려주네.	湖西謠俗社翁陳
손이 난초 언덕에서 밥 먹으니	客餐蘭塢牙馨蕊
어금니에 꽃향기 나고,	
말이 고기 방죽에서 물 마시니 눈에 비늘이 비치네.	馬飮魚陂眼映鱗
상자에 담아 온 책 한번 펼치니,	試解鈔書巾篋貯
집에서 읽는 것에 비하면 맛이 더욱 새롭네.	較諸家讀味尤新

두련(頭聯)은 농가의 풍요로운 생활에 대해 애정 어린 눈길을 보낸다. 안과 밖이 합심으로 노동하여 풍요를 일구었으니 "일마다 참되다."

仁之間, 繼而作者最盛. 有白玉峯・車五山・許夫人・權石洲・金淸陰・鄭東溟諸家, 大抵皆主豐雄高華之趣, 自英廟以下, 則風氣一變, 如李惠寰錦帶父子・李炯菴・柳泠齋・朴楚亭・李薑山諸家, 或主奇詭, 或主尖新, 其一代升降之跡, 方之古則猶盛晚唐焉." 成大中도 "發爲詩文, 寧澀無蕩, 寧枯無膩, 寧近乎僻, 無近乎膚, 慧心博識, 獨造玄悟, 他人莫之及, 而亦其品行之高致之也."(『靑莊館全書』卷20, 付『刊本雅亭遺稿』8, 부록「跋」)라고 평한 바 있다.

라고 하였다. 다음 연에서는 서울뜨기의 의관에 반응하는 충청도 아낙들의 순박한 모습을 재미있게 포착하였다.

다음은 『영처시고』 2에 수록된 「숙삼호(宿三湖)」이다.

늦게 찾아온 먼 곳 손이,	遠客來何晩
서슴없이 시골집에 묵네.	居然宿野廬
단풍에 기대어 진첩(晉帖)을 보고,	依楓觀晉帖
돌을 쓸고서 주서(周書)를 읽네.	掃石讀周書
섬 계집애는 벼 걷는 솜씨 자랑하는데,	島女誇收稻
강 아이는 생선 세는 법을 배우네.	江童學數魚
보아하니 마을 풍속이 기이해,	村風看可異
종종 하는 일이 옛사람 비슷하구려.	種種古人如

시인이 추수철에 시골집에 묵는 동안 생활현실에 접하며 수확하고 노동하는 즐거움을 사실적으로 그렸다. 그런데 경련(頸聯)의 벼 걷는 솜씨를 자랑하는 '섬 계집애'와 생선 세는 법을 배우는 '강 아이'는 『영처시고』에서 추구하는 천연(天然) 그대로의 인물을 형상화한 것으로 이해된다.[159] 이 시는 '섬 계집애'와 '강 아이'의 천진(天眞)에서 우러나오는 아름다움에 초점을 두고 있다. 이와 유사한 구성이 같은 시집 「율도(栗島)」 경련에도 동일하게 나타난다.

광주리에 붉은 게를 거두는 아이들	筐收紫蟹童歌晩

---

159 『嬰處詩稿』에서 추구하는 '天'과 '眞'에 대해서는 아정의 「嬰處詩稿自序」에 나와 있다. 이에 대해서는 오수경(1987), 288면에 자세히 분석하였다.

늦도록 노래하고,

귀밑에 빨간 단풍을 꽂은 계집애　　　　　　　　髻揷丹楓女餙姸[160]

그 모습 곱기도 하다.

즉 '광주리에 붉은 게를 거두는 아이들'과 '귀밑에 빨간 단풍을 꽂은 계집애' 역시 「영처시고서(嬰處詩稿序)」에서 말한 '영아(嬰兒)'와 '처녀 (處女)'가 지닌 '천진(天眞)'과 '진정(眞情)'을 염두에 둔 시적 배치로 보이며, 노동하는 서민들의 생활 일상에서 참된 시경(詩境)을 구하고 있는 것이다.

이와 같이 아정이 농촌 체험을 읊은 시에는 노동을 통해 풍요를 구가하는 우리나라 농촌 사람들의 생활상이 묘사되어 있다.[161] 그런데 아정은 농촌 사람들의 생활에 애정 어린 눈길을 보낼 뿐이 아니다. 밤섬〔栗島〕마을이 순후하다는 소문을 듣고 "나 또한 집을 옮겨 묵은 밭을 사고 싶다."라는 심경을 피력하였다. 그 자신이 생활 유지가 몹시 어려웠던 처지에서 일찍이 주경야독하던 조헌을 흠모하며 "자신 같은 무리는 음식을 축내고 잠만 자는 자에 불과하다."[162]라고 자괴감을 드러낸 바, 사(士) 계층은 늘어나는 반면 생산자는 줄어드는 현실에 스스로 생

<hr>

160　『嬰處詩稿』2 소재 「栗島」의 전문은 다음과 같다. "晨星的皭耿秋天, 海客汀洲泊米船, 村木盡經高麗雨, 島人猶說大夫賢. 筐收紫蟹童歌晚, 髻揷丹楓女餙姸. 聞道氓風終古厚, 移家吾欲買畬田."

161　위에서 살펴본 작품 외에 『雅亭遺稿』2, 「田舍雜咏」제3수, "辭家二日却忘勞, 米囷禾困到處高.";『嬰處詩稿』1, 「深秋江村卽事 走筆」, "山家處處豐年樂, 不羨人間執玉珪.."의 경우를 들 수 있다.

162　『靑莊館全書』卷48,『耳目口心書』1, "趙重峯憲, 一生無睡, 夜讀而晝耕田, 田畔架木支書, 叱牛來往, 必涉獵, 夜又爇火母房, 映薪覽閱. 古人修業, 如是猛進, 大過於人. 如吾輩者, 只飮啖昏睡而已."

산에 참여하고, 밤에는 글을 읽어 사람의 도리를 행하는 것이 이 시기 사(士)가 행해야 할 본분이라 여긴 듯하다. 아정은 조카 이광석이 자갈밭을 개간한다는 얘기를 듣고 "이것은 바로 좋은 소식이며 실제의 공정(工程)일세. 축하하는 동시에 부럽기 짝이 없네."라며 사의 생산 참여를 권장하였다.[163] 따라서 위의 농촌 실경을 읊은 시는 이른바 "백성의 교화에 이바지함으로써 사(士) 또한 식력(食力)하는 자와 다름없다."는[164] 사고에 비해 진전된 면모를 보여준다.

아정은 일찍이 벼를 거두다가 『파아집(欛穤集)』을 엮었다[165]고 한다. 35세에 쓴 『사소절(士小節)』의 「사물(事物)」 조는 빈사(貧士)의 자립적인 경제생활에 대한 고민을 담고 있지만, 현실적으로 아정이 직접 농작(農作)을 했다기보다 농촌 사람들 가까이서 생활하고자 한 것으로 여겨진다. 초정에게 보낸 편지에 '우리의 무리는 농사를 지을 줄 모르고, 시정에서 장사도 못 하는 사람들'[166]이라고 자탄하였듯이, 아정은 가진 것이라고는 지식밖에 없었던 사람이었다.

여기서 『아정유고』 3에 수록된 「절구 이십이수(絶句二十二首)」 가운데 제4수를 들어 본다.

농기구에 관한 책을 새로이 엮기도 하고,	新修未耟經
어패류 읊은 시 한가로이 평하기도 하네.	閒評魚貝詠

163 『青莊館全書』卷16, 『雅亭遺稿』8, 「族姪復初」, "聞墾闢石田, 此是美消息, 實工程, 獻賀且羨不已."

164 禹夏永, 『千一錄』卷8, 「農家摠覽」, "漑根食實之工, 亦無異於農夫之食力也."

165 『青莊館全書』卷34, 『清脾錄』3, 「秋日詩」, "余嘗穫稻, 編欛穤集."

166 『青莊館全書』卷20, 付『刊本雅亭遺稿』7, 「與朴在先〔齊家〕書」, "如吾輩, 不能盡力南畝, 亦不能營刀錐於市門, 坐見老親之飢, 不得已屈首於此事, 亦常理也."

| 예전 역사 속에서 세상 등지고 산 사람, | 前史隱淪人 |
| 태반이 성씨를 전하지 못하네. | 太生不傳姓 |

검서관이 되기 전인 37세 때에 쓴 시로 아정의 사(士) 의식을 엿볼 수 있다. 그가 의도한 바는 산간벽지에 들어가 주경야독하면서 농기구 관련 실용서를 정리하거나, 농어촌을 소재로 한 시문을 읽는 일이었다. 종종 문필을 농부의 경작에 비유하곤 했는데, 저술로 연찬하는 것이 사(士)로서의 책임의식을 다하는 길이라 여겼던 것 같다.[167] 『무예도보통지』, 「부진설」에서 말한, 학자들이 실용 있는 책을 찬집하여 민생과 국부를 도모하는 일 바로 그것을 구상했다고 보여진다.

또한 아정은 농촌의 삶을 감상적으로 이해하지 않았으니, 연밥마저 세금으로 바쳐야 하는 현실을 익히 보았고,[168] 가뭄이 들어 굶주린 백성들이 산골짜기를 유랑하는 참상도 목도하였다.[169] 다시 앞의 시편 중 제7수를 들어 본다.

좋은 시대에 문교를 숭상하나,	昭代崇文敎
민간의 풍속은 점점 글러만 가네.	民風日漸訛
권농사를 보내 주기 소원이요,	願遣勸農使
역전과도 실행하길 기원하오.	祈行力田科

---

167 이우성 선생(1982)은 66~79면에서 이 시기 士가 實學을 가지고 農·工·商에게 공헌해야 한다는 이러한 의식을 '士의 자기 발견'이라 하였다.

168 『靑莊館全書』卷9, 『雅亭遺稿』1, 「延安府」, "池蓮適用還徵稅, 野鶴橫罹亦直錢. 飯顆延州誰謂美, 秋荒禾黍劇蕭然."

169 『靑莊館全書』卷2, 『嬰處詩稿』2, 「悶旱記實」, "一盂飯易二頃田, 父老猶傳壬子年. 未有文章風伯訟, 將看馗達旱龍鞭. 闤闠微臣隱百憂, 飢民轉向峽中流. 欲傾萬斛滄江水, 普施人間大有秋."

당시 들어온 지 삼백 년이 되는 고구마는 전국적으로 보급되지 아니하고, 백해무익한 담배 재배지는 짧은 기간에 급속히 확산되고 있었다.[170] 농촌에 필요한 정책은 권농관(勸農官)을 파견하고 역전과(力田科)를 시행하는 것이다. 아정은 과거제를 극도로 싫어하여 공거제(貢擧制)의 실시를 제안한바, 여기서 역전과란 영농 우수자를 발탁하는 제도로 보인다. 이 영농 우수자로부터 기술을 전수받아 생산성을 향상시키는 일이 민(民)을 위한 현실적 방안이라 여긴 듯싶다. 『북학의』에서 말한 효제역전과(孝悌力田科)와 비슷한 제도라고 여겨진다.[171]

이상에서 살펴보았듯이 아정은 당시 우리나라 사람들의 삶과 정서, 생활 풍습, 실경(實景)을 사실 그대로 담아내려고 노력하였고, 그의 작품에서 우리는 당시 조선에서 느낄 수 있는 실정(實情)을 간취할 수 있었다. 26세 무렵에 엮은 『이목구심서』에서 "진아(眞我)가 있은 후에 진시(眞詩)가 있을 수 있다〔有眞我以後 有眞詩〕."라고 하여 그는 진작부터 자아인식을 선명히 드러내었다. 종래 우리나라 시인들이 거의 중국의 의경(意境)이나 고사를 차용할 뿐이었던 것에 비해, 아정은 '지금', '여기' 실재하고 있는 대상을 취재하여 '참' 그대로를 보여 주었으니, 반정균이 "평범한 길을 쓸어버리고 다른 경지를 열었다."[172]라고 평가한 것이었다.

---

170 앞의 주 26) 참조.
171 朴齊家, 『貞蕤閣集』, 『北學議』, 外篇 「附李喜經農器圖序」, "漢興, 雖未能盡復古制, 然設孝悌力田之科, 郡邑之吏, 皆知敎民耕農, 器用便利, 耘耨有法, 用力少而功倍之, 若氾勝·趙過·王景·皇甫隆之徒, 其最著者, 而其人率皆起自畎畝, 擢拜官司, 是故經理之學, 先從稼穡, 民蒙其澤, 敎化行焉."
172 앞의 주 1) 참조.

4. 아정(雅亭)의 사유와 그 문학의 의의

　이상에서 우리는 연암이 「형암행장」에서 언급한 민생의 곤궁에 깊은 관심을 쏟아서 '경제(經濟)에 뜻을 두고 백성을 구제하고자' 하는 아정 이덕무의 '우국우민(憂國憂民)'·'구민제물(救民濟物)'의 내용을 살펴보았다. 대체로 여러 종류의 글에 산견하는 자료를 통해서 시도하였다.

　아정은 우리의 낙후함을 인식하고 외국의 선진 문물을 수용하자는 관점을 보였으며, 생산력의 증대와 기술개발, 활발한 국제교역을 통해 구민제물과 부국강병을 실현해야 한다는 이용후생론을 펼쳤다. 대개 초정 박제가의 그것과 다르지 않음을 확인할 수 있었다.

　아정이 내놓은 이용후생의 요체는 『무예도보통지』, 「부진설」에서 개진한 "조정에서는 실용 있는 정책을 강구하고, 백성들은 실용 있는 직업을 지키며, 학자는 실용 있는 책을 찬술하고, 병졸은 실용 있는 기예를 익히며, 상고(商賈)는 실용 있는 화물을 교통하고, 공장(工匠)은 실용 있는 기구를 만드는 것이다."라는 문장에 잘 요약되어 있다. 실제적인 사고에 의해 정책을 입안하고 저술을 하며, 실생활에 유용하게 기용을 만들고 유통시키며, 백성들은 저마다 실업(實業)을 가지고 군사들은 효율적인 전술을 익힌다면 절로 구빈(救貧)이 되고 부국강병이 이루어진다는 주장이었다. 『청장관전서』에 들어 있는 아정의 저술에는 이와 같이 이용후생의 실용정신에 입각한 사유가 일관되게 흐르고 있다.

　아정은 존명배청(尊明排淸) 의식이 강한 인물로 간주되어 왔으나, 23세 무렵에 쓴 글에 명조(明朝)의 멸망을 필연적인 현상으로 이해하고 있었다.[173] 만년에는 청나라가 외국의 처지로 중원에 들어갔으므로, 박학홍사과(博學鴻詞科)를 설치하여 명(明) 유민을 회유한 강희제에 대해

천하를 다스려 나갈 방법을 얻었다며[174] 청조(淸朝)의 중원 지배를 현실로 인정하였다. 또 같은 시대의 청조의 문인들과 널리 교유하고자 노력하였다. 아정의 반청의식은 연행(燕行) 시기에 주로 유학(儒學)이나 호란(胡亂)의 치욕과 관련하여 드러나고 있는데, 그 당시 아직도 반청, 멸호(蔑胡) 사상이 시대적 조류를 이루고 있었고, 연암그룹 인사 중에서 아정이 가장 먼저 연행에 참여했다는 사실을 고려해야 할 것이다. 그는 청의 선진 기술문명과 학술의 수용이라는 실리성(實利性)을 내세워 대청인식을 변화시켜 나갔던 것으로 보인다.

아정은 수준 높은 중화문명을 동경했지만, 맹목적으로 추숭하는 풍기를 비판하였다.[175] 그는 청·일본 등 외국을 연구하면서 우리나라를 작은 나라로 여기지 않았고, 조선 사람으로서 조선의 언어와 문화, 법제를 지켜야 한다는 주체적 의식을 투철히 하였다. 초정이 중국에 경도된 데에 대해 '예의의 나라에 생장하여', '우리와 다른 천 리나 먼 중원의 풍속을 사모하는' 것을 '늘 한스럽게 여겨왔다'고 유감을 드러내기도 하였다.[176] 만년에 이르러 연경에 가는 후배에게 준 시에서는 "중원은 스스로 중원일 뿐.", "조선 또한 장점이 있으니, 중원만 어찌 다 좋

---

173 『靑莊館全書』卷5, 『嬰處雜稿』1, 「歲精惜潭」, "皇明得天下甚正, 用夷變夏, 失天下, 亦正, 殉於社稷."

174 『靑莊館全書』卷56, 『盎葉記』3, 「博學鴻詞科」, "淸旣以外國入中國, 而明之遺民, 或有不心服者, 康熙慮其橫議煽動人心. 又或著書譏嘲, 設博學鴻詞科, 勒聚天下之宿儒, 取五十人, 而皆拜翰林院檢討以放之, 能得駕馭之術."

175 『靑莊館全書』卷62, 『西海旅言』10월 초7일, "首陽山, 令人愁絶. 有墨胎氏之廟, 採薇之首陽, 雷首之山也, 墨胎之神, 胡爲乎海州之廟哉? 新安之朱子廟, 邱山之孔子廟, 赤壁之來蘇亭, 山陰之喚鵝亭, 皆是類也."

176 『靑莊館全書』卷20, 付「刊本雅亭遺稿」7, 「與朴在先〔齊家〕書」, "吾兄爲人性癖突兀, 生長東方禮義之鄕, 而反慕中原千里不同之俗. 其所設心, 一何宏濶? 甚至滿洲鐵保玉保之輩, 看作兄弟, 西藏黃敎紅敎之流, 視如士友, 世俗所云唐癖唐學漢唐魁之目, 擧集於兄身."

을손가. 비록 세련되고 촌스러운 차이 있을지언정, 모름지기 다 평등하게 보아야 하네."[177]라고 하여 아정의 대중국관이 매우 실리적이고 주체적으로 변모하였음을 말해 준다. 우리나라와 중국은 각각 고유한 역사와 문화를 지닌 대등한 관계라는 것, 중국에 배울 것은 배우되 주체적 자세를 견지하면서 자아를 망각하지 말도록 당부한 것이다. 이는 근대적 국가 평등 관념이 형성되기 이전에 나타난 사고로 대단히 선진적이다. 동일한 관점에서 일본을 섬오랑캐로 얕잡아 보던 우리의 태도를 비판하였고, 일본을 있는 그대로 객관적으로 파악하는 시각을 얻게 되었다. 그것이 『청령국지』의 찬술로 나타났다.

아정은 19세에 여러 유가경전을 읊은 장편 대작 「경서(經書)」 시를 지을 정도로 유학에 조예가 깊었다. 대개 경서 그 자체를 연구하기보다 거기에 내재한 인본주의나 실용적 가치를 주시하였다. 2장 1절 '생산 및 통상에 관한 견해'에서 살펴본바, 『예기』의 조목을 당시 경제와 관련하여 재해석하고 평석을 붙인 것이 하나의 사례이다. 또한 『장자(莊子)』나 『열자(列子)』에 대해서도 '지극한 말들이 많으니' 취할 만한 것은 취해야 한다는 자세를 보였다.[178] 이러한 것은 "옛것을 참작하고 지금을 헤아려〔酌古量今〕 좋은 방도를 찾아야 한다."[179]라고 했던 아정의 개방적·합리적 정신에서 비롯된 사례들로 이해된다.

---

177 『靑莊館全書』卷12, 『雅亭遺稿』4, 「奉贈朴憨寮 李莊菴〔建永〕之燕〔十三首〕」, "中原毀何損, 中原譽何尊. 東人眼如荳, 中原自中原.(九) 朝鮮亦自好, 中原豈盡善. 縱有都鄙別, 須俱平等見.(十)"

178 『靑莊館全書』卷7, 『禮記臆』1, 「禮運」, "借辭於莊列, 寓意於讖緯, 間多至極之言, 非靈通之人, 不可作也."

179 『靑莊館全書』卷5, 『嬰處雜稿』1, 「歲精惜譚」, "脫累之士, 事事欲遵古, 流俗之人, 事事欲從今, 互相激憤, 難得適中. 自有酌古量今底好道理, 何害士君子中正之學也."

아정의 실학정신이 가장 정채를 발하는 곳은 국토방위와 일본에 대한 부분이다. 국방에 대한 기본 인식은 방어 위주의 논리로 청과 일본 및 해외 제국에 대한 경계의식을 가지고 그 대처 방안을 모색한 글이 많았다. 특히 국방 문제를 이용(利用)하고 후생(厚生)하는 정책으로 해결할 수 있다는 주장이 주목된다. 이는 풍부하고 다양한 문제의식을 노출시킨 데에 의의가 있다. 이러한 국토방위 의식은 민족적 자아의 발견이라는 시각에서, 또한 민(民)의 부담을 경감시키려는 견지에서 나온 것으로 그의 우국우민 정신을 엿볼 수 있었다.

일본에 대한 자료를 방대하게 모으고 주관적 평가를 가능한 한 자제하여 총체적·합리적 시각이 잡히도록 저술한『청령국지』는 그 시기의 역작이다. 그 가운데 국제교역이 한 나라의 문화 발전을 가져온다는 사고는 이용후생파의 공통된 생각으로, 기실 아정의 글에 먼저 보인다는 점에서 그의 혜안을 엿볼 수 있다. 그는 국제관계에서 나라의 대(大)·소(小)보다 문화 수준을 더 중요한 가치로 간주했던 것이다. 영재는『청령국지』를 우리나라 사대부들이 읽어야 할 책으로 추천한 바 있거니와, 일본에 대해 보다 종합적이고 전문적 성격을 띤『청령국지』는 초정의『북학의』와 쌍벽을 이룰 만한 저술로 판단된다.

이상에서 볼 수 있듯이, 아정의 이용후생론의 범위와 깊이는 초정에 못 미치는 것이 사실이지만, 벽돌과 조선술에 대한 관심, 국부와 절검(節儉)의 상관관계, 이식(利息) 행위의 인정 등 아정이 피력한 사유는『북학의』의 그것과 거의 동일하며, 초정과 마찬가지로 중상적(重商的) 입장을 분명히 하고 있다. 여기서 주목할 것은 이러한 아정의 사유가 대부분 연행 시기 이전의 저술에서 보인다는 사실이다. 즉 1778년 38세 때 초정과 함께 중국에 다녀오기 전에 그의 이용후생 사상의 틀이 잡혀 있었다고 판단된다. 따라서 이용후생론에 있어 아정을 초정의 아류로 취급하거나 초정으로부터 계발된 것으로 이해하는 시각은 시정되어야 할 것이다.

문학에 있어서도 아정은 역대 우리 문학에 대해 문제의식을 가지고 통찰력 있는 견해를 보였고, 이를 실제 창작 면에서 실천하였다. 당시 중국 문단의 동향과 관련하여 이를 어떻게 수용할 것인가 하는 문제에 대해서도 고민하였다.

도습을 강도 높게 비판한 것은 백가일격(百家一格)에 빠진 우리 문풍의 병폐가 모두 이로부터 비롯된다는 현실인식과 시작(詩作)을 작가의 흉중에서 흘러나오는 천진(天眞)을 구현하는 것이자 개성을 표현하는 창조 행위로 인식했기 때문이었다.

우리 문풍이 침체된 원인으로 수용 태도에도 문제가 있다고 파악하였다. 중국 문학을 수용함에 있어 자각적이지 않았으며, 지극히 나태했던 점을 비판한 것이다. 이 점에서 여러 시대 것을 두루 섭렵한 익재 이제현을 주목하였다. 익재는 우리나라의 침체된 습관을 시원스럽게 탈피하였고, 현장을 직접 답사하여 진경(眞境)을 묘사한 시편들을 남겨 서였다.

아정은 도습을 배격하여 의고파의 약점을 자주 비판하였으나, 그들의 굉박(宏博) 호한한 점을 고평하였고, 또 공안파의 논리를 차용하여 자신의 창신론을 개진하고 있으나 지나치게 신기한 것만 창출하는 그들의 한계를 인지하고 있었다. 이에 의고파의 웅건함과 공안파의 초오함을 취하되, 각각 그 지나친 것을 버리면 된다고 하였다. 법고와 창신을 통합하되 과잉을 경계하자는 주장에서, 아정 특유의 균형감각을 엿볼 수 있었다.

우리나라는 역대로 견문 부족이 자신감을 위축시켰고, 그 결과 오래도록 창신하는 단계에 이르지 못했다고 한다. 이와 관련해 허균을 동시대 중국 문학을 섭렵하면서 거기에 안주하지 않고 스스로 독창적 작품을 남긴 것으로 높이 평가하였다. 외래의 것을 실리적으로 수용하되, 자아를 잃지 않아야 한다고도 하였다.

당시 우리나라와 중국 문인들은 아정의 문예적 기량과 성취를 극찬하였다. '자성일가(自成一家)', '별개이경(別開異境)', '창의(創意)', '진경(眞境)' 등으로 그가 추구한 문학과 그 성취를 높이 평가한 것이다. 도습의 배격에 치력하고 창신을 추구한 아정의 성과를 인정한 것으로 이해된다. 그러나 기성 문단은 아정 문학의 생소함과 충격에 대해 당시의 문풍을 일변시켰다는 부정적인 반응을 보이기도 하였다.

아정은 감정에 느끼는 대로 기쁨과 슬픔을 표현하는 갓난아기의 모습에서 진실한 시의 모습을 찾을 수 있다고 하였는데, 분만감(憤懣感)을 표현한 작품은 이러한 문학정신을 보여 준다고 판단된다. 내적 번민을 진솔하게 표출하되, 대개 고사를 사용하지 아니하였고 생활 일상의 자잘한 소재를 받아들여 사실적 문학세계를 훌륭히 구현했다고 보여진다. 불평스런 마음을 토로하면서도 완세불공(玩世不恭)한 태도를 보이거나 방달불기(放達不羈)로 치닫지도 않았다. 끝내 자기 연민에 머무르지 아니하였고 선비로서 자아확립과 자기 성찰에 이르고 있다. 사회적·국가적 의제들에도 관심의 끈을 놓지 않고 있음을 확인하였다.

우리나라 사람의 생활 일상과 농촌 실경을 다룬 시에서는, 옛것을 도습하지 않고 남의 것을 빌려오지 않더라도 '지금', '여기' 눈앞에 펼쳐진 조선의 소재, 조선의 실경(實景), 조선 사람의 삶과 정서를 담아내면 훌륭한 시가 될 수 있다는 것을 살펴보았다. 당시 우리나라 사람들의 삶과 정서, 생활 풍습, 우리나라의 실경을 사실 그대로 담아내려고 노력하였기에, 우리는 그의 작품에서 당시 조선에서 느낄 수 있는 실정

(實情)을 간취할 수 있었다. 종래 우리나라 시인들이 거의 중국의 의경(意境)이나 고사를 차용한 데 비해, 아정은 '지금', '여기' 실재하고 있는 대상을 취재하여 '참' 그대로를 보여 주었으니 '다른 경지를 열었다'는 평가를 받은 것이다.

5. 맺음말

본고는 이용후생파의 한 사람으로 거론되고 있음에도 그 실학의 내용에 대해서는 불분명했던 아정 이덕무의 실학사상을 구명하고, 이와 관련하여 문학세계를 고찰하는 데에 그 목표를 설정하였다. 그러나 시론(試論)에 그친 감이 없지 않다. 여기서는 앞으로의 연구에 있어서 유의할 몇 가지 사항을 언급하는 것으로 마무리하고자 한다.

아정은 평생 읽은 책이 수만 권이 넘을 정도로 박학했으며, 책을 저술할 때는 증거를 상고하고 정밀하게 변증했다고 한다.[180] 또한 문화적 역량이 높은 우리나라에 서적들이 불비(不備)한 점을 늘 안타깝게 여겼다.[181] 연암이 「형암행장」에서 언급한 "그의 논설(論說)과 기록이 전장(典章)과 제도(制度)에 특히 치중했다."[182]라는 발언이나, 스스로 『통지』·『문헌통고』와 같은 저작을 편찬하려 했다는 데에서 알 수 있듯이, 그는

---

180 『青莊館全書』卷20, 付『刊本雅亭遺稿』8, 부록, 李光葵, 「先考府君遺事」, "得一書, 必且看且鈔, 未嘗一刻釋卷, 看書殆踰數萬卷, 鈔書亦幾數百卷.", "嘗著書, 工於考據辨證."

181 『青莊館全書』卷5, 『嬰處雜稿』1, 「瑣雅」, "我東方載籍不備, 作史始於麗朝.";『青莊館全書』卷20, 付『刊本雅亭遺稿』, 「紀年兒覽序」, "又問勝國以上文獻之無徵. 公嘆曰: '唐李績, 旣平高句麗, 聚東方典籍於平壤, 忌其文物不讓中朝, 擧而焚之. 新羅之末, 甄萱據完山, 輸置三國之遺書, 及其敗也, 蕩爲灰燼, 此三千年來二大厄也.'"

182 朴趾源, 『燕巖集』卷3, 「炯菴行狀」, "其議論記述, 尤致意於典章制度, 以救民濟物爲要."

문물과 제도를 집대성한 백과전서적 저술을 구상했던 것 같다. 『청장관전서』는 대체로 이러한 성격을 띠고 있는데, 영재 유득공은 아정을 두고 '박식을 밑천으로 삼고 특이한 견문을 넓히려 한 것일 뿐이라고 한다면 무관(懋官)을 제대로 모르는 사람'[183]이라고 하였고, 초정 역시 "사람들은 아정이 쓴 글을 『세설신어』로 알고 그 마음속에 가득한 『이소(離騷)』를 알지 못한다."[184]라고 하였다. 아정의 저술을 잡다한 지식의 진열이나 가벼운 소일거리로 대해서는 안 된다는 점을 강조한 것이다.

아정은 일찍이 『사기(史記)』, 「골계전(滑稽傳)」에 나오는 인물들에 대해 세상은 그들의 겉만 알지 그들의 참 마음은 알지 못한다고 하였다. 그들은 난세를 만나 부득이 고심(苦心)으로 골계에 의탁한 것일 뿐 "한 마디 말이나 한 번의 웃음에도 풍간(諷諫)하는 뜻이 매우 깊다."라고 하면서 그들이 웃고 떠든 것이 "어찌 슬프게 노래하는 소리가 아니겠는가."라고 풀이하였다.[185] 아정의 글을 독해하는 우리에게 많은 시사점을 주는 발언이라 하겠다. 이러한 문맥들을 통해 볼 때 『청장관전서』에 저류하고 있는 아정의 경세의식이나 실학정신을 보다 정치하게 구명해야 할 듯싶다.

『청장관전서』란 모두 21종 33책 71권이라는 방대한 저술을 총칭하

---

183 柳得恭, 『泠齋集』卷7, 「蜻蛉國志序」, "世以懋官爲讀書人則信矣, 謂之資博識廣異聞而已, 則不知懋官者也."
184 朴齊家, 『貞蕤閣集』卷1, 「李懋官像贊」, "人皆見其落筆則爲世說, 不知滿腔之爲離騷."
185 『靑莊館全書』卷4, 「嬰處文稿」2, 「書滑稽傳後」, "世讀滑稽傳者, 申眉解頣, 消病心, 却睡思, 是徒知其皮毛, 其心骨則未嘗察夫一二也. 余獨悲淳于髡‧優孟‧優旃之苦心, 每當胡盧爲咨嗟, 反嗚噱爲嘘唏. 夫齊楚秦, 非治世也. 愚者賢者, 或大而赤九族, 小而粉一身. …… 是知三子者, 似愚非賢, 眞賢假愚, 托此滑稽, 以全其身. 一談一笑, 諷旨頗深, 其君雖暴虐, 烏可怒而殺, 俳優雖昏庸, 豈不反而覺諷諭? 嗚呼! 三子者, 豈樂爲此, 安知其詡詡大笑, 非嗚嗚悲歌歟?"

는 명칭이다. 이 책은 하나의 완정(完整)된 저술이라기보다 아정의 급서 (急逝)로 인해 아들 광규가 부친의 유고를 일부 오류를 포함한 채 그대 로 엮은 듯싶다. 아정의 인간적 모습은 85칙으로 구성된 이광규의 「선 고부군유사」에 수록되어 있는바, 아정이 '존명의리(尊明義理)'가 남다르 다는 것과 명의 유민전(遺民傳)인 『뇌뢰낙락서(磊磊落落書)』의 찬술을 마 치지 못했다는 것을 언급하였다. 대개 이광규의 앞의 기록에 의거하여 작성된 「행장」(朴趾源), 「묘갈명」(尹行恁·李書九), 「묘표」(南公轍), 「발문」 (成大中) 등에도 모두 이 사항이 인용되어 있다. 이는 아정을 명분론에 충실한 인물로 인식하는 데 일조한 듯싶다. 존명의리에 대해서는 아정 의 전체 저작을 검토한 결과 재고(再考)해야 할 사항이고, 『뇌뢰낙락서』 (규장각 소장, 7권 3책)는 기실 진정(陳鼎)의 『유계외전(留溪外傳)』을 필사 한 것이어서 '『뇌뢰낙락서』 찬술' 운운은 이광규의 오인으로 판단된 다.[186] 1795년 내각에서 『간본아정유고』가 간행될 당시는 『열하일기』가 '노호지고(虜胡之稿)'라 비난받던 적대적 대청관이 온존하던 시기여서 이러한 시각이 편집에 반영된 것으로 보아진다.

연암은 아정을 위해 두 편의 행장을 지었는데, 『간본아정유고』에 수 록된 글에는 유자(儒者)로서의 은인자중하는 행실이 부각되어 있는 반 면, 『연암집』에 들어 있는 「형암행장」에는 주로 문학가로서의 탁월한 재능을 기술하고 있다. 「형암행장」에는 아정이 평생에 걸쳐 추구했던 사상이 '우국우민', '구민제물'이었다는 것이 기술되어 있고, '존명의 리'에 관련된 언급도 빠져 있다. 이 또한 아정을 연구할 때 고려해야 할 점이다.

---

186 김영진(2005)은 957면에서 규장각에 소장된 『磊磊落落書』의 서지 사항을 밝힌 바 있다.

그 밖에 과거제도와 신분제도 개혁에 대해 주목되는 내용이 보이는데, 본고에서는 깊이 있게 다루지 않았다. 과거, 문벌 중심으로 사람을 등용하는 우리나라 현실을 강하게 비판하고, 사회적 갈등이 대부분 이 차별적 조치로부터 생겨난다는 사실을 진단한 것이었다. 아정은 또 우리말과 우리 문자에 대해 깊은 관심을 보였는데, 이 역시 본고에서는 다루지 않았다. 「사미인곡(思美人曲)」을 애송하였던 아정은 훈민정음의 제자원리(題字原理)에 대해 깊은 관심을 보였고, 역대 『두시언해(杜詩諺解)』를 우리말 연구의 문헌으로 그 가치를 평가하기도 하였다. 비록 한자를 수단으로 작품 활동을 했으나, 말·문자와 민족과의 관계를 자각한 부분은 또한 그의 주체성을 엿볼 수 있는 점이라 하겠다.

参 考 文 獻

金昌翕, 『三淵集』, 『한국문집총간』 167, 민족문화추진회.

金澤榮, 『韶濩堂集』, 『한국문집총간』 347, 민족문화추진회.

南 玉 저, 김보경 역주(2006), 『붓끝으로 부사산 바람을 가르다』, 소
　　명출판.

민족문학사연구소 역주(1997), 『18세기 조선인물지 – 幷世才彦錄』, 창
　　작과비평사.

朴齊家, 『貞蕤閣集』, 『한국문집총간』 261, 민족문화추진회.

＿＿＿ 저, 이익성 역주(1971), 『북학의』, 을유문화사.

＿＿＿ 저, 정민 외 역주(2010), 『정유각집』, 돌베개.

朴宗采, 『過庭錄』, 서울대 규장각 소장.

＿＿＿ 저, 김윤조 역주(1997), 『역주 과정록』, 태학사.

朴趾源, 『燕巖集』, 『한국문집총간』 252, 민족문화추진회.

＿＿＿ 저, 김혈조 역주(2009), 『열하일기』, 돌베개.

＿＿＿ 저, 신호열·김명호 역주(2008), 『연암집』, 돌베개.

白斗鏞 篇(1917), 『箋註四家詩』, 한남서림.

成大中, 『日本錄』, 고려대 도서관 소장.

＿＿＿, 『靑城集』, 『한국문집총간』 248, 민족문화추진회.

＿＿＿ 저, 홍학희 역주(2006), 『부사산 비파호를 날듯이 건너』, 소명
　　출판.

禹夏永(1982刊), 『千一錄』, 비봉출판사 영인.

元重擧, 『乘槎錄』, 고려대 도서관 소장.

＿＿＿, 『和國志』, 栖碧外史海外蒐佚本, 아세아문화사 영인.

＿＿＿ 저, 김경숙 역주(2006), 『조선후기 지식인, 일본과 만나다』, 소

명출판.

_____ 저, 박재금 역주(2006), 『와신상담의 마음으로 일본을 기록하
다』, 소명출판.

柳　琴 篇, 『韓客巾衍集』, 연세대 도서관 소장.

柳得恭, 『泠齋集』, 『한국문집총간』 260, 민족문화추진회.

柳馨遠(1982刊), 『磻溪隨錄』, 명문당 영인.

尹光心 編, 『幷世集』, 국립중앙도서관 소장.

李德懋, 『靑莊館全書』, 『한국문집총간』 256~259, 민족문화추진회.

_____, 민족문화추진회 편(1978), 『국역 청장관전서』, 민족문화추
진회.

_____, 『刊本雅亭遺稿』, 규장각 소장.

_____ 저, 박희병 외 역주(2010), 『종북소선』, 돌베개.

李德懋·朴齊家·白東修 篇, 『武藝圖譜通志』, 국립중앙도서관 소장.

李書九(1986刊), 『惕齋集』, 오성사 영인.

李　瀷, 『星湖全集』, 『한국문집총간』 199, 민족문화추진회.

李喜經(1985刊), 『雪岫外史』, 아세아문화사 영인.

丁若鏞, 『與猶堂全書』, 『한국문집총간』 281, 민족문화추진회.

正　祖, 『弘齋全書』, 『한국문집총간』 267, 민족문화추진회.

許　筠, 『惺所覆瓿藁』, 『한국문집총간』 74, 민족문화추진회.

洪大容, 『湛軒書』, 『한국문집총간』 248, 민족문화추진회.

『經國大典』(1972刊), 경인문화사 영인.

徐　渭, 『徐文長全集』 讀書坊藏板, 규장각 소장.

袁宏道 저, 심경호·박용만·유동환 역주(2004), 『역주 원중랑집』, 소
명출판.

_____ 저, 錢伯城 箋校(1981), 『袁宏道集箋校』, 中國 上海古籍出版社.

李調元, 『雨邨詩話』, 국립중앙도서관 소장.

李　贄 저, 김혜경 역주(2004), 『분서』, 한길사.

_____ 저, 김혜경 역주(2007), 『속분서』, 한길사.

良安尙順(2002刊), 『倭漢三才圖會』, 국학자료원.

강명관(2007a), 『공안파와 조선후기 한문학』, 소명출판.

_____(2007b), 『안쪽과 바깥쪽』, 소명출판.

국사편찬위원회(1997), 『한국사』 32~34.

김명호(1990), 『열하일기연구』, 창작과비평사.

_____(2001), 『박지원문학연구』, 성균관대 대동문화연구원.

김병민(1992), 『조선 중세기 북학파 문학 연구』, 목원대 출판부.

류재일(1998), 『이덕무의 시문학 연구』, 태학사.

박희병(2009), 『저항과 아만』, 돌베개.

_____(2010), 『연암과 선귤당의 대화』, 돌베개.

안소영(2005), 『책만 보는 바보―이덕무와 그의 벗들 이야기』, 보림출
　　　판사.

이경수(1995), 『한시사가의 청대시 수용 연구』, 태학사.

이동환(2006), 『실학시대의 사상과 문학』, 지식산업사.

이우성(1982), 『한국의 역사상』, 창작과비평사.

이화형(1994), 『이덕무의 문학 연구―존재론적 의미의 탐색』, 집문당.

정성철(1989), 『실학파의 철학사상과 사회정치적 견해』, 한마당.

최익한(2011), 『실학파와 정다산』, 서해문집.

하우봉(2006), 『조선시대 한국인의 일본인식』, 혜안.

강만길(1979), 「군제개혁론을 통해본 실학의 성격」, 『동방학지』 22,
　　　연세대 국학연구원.

강명관(2002), 「이덕무와 공안파」, 『민족문학사연구』 21, 민족문학사

연구소.

권정원(2005), 「이덕무 문학의 형성배경에 대하여 – 공안파 수용과 관련하여」, 『대동한문학연구』 22, 대동한문학회.

김경미(1991), 「이덕무 소설배격론 재고」, 『고전문학 연구』 6, 고전문학연구회.

김무진(2005), 「실학자의 신분제 개혁론」, 『한국실학사상연구』 II, 혜안.

김병하(1985), 「이덕무의 경영이념」, 『경영경제』 18, 계명대 산업경영연구소.

김　영(1983), 「청비록의 시비평 양상」, 『이조후기 한문학의 재조명』, 창작과비평사.

김영진(2005), 「조선 후기 실학파의 총서 편찬과 그 의미」, 『한국 한문학 연구의 새 지평』, 소명출판.

류재일(2001), 「이덕무의 농촌 시에 대한 고찰」, 『18세기 조선지식인의 문화의식』, 한양대 출판부.

서태원(2005), 「실학자의 군사제도 개혁론」, 『한국실학사상연구』 II, 혜안.

송준호(1989), 「조선조 후기 사가시에 있어서 실학사상의 검토」, 『조선조 후기 문학과 실학사상』, 정음사.

안대회(1998), 「진실한 시의 조건, 이덕무의 선소재시집서」, 『문헌과 해석』 4, 태학사.

_____(1999), 「18세기 후기 첨신풍의 확산」, 『18세기 한시사 연구』, 소명출판.

_____(2010), 「18·19세기 조선의 백과전서파와 화한삼재도회」, 『대동문화연구』 69, 성균관대 대동문화연구원.

안장리(1994), 「이덕무론」, 『조선후기 한문학작가론』, 집문당.

오수경(1987), 「아정 이덕무의 시론과 조선풍의 성격」, 『한국한문학연구』 9·10합집, 한국한문학회.

_____(2003), 「현천 원중거」, 『연암그룹 연구』, 한빛.

이성무(1967), 「이덕무의 실학 사상-그의 교육사상을 중심으로」, 『향토서울』 31, 서울특별시사편찬위원회.

이혜순(1987), 「이덕무의 入燕記 소고」, 『연민 이가원 선생 칠질송수 기념논총』, 정음사.

임형택(1994), 「계미 통신사와 실학자들의 일본관」, 『창작과 비평』 85, 1994년 가을.

_____(2000), 「실학자들의 일본관과 실학」, 『실사구시의 한국학』, 창작과비평사.

정양완(1983), 「조선조 후기 한시 연구-특히 사가시를 중심으로」, 성신여자대 출판부.

조광(1981), 「실학자의 국방의식」, 국사편찬위원회 저, 『한국사론 9: 조선후기 국방체제의 제문제』, 민족문화사.

진재교(2008), 「동아시아에서의 서적의 유통과 지식의 생성-임진왜란 이후의 인적 교류와 서적의 유통 사례를 중심으로」, 『한국한문학연구』 41, 한국한문학회.

최박광(1992), 「이덕무의 중국체험과 학문관」, 『대동문화연구』 27, 성균관대 대동문화연구원.

하우봉(1985), 「이덕무의 청령국지에 대하여」, 『전북사학』 9, 전북대 사학회.

_____(1989), 「이덕무의 일본관」, 『조선후기 실학자의 일본관 연구』, 일지사.

한정길(2009), 「조선후기 실학자들의 양명학관」, 『조선의 주자학과 실학』, 혜안.

柳得恭의 燕行과 東아시아 疏通의 文學

이철희 | 성균관대학교 강사

1. 머리말

18세기 중반 이후 본격화되는 한중(韓中) 지식인의 지적 교류는 조선 후기 문학사에 어떠한 영향을 미쳤는가? 이 문제는 근래 활기를 띠고 있는 한중 문학의 관계성을 연구하는 시각과는 다른 관점에서 제기한 물음이다. 조선 후기 문학의 변동 원인을 중국에서 유래한 문학작품이나 이론에서 찾는 방식과는 달리, 양국 지식인의 교류와 지식정보의 소통에 의하여 추동된 문학현상 속에서 규명하고자 하는 것이다. 조선 후기의 핵심적 사안은 서세동점(西勢東漸)의 세계사적 전환에 어떻게 대응하는가에 있었으며, 이를 위해서는 외부세계와의 소통능력이 결정적 역할을 하였기 때문이다. 조선 후기 지식인들은 비록 연행(燕行)이라는 제한된 창구를 통해 세계와 소통하였지만, 이를 통해 세계사적 변화를 감지하며 실학(實學)으로의 사상적 전환을 도모하고 있었다. 이러한 세계와의 소통이 문학에 있어서는 구체적으로 어떠한 변화로 나타나는지를 주목해 보고자 하는 것이다.

이 문제는 한중 지식인 교류에 물꼬를 튼 연암(燕巖)그룹에서 그 단서를 찾아볼 수 있다. 1765년 담헌(湛軒) 홍대용(洪大容)의 연행을 기점으로 소위 대명의리론(對明義理論)을 표방한 소중화주의의 폐쇄적 대청의식에서 벗어나, 청나라에 대한 인식에 변화가 일어나기 시작했고, 한중 지식인 사이에 '천애지기(天涯知己)'로 칭해지는 우정이 문인사회에 퍼져 나가기 시작했다. 그러나 무엇보다 중요한 것은 한중 양국의 지적 교류가 중국에서 조선으로 일방적으로 유입되던 기존과는 달리 상호간에 이루어지기 시작하였고, 이러한 상호 교류가 연암그룹의 저작활동에 큰 자극이 되었다는 점이다. 중국인과의 교유관계를 다룬『회우록(會友錄)』과『천애지기서(天涯知己書)』, 아정(雅亭) 이덕무(李德懋)와 영재(泠齋) 유득공(柳得恭) 등 4인의 시를 선집한『한객건연집(韓客巾衍集)』, 우리나라의 시화(詩話)를 모은『청비록(淸脾錄)』, 중국에 와전된 우리나라 시화를 바로잡은『강산필치(薑山筆豸)』등 매우 다양한 저작들이 중국 지식인과의 교류 과정에서 산출되었다.

이와 같은 한중 지적 교류의 관점에서 볼 때 연암그룹 중 유득공을 주목하게 된다. 연암그룹의 저작 중 유득공의『이십일도회고시(二十一都懷古詩)』는 중국 내에서 가장 주목을 받으며 전해지다가『학재총서(鶴齋叢書)』에 수록되어 간행되었고, 많은 연행기록 가운데에서도 유독 유득공의『난양록(灤陽錄)』과『연대재유록(燕臺再遊錄)』이 근대 초기 중국 지식인에게 입수되어『요해총서(遼海叢書)』등에 수록되며 주목을 받기도 하였다.[1]

또한 최근 연구를 통해 한중 지식인 교류의 관점에서 유득공의 저작이 새롭게 조명되고 있다. 민족의식과 북방경략(北方經略)의 의지를 담은 작품으로 평가받아 온『이십일도회고시』는 중국 지식인에게 조선의 역사를 알리기 위해 저작되었다는 관점에서 작품의 체제와 내용이 분석되었고,[2]『난양록』과『연대재유록』은 중국을 넘어 동아시아의 정세를 파악하고 분석한 연행기록으로 평가를 받았다.[3] '동아시아 소통의 문학'이란 바로 이 점을 지칭한 것이다. 유득공의 저작들이 중국의 지식인에게는 조선을, 조선의 지식인에게는 동아시아의 정세를 인식할

---

1 박현규(1998); 박현규(2001a).

2 이철희(2010).

3 『난양록』에 대해서는 김용태(2009),『연대재유록』에 대해서는 김문식(2004) 참조.

수 있는, 지적 교류의 통로 역할을 하였다는 점을 주목한 것이다. 당시 중국과 조선에서는 세계인식이 확대됨에 따라 타국에 대한 지식정보의 수요가 증대하였는데, 이러한 수요에 적극적으로 대응한 인물로서 유득공을 조명하고자 하는 것이다.

유득공을 주목하는 또 하나의 이유는 저작과 독자에 대한 인식의 변화를 비교적 분명하게 보여 준다는 점에 있다. 유득공은 한중 양국의 지적 교류를 경험하면서 독자층의 요구와 그들의 호응을 새롭게 주목하게 되었고, 또 새로운 독자층으로 중국 지식인을 상정하여 저작에 임하기도 하였다. 유득공의 저작 중 개작 과정을 거쳐 완성된『이십일도 회고시』와『난양록』등은 이러한 인식의 변화가 구체적으로 어떻게 저작의 형식과 내용을 변화시켰는지를 보여 준다.

실학파 문학에 대한 기존 연구는 당대의 정치·경제·사회적 모순을 어떻게 해결하고자 했으며, 혁신적 사상이나 문학이론을 어떻게 수용하여 문학의 변화를 도모했는가를 해명하는 데 집중하여 왔다. 반면 조선과 외부세계와의 소통을 위하여 어떠한 모색을 하였는가에 대해서는 아직 본격적인 논의가 이루어지지 않고 있다. 이 글에서는 한중 지식인의 지적 교류가 본격화되는 시대현실에 대응하여 유득공이 세계와 소통할 수 있는 문학을 위해 어떠한 변화를 모색하였으며, 그가 추구한 변화의 의미는 무엇인지 살펴보고자 한다.

2. 18세기 한중 지식인의 교류와 저작에 대한 인식의 변화

1) 18세기 한중 지식인의 지적 교류와 상호 소통

한중 지식인의 교류가 18세기 연암그룹을 기점으로 활발해진 원인은 어디에 있을까? 이에 대해서는 다양한 관점에서 설명이 가능하다. 먼저 조선의 지식인들이 당대 지배이념으로 군림하던 '북벌론(北伐論)'의 질곡에서 벗어나 '북학론(北學論)'으로 인식을 전환하면서 중국 지식인과의 교유에 적극적으로 임하게 되었다는 점을 들 수 있다. 또 한편으로는 외국 사행원의 통행을 제한하였던 금제(禁制)가 18세기 중반부터 완화되어 외부와 비교적 자유롭게 접촉할 수 있는 기회가 주어졌고, 양국 지식인이 조우할 수 있는 '유리창'이라는 공간이 존재하였다는 사실 등을 거론할 수 있다. 그러나 양국 지식인의 지속적인 교류는 우연한 만남이나 어느 한 쪽의 일방적 요구에 의하여 성립되기 어려운 것이다. 따라서 당시 한중 지식인을 서로 만나게 한 현실적 요구가 합치되는 지점을 검토하는 것이 긴요하다.

유득공이 활동한 18세기의 한중 지식인들은 다소 차이는 있지만 명청 교체기를 기점으로 진행되는 동아시아 역사전환의 흐름을 공유하게 된다. 서세동점의 세계사적 변화에 따라 중국 중심의 세계관에 균열이 생기고, 사상사에 있어서는 실학이라는 새로운 학풍이 대두한다.[4] 이 과정에서 주목할 것은 세계인식이 확대되면서 관념적으로 인식해 오던 외부세계가 보다 현실적인 인식의 대상으로 부상하였던 점이다. 조선

---

4 임형택(2005) 참조.

에서는 표류해 온 서구인과 중국, 일본 및 동남아를 표류한 내국인을 통하여 해양 너머의 세계에 대해 보다 객관적인 지식정보를 획득하게 되었고,[5] 연행을 통해 도입된 중국과 서구 문물에 대한 사회적 관심이 확산되면서, 동북아 정세에 대한 흥미로운 담론이 담겨 있는 연행록은 대중적 독서물로 각광을 받게 되었다. 한편 중국에서는 임진왜란을 겪으며 동아시아 주변국에 대한 군사전략과 방위적 차원에서의 조사·연구가 추진되었는가 하면,[6] 청대에는 국가적 위상을 선전하기 위하여 제작되던 『황청직공도(皇淸職貢圖)』가 301종의 해외 이국과 국내의 소수민족에 대한 풍속지리지의 성격을 겸하도록 제작되는 등 외부세계에 대한 지적 요구가 다양하게 반영되어 나타났다.[7] 이와 같이 세계인식이 확대되면서 중국과 조선은 가장 가까이에서 먼저 마주하게 된다. 17세기에는 임진왜란을 계기로 양국은 긴밀한 관계를 유지하였고, 18세기 청대에 들어와서도 주변국 중 문화적으로 가장 가까운 거리를 유지하였다. 조선의 입장에서는 중국이 세계의 창구 역할을 하였다는 점에서 그러하지만, 중국의 경우도 『황청직공도』의 수많은 이국과 소민족 중 조선을 가장 앞자리에 배치하고 있었다.[8]

중국과 서구에 대한 조선 지식인의 지적 요구에 대해서는 '북학'에

---

5 가장 대표적인 사례로 鄭運經(1699~1753)의 『耽羅聞見錄』과 宋廷奎(1656~ ?)의 『海外聞見錄』을 들 수 있다. 『탐라문견록』에 대해서는 鄭運經 저, 정민 역(2008) 참조, 『해외문견록』에 대해서는 김용태(2011) 참조.

6 명대 말기 중국 연안지방에 침범한 왜구와의 전투에 참전한 鄭若曾(1503~1570)이 『日本圖纂』·『朝鮮圖說』·『安南圖說』·『琉球圖說』·『籌海圖編』·『江南經略』 등 동아시아 국가 전체를 아우르는 일련의 지리지 겸 방위서를 저술한 것은 당대 주변국에 대한 인식의 변화를 상징적으로 보여 준다. 『四庫全書叢目提要』, 鄭若曾 撰, 「鄭開陽雜著」 참조.

7 정은주(2011) 참조.

8 임형택(2010) 참조.

대해 많은 논의가 있었으므로, 여기에서는 조선에 대한 중국 지식인의 지적 요구에 대하여 주목하고자 한다. 외부세계에 대한 중국 지식인들의 지적 요구는 중국 학술사의 전개와 밀접한 연관을 지닌다. 명말 청초 중국 학술의 주류는 주자학이나 양명학 등 심학 중심에서 벗어나 경세치용의 실학으로 전환되었고, 18세기를 경과하면서는 실증적 지식체계를 지향하는 고증학이 모든 학문의 보편적 방법론으로 자리를 잡게된다.[9] 특히 강희제 때 편찬된『고금도서집성(古今圖書集成)』을 이어 건륭제 때『사고전서(四庫全書)』편찬사업이 추진되면서 건가학풍(乾嘉學風)이라 칭해지는 청대 고증학의 전성기가 시작된다. 국가가 추진하는 대형 편찬사업에 한족 지식인들이 대거 참여함으로써 국가의 정책적 차원에서나 문인사회의 지식인적 차원에서나 고증학이 학술활동의 중심을 차지하게 된 것이다. 이에 따라 서적의 수집과 장서(藏書), 출판과 유통은 학술활동의 핵심적 동력으로 활기를 띤다.『사고전서』의 편찬으로 인하여 국가적 차원의 대대적인 문헌 수집이 추진되었으며, 명대부터 출판사업이 성행하던 강남을 중심으로 발달해 온 개인의 장서문화가 북경의 문인사회 전반으로 확산되어 나갔다.[10]

연암그룹이 연행을 다녀온 18세기 중후반은 건가학풍이 성행하던 시기로, 조선에 대한 지적 요구 역시 두 가지 차원에서 이루어진다. 첫번째는 만청정부가 해외 문헌을 수집하기 위하여 조선의 서책을 요구하는 경우였고, 두 번째는 중국 지식인들이 고증학적 관점에서 조선에 대한 지식정보를 요구하는 경우였다. 이 두 가지 요구에 대하여 조선의

---

9 山井湧 저, 김석기 외 역(1994), 287~299면; 벤저민 엘먼 저, 양휘웅 역(2004), 173~184면 참조.
10 벤저민 엘먼 저, 양휘웅 역(2004), 196~198・305~333면 참조.

지식인들은 각기 다른 방식으로 대응하였던 것으로 보인다.

첫 번째 국가적 차원의 요구에 대해서는 금서(禁書)나 기휘(忌諱)에 저촉될 것을 우려하여 매우 소극적으로 대응한다. 1790년 중국 당국자가 조선의 서책을 요구한 상황에 대하여 유득공은 다음과 같이 기술하였다.

> 『사고전서』 사업의 개국(開局) 이래 희귀한 책이나 없어진 책을 두루 구하고 있다. 우리나라 문헌 중 중국으로 유입된 것이 많다고 여겨지는데, 유독 『화담집(花潭集)』만이 편입되었으니 이상한 일이다. 원명원의 연반(宴班)에서 중당(中堂) 왕걸(王杰)이 『동국비사(東國祕史)』와 『동국성시(東國聲詩)』에 관한 서적을 부사(副使)에게 요구하므로, 본국에는 이 두 종류의 책이 없다고 하였다. 그러자 또 『포은집(圃隱集)』·『목은집(牧隱集)』을 요구하므로, 서공(徐公, 徐浩修)이 내용에 혹 기휘(忌諱)할 곳이라도 있을까 염려하여 모두 없다고 사양하였다. 중당 왕걸이 또 다른 서적을 간곡하게 묻기에 마지못해 구암(久菴) 한백겸(韓百謙)의 『기자정전도설(箕子井田圖說)』이 있다고 응대하였다. 귀국 후에 경연에 아뢰고 유근(柳根)·허성(許筬)·이익(李瀷) 등의 설(說)을 첨부한 다음 『기전고(箕田考)』라 명명하고 이를 간행해서 보냈다. …… 중당 왕걸이 누차 우리나라 시문을 요구하니 또한 『사고전서』 가운데 수록시키려 하는 것인가.[11]

『고금도서집성』이 편찬되던 1713년 김창업(金昌業, 1658~1721)이 연행을 갔을 때 강희제로부터 조선의 서적을 열람하고 싶다는 요구를 받

---

11 실시학사 고전문학연구회 역(2010), 132~133면 참조.

기도 하였다. 이때도 금서에 저촉될 것을 꺼린 조선의 사행원은 다음 사행에 보내 주겠다며 회피한 적이 있었다.[12] 70여 년이 지난 후에도 똑같은 상황이 연출되었다. 그러나 글의 말미에서 유득공은 『사고전서』에 대한 관심을 드러낸다. 왕걸의 요구에 응하지 않은 것은 외교적 차원에서 내린 결정이지만, 우리나라 저작이 『사고전서』에 수록될 수 있는 가능성을 염두에 두고 있는 듯하다. 이와 같은 태도는 이덕무에게서도 나타난다. 반정균(潘庭筠)이 『사고전서』 편찬사업에 참여하게 되었다는 소식을 접한 뒤 보낸 편지에서 『사소절(士小節)』, 『청장관집(靑莊館集)』 등 자신의 저작을 직접 보여 주지 못함을 아쉬워하고, 『사고전서』의 편차 및 수록 방식 등에 대해 궁금해하며 다음과 같이 묻는다.

천하의 서책을 이미 망라하였다면 조선·안남·일본·유구의 서책도 수록하였습니까? 수록하였으면 그 목록을 보여 주시는 것이 어떻겠습니까?[13]

이덕무는 동아시아 제국(諸國)의 저작 중 어떤 것이 『사고전서』에 수록되는지 큰 관심을 보인다. 이러한 관심은 정부 차원의 요구에 대하여 최대한 소극적으로 대처하던 때와는 달리 『사고전서』 편찬사업에 보다 적극적으로 대응하려는 태도의 변화를 시사한다.

다음 두 번째는 중국 지식인들이 고증학적 관점에서 조선에 대한 지식정보를 요구하는 경우이다. 연암(燕巖) 박지원(朴趾源)의 『열하일기(熱

---

12 金昌業, 『燕行日記』 제5권, 계사년(1713) 2월 3일~6일 참조.
13 李德懋, 『靑莊館全書』 卷19, 『雅亭遺稿』 11, 「潘秋庵〔庭筠〕」, "旣包羅天下之書, 則海外之書如朝鮮·安南·日本·琉球之書, 亦爲收入耶. 若然則略示其目錄如何."

河日記)』에 그려진 한 편의 이야기에서 그 대표적 사례를 살펴볼 수 있다. 연암이 연행 중 태학(太學)에서 만난 유공(劉公)이란 인물이 연암의 선대가 주이존(朱彛尊)의 『명시종(明詩綜)』에 게재되어 있는 박미(朴瀰)라는 사실을 알고 그의 소전(小傳)에 대하여 물었다. 연암이 박미에 대한 소개를 필담으로 쓰자 유공은 이 종이를 품에 넣으며 "이것으로 빠진 곳을 보충하겠다."라고 하였다. 또한 함께 동석하여 있던 왕거인(王擧人), 기공(奇公) 등도 다른 오류도 지적하여 달라고 청하고는 하늘이 주신 좋은 기회라고 찬탄하였다고 한다. 비록 『명시종』의 극히 일부분을 차지하고 있는 변방국 인물들에 대한 정보이지만, 문헌의 오류를 바로잡고 빠진 내용을 보충하는 고증 자체를 '하늘이 준 기회'라며 큰 의미를 부여한 것이다.[14]

위의 일화는 순수하게 고증학적 관점에서 촉발되어 조선에 관심을 둔 사례라고 할 수 있다. 그러나 한중 지식인의 교류가 진전되면서는 조선 자체에 대한 관심이 일어나며, 중국 문인사회의 일각에서는 조선의 저작과 시문을 수집하는 현상이 일어난다. 다음은 조선의 지식인과 친밀히 교유한 이정원(李鼎元, 1750~1805)이 서형수(徐瀅修, 1749~1824)에게 편지를 보내 조선의 시문을 구하는 내용이다.

청조 주변국 중 귀국만큼 문풍이 가장 성대한 나라가 없으니 마땅히 제일로 삼아야 합니다. 간곡히 바라옵건대 각하께서 귀국하여 저를 대신하여 시문을 수집하여 주시기 바랍니다. 제가 아는 사람이든 모르던 사람이든 상관없으며, 무릇 시를 잘 짓는 자는 모두 본집(本集)을 가져다 선집

---

14 朴趾源, 『熱河日記』, 「太學留館錄」, 8월 9일 참조.

하여 베껴서 보내 주시기 바랍니다. 예컨대 영형(令兄, 徐浩修), 강산(薑山, 李書九), 연암(燕巖, 朴趾源), 청장(靑莊, 李德懋), 각하(閣下, 徐瀅修) 등의 시문이면 좋습니다. 더욱 제가 급급해하는 것은 천백 년 후에 중국에 널리 퍼져 청나라의 문교(文敎)가 광대하다는 칭송을 받게 하고, 아울러 천애지기로서 깊이 힘씀을 세상이 널리 알아준다면 또한 더없이 좋은 일이며 아마도 같은 마음이실 겁니다.[15]

1799년 연행을 마치고 귀국하는 서형수에게 이정원은 조선 지식인의 시문을 수집하여 보내 줄 것을 간청하고 있다. 이렇게 조선의 시문을 수집하는 이유에 대하여 그는 청나라의 교화가 광대함을 드러내고, 천애지기로서 조선 지식인을 후원한 사실이 후세에 모범이 될 것이라고 밝히고 있다. 자못 '문교(文敎)'라는 중화주의적 관점에서 조선의 시문을 수집하는 의의를 부여하고 있지만, 실질적으로는 당대 중국의 장서(藏書)와 출판문화에 따른 것이다. 이정원의 종형인 이조원(李調元, 1734~1803)은 유득공의 숙부 유금(柳琴)이 1776년 연행을 갔을 때부터 조선의 지식인과 교유하며 『한객건연집』을 비롯하여 초정(楚亭) 박제가(朴齊家)의 『정유각집(貞蕤閣集)』 등에 서문을 쓰는 등 양국의 지적 교류에 중심적 역할을 한 인물이다. 그는 '사천장서제일가(四川藏書第一家)'라 칭할 정도의 대장서가로서 『함해(涵海)』와 같은 총서를 편찬하였는데, 여기에는 이덕무의 『청비록』을 비롯하여 유득공과 서형수 등 조선

---

15 徐瀅修, 『明皐全集』 卷14, 「李墨莊傳」, "本朝外藩文風之盛, 無如貴國, 自當取以冠首. 懇閣下歸時, 代爲搜括. 無論僕知與不知. 凡能詩者, 皆令自將本集, 選擇抄寄. 如令兄·薑山·燕巖·泠齋·靑莊及閣下. 尤僕所汲汲者, 俾千百載後, 流傳中土, 既足以頌揚盛朝文敎之廣. 并可表彰知己用力之深, 亦勝事也, 殆有同心乎."

지식인의 시문이 수록되어 있다. 그렇다면 이정원 역시 이조원과 유사한 이유로 조선의 시문을 수집하려 한 것임을 알 수 있다.

당시 조선의 저작이나 시문이 중국에 전해지는 경우 대개 이와 같이 장서가들의 손을 거쳐 총서류에 수록되는 경우가 많았다. 이덕무의 『청비록』이 수록된 이조원의 『함해』를 비롯하여 박제가의 『정유고략(貞蕤藁略)』을 수록한 오성란(吳省蘭, 1763경~1810)의 『예해주진(藝海珠珍)』과 유득공의 『이십일도회고시』를 수록한 조지겸(趙之謙, 1829~1884)의 『학재총서(鶴齋叢書)』 등은 모두 대장서가가 편찬한 총서류였고,[16] 이 밖에도 진전(陳鱣, 1753~1817), 포정박(鮑廷博, 1728~1814)과 같은 청대의 대표적 장서가가 한중 지식인 교류에 매우 활발하게 참여하고 있었다. 출판문화가 성행하면서, 대형 장서가들은 학술활동의 중추적 역할을 하며 직접 출판활동에 참여하기도 하였다. 예를 들면, 포정박은 항주(杭州)에 있는 자신의 장서를 활용하여 총 148종의 저작을 수록한 『지부족재총서(知不足齋叢書)』를 출판하였다.[17] 이 총서는 조선의 지식인에게도 익히 알려져 있었고, 나빙(羅聘, 1733~1799)은 『이십일도회고시』를 이 총서에 수록하도록 주선하겠다는 제안을 하기도 하였다. 이러한 총서는 희귀본이나 미출간 필사본이 주로 수록되어 고증학 발전의 토대가 되었다. 청대에 개인 장서문화가 크게 번영하여 희귀본의 가치가 크게 10배나 뛸 정도로 도서 수집의 열광은 대단하였다고 한다.[18] 이러한 분위기 속에서 조선의 서책과 시문에 대한 관심이 증대되며 수요층이 생

---

16 연암그룹의 저작이 중국에서 간행된 사실에 대해서는 박현규(1999); 김영진(2005a), 270~283면 참조.
17 벤저민 엘먼 저, 양휘웅 역(2004), 323면 참조.
18 앞의 책, 같은 곳 참조.

겨났고, 연암그룹은 그들의 수요에 적극적으로 대응하여 마침내 중국 총서에 자신들의 저작이 수록되는 기회를 맞이할 수 있었던 것이다. 이와 같이 양국 지식인의 현실적 요구가 합치되면서 조선의 저작과 시문이 중국으로 건너갔으며, 이로부터 소위 '상호 소통'에 입각한 지적 교류의 시대가 열리게 되었다.

당시 연행을 다녀온 조선의 지식인들은 대개 북경의 유리창을 방문하여 청대의 출판문화를 경험하며 방대한 중국 서적의 물량에 압도되었다. 그런데 유득공은 청대의 출판문화를 좀 특별한 관점에서 주목할 수 있는 기회를 갖게 된다. 그는 2차 연행에서 이조원의 『함해』로 인하여 『한객건연집』이 중국 지식인 사이에서 널리 알려지게 되었다는 사실을 알게 된다.

올해(1790) 봄 연경에서 돌아온 사람들이 중국의 학자들이 『사가집(四家集)』(『한객건연집』을 지칭함–필자 주)을 많이 요구하였다고 자자하게 말하였는데, 『사가집』에 실린 사람은 바로 아무개, 아무개와 나였다. 나는 이에 오랫동안 의문을 품고 있다가 이번 기회에 묵장(墨莊, 李鼎元)에게 물어 보니 묵장이 답하였다. "우촌(雨邨, 李調元) 형이 『함해』라는 한 부의 책을 간행하였는데, 모두 185종이었습니다. 그중에 승암(升菴) 양신(楊愼)의 것이 40종이고, 우촌 형의 것도 40종이었습니다. 시화(詩話)는 세 권인데, 이군(李君, 李德懋)의 『청비록(淸脾錄)』과 유공(柳公, 柳得恭)의 아름다운 시구인 '별래기일비오하, 화자무인우영중(別來幾日非吳下, 和者無人又郢中)' 등이 모두 들어 있습니다. 그런데 판각된 후 우촌 형이 갑자기 어떤 일 때문에 파직되자 그 목판은 이미 촉(蜀) 지방으로 들어가 버리게 되어, 안타깝게도 이곳에는 그 본(本)이 없습니다. 우리가 사람들을 만나기만 하면 곧 그것에 대해 이야기하였으므로 『사가집』에 대해 알게 된

사람들이 많아졌습니다. 하지만 그들은 전집(全集)을 보지 못했으므로 그
것을 찾았던 것입니다." 지난번에 전해 들은 말은 과연 그 까닭이 있었던
것이다.[19]

　유득공은 『함해』의 경우를 통하여 한 개인의 저작이나 시문이 한 장
서가의 손에 수집되고, 총서에 수록되어 출판되는 과정을 거쳐 널리 전
파될 수 있음을 경험하게 된 것이다. 뒷날 유득공은 이정원에게서 이조
원의 『우촌시화(雨村詩話)』 4권을 증정받고 이덕무의 『청비록』과 자신
의 『가상루고(歌商樓稿)』의 시문이 많이 수록되어 있는 것을 직접 확인
하게 된다.[20] 또한 유득공은 『이십일도회고시』를 중국 측 인사에게 전
달하였을 때 좋은 평가를 받았을 뿐만 아니라 여러 사람이 증정받기를
원하였고, 책을 얻지 못한 나빙은 자신이 직접 베껴 소장하는 등 중국
지식인들의 호응을 직접 경험하기도 하였다.[21] 유득공은 자신의 저작이
중국 문인사회에서 호응을 얻으며 전파되어 가는 모습을 직접 볼 수 있
었던 특별한 경험자였던 것이다.
　이상의 논의를 통하여 조선에 대한 중국 지식인의 지적 요구가 고증
학이 성행하며 형성된 장서와 출판문화와 관련이 있으며, 이로 인하여
한중 지식인의 지적 교류가 상호 간에 이루어지는 단계로 접어들었음
을 살펴보았다. 18세기 중반 이후 한중 지식인이 서로를 '천애지기'라
칭하는 유대감의 근저에는 다양한 요소가 내재해 있었겠지만, 무엇보

19　실시학사 고전문학연구회 역(2010), 137~138면 참조.
20　『燕臺再遊錄』, "雨邨詩話四卷, 携歸館中見之, 記近事特詳. 李懋官清脾錄及余舊著歌商
　　樓稿, 亦多收入. 中州人遇東士, 輒擧吾輩姓名者, 蓋以此也."
21　실시학사 고전문학연구회 역(2009), 30~32면 참조.

다도 양국의 지식정보를 상호가 소통할 수 있는 관계가 형성되었다는 점에 주목해야 한다. 한중 양국의 지식인에게 상대국 지식인은 학문 활동의 조력자라는 점에서 각별한 의미를 갖게 된 것이다. 이러한 경향이 점차 심화되어 19세기 추사(秋史) 김정희(金正喜) 시대에 이르러서는 양국의 지적 교류가 학술적 차원에서 도약적인 발전을 이루게 된다. 또한 가지 주목되는 것은 조선 지식인의 저작이 국경을 넘어 중국 독자들의 호응을 받고, 또 출판되어 널리 전파되는 상황을 직접 경험하였다는 점이다. 이는 곧 중국의 지식인을 새로운 독자층으로 상정하는 저작이 이루어지게 되었음을 뜻하며, 국내에 국한시켜 생각하던 저작에 대한 인식이 새로운 환경에 대응하여 변하게 되었음을 의미한다.

2) 저작과 독자의 호응에 대한 인식의 변화

저작에 대한 인식의 변화는 유득공이 쓴 「동인(東人)의 저서」라는 제목의 글에서 살펴볼 수 있다.

책을 저술하여 후세에 전하는 일이 내게 무슨 상관이 있겠는가. 더구나 우리나라 사람들의 저서란 반드시 후세에 전해지는 것이 아니지 않는가. 가게에서 벽을 바른 것이 태반은 우리나라 문집이고, 약방에서 약을 싸 두는 봉지도 모두 우리나라 문집이다. 어쩌다 중국에 전해진들 하릴없이 몇 수의 시만이 환관, 승려, 부인들의 뒷자리이자 안남, 유구, 일본의 앞자리에 기록된다. 이 무슨 자랑거리인가? 이것은 일찍이 작고한 벗 이무관(李懋官, 李德懋)과 나눈 대화이다. 무관은 평생의 저서가 키와 나란하여 시문 이외에도 『사소절』, 『예기억』, 『청비록』, 『앙엽기』, 『한죽당섭필』 등의 저술이 모두 개산파황(開山破荒)이어서 압록강 동쪽에서는 일찍이

없었던 것이다. 그럼에도 후세에 전해지는 것을 개의치 않았으니, 그의 넓은 흉금은 미칠 수가 없다.[22]

　유득공은 우리나라 저서에 대해 논하면서, 저서가 후대에 전해지는 것은 자신들과 상관없다고 말한다. 사대부들의 저작정신을 칭하는 '저서입언(著書立言)'을 일면 부정하는 논조를 취하고 있다. 근대 이전 저작은 일반적으로 '저서입언어후세(著書立言於後世)'라는 관념에 따라 후대를 위한 것으로 여겨 왔다. 흔히 삼불후(三不朽)의 덕목을 '입덕(立德)', '입공(立功)'에 이어 '입언(立言)'이 차지하게 된 것은 유학의 이념이 자기 수양과 학문을 통하여 성취될 수 있기 때문이다. 즉 '입언'은 수양과 학문을 위해 남겨 줄 수 있는 최고의 유산으로, 모든 '입덕'과 '입공'의 근본을 배양하는 데 기여하게 된다. 또한 사마천(司馬遷)이 제기한 성현의 '발분저서(發憤著書)' 또한 '저서입언'이 당대 현실에서 이루지 못한 포부를 후세에 전하고자 하는 의식의 발현임을 표명하고 있다.[23] 관료로 입신하는 것이 매우 제한적이었던 전통사회의 현실을 고려한다면, 전근대 지식인들에게 '저서입언'이야말로 후대에 남길 수 있는 불후의 보편적인 가치로 인식되었다고 할 수 있다. 따라서 생전에 남긴 글이 사후에 문집으로 정리되어 간행되는 것이 전통적 관례로 계승되고 있었다.

22　『古芸堂筆記』卷4,「東人著書」, "著書傳後, 何與於我哉. 況東人著書, 未必傳, 店舍塗壁, 太半東文集. 藥鋪中裹藥小囊, 又皆東文集. 縱使飄落於中土, 寥寥數首, 錄於黃冠緇流閨媛之下, 安南琉球日本之上, 有何榮哉. 此故友李懋官, 嘗與余言者也. 懋官平生著書等身, 詩文外有士小節 · 禮記涉 · 淸脾錄 · 盎葉記 · 寒竹堂涉筆等篇, 皆開山破荒, 鴨水以東, 未曾有也. 然而, 以傳後爲不屑者, 其曠懷不可及也."

23　司馬遷,『史記』,「太史公自序」, "昔西伯拘羑裏, 演周易. 孔子厄陳蔡, 作春秋. …… 詩三百篇, 大抵賢聖發憤之所爲作也. 此人皆意有所鬱結, 不得通其道也, 故述往事, 思來者."

이와 같은 '저서입언'에 대하여 유득공과 이덕무가 자신들과는 상관없다고 말한 것은 일면 서족(庶族)으로서 인정받을 수 없는 현실에 대한 불만을 자조적으로 표출한 것으로 볼 수 있으나, 한편으로는 문명(文名)에 집착하지 않는 순수한 저작정신을 드러낸 것이라 할 수 있다. 그러나 위 글에서는 조선에서 문집을 간행한다는 것이 과연 무슨 의미가 있는가라는 반성적 성찰로 이어진다. 기존에 이루어진 우리나라의 저작이란 현실에는 아무 쓸모가 없는 문집으로 벽지나 약봉지로 쓰일 뿐이고, 혹 중국에 전해져도 시 작품만이 한두 편 맨 뒷자리의 속국 편에 실리는 데 그친다는 것이다. 즉 조선에서 전통적으로 간행해 온 문집으로는 진정한 불후의 저작이 될 수 없음을 지적하였다. 이 말을 뒤집어 생각하면 유득공이 상정한 저작이란 당대 독자에게 현실적 효용가치가 있어야 하고, 또 중국에 전파되어도 중국 문인들과 동등한 위치에서 평가를 받을 수 있어야 한다. 효용적 가치란 실학적 성격을 말한 것이라 할 수 있지만, 속국 편에 실려 전해질 수밖에 없다는 탄식은 유의하여 볼 필요가 있다. 이 발언은 조선의 저작이 더 이상 국내에 한정되지 않고 국외로 전파되어야 한다는 인식을 보여 주기 때문이다.

위 글에서 보여 준 유득공의 태도는 저작에 대한 자신감이 없다면 불가능한 것이다. "후세에 전해지는 것을 개의치 않았다."라는 유득공과 이덕무의 발언은 곧 자신의 저작이 기존의 문집들과는 달리 현실적 필요성을 지니고 있으며, 조선을 넘어 중국에서도 간행, 전파되었다는 자부심의 표현이라고 할 수 있다. 즉 후세의 독자가 아니라 현세의 독자를 만나 그들과 소통하여야 한다는 의식을 표명한 것이다.

이러한 저작에 대한 인식 변화는 홍대용에서부터 막 물꼬를 트기 시작한 한중 지식인 교류에 연암그룹이 매우 적극적으로 대응하면서 나타나기 시작한다. 유득공이 처음으로 중국에 알려지게 된 것은 1776년 유금이 유득공과 이덕무 등 4인의 시를 선집한『한객건연집』을 중국에 가지고 가서 반정균과 이조원으로부터 서문(序文)과 평어(評語)를 받은 것으로부터 시작된다. 이보다 앞서 홍대용은 반정균이 조선 근세 인물의 시에 관심을 보이자 조선의 시선집을 만들어 보내 줄 것을 약속하고, 귀국 후 민백순(閔百順, 1711~1774)에게 의뢰하여 편찬한『해동시선(海東詩選)』을 반정균에게 전달하였다.[24] 중국 지식인의 지적 요구에 대하여 홍대용이 매우 적극적으로 대응하였음을 보여 주는 데,『한객건연집』역시 이러한 대응의 과정에서 산출된 것이다. 그 결과『한객건연집』은 중국 지식인으로부터 매우 긍정적 평가를 받았고, 한중 문학 교류에 임하는 연암그룹에게 자신감을 불어넣었다. 이에 연암그룹은 바로 후속 작품을 준비하였는데, 2년 뒤 이덕무의『청비록』, 이서구의『강산필치』, 유득공의『이십일도회고시』등이 완성되어 중국으로 전해졌다. 따라서 이 세 편의 저작들은 공통적으로 중국에 전달하려는 의도 아래 저작된 것이라 할 수 있다. 이덕무의『청비록』에는 구체적으로 표현되어 있지 않지만 이서구와 유득공의 저작에는 그러한 의식이 분명하게 표명되어 있다. 이서구는『강산필치』의 서문에서 "다행히 중국의 군자에게 전해진다면 족히 새로운 견문을 넓히고 고아한 담론의 자료가 될 것이다."라고 하였고,[25] 유득공이 훗날『이십일도회고시』에 쓴 글

---

24 洪大容,『湛軒書』內集 卷3,「海東詩選跋」, "曩余入燕, 與杭州高士潘蘭公游, 蘭公請見東國詩, 余諾而歸. 取見諸家所選多未粹, 且近世號稱名家者, 多未及入焉. 遂欲廣蒐爲一編. ⋯⋯ 其所采者在東國未必爲精選, 而乃謂東國之詩如斯而止, 則東人之恥也. 且蘭公之意甚勤, 而子之所欲應者甚誠, 余豈不樂爲之助焉. 遂相與往復添刪, 成若干編.";外集 卷2, 杭傳尺牘,「乾淨衕筆談」, "蘭公曰, 箕雅一書, 多近代人詩耶. 余曰, 古今皆入焉, 如欲一覽, 後當寄上. 蘭公曰, 恐費事耳. 余曰, 不難. 蘭公曰, 此書, 各人名下, 記其氏爵否. 余曰, 略有之, 當以此等幾篇, 合而增損之, 詳記氏族而付送. 蘭公曰, 極好." 참조.

25 李書九,『薑山全書』,「薑山筆多」, "幸而薦之於中國之君子, 足以廣異聞資雅談."

에는 "다른 나라 사람들이 한목소리를 내는 것은 자못 즐거워할 일이며, 후세에 전해지고 전해지지 못하고는 꼭 논하지 않아도 된다."[26]라고 하여 동시대 외국인과 소통할 수 있다는 점에서 『이십일도회고시』의 의의를 찾았다.

여기에서 한 가지 주목되는 것은 당시 중국으로 보낸 저작들은 중국 독자의 지적 요구를 적극적으로 반영하려 했다는 점이다. 『해동시선』은 반정균의 요구대로 최근세 인물을 포함하고 있으며, 간략하지만 시인의 소전(小傳)이 기록되어 있다. 그뿐만 아니라 중국 독자들이 알기 어려운 우리나라의 지명이나 고사에 대해서는 주석을 붙여 놓기도 하였다.[27] 또한 이서구의 『강산필치』는 북경에서 연암이 『명시종』 중 조선 관련 기사의 오류를 고쳐 달라고 요청을 받았던 일의 연장선상에서 이루어진 저작이라 할 수 있다. 『명시종』에 전겸익(錢謙益)의 『열조시집(列朝詩集)』을 더 추가하여 조선에 대한 기사 중 오류를 바로잡아 정리하였다. 다음 유득공의 『이십일도회고시』는 홍대용이 연행 도중 하룻밤 사이에 『동국기략(東國紀略)』을 지어 중국인에게 보여 주어야 할 정도로 중국인이 조선의 역사에 무지하였던 점을 고려하여 기획한 저작이라 할 수 있다. 12개국 16곳의 도읍지를 회고시를 통해 감상하면서 우리나라 역사의 대강을 파악할 수 있도록 구성되어 있다. 또한 유득공이 회고시를 택한 이유 역시 『한객건연집』의 작품 중 회고시에 해당하는 「송경잡절(松京雜絶)」과 같은 시가 중국 지식인으로부터 가장 큰 호응을 받았다는 사실과 무관하지 않은 것으로 보인다. 당시 중국에는 망국의 한을 암시적으로 표출한 왕사정(王士禎) 시풍이 크게 유행하고 있

---

26 『泠齋集』 卷8, 「題二十一都懷古詩」, "異地同聲, 差可爲樂, 傳不傳, 不須論也."
27 박현규(2001b), 296~304면 참조.

었던바, 유득공은 망국의 도읍지를 다룬 시를 통하여 한족 지식인들과 어떤 공감대를 형성하려 했던 것으로 보인다.[28] 유득공과 이서구는 당시 아직 연행을 다녀오지 않은 시기였지만, 홍대용이나 연암의 연행 경험을 통해 중국 문인사회의 성향을 나름대로 파악하고 이에 대응하여 저작의 성격을 결정한 것이라 할 수 있다. 『해동시선』의 경우도 반정균의 개인적 요구라기보다는 당시 중국 시선집의 보편적 체제에 맞추어 편찬한 것이라 할 수 있다.

이와 같이 중국 지식인을 독자층으로 상정하고, 그들의 지적 요구나 문예적 취향을 반영하는 저작은 기존에는 볼 수 없었던 새로운 형태의 저작이라고 할 수 있다. 여기서 중요한 것은 지적 요구이든 문예적 취향이든 간에 독자층의 호응을 매우 주요한 요소로 받아들이고 있다는 점이다. 앞서 살펴보았듯이 유득공에게 저작은 독자에게 현실적 효용 가치가 있어야 하고, 중국으로까지 널리 전파될 수 있어야 하는 바, 이는 곧 독자의 호응을 얻어야 저작으로서 가치를 지닐 수 있는 의미와 같은 것이다.

유득공이 독자의 호응을 얼마나 중요하게 인식하였는지는 연암의 『열하일기』에 대해 쓴 글을 통해 살펴볼 수 있다. 문체반정 당시 연암을 문책한 정조(正祖)의 명령은 남공철(南公轍)의 편지를 통해 연암에게 알려졌는데, 유득공은 당시 정조의 명령을 다음과 같이 기술하였다.

다시 단정하고 바른 글을 짓되 분량이 『열하일기』와 비슷하고, 회자되기가 『열하일기』와 같다면 괜찮지만, 그렇지 못하다면 벌을 내릴 것이다.[29]

---

28 이철희(2009) 참조.
29 『古芸堂筆記』卷3, 「熱河日記」, "能復爲雅正之文, 編帙比熱河日記, 膾炙若熱河日記, 則

유득공은 이 글을 쓰면서 천하에 낭패한 이로 연암과 같은 이가 없다고 한탄한다. 그 이유에 대하여 "장중한 작품이란 널리 회자되기 쉽지 않고, 설사 불후한 것이 된다 하더라도 법규나 좋지 않은 시와 같은 것으로 남을 것이다."라고 하였다.[30] 법규나 좋지 않은 시란 아무런 감동이 없는 작품을 뜻한다. 그런데 한 가지 흥미로운 점은 당시 정조가 내린 명령이 다른 기록과는 다소 차이가 있다는 점이다. 남공철의 편지글은 『연암집』에도 재인용되어 있고, 연암의 아들 박종채(朴宗采)가 남긴 『과정록(過庭錄)』에도 전하는데, 여기에는 "신속히 순수하고 바른 글 한 편을 지어 급히 올려 보냄으로써 『열하일기』의 죗값을 치르도록 하라. 그러면 비록 남행(南行) 문임(文任)이라도 주기를 어찌 아까워하겠는가? 그렇지 않으면 마땅히 중죄가 내릴 것이다."라고 되어 있다.[31] '아정(雅正)' 또는 '순정(純正)'이라고 표현된 문체만을 언급하며 빠른 기일 내에 지을 것만을 명하고 있을 뿐, 회자되기가 『열하일기』와 같아야 된다는 내용은 빠져 있다. 두 기록의 차이에 대해서는 보다 면밀한 검토가 있어야 할 것이나, 유득공이 『열하일기』의 핵심적 문제로 '회자'를 제기하고 있다는 점은 매우 의미심장하다. 정조도 새로 쓴 글이 『열하일기』와 같이 '회자'되어야 한다는 점을 못박아 명하고 있고, 유득공도 회자되지 않는 불후함이란 아무런 감동이 없는 법규나 좋지 못한 시에 불과할 뿐이라고 말하고 있기 때문이다. 이는 '회자'라고 표현되고 있는 당대 독자층의 호응이 문학의 주요한 요소로 대두하

可也 不然有罰."

30 앞의 글, "莊語, 又未易膾炙, 所恃以不朽者, 則殆同準勅惡詩, 天下狼狽人, 莫如燕巖."

31 朴趾源, 『燕巖集』卷2, 「答南直閣書」, '原書附', "以此意作書, 執事斯速著一部純正之文, 卽上送, 以贖熱河記之罪, 則雖南行文任, 豈有可惜者乎. 不然則當有重罪."

고 있음을 보여 준다.

독자층의 호응에 대한 인식은 유만주(兪晩柱, 1755~1788)가 기록한 연암의 발언에서도 살펴볼 수 있다. 유만주의 전언에 따르면, 연암 스스로 자신은 사마천, 반고(班固), 한유(韓愈), 유종원(柳宗元) 등 여러 고전 작가뿐만이 아니라, 원굉도(袁宏道)와 김성탄(金聖嘆)의 문체를 본뜬 작품도 있다고 밝혔다 한다.[32] 그러면서 연암은 자신의 글이 원굉도와 김성탄의 소품문으로 칭해지게 된 원인을 다음과 같이 해명했다고 한다.

사람들은 사마천이나 한유를 본뜬 글을 보면 눈꺼풀이 무거워져 잠을 청하려 하지만, 원굉도나 김성탄을 본뜬 글을 보는 자들은 눈이 밝아지고 통쾌하게 여겨 전파해 마지않는다. 이에 나의 글이 원굉도와 김성탄의 소품으로 칭해지게 되었으니, 이것은 진실로 세상 사람들이 그렇게 만든 것이다.[33]

연암은 원굉도와 김성탄의 문체를 본뜬 작품을 세상 사람이 더욱 좋아하여 널리 전파되었고, 이 때문에 그런 작품이 마치 자신의 대표작인 양 소문이 나게 되었다는 것이다. 즉 문제의 원인은 자신에게 있는 것이 아니라 원굉도와 김성탄의 문체를 좋아하여 널리 전파한 세상 사람에게 있다는 해명이 된다. 이 발언은 연암이 원굉도, 김성탄의 문학에 심취했다는 증거로 거론되기도 한다. 그러나 시각을 달리하여 보면, 연암이 독자의 관점에서 문제를 파악하고 있다는 사실에 주목할 필요가

---

32 兪晩柱, 『欽英』, 1786. 11. 26일조.

33 앞의 글. "人見其拿馬拿韓, 則便爾睫重思睡, 而特于其拿袁金者, 眼明心快, 傳道不置, 于是, 吾之文, 以袁金小品稱焉."

있다. 고문보다는 소품문이 독자로부터 더 큰 호응을 받으며 널리 전파되는 현실을 연암은 직시하고 있었던 것이다.

연암의 문학을 관통하고 있는 현실에 대한 비판과 풍자정신은 당대 사회와 지식인의 변혁을 시급하게 요구하는 것이었다. 비유하여 말하자면, 조국의 낙후한 현실과 고루한 지식사회를 타개하기 위하여 그는 천년 뒤 자신을 알아줄 양웅(揚雄)을 기다릴 수는 없는 것이었다.[34] 연암이 당대 독자층의 호응을 깊이 고려하였던 일면에는 이와 같은 실학적 관점의 문학관이 자리하고 있었던 것이다.[35] 독자층의 호응을 중시한 유득공의 생각도 바로 여기에 있었다고 보아야 할 것이다. 후대를 위한 '저서입언'보다는 당대 독자층에게 현실적 효용가치가 있어, 그들로부터 호응을 얻을 수 있어야 진정한 저작이라는 유득공의 생각은 연암그룹이 자신들을 정초(鄭樵)와 마단림(馬端臨)에 비견하며 경제실용의 학문을 추구하였다고 자부하던 자세와 표리를 이룬다고 할 수 있다.[36]

---

34 朴趾源,『燕巖集』卷3,「繪聲園集跋」, "尙友千古, 鬱陶哉是言也. 千古之人, 已化爲飄塵泠風, 則其將誰爲吾第二, 誰爲吾周旋耶. 揚子雲旣不得當世之知己, 則慨然欲俟千歲之子雲."

35 이철희(2008) 참조.

36 이덕무는 박제가에게 준 편지에서, "우리가 20년 전에 百家書를 박람하여 풍부하다 하겠으나, 궁극적인 뜻은 바로 經史에 완전함을 기함이요, 책을 지어 이론을 세운 것은 경제실용에서 벗어나지 않으니, 스스로를 적이 漁仲(鄭樵)과 貴與(馬端臨)의 반열에 붙여 생각하였소.〔吾儕, 二十年前, 汎覽百家, 亦云富有, 畢竟歸趣, 卽全經全史, 而著書立言, 不出經濟實用間, 竊自付於漁仲貴與之間.〕"라고 하였고, 이서구는 "내가 어려서 정초와 마단림을 흠모하여 일찍이 망령되이 말하길, 文詞를 지을 때 禮樂刑政經濟實用의 근본에 근거하지 않고서는 저작하지 않을 것이라고 하였다.〔余少慕鄭浹漆馬貴與之學, 嘗妄言'爲文詞, 不根據乎禮樂刑政經濟實用之本, 可無作也.'〕"라고 하였다. 이덕무,『청장관전서』,『아정유고』권7,「與朴楚亭」; 이서구,『강산전서』,『강산시집』,「序」 참조.

3. 연행과 동아시아 지식정보의 소통

유득공은 저작이 당대 독자에게 효용적 가치를 지니며 널리 전파되어 읽혀야 한다는 매우 현실적인 인식 태도를 지니고 있었고, 또 자신의 저작이 국경을 넘어 중국에서 출판되어 독자들의 호응을 받으며 널리 전파되는 상황을 직접 경험하기도 하였다. 이러한 인식과 경험이 형성되는 과정에서 그는 전통적 방식에 따라 문집에 편입되는 글 이외에 여러 편의 단독 저작을 편찬하여 세상에 내놓았다. 이 단독 저작들이야말로 저작에 대한 유득공의 인식 변화를 구체적으로 보여 주는 실체라 할 수 있다.

유득공의 아들 유본예(柳本藝)가 쓴 행장에는 유득공의 저작으로 자신이 직접 편집한 문집 5권을 비롯하여『서종(書種)』14권이 있는데,『서종』에는『발해고(渤海考)』2권,『사군지(四郡志)』1권,『이십일도회고시』1권,『경도잡지(京都雜志)』1권,『심양록(瀋陽錄)』,[37]『난양록』,[38]『연대재유록』3권,『고운당필기(古芸堂筆記)』3권,『병세집(並世集)』1권이 있다고 하였다. 그러나 행장에는 현재까지 알려진 유득공의 저작이 모두 기재되어 있지는 않다. 담배를 다룬『연경(煙經)』, 비둘기를 다룬『발합경(鵓鴿經)』, 범을 다룬『속백호통(續白虎通)』, 우리나라의 벼루를 다룬『동연보(東硯譜)』그리고 고려시대 이전 우리나라의 시를 모은『동시맹(東

---

37 유득공의 1차 연행기록에 대하여 행장에서는『심양록』이라고 칭하는데, 유득공은 이때 지은 기행문의 서문으로「挹婁旅筆序」(『영재집』권7)를 남기고 있다. 이 글에서 "심양은 옛 읍루국이므로, 나의 이 기행문을 읍루여필이라 이름 붙인다."라고 하였다.

38 『난양록』은 원래 명칭이『熱河紀行詩注』인데 개편하는 과정에서 새로 붙인 서명이다. 이하 재편 이전의 작품을 칭할 때는『열하기행시주』라고 한다.

詩萌)』(일명 『三韓詩紀』라고 칭함)이 빠져 있다.

행장에 기재된 목록을 보면 문집 이외의 단독 저작들은『서종』에 수록한 것으로 보이는데, 한 가지 흥미로운 점은 1778년 1차 연행을 다녀오기 이전에 지은 단독 저작들이 모두 빠져 있다는 사실이다. 현재 전하는『서종』만 놓고 본다면, 1778년 1차 연행을 앞두고 중국에 보내기 위하여 지은『이십일도회고시』부터 본격적인 저작으로 인정한 것이다. 제외된 저작들은 대부분 연암그룹의 초기 시절에 취미를 붙였던 박물학적 소품들로, 이서구의 『녹앵무경(綠鸚鵡經)』과 같은 작품은 연암에게 비판적 평가를 받기도 하였다.[39] 또한 뒷날 연암그룹이 젊은 시절 자신들의 학문적 지표가 궁극적으로 경세실용의 학문에 있었다는 점을 강조한 것으로 보아, 초기 시절의 소품 취향의 저작에 대하여 큰 의미를 부여하지 않고 유득공 스스로 제외시켰을 가능성도 있다. 연암그룹은 백탑청연 시절이 끝나고 관직에 들어선 뒤에는 더 이상 소품 취향의 저작을 짓지 않은 것으로 보인다.[40]

그런데 연암그룹 중 이덕무, 박제가, 유득공 등은 규장각에 봉직하기 1년 전에 첫 연행을 다녀왔다. 절묘하게도 연행을 다녀온 뒤 바로 관료가 되었기 때문에, 학술과 저작활동의 전환점이 복합적 요인으로 설명되어야 한다. 중년이 되고 또 관료가 됨에 따라 인식의 변화가 생겼을 뿐만 아니라, 연행의 경험이 미친 영향 또한 규명되어야 하는 것이다. 이러한 관점에서 보았을 때, 가장 분명한 변화의 자취를 보여 주는 인물이 바로 유득공이다.

유득공은 백탑청연 시절 『연경』, 『발합경』, 『속백호통』, 『동연보』 등

---

39 이철희(2008) 참조.
40 김영진(2005b), 955~958면 참조.

다양한 소품 취향의 저작을 남겼다. 그러나 첫 연행을 기점으로 하여 한중 지식인의 지적 교류나 동아시아의 지식정보를 소통시키는 방향으로 나간다. 먼저 연행기록인 『난양록』과 『연대재유록』은 청나라의 정세와 인물은 물론 몽고·회회·월남·유구 등 동아시아 제 국가에 대한 정보를 담고 있으며, 조선 지식인과 교류한 중국 지식인 및 일본·안남·유구 사신의 시를 선집한 『병세집』은 단순한 시선집을 넘어 동아시아 지식인의 교유관계를 총괄적으로 정리한 저작이라 할 수 있다. 또한 조선의 강역에 존멸하였던 역대 21개국의 도읍지를 회고시로 읊은 『이십일도회고시』와 서울의 세시풍속을 다룬 『경도잡지』는 우리나라의 역사문화를 정리한 것으로, 조선에 대한 기초적 지식을 외부세계에 제공하는 성격을 지니고 있다.

한편 유득공의 대표작으로 칭해지는 『발해고』와 『사군지』는 북방고토(北方古土)에 대한 인식의 변화에서 연유한 저작인데, 이 역시 연행의 경험에서 촉발된 것이라 할 수 있다. 북방고토에 대한 인식의 변화는 연행을 경험한 뒤 이루어진 『이십일도회고시』의 개작 과정에서 확인되기 때문이다. 『이십일도회고시』는 1778년 첫 번째 연행을 다녀오기 전에 완성한 최초의 편집본(이하 '초편본'이라 칭함)과 14년 뒤에 주석을 다시 기재하여 개정한 재편집본(이하 '재편본'이라 칭함)이 있는데, 두 본의 가장 큰 차이 중 하나가 고구려의 비중이 초편본보다 재편본에 상대적으로 높아져 있다는 점이다. 초편본에는 신라 5수, 백제 4수, 고구려 2수였는데, 재편본에는 고구려가 5수로 증가한 것이다. 뒤에서 다시 논하겠지만, 『이십일도회고시』는 조선의 강역에 위치했던 옛 왕도를 대상으로 삼은 것으로, 당시 중국의 영토로 편입된 압록강 이북의 영역은 논의의 대상으로 삼지 않았다. 그러므로 21도 즉 21국에는 발해, 부여, 옥저 등과 같은 북방계 나라가 포함되지 않았다. 그런데 유득공이 1차 연행을 다녀온 지 6년 뒤인 1784년에 『발해고』를 편찬하였다는 점은 이 사이 북방 고대사에 대한 그의 인식에 큰 변화가 생겼음을 의미한다.[41] 유득공은 『사군지』를 편찬하게 된 동기에 대해서도 연행 도중 요동벌판의 지나며 개원과 철령 등 옛 부여국의 경계를 목도하면서부터라고 밝히고 있다.[42] 『이십일도회고시』의 초편본을 편찬하였을 때만 해도 조선의 강역에 묶여 있던 고대사에 대한 인식이 연행을 경험하면서 비로소 북방으로 눈을 뜨게 하였던 것이다. 이러한 인식의 변화가 『발해고』와 『사군지』의 저작으로 이어졌던 것이다.

끝으로 유득공이 수집한 지식정보의 집대성이라 칭할 수 있는 『고운당필기』는 학술, 역사, 지리, 풍속, 언어 등 전 분야에 걸친 내용을 담고 있는데,[43] 이 중 가장 큰 비중을 차지하는 것은 역시 연행의 경험에서 나온 지식이다. 특히 만주, 몽고 등 북방민족과 우리나라의 문화, 풍습, 언어를 비교하여 고찰한 부분은 상당히 공력을 들인 분야로 동북아시아에 대한 유득공의 깊은 관심을 보여 준다. 또 한편으로는 외부세계에 대한 높은 관심과 경세실용의 관점이 반영되어 있다는 특성을 보인다. 예컨대 하멜표류사건을 기록한 「서양번인(西洋番人)」과 1797년 부산 동래 용당포에 출현한 이양선을 다룬 「번인조창(番人鳥槍)」에서는 서구

---

41 송기호는 유득공의 역사의식이 초기에는 남방 중심이었다가 나중에 북방 중심으로 변모해 갔다고 보았다. 송기호(2000), 32면 참조.

42 김윤조 역(2005), 「四郡志序」, "其過遼之野, 坐車中褰帷, 東北望, 杳杳然若雲煙之堆疊, 云是開元鐵嶺, 古夫餘國之界, 又悅乎其有可會者矣."

43 김윤조(2007a) 참조. 이 논문의 조사에 따르면 『고운당필기』는 6권 3책으로, 현재 권3~권6에 2책이 전하며, 현존하지 않는 권1과 권2는 李仁榮의 『靑芬室書目』에 106개 조목의 목록이 기재되어 있는데, 이 중 다른 이본에서 53개 조목의 내용을 확인할 수 있다고 한다. 이에 따라 『고운당필기』의 총목록은 295조목으로 이중 내용을 담고 있는 것은 242조목이라고 한다.

세계와 서양인에 대하여 생김새, 복장, 인사법, 식생활 및 숫자와 문자의 특징 등을 매우 실체적으로 이해하고 있으며, 특히 서양인의 다양한 기술 중 선박과 조총 등의 무기류에 대해서는 각종 제도 및 정확한 치수와 무게까지 자세하게 기록하여 물질문명에 대한 비상한 관심을 드러낸다. 또한 서구의 국가를 다룬 「영길리국(嘆咭唎國)」, 「아란타(阿蘭陀)」 등 서구 세계에 대한 기록에서는 과학과 기술이 발달한 서구 문명과 해상교역으로 활동하고 있는 정황을 비교적 객관적 사실에 입각하여 전달하고 있다. 이들은 유득공이 해외기문(海外奇聞)에 대한 소설가적 관심의 수준을 넘어 이용후생의 관점에서 서구 세계를 인식하고 있음을 보여 준다.

이상 유득공의 『서종』에 실려 현존하는 8종의 단독 저작이 연행의 경험과 직간접으로 관계되어 있음을 살펴보았다. 연행을 기점으로 저작의 성격이 변한 점은 연행을 통하여 그가 새로운 지식정보에 관심을 가지게 되었음을 뜻한다. 또 한편으로는 양국 지식인 사회의 지적 요구를 새롭게 인식하고, 이를 저작활동에 반영하였음을 의미한다. 이 과정에서 유득공은 현실적 효용가치를 지니며 독자의 호응을 얻을 수 있는 저작을 모색한 것이다. 따라서 18세기 한중 지식인의 지적 교류라는 관점에서 본다면, 다음 두 가지 부문에 주목하게 된다. 하나는 조선의 역사문화를 다룬 『이십일도회고시』와 『경도잡지』이고, 또 다른 하나는 동아시아의 정세와 인물을 다룬 『난양록』과 『연대재유록』 및 『병세집』이다. 이 저작들을 한중 양국 지식인의 지적 요구에 대응한 것으로서 유득공이 동아시아의 지식정보를 어떻게 소통시키고자 하였는지를 보여 주기 때문이다.

1) 조선의 역사문화에 대한 지식정보화

(1) 조선의 역사 지식을 담은 『이십일도회고시』

『이십일도회고시』는 조선 강역에 존멸하였던 21국을 7언절구체의 회고시로 창작하고, 관련된 역사 사실을 정리하여 주석을 붙인 저작이다. 『발해고』, 『사군지』와 더불어 역사지리 분야에서 유득공의 위상을 높인 대표작으로 꼽힌다. 기존 연구에서는 유득공의 민족적 역사의식과 북방영토에 대한 경략의지가 관철되어 있는 저작으로 평가하였고, 오늘날까지 학계에서 정론으로 받아들이고 있다.[44]

그러나 최근 연구에서는 기존 연구의 오류를 지적하며 『이십일도회고시』가 중국 측 인사들에게 전달하기 위해 저작된 것이므로 한중 문학 교류의 관점에서 그 의의가 파악되어야 한다는 점이 제기되었다.[45] 기존 연구에서는 1778년의 초편본을 발견하지 못한 채, 1792년에 재편집된 이본을 초편본으로 오인하여 양자에 큰 차이가 없다고 판단하였고,[46] 이에 따라 1784년에 편찬된 『발해고』의 역사의식을 고스란히 초편본에도 소급시킴으로써 민족적 역사의식과 북방영토에 대한 인식을 과도하게 부각시켰다는 것이다. 앞서 지적하였듯이 북방영토에 대한 인식은 연행을 다녀온 이후에 강화된 것으로 나타나며, 민족적 역사의식 또한 작품 전체를 관통하는 특성으로 논하기에는 무리가 따른다. 예컨대, 광개토왕비나 만주영토를 비롯하여 김춘추(金春秋)와 김유신(金庾信)의 업적 및 몽고의 침입 등 중대한 역사적 소재를 다루지 않은 점에

---

44 송준호(1985), 120~125면 참조. 송준호의 『이십일도회고시』에 대한 평가는 이후 이경수(1995), 김태준(1999) 등에서 그대로 수용된다.
45 이철희(2009) 참조.
46 송준호(1985), 129~130면 참조.

대해서는 기존연구에서도 스스로 의문을 제기한 바 있다.[47] 그보다는 중국 측 인사에게 보낼 저작물로서 우리나라의 역사를 다루었다는 점 자체에서 유득공의 민족적 주체의식을 이해하는 것이 타당할 듯하다.

또한 『이십일도회고시』는 한중 문학 교류의 관점에서 보았을 때 그 형식과 내용의 특성이 명료하게 드러난다. 당시 연암그룹은 조선에 대한 중국 지식인들의 몰이해와 오인에 대하여 심각한 문제의식을 지니고 있었고, 이로 인하여 우리나라를 중국에 알리기 위한 저작을 편찬하기도 하였다. 『이십일도회고시』의 체제와 구성은 바로 이러한 배경에서 나온 것으로, 조선의 역사를 외부세계에 어떻게 알릴 것인가라는 고민에서 나온 결과물이라 할 수 있다. 따라서 『이십일도회고시』는 일반적 회고시와는 다른 두 가지 특성을 보인다.

먼저 회고시라는 제목을 표방하며 조선의 전 강역과 역사를 체계화시켜 다룬 창작 방식은 이전에서 찾아볼 수 없는 새로운 체제의 저작이다.[48] 일반적으로 역사 속 사건이나 인물 및 유적 등을 소재로 다룬 시는 '영사(詠史)', '회고(懷古)', '람고(覽古)', '조고(弔古)' 등의 다양한 명칭 아래 창작되어 왔으나, 하나의 사건이나 지역을 넘어 보다 광범위한 범위를 다룰 때는 '영사' 또는 '악부(樂府)'라는 명칭을 사용하여 왔다. 조선 후기에 등장하는 이익(李瀷), 이복휴(李福休), 이학규(李學逵) 등의 『해동악부(海東樂府)』와 당나라 호증(胡曾)의 『영사시(詠史詩)』 등에서 예를 찾을 수 있다. 이 중 영사시와 회고시는 각각의 양식적 특징을 지니면서도 경계가 뚜렷하지 않은 요소도 지니고 있어, 회고시와 영사시의 구별 문제는 오늘날까지 주요한 쟁점이 되고 있다. 『이십일도회고시』 또한

---

47 앞의 책, 128~129면 참조.
48 이철희(2009) 참조.

이러한 쟁점 속에 놓여 있는 작품으로 기존 연구에서는 영사시로 규정되기도 하였다.[49] 그러나 유득공이 회고시라고 칭한 이유는 초편본의 체제를 보면 보다 분명해진다. 다음은 초편본의 편차이다.

平壤府〔檀君朝鮮(1), 箕子朝鮮(2), 衛滿朝鮮(1), 高句麗(2)〕 / 益山郡〔馬韓(1), 報德國(1)〕 / 成川府〔沸流國(1)〕 / 江陵府〔濊國(1), 溟洲國(1)〕 / 春川府〔貊國(1)〕 / 扶餘縣〔百濟(3)〕 / 仁川府〔彌趨忽國(1)〕 / 濟州牧〔耽羅(1)〕 / 慶州府〔新羅(6)〕 / 金海郡〔金官國(1)〕 / 高靈縣〔大伽倻國(1)〕 / 開寧縣〔甘文國(1)〕 / 鬱陵島〔于山國(1)〕 / 鐵原府〔泰封(1)〕 / 全州府〔後百濟(1)〕 / 開城府〔高麗(8)〕

초편본은 평양부, 익산군, 성천부 등 당시의 지방명을 중심으로 편차가 구성되어 있음을 볼 수 있다. 유득공이 「제이십일도회고시(題二十一都懷古詩)」에서 우리나라의 지지(地誌)를 열람하면서 지었다고 밝히고 있듯이, 바로 지지의 편차를 그대로 따르고 있다.

회고시는 기본적으로 '촉경서정(觸景抒情)'에 의거하여 흥망성쇠의 감상이나 역사에 대한 비평의식 등을 표현하기 때문에 작가가 유적이나 경물을 직접 목도하며 쓰는 형식을 취하기 마련이다. 예컨대 유우석(劉禹錫)의 「금릉회고(金陵懷古)」는 자신이 직접 가 보지 못한 금릉지역을 읊은 것이지만, 상상력을 통하여 촉경서정의 방식을 취하였기 때문에 회고시라고 칭한 것이다. 따라서 대개의 회고시는 「영성회고(郢城懷古)」, 「백제회고(白帝懷古)」, 「현산회고(峴山懷古)」 등과 같이 어느 한 지역을 대상으로 창작되어 왔다. 즉 작가가 직접 가 볼 수 있는 곳으로

---

49 심경호(2000), 15면 참조.

제한되어 창작되었고, 이로 인해 중국 문학사에서 중국 전체를 대상으로 한 회고시가 존재할 수 없었던 것이다.[50]

따라서 유득공이 21국 16개 도읍지와 그 유적지를 회고시로 담아 내는 체제를 구성한 것은 우리나라의 전 강역과 역사 전체상을 표현하기 위해 선택한 방식이었음을 보여 준다. 초편본의 편차가 재편본에서 '단군조선(1) 기자조선(2) 위만조선(2) 한(韓)(1) 예(濊)(1) …… 후백제(1) 태봉(1) 고려(9)' 등 역사의 전개에 따라 바뀐 것 역시 이 저작이 단순한 회고시를 모은 시집이 아니라, 우리나라의 역사를 더불어 알리기 위한 것이었음을 보다 명확하게 보여 준다.

한편 『이십일도회고시』에 기재한 주석 역시 역사를 다룬 시편에 부기하는 주석과는 성격이 다르다. 역사를 다룬 여타 영사시나 회고시 계열의 작품에는 창작 배경과 시의 이해를 위해 필요한 역사기록이나 전고를 설명하는 서문이나 주석을 작가가 직접 기재하기도 한다. 그러나 『이십일도회고시』에서 주석은 시구의 이해를 위한 것에 제한되지 않고, 해당 나라의 전체적 역사상을 설명하려는 경향을 보여 준다. 다음은 고구려의 2편 중 주몽을 다룬 시구 '활로 횡행하던 십구 년 만에, 기린보마 타고 하늘에 조회했다네〔弧矢橫行十九年 麒麟寶馬去朝天〕'에서 첫 시어 '호시(弧矢)'에 대한 주석이다.

　　① 김부식의 『삼국사기』 고구려본기에 이르기를 "북부여왕 부루의 아들 금와왕이 우발수에서 여자를 얻었는데 '저는 하백의 딸로 이름이 유화입니다.'라고 하였다. 금와왕이 기이하게 여겨 방 안에 유폐시키자 햇빛

50　이철희(2010) 참조.

이 비춰 임신을 하였다. 알 하나를 낳아서 따뜻한 곳에 두었더니, 남자아이가 껍질을 깨고 나왔다. 골상이 영준한 기운을 띠었는데, 일곱 살 때는 스스로 활과 화살을 만들어 백 번을 쏘아 백 번을 적중시켰다. 부여의 풍습에 활을 잘 쏘는 자를 주몽이라고 일렀으므로 그것을 이름으로 삼았다." 하였다. 천제의 아들이라 성을 고(高)씨라 하였으니, 이 사람이 고구려 시조 동명왕이다. 한나라 원제(元帝) 건소(建昭) 2년 갑신년에 즉위하였다. 처음 졸본부여에 도읍을 하였는데, 지금의 성천부이다. 성제(成帝) 홍가(鴻嘉) 2년 임인년에 죽으니 재위 19년이다. 우발수는 지금의 영변부에 있다. ② 유리왕 2년에 국내성으로 도읍지를 옮기니, 지금의 평안도 의주부에 있다. 산산왕 13년에 환도성으로 도읍을 옮기니, 국내성 가까운 곳에 있다. 『고기(古記)』에 "동인들이 검을 부르기를 환도라고 하였다." 하니 지금 영원군에 검산이 있는데, 환도성인지 아닌지 알 수 없다. 동천왕 21년에 수도를 평양으로 옮겼다. 고국원왕 20년에 다시 환도로 도읍하고 11년이 지나 또 평양의 동쪽 목멱산 안에 있는 동황성으로 옮겼다. 장수왕 15년에 다시 평양에 도읍하였다. 평원왕 28년에 평양 남쪽에 있는 장안성으로 도읍을 옮겼다. 그렇다면 처음 평양에 도읍한 것은 중엽에 있었고 동명왕의 유적은 대부분 평양에 있으니 동명왕 때에 이미 도읍한 것이다. ③ 동명왕은 요동 구려산 아래에서 성장하였기 때문에 성씨를 앞에 더하여 나라 이름으로 하였다. 유리왕, 대무왕, 민중왕, 모본왕, 태조왕, 차대왕, 신대왕, 고국천왕, 산상왕, 동천왕, 중천왕, 서천왕, 봉상왕, 미천왕, 고국원왕, 소수림왕, 고국양왕, 광개토왕, 장수왕, 문자왕, 안장왕, 안원왕, 양원왕, 평원왕, 영양왕, 영류왕을 거쳐 보장왕에 이르러 당나라 고종(高宗) 총장(總章) 원년(688)에 대총관 이적(李勣)을 보내 멸망시키고 그 영토를 나누어 9개의 도독부로 만들었는데, 안동도호부를 평양에 설치하였다. 모두 28대왕이고 705년을 유지하였다.[51]

주석의 표제어를 '호시'라고 제시하고 있지만, 그 내용은 '호시'의 설명에 국한되지 않고 있다. ①에서 주몽 신화 전체를 다루고 있는 것은 해당 시구의 전반적 이해를 위한 것이라 할 수 있다. 그러나 ②와 ③에서 고구려 전 역사의 천도 과정과 28대 제왕의 왕호를 모두 기재한 점은 주석의 역할이 고구려에 대한 개괄적 소개를 하려는 데 있다는 점을 보여 준다. 대개 나라마다 이와 같은 설명이 담긴 주석이 하나씩 기재되어 있다. 백제를 읊은 시에서 '반월성(半月城)'에 대한 주석에서 백제의 시조 온조왕부터 국명의 유래와 도읍지 도천의 역사를 두루 설명하고, 이 과정에서 온조왕부터 의자왕까지 30대 왕명(王名)을 모두 기록하기도 한다. 이러한 주석이 재편본에서는 각 나라에 대한 개관을 별도의 단락으로 기술하여 각 편마다 서문의 형식을 기재하였다. 이로써 재편본에서는 회고시와 더불어 각 나라에 대한 역사 개관을 동시에 읽을 수 있는 특이한 체제가 완성된다.

이상에서 『이십일도회고시』는 중국의 지식인을 독자층으로 상정하

---

51 『二十一都懷古詩』, "金富軾, 三國史記云, 北扶餘王扶婁之子金蛙, 得女子於漫渤水, 問之, 則曰, 我河伯之女, 名柳花. 金蛙異之, 幽閉室中, 爲日影所照, 有娠. 生大卵, 置煙處, 有男子破殼而出, 骨表英奇. 七歲自作弓矢, 百發百中. 扶餘俗, 善射爲之朱蒙, 因而爲名. 自云, 天帝子, 姓高氏, 是爲高句麗始祖東明王, 漢元帝建昭二年甲申立, 初都卒本扶餘, 今成川府. 成帝鴻嘉二年壬寅, 蒙在位十九年, 漫渤水, 在今寧邊府. 瑠璃王二年, 移都國內城, 在今平安道義州府. 山上王十三年, 移都丸都城, 在國內城近處. 古記東人呼劍爲丸都, 今寧遠郡劍山, 則丸都城, 未知是否. 東川王二十一年, 移都平壤, 古國原王二十年, 復都丸都, 十一年又移東寅城, 在平壤東木覓山中. 長壽王十五年, 復都平壤. 平原王二十八年, 移都長安城, 在平壤南, 然則其始都平壤, 在中葉而東明遺跡多在平壤, 可疑東明時已嘗都之歟. 東明王, 生於遼東句麗山下, 以姓加於山名國号. 歷瑠璃王 · 大武王 · 閔中王 · 慕本王 · 太祖王 · 次大王 · 新大王 · 古國川王 · 山上王 · 東川王 · 中川王 · 西川王 · 烽上王 · 美川王 · 故國原王 · 小獸林王 · 故國壤王 · 廣開土王 · 長壽王 · 文咨王 · 安藏王 · 安原王 · 陽原王 · 平原王 · 嬰陽王 · 營留王, 至寶藏王, 唐高宗總章元年, 遣大總官李勣滅之, 分其地爲九都督府, 置安東都護府於平壤, 凡二十八王七百年."

고 지은 저작으로, 우리나라 역사에 대한 이해를 넓힐 수 있도록 체제와 내용이 구성되었음을 확인하였다. 『이십일도회고시』를 접한 중국의 지식인도 우리나라 역사에 특별히 관심을 두기도 하였다. 이정원이 『이십일도회고시』를 읽은 뒤 쓴 감상의 시편에서 "삼국의 옛 나라 누가 분할하고 합병했나, 지난날의 자취 오늘날 점차 어그러져 가네. 내 『위서(魏書)』를 읽다 도무지 이해할 수 없으니, 어디에 가서 영재(泠齋, 유득공)에게 물어 보게 할까?"라고 하였고,[52] 법식선(法式善)은 『두문시화(杜門詩話)』에서 나빙(羅聘)의 서재에서 『이십일도회고시』를 본 뒤 강릉부와 개성부의 주석을 인용하며 "사적(事跡)은 사가(史家)가 빠뜨린 곳을 보완할 만하고, 시 역시 전할 만하다〔事迹足補小史所缺 詩亦可傳〕."라고 하였다. 이러한 사례는 『이십일도회고시』를 계기로 중국 지식인들이 조선의 역사에 관심을 두고 있음을 보여 준다. 『이십일도회고시』가 당시 중국의 지식인 사이에서 호응을 얻을 수 있었던 이유도 바로 시와 역사가 공존하고 있다는 특징에서 찾아야 한다.

(2) 조선의 문화풍속을 담은 『경도잡지』

『경도잡지』는 우리 역사상 최초의 전문적인 세시풍속 관련 저술로, 김매순(金邁淳, 1776~1840)의 『열양세시기(洌陽歲時記)』와 홍석모(洪錫謨, 1781~1857)의 『동국세시기(東國歲時記)』에 큰 영향을 끼친 것으로 평가받고 있다. 권1의 풍속 편과 권2의 세시 편으로 구성, 각각 19개 조목을 정리하였다. 1796년에 완성된 것으로 추정된다. 그러나 『고운당필기』의 내용과 상호 긴밀하게 연관되어 있어, 우리나라 세시풍속에

---

52 『泠齋書種』, 『並世集』 卷1, 「李鼎元」, 「題二十一都懷古詩」, "三韓舊國誰分合, 往蹟而今已漸乖. 我讀魏書渾不解, 教人何處問泠齋."

대한 관심은 그 이전부터 지속되었다고 할 수 있다. 기존 연구에 의하면 『고운당필기』 전체 조목 중 4분의 1 정도가 세시풍속과 관계된 기사라고 한다.[53]

『경도잡지』는 현재 전하는 서문이 없어 저작의 배경과 목적 등을 직접 파악할 수 없다. 다만 몇 가지 드러나는 특징을 통하여 짐작할 수 있을 따름이다.

첫 번째 특징은 전체적인 체계와 내용을 갖추고 있지 않다는 점이다. 전문적 저술이라고 알려져 있지만 풍속의 경우 자신의 직간접인 경험으로 축적된 지식을 자유롭게 기술하는 형식을 취하고 있다. 이러한 성격은 사례(四禮) 중 오직 혼례(婚禮)만 한 편의 기사로 싣고, 나머지 관(冠)·상(喪)·제(祭)가 모두 빠져 있다는 점에서 확인할 수 있다. 또한 기존 연구에서 '고급 풍속'이라고 지적하였듯이, 대부분 양반가의 생활 양식을 기술하고 있다. 이는 유득공 자신이 직접 경험하거나 관심을 지니고 있던 범위 내에서 기술했기 때문으로 보인다. 가령 풍속 중 애완동물을 키우는 것에 대해서는 제10 조목에 비둘기를 지칭하는 '발합(鵓鴿)'만을 수록하고 있다. 당시 앵무새도 각광을 받으며 중국에서 수입이 되어 백탑동인인 이서구가 직접 기르고 그에 대한 시를 짓기도 하였지만,[54] 오직 비둘기만을 다룬 것은 자신이 저작한 『발합경』과 관련이 있는 것으로 보인다. 또한 제9 조목 '화훼'의 경우 일본산 소철과 종려나무, 중국산 해당화 및 매화와 국화 5종류만을 거론한다. 그 내용에 있어서도 매우 단편적 설명에 그치고 있다. 이러한 특성은 제7·제8 조목인 그릇과 문방을 다룬 글을 통하여 확인할 수 있다.

---

53 김윤조(2011) 참조.
54 이철희(2008) 참조.

기집(器什)

통속적으로 놋그릇을 중요시하여 사람들은 반드시 밥과 국, 나물, 고기까지 일체의 식탁에 놋그릇을 사용한다. 심지어는 세숫대야, 요강까지도 놋쇠로 만든다.[55]

문방(文房)

족제비 털로 만든 붓, 설화지나 죽청지, 해주에서 나는 유매묵, 남초에서 나는 오석연을 제일 좋은 물건으로 친다. 그런데 근래에는 위원에서 나는 자석연을 쓰기도 한다.[56]

우리나라의 생활양식 전체를 설명하기보다 자신의 주관적 관점에서 가장 특징적 부분이나 관심 분야를 기술하고 있다. 기술하는 방식에 어떤 문체적 특성도 고려한 것으로 보이는데, 이 자리에서는 이 글의 취지와 거리가 있으므로 일단 논외로 한다.

이러한 단편적 기술은 우리나라 독자를 대상으로 저작하였다고 보기 어렵다. 우리나라의 생활양식을 객관화시켜 기술하고 있다는 점에서 외국의 독자를 염두에 둔 저작이라고 보는 것이 타당하다. 이러한 관점에서 보았을 때, 『열하기행시주』의 「이묵장(李墨莊)」편에서 이정원이 유득공에게 "근자에 세시기(歲時記)와 같은 종류의 저작이 있습니까?"라고 물어본 장면이 주목된다. 이에 대해 유득공이 없다고 대답하

---

55 이석호 역(1973), 『京都雜志』, 「器什」, "俗重鍮器, 人必具飯湯蔬炙一卓之用, 至顔盆夜壺, 皆以鍮鑄."
56 앞의 책, 「文房」, "黃鼠狼尾筆, 雪花竹淸紙, 海州油煤墨, 藍浦烏石硏爲佳品. 近頗用渭原紫石硯."

자, 이정원은 한탄하며 "한번 관리가 되면 이러한 일은 마침내 버려지니 예로부터 모두 그러하였다."[57]라고 하였다. 이 대화를 보면 유득공이 이전에 세시기와 같은 것을 저작하겠다고 밝혔던 것으로 보인다. 그렇다면 『경도잡지』는 이정원과 거론했던 약속을 이행한 결과물이라고 볼 수 있다.

반면 권2 세시 편은 풍속 편과는 다른 특징을 보여 준다. 가장 큰 특징은 다른 나라의 풍속과 대비하여 그 관련성을 추적하려는 경향을 보인다는 점이다. 이러한 이유로 풍속편에서는 단 한 건의 인용서목이 없는 데 반하여, 세시편에서는 우리나라 문헌 5종, 국외 문헌 14종을 참고문헌으로 인용하고 있다. 6세기 종름(宗懍)의 『형초세시기(荊楚歲時記)』부터 청나라 주황(周煌)의 『유구국기략(琉球國記略)』까지 망라하며 고증적 자세를 취하는데, 우리나라의 세시풍속을 동아시아적 관점에서 비교, 고찰하려는 특징을 보여 준다.

몇 가지 예를 들어 보면 다음과 같다. 제1 조목 '원일(元日)'에서는 설날 집주인의 부재중 방문자의 명함을 받아두는 세함(歲銜)풍습을 중국 왕기(王錡)의 『우포잡기(寓圃雜記)』에서 유사한 풍습을 인용하고, 널뛰기는 주황의 『유구국기략』에 기록된 판무(板舞)에서 유사성을 제시한다. 또한 우리나라의 다리밟기 놀이와 유사한 풍습을 육계굉(陸啓浤)의 『북경세화기(北京歲華記)』, 우혁정(于奕正)의 『제경경물략(帝京景物略)』, 심방(沈榜)의 『완서잡기(宛署雜記)』 등에서 찾아내고 "이것들은 우리나라 풍속의 다리밟기에 연원이 된다〔此卽東俗踏橋所沿也〕."라고 하여 동아시아 전체를 하나의 영역으로 두고 풍속을 상호 대비하여 관련성을 찾고자

---

57 실시학사 고전문학연구회 역(2010), 140면 참조.

하였다.

　기존 연구에서는 "국제적 비교를 통해서 풍속의 원형을 객관적이고 합리적으로 탐구, 설명하려는 자세를 보인다."라고 하였지만,[58] 유득공의 관심은 풍속의 객관적 원형 자체에 있다기 보다는 중국과 우리나라의 관계양상을 세시풍속을 통해 고찰하는데 있었던 것으로 보인다. 제10 조목 '단오'에서는 "우리나라와 연경은 그다지 멀지 않으므로 풍속이 왕왕 닮아 있다."라고 기술하였고,[59]『고운당필기』에서 '변발(辮髮)'을 거론하며 중국을 제외한 회족, 몽고, 우리나라 등 동북아시아의 민족에게서 공통적으로 발견되는 풍속이라고 하였으며, '신간(神杆)'을 이야기하면서는 "우리나라 풍속은 왕왕 만주와 유사하다〔我東風俗 往往與滿洲略同〕."라고 한 것에서 볼 수 있듯이, 유득공은 동북아 지역 제 민족의 복잡다기한 양상에 대하여 큰 관심을 지니고 있었다.『경도잡지』는 우리나라의 풍속을 단순히 중국에게 알리는 데 만족하지 않고, 세시풍속을 통하여 동아시아 문화 속에 존재하는 상호 관계성을 규명하고자 한 저작임을 보여 준다.

2) 동아시아 인적 교류와 정세에 대한 지식정보화

(1) 동아시아 교유인물의 집대성『병세집』

　유본예의 행장에는『병세집』으로 제시되어 있지만, 이 저작은『건연외집(巾衍外集)』에서『중주십일가시선(中州十一家詩選)』으로 재편찬하는 과정을 거쳐 완성되었다. 홍대용이 육비(陸飛)·엄성(嚴誠)·반정균

58　김윤조(2011), 194면 참조.
59　이석호 역(1973),『京都雜志』,「端午」, "我東與燕中不甚遠, 故風俗往往相襲."

218

과 나눈 필담과 간찰을 엮어서 『회우록』을 편찬하였는데, 유득공은 이들 3인의 시를 뽑아 최초로 『건연외집』을 편찬하였다.[60] 이후 1777년 30세 때에는 숙부 유금이 교유한 이조원, 이정원, 축덕린(祝德麟) 등 8명을 추가하여 총 127수를 수록한 『중주십일가시선』으로 개편하였고, 이로부터 19년 뒤인 1796년 49세 때는 이덕무, 박제가 등과 함께 연행을 다녀오며 직간접적으로 교유한 인물과 일본, 안남, 유구의 사신을 포함하여 동아시아 4국의 문사 91명의 시 277수를 모아 『병세집』을 완성하였다.[61]

이와 같은 시선집을 저작하게 된 배경에 대해서는 유득공 자신이 쓴 서문에 밝혀져 있다. 20대 초반에 편찬하였을 『건연외집』에 대한 서문은 남아있지 않고, 『중주십일가시선』의 서문이 남아 있다. 이후 『병세집』에서는 이전 서문의 내용을 대부분 그대로 유지한 채, 수록 범위가 바뀐 사항에 대해서만 약간의 내용을 고치고, 몇몇 용어를 수정하여 그대로 게재하였다. 『건연외집』으로부터 『병세집』을 편찬하기까지 일괄되는 생각이 유지되면서도 다소간의 변화가 있었음을 보여 준다.

애초 『건연외집』에서 『중주십일가시선』으로 개편하여 서문을 쓸 당시에는 중국 시인의 시를 모은 시선집으로 편찬했던 것으로 보인다. 서문의 첫 시작에서 시는 중국 땅에서 처음 발생했다는 점을 전제한 뒤, 모든 사물에는 최고의 생산지가 따로 있어 옥은 남전(藍田)의 것을 최고로 치듯이, 시 또한 중국이 최고 산지임을 강조한다. 이어서 유득공은 "지금 오직 시에 대해 이야기하며 중국에서 구하지 않는다면, 이것은 농어가 먹고 싶은데 송강(松江)에 가지 않고, 금귤(金橘)을 구하면서 동

---

60 李德懋, 『靑莊館全書』 卷32, 『淸脾錄』 1, 「陸篠飮」; 卷33, 『淸脾錄』 2, 「嚴鐵橋」 참조.
61 허경진 · 천금매(2009) 참조.

정(洞庭)에 가지 않는 것과 같으니 그것이 가능하겠는가?"라고 주장한
다.[62] 그리고 조선은 중국의 변방인 운남이나 귀주 지방에 비하여 상대
적으로 가까운 거리에 있지만, 강역이 막혀 있으니 "이는 일생토록 농
어와 귤의 맛을 알지 못하는 것이니 어찌 슬퍼하지 않을 수 있겠는가?"
라고 하였다. 한시의 시원이 중국에서 발생했다는 점은 인정하더라도,
마치 오직 중원의 작품만이 시의 정수가 될 수 있다는 논리에는 중국
중심적 문화관이 강하게 드러나 있다. 또한『중주십일가시선』에 수록
한 인물들은 시인으로 평가하여 선정한 인물들이 아니라, 단지 홍대용
과 유금과 교유했다는 인연으로 선정되었다는 점에서 시의 전범적 작
가로 논하기에 다소 무리가 있다. 이 서문은 1777년 1차 연행을 떠나기
바로 1년 전에 지은 것이다. 백탑동인으로 활동하던 시기에 중국을 통
해 선진 문물을 배우겠다는 북학의 사유가 강하게 반영된 발언으로 이
해할 수 있다.

　『중주십일가시선』의 편찬 의도는 오히려 서문 중 다음 부분에 드러
나 있다.

　　옛날 최치원(崔致遠)과 김이오(金夷吾)는 고운(顧雲) · 장교(張喬)와, 이제
　현(李齊賢)과 이곡(李穀)은 우집(虞集) · 조맹부(趙孟頫)와 교유하며 모두 능
　히 문단에서 함께 겨루고 나란히 내달릴 수 있었다. 서로 주고받은 작품
　이 이제껏 사람들의 눈에 환히 빛난다. 이런 경우는 천 년 백 년에 몇 사
　람뿐이다. 명나라에서는 사걸칠자(四傑七子)와 경릉(竟陵)과 운간(雲間)의
　명성이 천하에 떨쳤지만 우리나라의 선비들은 귀를 기울여도 아무 들리

---

62 『泠齋集』卷7,「並世集序」, "今獨言詩而不求諸中國, 是猶思鱸魚而不之松江, 須金橘而
　不泛洞庭, 未知其可也."

는 바가 없었다. 여러 세대가 지난 뒤에 문집이 간행되어 우리나라로 들어온 뒤에야 비로소 어떤 때에 어떤 사람이 있었음을 알게 된다. 이는 마치 도성과 큰 고을에 과실이 농익었는데도 궁벽한 시골에서는 그저 앉아 시간이 늦도록 기다리는 것과 마찬가지다. 내가 동지 몇 사람과 더불어 이런저런 얘기를 나누다 이 대목에 이르러 크게 탄식하며 답답해하여 마지않았다.[63]

위 글에서도 시에 대해 이야기하고 있지만, 보다 근본적인 문제는 중국과 소통이 지체됨으로써 생기는 새로운 지식정보에 대한 갈증이다. 시선집의 서문에 도시와 시골의 예로 들면서 선진 문물의 수용 논리를 그대로 적용하고 있는 것은 문제의 본질이 동시대 지식인 사이의 소통 그 자체에 있었기 때문이다. 이어서 유득공은 앞선 시대의 인물에 대해서는 진유숭(陳維崧, 1625~1682)의 『금시협연집(今詩僷衍集)』이나 심덕잠(沈德潛, 1673~1769)의 『국조시별재(國朝詩別裁)』를 통해서 알 수 있지만, 동시대의 인물에 대해서는 알 수 없다고 한탄한다. 유득공이 '앞서지도 뒤지지도 않고 나와 같은 시대를 산 사람〔不先不後 與我同時者〕'이라고 표현한 '병세(並世)'의 의미를 최종적 제목으로 부여한 것은 동시대 인물과 소통한 자취를 기록한 저작임을 강조한 것이다.[64] 그리고 이러한 소통의 범위를 일본, 안남, 유구까지 포함시켜 동아시아 세

---

63 앞의 글, "在昔崔致遠·金夷吾之於顧雲·張喬也, 李仲思·李中父之於虞趙·黃揭也. 咸能聯鑣立驅于詞翰之林, 唱酬篇章, 至今照爛人目, 此千百載數人爾. 至若有明一代四傑·七子·竟陵·雲間, 風聲振海內, 而東土諸公側耳而無聞, 及至數世之後, 刻集東來然後, 始知某時有某人, 是猶通都大邑瓜果爛漫, 而僻郷窮村坐待晚時也. 余與同志數子, 縱談至此, 未嘗不浩嘆彌襟."

64 정민(2011), 191~193면 참조.

계로 확대시켜 놓았다.

따라서 『병세집』은 시의 선정에 비중을 둔 시선집과는 다른 의도 아래 편찬된 저작이라 할 수 있다. 『중주십일가시선』의 경우 육비는 51수, 엄성은 60수, 이조원 37수, 곽집환(郭執桓) 10수, 반정균 4수, 박명(博明)과 손유의(孫有義) 2수, 이정원・축덕린・주후원(周厚轅) 등은 각 1수를 뽑아 놓고 있어 선정 편 수의 편차가 매우 심하다. 이로 본다면 선집의 기준이 수집 가능했던 시를 일단 수록해 놓은 것임을 알 수 있다. 『병세집』으로 증보된 형태는 이러한 경향이 더욱 강하게 드러난다. 추가된 인물들의 시 작품은 거의 대부분 조선의 문사와 수창(酬唱)한 작품들을 싣고 있기 때문이다.[65] 시의 선정 기준이 대상 인물들의 대표작이 아니라 조선의 문사와 수창한 작품에 놓여 있던 것이다.

이상에서 살펴본 『병세집』은 편찬 과정과 최종적 완성 상태는 시선집의 외양을 갖추고 있지만 그 실체는 교유록의 성격이 더 강한 저작이라 할 수 있다. 즉 한중 지식인 교류가 활발해지면서 양국 지식인 사이의 인맥 자체가 하나의 주요한 지식정보로 중시되었음을 뜻한다. 박제가의 아들 박장엄(朴長馣, 1790~1839)이 부친이 170여 명의 중국인과 교유한 자료를 모아 『호저집(縞紵集)』을 편찬하였고, 중국에서도 엄성・반정균・육비 등이 홍대용을 비롯한 조선 문사 6인과 교유한 자료를 모은 『일하제금집(日下題襟集)』이 주문조(朱文藻)에 의하여 편찬되었다. 실상 한중 지식인의 인적 교유망은 홍대용을 시발로 하여 연암그룹에 와서 확대 심화되어 19세기 김정희 대에 와서 일단락을 맺게 되

---

65 직접 교유하지 않은 인물도 소수 포함되어 있다. 趙文哲, 王鳴成, 王昶, 袁枚, 蔣士銓 등을 포함한 11명은 이조원 등의 소개로 간접적으로 알게 된 인물로서, 서신 왕래 등을 통하여 작품을 입수할 수 있는 경우에 수록한 것으로 보인다. 허경진・천금매(2009) 참조.

는데, 이러한 진전은 유득공의 『병세집』과 같은 저작을 통하여 한중 지식인의 교유관계가 축적되면서 가능했던 것이다. 18세기 중반 이후 한중 지식인의 교유가 세교(世交)나 기존의 인맥을 바탕으로 이루어졌다는 점에서[66] 유득공이 지속적으로 정리한 『건연외집』, 『중주십일가시선』, 『병세집』은 한중 지식인의 교유관계 자료가 지속적으로 축적될 수 있는 토대를 제공하였다고 평할 수 있다.

(2) 동아시아 정세의 보고서, 『열하기행시주』와 『연대재유록』

유득공은 총 3차의 연행을 다녀왔는데, 1778년에는 『읍루여필(挹婁旅筆)』, 1790년에는 『열하기행시주』, 1801년에는 『연대재유록』을 각각 남겼다. 그러나 현재 『읍루여필』은 서문만 전한다. 유득공의 연행록은 대외인식과 동아시아 정세 파악이라는 관점에서 주목을 받아 왔다.

『열하기행시주』가 기록한 1790년 사행은 소위 만수절이라 칭하는 청나라 건륭제의 80회 생일을 맞아 동아시아 각국의 축하 사절단이 모여 국제교류의 장이 형성되었던바, 이들 상호 간의 교류와 인식이 동아시아의 관점에서 조명되었다. 기존 연구에서는 유득공이 동북아시아 제 민족의 실체를 직접 목도하여 화이(華夷)의 경계가 모호함을 자각하게 되었으며, 타국 사절단과 서로 말을 번역하는 놀이 등을 흥미롭게 경험하면서 동아시아 제 국가의 언어 소통에 각별한 의미를 부여하였다는 점을 주목하였다.[67] 한편 『연대재유록』에는 청나라 정부의 해이해진 기강과 고갈된 재정 및 백련교도의 소요와 연해 지방에 진출한 서양 세력에 대한 정보가 상세하게 기술되어 있어 청의 정세를 주도면밀하

---

66 김명호(2000), 399~401면 참조.
67 김용태(2009).

게 파악하고 분석한 유득공의 태도가 부각되었다.[68]

유득공이 연행을 다녀온 18세기 중반 이후 연행록은 대중적인 인기를 누리는 독서물로 부상하게 된다. 17세기부터 지속적으로 한글 연행록과 연행가사가 창작되며, 한문본 연행록과 쌍방 간의 번역이 이루어졌는데, 이는 독자층의 저변이 그만큼 확대되었음을 시사한다. 이러한 변화는 중국에 대한 독자층의 지적 요구가 보다 강해지고 또 다양해졌음을 의미하는 한편, 연행록이 독자층의 지적 요구를 반영하며 보다 다채롭게 변모해 갔음을 뜻한다. 이런 과정에서 『열하일기』와 같은 독창적인 양식의 연행록이 탄생하여 큰 인기를 얻을 수 있었던 것이다.[69]

유득공이 저작한 2종의 연행록 또한 기존의 것과는 다소 다른 양식이었다. 먼저 『열하기행시주』는 시에 주석을 붙였다는 의미가 제목에 부여되어 있으나, 주석의 형식으로 붙은 글은 일반적 주석과는 달리 한 편의 독립된 글이라 할 수 있다. 시 작품이 시적 형상화로 흥미를 불러일으킨다면, 뒤에 붙인 산문은 상세하게 이야기로 풀어서 전체 내용을 전달하는 역할을 한다. 즉 시와 산문의 장점을 결합시킨 연행록의 새로운 양식이라 할 수 있다. 예컨대 기존의 방식대로 시에 주석을 붙인 박제가의 7언절구 연행시의 주석과 비교해 보면 그 특성이 바로 드러난다. 다음은 박제가가 기윤(紀昀)을 대상으로 지은 작품에 붙인 주석이다.

기공(紀公)은 이름이 윤(昀)이니 예부상서로, 호가 효람(曉嵐)이다. 일찍이 내 시를 일컬어 "서권기가 많으니 해외에 있는 큰 인물이로다."라고 하였다. 매년 반드시 안부를 물으며 시를 부쳐 오는데, 나는 외교를 할

68 김문식(2004).
69 김명호(1990), 21면 참조.

수 있는 위치와 명분이 없는지라 감히 답장은 못 하고 있다. 부쳐 온 시에 수인(手印)을 찍었는데 '을사천수지일(乙巳千叟之一)'이라는 글귀가 있다. 올해로 73세이다.[70]

주석에는 기윤에 대한 간략한 정보 외에도, 작자나 해당 인물만이 알고 있는 사적인 내용도 포함되어 있다. 일반 독자가 시구의 내막을 이해할 수 없기 때문에 작자가 직접 설명해 놓은 것이다. 시에서는 "기공은 세 가지 덕목을 모두 이루었으니, 을사년 천수(千叟) 중 한 분이네. 내게서 무엇을 취할 게 있었는지, 해마다 문필을 보내온다네."[71]라고 하였던바, 주석에 기재된 내용은 모두 시와 관계된 것이다.

그러나 『열하기행시주』에서 기윤을 다룬 작품의 주석, 즉 산문은 박제가의 것과는 다른 방식으로 기술되어 있다. 먼저 시 작품은 다음과 같다.

해내의 사종(詞宗)으로 명성이 자자한데,	海內詞宗藉藉名
조용히 두 서생을 내방하였네.	蕭然來訪兩書生
고관의 수레 머문 곳에 홍색 명자(名刺) 남겨 두니,	朱輪駐處留紅刺
제독 아문이 반나절 동안 놀라더라.	提督衙門半日驚

위 시는 당대의 대학자로서 예부상서에 오른 기윤이 유득공과 박제

---

70 朴齊家, 『貞蕤閣集』 4, 「燕京雜絶 贈別任恩叟姊兄 追憶信筆 凡得一百四十首」, "紀公名昀, 禮部尙書號曉嵐. 嘗稱余詩多書卷氣, 海外大有人在也. 每年必問安否寄詩, 余以無外交之義, 不敢答來詩. 引手印有乙巳千叟之一, 今年七十三也."

71 실시학사 고전문학연구회 역(2010), 128면. 시의 원문은 다음과 같다. "紀公三達尊, 乙巳千叟一. 奚取於我哉, 秊秊寄文筆."

가를 직접 찾아오자, 거만하게 굴던 제독과 그에게 붙어 있던 통관들이 뜻밖에 고관의 내방을 맞아 황망하게 영접하여 체면을 구겼다는 일화를 담고 있다. 기윤과 같은 큰 인물의 내방을 받았다는 자부심이 배어있는 시편이다. 그러나 뒤에 붙인 산문에서는 기윤에 대한 간략한 소개와 위의 일화 외에도 기윤과 나눈 다양한 대화들이 포함되어 있다. 최초로 기윤의 집을 방문하여 나눈 대화로, 『요사(遼史)』·『금사(金史)』 등 사서(史書)의 중수사업과 『사고전서』에 실린 서경덕(徐敬德)의 『화담집(花潭集)』, 유득공과 박제가의 문집에 대한 기윤의 평가 등이 모두 상세하게 기록되어 있다. 이어서 기윤이 관사로 자신들을 방문한 일화를 기술한 뒤, 기윤이 오언율시를 주고 서로 책을 주고받은 사실을 비롯하여, 기윤이 우루무치를 다녀오면서 비석을 가지고 돌아온 사실과 『사고전서』 편찬사업으로 조선의 문헌을 구하는 내용 등을 기술하였다. 기윤과의 대화를 통해 얻은 지식정보의 대부분을 기록해 놓은 것으로 보인다.[72]

그러므로 『열하기행시주』의 시와 산문은 시와 주석의 주종관계를 넘어 운치 있는 시문과 구체적 지식정보를 담은 산문이 대등하게 결합된 양식으로 변모된다. 이와 같이 주석 부분이 한 편의 산문으로 완결된 형식과 내용을 갖추게 된 것은 연행에서 획득한 지식정보를 풍부하게 전달하고, 산문 내부의 긴밀한 서사적 흐름을 통해 흥미진진하게 이야기를 풀어 내기 위한 것이라 할 수 있다. 『열하기행시주』의 주석에 대하여 성해응(成海應, 1760~1839)은 "열하기행시를 짓고 그로 인해 주석을 붙였는데 매우 잘 갖추어져 있다. 나는 다시 초록해 두어서 사료로 삼고자 한다."라고 하였다. 그가 보기에 『열하기행시주』의 산문 부분은 사료

72 앞의 책, 128~133면.

적 가치가 풍부하였고, 그로 인해 실제로 유득공의 글을 정리하여 「유혜풍열하시주(柳惠風熱河詩注)」라는 한 편의 필기를 찬술하였다.[73]

이러한 양식적 변형은 『연대재유록』에서도 구사되어, 오직 교유인물에 대한 소개와 그들과 나눈 대화만을 기록하는 형식으로 나타난다. 기존 연행록에서 가장 큰 비중을 차지하던 여정의 경관이나 유적에 대한 일체의 기술은 생략하고, 오직 인물과의 교유내용만을 기록한 것이다. 이러한 특성은 연행록의 첫 시작 부분부터 드러난다. 목차라고 할 수 있는 부분에 '교유성명(交遊姓名)'이라는 제목을 붙이고, 이어서 '심양서원제생(瀋陽書院諸生) 13인', '연중진신거인효렴포의(燕中搢紳擧人孝廉布衣) 41인', '유구국사신(琉球國使臣) 4인'의 성명을 하나하나 기재하여 놓았다. 연행록의 등장인물을 먼저 소개한 것인데, 『연대재유록』의 내용이 이들과의 교유를 기록한 것임을 밝혀 놓았다고 할 수 있다.[74]

그런데 교유의 내용은 주로 대화를 그대로 옮겨 놓은 것이 큰 비중을 차지한다. 다음은 유구에 사신을 다녀온 이정원을 방문한 일을 기술한 내용의 일부이다.

사인(舍人) 묵장(墨莊) 이정원을 방문하고 예전 친분을 이야기하며 다음과 같은 문답이 있었다.
"우촌(雨村) 선생도 평안하십니까?"
"아직 평안하시답니다."

---

73 成海應, 『硏經齋全集』 外集 卷60, 蘭室譚叢, 「柳惠風熱河詩注」, "著熱河紀行詩, 爲之註釋甚詳. 余又抄錄, 以脩史料."
74 이러한 양식은 연암의 『열하일기』 중 「粟齋筆談」이나 「傾盖錄」에서 인명록을 첨부하여 필담의 상대를 일목요연하게 소개하였던 방식을 다소 변형한 것이라 할 수 있다. 김명호 (1990), 21면 참조.

"듣자니, 선생은 1품(品)의 복(服)을 하사받아, 명을 받들고 바다를 건너 번왕(藩王)을 책봉하였다니 이런 영광이 어디 또 있겠소. 선생이 바로 부사(副使)였다면 누가 정사(正使)였지요?"

"조공(趙公)으로 이름은 문해(文楷)인데 병진년에 장원급제한 분이지요."

"유구(琉球)가 수로로 따진다면 얼마나 됩니까?"

"7,000여 리가 되지요. 오호문(五虎門)에서 거기까지 통계하면 이와 같습니다. 예전 사람들이 10,000리다, 혹은 4,000여 리다 하였는데 이는 다 정확하지 못한 것이지요."

"유구국왕의 성은 상씨(尙氏)라는데, 새로 책봉받은 왕의 이름은 무엇이지요?"

"상온(尙溫)이라 하더군요."

"바다를 건너시는데 무슨 기이한 광경이라도 있었습니까?"

"별다른 광경은 없었고 해적을 만나 공격하여 쫓아 버렸지요."

"배 안에 인력은 얼마였으며 무기라도 있었습니까?"

"200여 명의 인력이 있었고 대포와 기타 무기가 다 구비되어 있었지요."

"그곳의 풍속과 의복은 어떠합디까?"

"왕과 관리만이 짚신을 신는 형편이고 평민들은 모두 맨발인데, 의장(衣章)을 따질 게 있겠소."[75]

위의 번역문에는 생략되어 있지만, 원문에는 '문왈(問曰)'과 '답왈(答

---

75 신호열 역(1982), 414면 참조.

曰)'이 반복되어 확연한 대화체로 기술되어 있다. 위 예문에는 유득공이 대화를 통하여 유구에 대한 정보를 획득하는 과정이 생생하게 드러나 있다. 유구까지의 거리, 항해의 인원과 무기, 유구의 풍속과 의복 등 매우 다양한 질문을 던지는 유득공의 모습에서 외부세계에 대한 지적 탐구의 자세를 엿볼 수 있다. 이와 같이『연대재유록』에는 유득공의 질문이 대화를 주도하는 경우가 많은데, 지적 탐구를 넘어 동아시아 정세를 탐색하려는 노력을 보여 준다. 때로 그는 정치적으로 매우 민감한 부분까지 파고든다. 10년마다 한 번씩 특별히 관료를 선발하는 대조(大挑)제도에 대하여 "모두 공정한 선발이라고 봅니까?"라고 묻고, 백련교도의 난에 대해서는 "지금 출정한 대군은 어느 곳에 주둔해 있는지요?", "지금 적을 토벌하느냐 무마하느냐 하는 두 판국인데, 과연 어디로 기울고 있습니까?", "천초(川楚)는 무슨 까닭으로 맨 먼저 난리를 일으켰습니까?" 등 청나라의 현행 제도와 내란의 경과에 대하여 직접 질문을 던지기도 한다.

이와 같은 대화체 위주의 연행록 구성은 외부세계에 대한 지식정보가 수집되는 현장 그 자체를 공개하는 것으로써, 그만큼 작가의 주관적 개입은 제한된다는 특성을 지닌다.『연대재유록』에서 유득공이 중점을 둔 것은 자신이 수집한 지식정보의 객관성이라 할 수 있다.『열하기행시주』와『연대재유록』에서 나타나는 양식의 변화는 연행록에 대한 당대 독자층의 지적 요구를 반영한 결과라고 할 수 있다. 일반적으로 연행록에는 중국 명승지의 유람이나 문물에 대한 견문이 중심을 이루고 있었으며, '첨국(覘國)'이라 칭하는 외국에 대한 정보 파악은 주로 '문견별단(聞見別單)'이라는 별도의 보고서로 올리는 것이 관례였다. 그러나 17세기 명청 교체기 이후 동아시아 정세에 민감해진 지식인에게 중국 정세는 가장 큰 관심의 대상이 될 수밖에 없었고, 흥미진진한 담론의 대상이 되었다. 이러한 시대적 요구에 대하여 연암은 중국의 정세를 살 펴본다는 의미의 '심세론(審勢論)'을 본격적으로 제기하였고, 이를 『열하일기』의 핵심적 논제로 삼았다.[76] 유득공의 연행록에서 꽤 비중을 차지하고 있는 중국 정세에 대한 기술은 바로 이러한 추이 속에서 연암의 심세론을 뒤이은 것이라 할 수 있다.

먼저 『열하기행시주』에서는 동아시아 정세 변화에 대한 유득공의 관찰과 진단이 정치 분석이나 의론적 주장보다는 자신의 직접적 체험을 객관적으로 기술하는 방식으로 나타난다. 자신이 직접 만난 불우한 한족 지식인들의 생활태도와 시사(時事)와 관련된 말을 조심하는 모습을 통하여 청조 지배하에서 억압받고 있는 암울한 현실을 암시적으로 드러내고 있다.[77] 또한 한족, 만주족, 몽고족 등 중원을 두고 경쟁하던 제 민족의 긴장관계가 현실 곳곳에서 드러나는 장면을 다각도로 포착하여 기술하였는데, 중화주의적 관점에서 벗어나 보다 객관적 관점에서 묘사하는 특징을 보여 준다. 다음은 그 몇 가지 예이다.

「만자령(蠻子嶺)」 편에서는 유득공이 조양현(朝陽縣)으로 들어가는 여정 중 '만자촌(蠻子村)'이란 곳을 들르는데, 이곳에는 몽고족과 함께 거주하는 남루한 차림의 한족들이 '남방 오랑캐'라는 의미가 담긴 '만자'라고 자칭하고 있는 모습이 묘사되어 있다. 이 한 장면의 묘사를 통하여 유득공은 중화주의의 종주로서 한족의 존재가 더 이상 의미가 없음을 깨닫게 한다.[78] 또 「만주제왕(滿洲諸王)」에서는 만주 제왕과 귀족들

---

76 김명호(1988), 43~44면 참조.
77 유득공은 반정균, 이조원을 비롯하여 나양봉, 장수옥, 오백암 등의 인물들을 불우한 인물로 묘사하며 불평과 근심이 많은 것으로 기술하고 있다. 실시학사 고전문학연구회 역(2010), 134~135 · 136~140 · 144 · 151 · 154면 참조.
78 김용태(2009), 149~151면 참조.

이 옥설(玉雪)같이 준수한 외모를 지니고 있으며 "명나라의 문징명(文徵明)과 동기창(董其昌)을 배워서 중국의 재자(才子)들이라도 이보다 나을 수 없었다."라고 평하였다. 또한 만주족 복건장군(福建將軍)이 유득공과 박제가의 부채에 그려 준 그림과 글씨를 연경의 명사들에게 보여 주었을 때 모두 좋지 않다고 한 것에 대하여 "실제로는 글씨를 쓴 것은 저대로 좋았고 그 사람 또한 걸출하여 좋아할 만하였다."라고 하고, 그 시에서 "중주(中州)의 학사들 서로 웃지 말게나. 나는 동단왕(東丹王)의 엽기도(獵騎圖)를 아낀다네."라고 하였다.[79] 동단왕은 거란족이 세운 요나라 태조의 맏아들로서 그림을 잘 그린 것으로 유명하다. 시의 내용은 자신이 소장하게 된 복건 장군의 작품에 대한 호의적 평가이기도 하지만, 한족 지식인이 고수하고 있는 한족 중심의 중화주의에 동의하지 않음을 표현한 것이라고도 할 수 있다.

이러한 유득공의 태도는 원명원에 곤명지를 본떠 인공으로 만들어 놓은 호수의 화려한 경관과 갖가지 기이한 전시물을 본 뒤 나빙과 나눈 대화에서도 나타난다. 유득공이 원명원이 강남의 서호와 비교하여 어떠하냐고 묻자, 나빙은 천연의 산수인 서호가 좋다고 말하였는데, 또다시 누대 역시 서호의 것이 뛰어나다고 말하는 대목에서는 만주족의 우위를 전혀 인정하지 않으려는 나빙의 고집이 드러나도록 하였다. 이에 대하여 유득공은 "강남의 사대부들이 사사건건 불평하는 것이 이와 같다."라고 표명하였다.[80]

이와 같이 한족과 비교하여 만주족을 더 긍정하는 표현은 당시 조선의 지식인으로서는 다소 이례적인 사례라고 할 수 있다. 조선의 지식인

---

79 실시학사 고전문학연구회 역(2010), 76~77 · 165~166면 참조.
80 앞의 책, 125~127면 참조.

들은 한족 지식인과는 반청감정을 은밀히 공유하며, 동일한 중화의 지식인으로서 동질감을 지니고 있었고, 한중 지식인의 교류는 주로 한족 지식인을 위주로 이루어졌다. 그리고 그 내면에는 명나라의 유민이라 할 수 있는 한족과 조선만이 중화의 문화인임을 인정하는 배타적 속성이 존재하고 있었다. 이 때문에 소위 '소중화주의' 의식은 북학의 논리 속에서도 유지되고 있었다. 그러나 위에서 살펴본 바와 같이 유득공은 오히려 만주족 또한 중화의 문화인으로 인정하고, 한족 지식인에 대해서도 냉정한 거리를 유지함으로써 한족과 만주족의 갈등을 보다 객관적으로 전달하였다. 즉 중화주의의 관념적 허구에 포획된 조선중화주의에서 탈피할 수 있는 인식의 전환이 생생한 연행의 체험 속에서 이루어지고 있었던 것이다.[81]

다음으로 『연대재유록』에는 백련교도의 난이 아직 평정되지 않아 민심이 어수선한 중국을 보다 정확하게 파악하여 분석하려는 노력이 부각되어 있다. 앞서 살펴본 바와 같이 유득공은 민감한 정치 현황에 대한 대화를 직접 이끌어 내며, 이에 대한 중국인의 반응을 관찰하는가 하면, 중국 관리들이 만청정부에 올린 보고서인 주본(奏本)을 직접 인용하는 등 중국의 정세를 보다 객관적으로 파악하고 전달하기 위한 방법들을 다양하게 시도한다. 이를 통하여 비적의 수장, 토벌 나간 만주족 대신의 명단, 토벌군 관료 중 사망자 명단, 피해를 입은 지방 등 매우 세세한 정보를 입수하여 기록하는가 하면, 난의 진압을 위한 군사 징발이 재원을 고갈시키고, 결국 납속매관과 탐관오리의 부패로 이어지는 구조적 모순을 분석하기도 하였다.[82]

---

81 임형택(2010), 10~15면 참조.
82 신호열 역(1982), 454~462면 참조.

유득공은 특히 보다 객관적으로 중국의 정세를 보여 주기 위해 백련
교도의 난에 대한 각계각층의 다양한 반응을 기술하고자 하였다. 이 역
시 대화체를 통해 그들의 말을 직접 인용하여 기술한다. 일반 사대부들
은 기휘에 저촉될까 입을 다물고 언급조차 하지 않으며, 다만 "천초(川
楚)지역은 이미 다 소탕되어 조만간에 개선하게 될 것이오."라고 하는
데, 만청정권에 불만이 컸던 진전(陳鱣)은 "장차 천하가 크게 어지러울
것이다."라고 하였고, 취영당 주인 최기(崔琦)는 도성에 헛소문이 많이
돌고 있어 "비록 승리했다는 기별이 있어도 믿을 것이 못 된다."라고
하며, 길에서 만난 만주장정은 무엇이 두렵겠냐며 자신이 출정하면 기
필코 공명을 세울 것이라고 호언장담하는 모습이 묘사되어 있다.[83] 이
밖에도 유득공은 만나는 사람마다 비적들에 대해 질문하였고, 그들의
대답을 생생한 대화체로 옮겨 놓아, 당시 중국 사회의 여론 동향을 객
관적으로 전달하고 있다. 어떤 이념이나 선입견을 떠나 자신의 직접적
경험을 통해 동아시아 정세를 파악하고 전달하고자 한 것이다.

따라서 유득공이 남긴 2종의 연행기록은 동아시아 정세를 매우 객
관적 관점에서 파악하여 보여 준다는 공통적인 특성을 가진다. 『열하
기행시주』와 『연대재유록』이 기존의 연행록 양식에 다소 변화를 준 것
은 자신의 경험을 보다 객관적으로 전달하기 위한 유득공의 선택이라
할 수 있다. 그 결과, 그의 연행록에서는 동아시아 제 민족의 현 실태
와 상호 간의 긴장관계를 매우 실체적으로 느낄 수 있게 된다. 이러한
특성은 유득공이 사실에 입각한 정확한 지식정보를 통해 외부세계에
대한 지적 요구에 대응하고자 하였음을 보여 준다.

---

[83] 앞의 책, 435 · 446 · 457면 참조.

이상 유득공의 저작을 한중 양국의 지적 교류라는 관점에서 살펴보았다. 중국의 독자에게 조선의 역사문화를 알리고, 조선의 독자에게는 중국과 동아시아의 정세와 인물을 알려 준다는 점에서 그의 저작은 양국의 지적 소통이 이루어진 실상을 보여 준다. 이와 같은 지적 소통은 당시 양국 문인사회의 지적 요구에 대한 대응이라는 점에서 큰 의의를 지닌다.

18세기에 이르러 한중 양국 지식인의 교류가 본격적으로 시작되었지만, 상대국에 대한 인식의 수준에는 여전히 문제가 있었다. 앞서 언급하였듯이, 중국 지식인들은 일반적으로 조선에 대하여 깊은 지식을 가지고 있지 못하였다. 조선의 지식인과 활발하게 교유한 조강(曹江) 역시 처음 박제가를 만났을 때, 조선에 대하여 "기자 이후부터 줄곧 지금까지 이르렀는가?"라고 물었는데, 박제가는 "기자조선은 위만에게 멸망당하였으니, 이십삼사(二十三史)의 열전을 한번 보면 알게 될 것이다."라고 답하였다.[84] 이 사례는 중국 지식인이 가장 가까운 인접국이자 역사상 제일 긴밀한 관계였던 조선에 대하여 기초적 지식조차 없었음을 여실하게 보여 준다. 이러한 상황에 대하여 연암그룹은 연행 경험을 통하여 분명하게 인식하고 있었다. 그뿐만 아니라 우리나라 역사를 왜곡한 주린(朱璘)의 『명기집략(明記輯略)』이나 오류가 있는 내용을 수록한 우통(尤侗)의 『외국죽지사(外國竹枝詞)』에 대해서도 문제의식을 갖고 있었다.[85]

---

84 朴長馣, 『縞紵集』, 卷3, 「曹江」, "箕子之後, 直至于今耶(曹). 爲衛滿所滅, 試觀廿三史列傳, …… 公豈未之知也."

85 洪大容, 『湛軒書』 外集 卷1, 杭傳尺牘, 「與秋庸書」, ʻ明記輯略辨說ʼ 참조.; 李德懋, 『青莊館全書』 卷53, 『耳目口心書』 6, "淸儒尤侗字展成, 號悔庵, 長洲人也. 作外國竹枝詞百餘篇, 各道其風俗, 又有注脚. 試觀咏朝鮮者, 凡四首, 掇拾風聞, 多所訛謬. 今皆記之. 中國最近者如此, 則其餘遐裔, 可推也."

한편 조선에 전달되는 중국의 지식정보 역시 적지 않은 문제를 지니고 있었다. 박제가는 당시 중국을 이적(夷狄)으로 취급하는 선입관이 만연해 있음을 비판하며 왜곡된 연행담이 성행하고 있음을 개탄하였다. 예컨대 서양인이 눈동자의 즙으로 그림을 그려 눈이 마치 살아 있어 보인다는 등, 황제가 백성의 성씨를 정해 준다는 등, 토판으로 책을 찍어낸다는 등[86] 왜곡된 지식정보가 흥미를 끌며 외부세계에 대한 객관적 이해를 방해하고 있었던 것이다. 이러한 상황을 고려한다면, 유득공의 저작이 양국의 지적 교류에 기여한 역할은 보다 분명하게 이해된다. 즉 객관적 지식정보를 양국에 소통시킴으로써 상호 이해의 토대를 마련하였다고 할 수 있다. 표면적으로는 양국 지식인의 지적 교류이지만, 유득공이 다룬 지식정보가 동아시아를 아우르고 있었다는 점에서 유득공이 추구한 것은 동아시아 지식정보의 소통이라고 칭할 수 있다.

4. 소통의 문학을 위한 형식과 내용의 개편

유득공은 현실적 효용가치를 지니고 독자의 호응을 얻을 수 있어야 진정한 저작이라고 생각했으며, 동아시아 지식정보의 소통을 추구하는 저작활동을 전개하였다. 그렇다면 새로운 독자층으로 떠오른 중국 지식인이나 지식정보의 수요자인 독자의 지적 요구에 대응하기 위해 유득공은 실제적으로 어떠한 변화를 추구했을까?

유득공의 저작 중 『이십일도회고시』와 『열하기행시주』는 앞서 제기

---

86 朴齊家, 『貞蕤閣集』 卷1, 「謾筆」 참조.

한 문제에 대답을 구할 수 있는 실마리를 제공한다. 이 두 저작은 모두 개작 과정을 거쳐 완성되었는데, 유득공은 내용뿐만 아니라 저작의 체제와 편차에 있어서도 개편을 시도하였다. 따라서 초편본과 재편본 사이에 나타나는 차이는 유득공이 보다 넓은 세상에서 많은 독자와 소통하기 위하여 추구한 변화들을 보여 준다. 유득공이 이와 같은 소통을 위하여 새롭게 제기한 저작의 기준은 무엇인지 두 작품의 개작 과정을 분석하여 살펴보고자 한다.

1) 『이십일도회고시』의 개편과 지식정보의 객관성

『이십일도회고시』에 대한 초기 연구에서는 1778년에 처음 저작된 판본과 14년 뒤에 재편집된 판본 사이에 큰 변화가 없다고 판단하였다. 그러나 최근 초편본 계열의 필사본이 성균관대학교 존경각과 북경대학교 도서관에서 발견되었는데, 기존에 알려진 재편본과는 현격한 차이점을 보여 준다.[87] 유득공은 14년 뒤 다시 편집하였을 때 일부 작품과 주석의 내용은 물론 저작의 편차와 구성에 있어서도 대대적인 개편을 가한 것으로 보인다.[88] 북방 고대사에 대한 인식의 변화로 고구려의 편수가 2수에서 5수로 증가한 사항에 대해서는 앞서 거론하였으므로, 여기에서는 저작의 체제와 역사 기술에 대한 변화를 중심으로 두 편본의 차이를 살펴보고자 한다.

먼저 초편본과 재편본의 가장 큰 차이는 시집의 편차와 체제에서 나

---

87 이철희(2009); 황봉덕(2009) 참조.
88 『이십일도회고시』의 초편본과 재편본의 차이에 대한 주요 내용은 이철희(2009), 333∼338면에서 재인용.

타난다. 초편본은 16곳의 도읍지별로 편차를 구성하여 평양부에서 시작하여 익산군과 성천부를 거쳐 전주부, 개성부로 끝을 맺고 있으나, 재편본은 21종의 나라별로 편차를 구성하여 단군조선, 기자조선, 위만조선으로부터 시작하여 후백제, 태봉, 고려로 끝을 맺는다. 초편본의 목차는 앞서 살펴보았으므로, 여기서는 재편본의 목차를 제시한다.

檀君朝鮮(1) / 箕子朝鮮(2) / 衛滿朝鮮(2) / 韓(1) / 濊(1) / 貊(1) / 高句麗(5) / 報德(1) / 沸流(1) / 百濟(4) / 彌鄒忽(1) / 新羅(6) / 溟州(1) / 金官(1) / 大伽倻(1) / 甘文(1) / 于山(1) / 耽羅(1) / 後百濟(1) / 泰封(1) / 高麗(9)

유득공이 지리지(地理誌)를 읽으면서 작품을 창작하였다고 밝혔던 바, '초편본'은 지리지의 편차를 그대로 유지하고 있는 반면에 '재편본'은 단군조선으로부터 고려까지 우리나라 역사의 흐름에 따라 편차를 구성하고 있다. 즉 우리나라 역사의 전개 과정을 전체적으로 이해하면서 회고시를 감상할 수 있도록 개편한 것이다.

시집의 체제에서 초편본은 시와 주석으로 구성되어 있는 반면, 재편본은 각 나라마다 그 나라에 대한 개괄적 설명을 서문의 형식으로 덧붙였다. 따라서 유득공이 최종적으로 완성한 재편본은 각 나라에 대한 개괄적 설명을 붙인 서문과 본장(本章)으로서의 시 작품 그리고 유득공이 직접 기재한 자주(自注), 이렇게 3단으로 구성되어 있다. 나라를 설명하는 서문은 각 나라마다 시조의 신화나 건국의 유래 및 연혁 등을 설명한 뒤 후반부에서는 왕도의 지리적 설명을 덧붙이는데, 일정한 틀을 유지하고 있다. 먼저 『사기(史記)』·『한서(漢書)』·『삼국지(三國志)』·『위서(魏書)』·『당서(唐書)』 등 중국 측의 정사(正史)를 반드시 먼저 인용하고, 뒤이어 『고려사(高麗史)』·『여지승람(輿地勝覽)』·『동국여지지(東國輿地

誌)』·『문헌비고(文獻備考)』·『삼국사기(三國史記)』등 우리나라의 국고 문헌을 인용하는 방식을 취하고 있다. 초편본의 주석은 시구를 이해하기 위한 것에 국한되지 않고 해당하는 나라의 전체적 역사상을 설명한 글들이 혼재하여 있는데, 재편본에서는 나라에 대한 개괄적 설명을 따로 독립시켰으므로 자주(自注)에는 시구와 직접 관련된 내용만을 기재하여 초편본보다 정제된 형태를 보여 준다.

각 나라에 대한 설명을 서문의 형식으로 독립시켜 구성한 개편은 『이십일도회고시』를 기존과 다른 성격의 저작으로 변화시켰다. 초편본이 시와 주석으로 이루어진 일반적 시집의 형태라면 재편본은 시와 역사가 공존하는 새로운 양식의 시집이 되었기 때문이다. 독자의 입장에서 본다면 주석 속에 혼재하여 있던 각 나라에 대한 설명들이 하나의 공간에서 일목요연하게 정리됨으로써 조선 역사의 전체상을 용이하게 파악할 수 있게 한 것이다. 이러한 관점에서 본다면 『이십일도회고시』의 개편은 조선 역사의 전체상을 보다 명료하고 효과적으로 보여 주려는 의도로 이루어진 것이라 볼 수 있다.

다음은 초편본과 재편본의 전체적 차이를 조감하기 위하여 단군조선을 다룬 작품을 살펴본다. 초편본에서 단군조선은 기자조선, 위만조선, 고구려와 더불어 평양부에 수록되어 있다.

평양부(平壤府)〔隸平安道, 檀君朝鮮, 箕子朝鮮, 衛滿朝鮮, 高句麗〕

대동강*은 작은 서호라고 할지니,	大同江是小西湖
봄이 든 왕검성**엔 온통 푸른 풀이 우거졌네.	王儉春城遍綠蕪
만리 밖 도산(塗山)에 옥을 갖춰 참예하니,	萬里塗山來執玉
아름다운 아들 해부루***를 지금껏 기억하네.	佳兒尙憶解扶婁
	〔위는 단군조선이다.〕

***대동강(大同江)** 평양부 동쪽 1리에 있으며 패강(浿江)이라고 하며 왕성강(王城江)이라고도 한다. 강의 모래가 가루처럼 희고 푸른 숲이 10리를 이어져 중국의 명승지에 비긴다면 서호(西湖)라고 할 것이다.

****왕검성(王儉城)** ㉮『고기(古記)』에 천신 환인이 서자 웅(雄)에게 명하여 천부(天符)의 삼인(三印)을 가지고, 무리 삼 천을 이끌고 태백산 단수(檀樹) 아래로 내려가 인간의 삼백육십여 종의 일들을 주재하니 '신시(神市)'라고 하였다. 곰 한 마리가 있었는데 신에게 기원하여 인간의 몸을 얻고 싶다고 하였다. 신이 약을 주니 그것을 먹고 변하여 여자가 되었다. 신이 웅에게 주어 혼인하게 하고 아들을 낳으니, 곧 그가 단군이다. 당요(唐堯) 25년 무신(戊申)에 개국하여 평양에 도읍하고 국호는 조선이라 하였다. 이것이 동쪽에서 처음 출현한 군왕이다. 상(商)나라 무정(武丁) 39년 을미에 아사달산(阿斯達山)에 들어가 신이 되었으니 수명이 1천 48세라고 한다. ㉯태백산은 지금 평안도 영변군 묘향산이고 아사달산은 지금 황해도 문화현 구월산이다. ㉰홍무(洪武) 병자년에 양촌(陽村) 권근(權近)이 사신으로 명나라에 들어가니 고황제(高皇帝)가 단군에 대한 시를 지을 것을 명하였다. 권근이 응제하여 짓기를 "전해 온 온 세대 얼마인지 알 수 없으나, 지나온 해는 천 년을 넘으리라〔傳世不知幾 歷年曾過千〕."라고 하였다. 이는 곧 1천48년으로 생존의 연수를 삼은 것이다. 양촌은 큰 유학자이니 반드시 근거한 바가 있을 것이다. 단군의 휘는 왕검(王儉)이다. 그러므로 평양을 왕검성이라고 칭하는 것이다. 검(儉)은 혹 험(險)이라고 쓴다. 살펴보니『문화현지(文化縣志)』에 기자가 동쪽에 봉해짐에 단군은 도읍을 당장경(唐藏京)으로 옮겼다. 현재 장장평(莊莊坪)은 현의 동쪽 5리에 있는데, 정인지의『고려사』에는 당장경은 와전된 것이라고 하였다. 만약 그렇다면 무정 39년에 신이 되었다는 설과 부합하지 않는다.

*****해부루(解扶婁)** 단군이 비서갑(非西岬) 하백의 딸을 취하여 아들을 낳으니 해부루라고 한다. 우임금이 도산에서 회맹할 때 단군은 부루를 보내어 조회하였다. 부루는 북부여의 왕이 되었는데, 늙도록 자식이 없어 사당에 기도하였는데 곤연(鯤淵)에 이르러 금색 개구리 모양의 작은 아이를 얻었다. 키워서 아들로 삼으니, 이름이 금와(金蛙)였다. 금와는 동부여의 왕이 되었고 아들 대소(帶素)에게 전해 주었는데, 고구려 대무왕(大武王)에게 멸망당하였다.[89]

시의 내용은 단군을 직접 거론하지 않고 도읍지인 평양의 아름다움을 묘사하고, 단군의 아들 해부루가 우임금의 도산회맹에 참여한 사실을 기리고 있다.

'왕검성'의 주석에는 초편본의 방식대로 단군조선에 대한 개괄적인 설명을 기술하고 있는데, 단군신화뿐만 아니라 ㉰부분에서는 권근의 시를 인용하여 단군의 수명이 1,048세라는 설의 근거로 제시하는가 하면, 기자가 아사달산에 들어가서 신이 되었다는 설과 기자가 조선에 들어와 단군이 당장경으로 도읍을 옮겼다는 설을 소개하는 등 단군조선에 대한 여러 논쟁거리를 아울러 설명하고 있다. 또한 '해부루' 조목에서는 해부루뿐만 아니라 해부루의 아들 금와왕과 그의 아들 대소(帶素)가 고구려의 대무왕에게 멸망당했다는 사실까지 언급하여 단군조선의 건국과 멸망 과정이 전체적으로 드러나도록 하였다.

다음은 재편본의 내용이다.

---

89 『二十一都懷古詩』, "平壤府〔隸平安道, 檀君朝鮮, 箕子朝鮮, 衛滿朝鮮, 高句麗〕大同江是小西湖, 王儉城春城遍綠蕪. 萬里塗山來執玉, 佳兒尙憶解扶婁.〔右檀君朝鮮〕大同江, 在府東一里, 一名浿江, 一名王城江, 沙白如粉, 青林十里, 爲國中之勝比諸西湖. 王儉城, 古記, 天神桓因命庶子雄, 持天符三印, 率徒三千, 降于太白山檀樹下, 主人間三百六十餘事, 謂之神市. 有一熊祝于神, 願作人身. 神與之藥, 食之化爲女子, 神與之婚, 生子是爲檀君, 唐堯二十五年戊辰開國, 都平壤, 國號朝鮮, 是東方首出之君也. 至商武丁三十九年, 乙未入阿斯達山, 爲神, 壽一千四十八云. 太白山, 今平安道寧邊府妙香山, 阿斯達山, 今黃海道文化縣九月山, 洪武丙子, 權陽村近, 奉使入命. 高皇帝命製檀君詩, 近應製曰, 傳世不知幾, 歷年曾過千. 此則以一千四十八爲歷年之數, 陽村大儒, 必有所據. 檀君諱王儉, 故平壤稱王儉城, 儉一作險. 按文化縣志曰, 箕子東封, 檀君徙都唐藏京, 今莊莊坪, 在縣東十五里. 鄭麟趾高麗史, 以爲唐藏京之譌也. 然則與武丁三十九年化神之說, 不合. 解扶婁, 檀君娶非西岬河伯之女, 生子曰, 解夫婁. 禹會塗山, 檀君遣扶婁朝焉. 扶婁爲北夫餘王, 老無子祈祠, 至鯤淵, 得山兒, 金色蛙形, 養爲子, 名曰金蛙. 金蛙爲東扶餘王, 傳子帶素, 爲高句麗大武王所滅."

단군조선(檀君朝鮮)

『동국통감(東國通鑑)』에 "동방(東方)에 애초 군장(君長)이 없었는데, 한 신인(神人)이 박달나무 아래에 강림하였거늘, 그를 세워 임금으로 삼으니 이분이 단군(檀君)이다. 국호를 조선이라 하였는데, 때는 요(堯)임금 무진년(戊辰年)이었다."라고 하였다. 『삼국유사(三國遺事)』에 "단군은 평양에 도읍하였다."라고 하였다.

대동강*은 연기 긴 벌판을 적시며 흘러가고,	大同江水浸烟蕪
왕검성**에 봄이 드니 한 폭의 그림일세.	王儉春城似畵圖
만리 밖 도산(塗山)에 옥을 갖춰 참예하니***,	萬里塗山來執玉
아름다운 아들 해부루를 지금껏 기억하네.	佳兒尙憶解扶婁

*대동강(大同江) 『여지승람(輿地勝覽)』에 "대동강은 평양부 동쪽 일 리쯤에 있으며 패강(浿江)이라고도 하고 또 왕성강(王城江)이라고도 불린다. 그 근원은 두 갈래이니, 하나는 영원군(寧遠郡) 가막동(加幕洞)에서 나오고, 다른 하나는 양덕현(陽德縣) 문음산(文音山)에서 나온다. 강동현(江東縣) 경계에 이르러 서로 합쳐져 서진강(西津江)이 되고 평양부성(平壤府城) 동쪽에 이르러 대동강이 되고 서쪽으로 흘러 구진약수(九津弱水)가 된다. 용강현(龍岡縣) 동쪽에 이르러 급수문(急水門)을 나가 바다로 들어간다."라고 하였다.

**왕검성(王儉城) 『삼국사기』에 "평양이란 본래 선인(仙人) 왕검(王儉)이 살았던 곳이다."라고 하였다. 『동사(東史)』에 "단군은 이름이 왕검이다."라고 하였다. 『여지승람』에 "연(燕)나라 사람 위만(衛滿)이 왕험(王險)에 도읍했다."라고 하였다. '험(險)' 자는 검(儉) 자로 된 곳도 있으니 곧 평양이다.

***도산집옥(塗山執玉) 『동사(東史)』에 "하(夏)의 우(禹)임금 십팔 년에 도산(塗山)에 제후들을 모았는데, 단군이 아들 부루(扶婁)를 보내 조회하였다."라고 하였다. 『문헌비고(文獻備考)』에 "단군의 아들 해부루(解扶婁)가 부여(夫餘)의 시조(始祖)가 되

었다."라고 하였다.[90]

　재편본에는 단군조선을 따로 독립시켜 제목으로 삼고, 그 하단에 단군조선에 대한 간략한 해설을 서문의 형식으로 기재하고, 시 작품과 '대동강', '왕검성', '도산집옥' 3종의 주석을 수록하였다. 단군조선 편에서는 시 작품에도 약간의 수정을 가하였는데, 대동강을 중국의 서호에 비유하던 제1·2구의 시상을 바꾸어 민족 주체성에 대한 인식이 보다 강화되었음을 보여 주기도 한다. 그러나 가장 큰 변화는 나라에 대한 설명은 물론 주석의 모든 기술들이 출전에 근거하고 있다는 점이다. 초편본에서는 『고기』, 『문화현지』, 『고려사』 등 문헌에서 인용한 부분도 존재하지만, 대부분은 주관적 판단 아래 자유롭게 기술하는 특성을 보여 준다. 반면 재편본에서 단군신화는 『동국통감』의 글을 그대로 절취하여 인용하고 있고, 그 밖의 3종의 주석 또한 모두 『여지승람』, 『삼국사기』, 『동사』, 『문헌비고』 등의 기사에서 절취하여 인용하고 있다. 철두철미하다고 할 정도로 절취하여 인용하는 방식은 재편본 전체에서 고수되고 있다. 따라서 작가의 주관적 견해나 의론이 개입되는 것이 원칙적으로 차단된다. 초편본에서는 시구와 직접적 관련이 없는 내용까지 장황하게 기술하거나 자신의 의론을 개진하여 다소 논쟁적 성격을 띠는 기술들이 적지 않았다. 작가의 주관적 견해를 기술하기 위하여 이런저런 이야기를 출전에 구애받지 않고 자유자재로 쓸 수 있었기 때문에 가능한 것이었다. 그러나 재편본에서는 이러한 주관적 견해에 의한 진술은 모두 삭제된다.

90　실시학사 고전문학연구회 역(2009), 13~14면.

이상에서 살펴본 개편의 변화는 두 가지 측면에서 설명할 수 있다. 첫째는 시집의 편차와 체제에 있어서 역사의 전개 과정에 따라 나라별로 배열하고, 또 나라에 대한 설명의 글을 독립시켜 구성함으로써 조선의 역사에 익숙하지 않은 외국의 독자들이 조선 전체의 역사상을 간명하게 이해할 수 있도록 하였다는 점이다. 독자의 관점에서 독서의 편리성과 효율성을 고려한 것이다. 두 번째는 시를 제외한 모든 기술들을 전적으로 사서에서 인용하고 정확한 출전을 밝힘으로써 사료의 객관성과 신뢰성을 가장 중시하였다는 점이다. 나라를 설명하는 부분에서도 중국의 정사를 먼저 인용하는 체제를 따른 것도 역시 사료의 신뢰성을 높이기 위한 방안이라 할 수 있다. 사실『이십일도회고시』에서 다루고 있는 역사의 내용은 교양적 차원에서 이해할 수 있을 정도의 수준이다. 그러나 유득공은 동아시아 소통을 위한 지식정보의 조건으로 객관성과 신뢰성을 가장 중시하였으며, 이에 따라 모든 기술을 철저히 사서에 근거하여 기재하였던 것이다. 이는 당시 중국학계가 실증적 지식체계를 지향하는 고증학에 경도되어 있는 점과 연관된다. 따라서 재편본은 중국 지식인들의 고증학적 요구에 유득공이 적극적으로 대응한 것이라고 볼 수 있다.

2)『열하기행시주』의 개편과 대외관계의 현실성

　　『열하기행시주』는 1790년 2차 연행을 다녀온 기록인데, 그로부터 5년 뒤인 1795년에『난양록』으로 개명하여 서문을 쓰고 원고를 개편하였던 것으로 파악된다. 현재 전하는 대부분 이본은 재편본인『난양록』의 계열인데, '서벽외사 해외수일본(西碧外史海外蒐佚本)'에 의하여『열하기행시주』의 존재가 알려지게 되었다. 이 두 이본의 관계에 대해서는 최근에 와서야 주목을 받으며 양자의 차이에 대하여 한 차례 개괄적인 보고가 있었다. 『열하기행시주』가 초고에 가까운 필사본이며, 여기에 문장을 다듬고 중국과의 관계에서 문제를 일으킬 소지가 있는 대목을 삭제하였다고 하였다.[91]

『난양록』으로 개편이 이루어진 시기는 『이십일도회고시』의 재편본이 완성된 1792년에서 3년 뒤이다. 유득공은 이미 한 차례 저작의 체제와 구성 등을 개편한 경험을 지니고 있었던바, 그 연장선상에서 『열하기행시주』의 개편도 살펴보아야 한다.

먼저 편차와 구성에 있어서 가장 큰 변화는 각 편에 붙인 제목에서 나타난다. 연행시집은 여행경로를 따라 편차를 구성하는 것이 일반적인데, 『열하기행시주』 역시 압록강에서 시작하여 의주와 조양현을 거쳐 열하와 북경에서 머물다 심양과 봉성을 거쳐 돌아오는 여정에 따라 편차가 구성되어 있다. 『열하기행시주』의 편차를 제시하면 다음과 같다.

구분	목 차
입연 경로	① 鴨綠江 ② 瀋陽書院 ③ 周流河 ④ 新站 ⑤ 細河 ⑥ 義州 ⑦ 㿝子嶺 ⑧ 朝陽縣 ⑨ 喇嘛溝 ⑩ 夜不收 ⑪ 建昌縣 ⑫ 平泉州 ⑬ 紅石嶺 ⑭~㉕ 熱河(12수) ㉖ 灤平縣 ㉗ 古北口 ㉘~㉞ 圓明園(7수)
교유 인물	㉟ 紀曉嵐大宗伯 ㊱ 潘秋庿御使 ㊲ 李墨莊·鼊塘二太史 ㊳ 衍聖公 ㊴ 羅兩峰 ㊵ 張水屋 ㊶ 吳白菴 ㊷ 莊中書 ㊸ 劉阮二太史 ㊹ 熊蔣 二庶常 ㊺ 鐵冶亭侍郎 ㊻ 福建將軍
귀국 경로	㊼ 新站 ㊽ 瀋陽 ㊾ 鳳城

91 김용태(2009), 148~149면 참조.

『열하기행시주』의 편차에서 특이한 점은 여행경로 이외에 교유인물이 독립된 제목을 달고 비중 있게 부각되어 있다는 점이다. 총 49수 중 12수를 차지한다. 이러한 특성은 18세기 한중 지식인의 교류가 활발해지면서 연행에서 차지하는 교유인물의 비중이 상대적으로 높아졌음을 의미한다. 홍대용의 『연기(燕記)』는 교유인물, 연행경로, 문물제도 등 주제별로 편차가 구성되어 있는데, 총 4권 중 제1·2권의 대부분을 교유인물이 차지하고 있고, 박제가가 지은 총 140수의 「연행잡절(燕行雜絶)」에는 기윤을 다룬 제21수로부터 반유위(潘有爲)를 다룬 제37수까지 17수가 전적으로 교유인물만을 읊은 작품으로 연속되어 있다. 유득공이 연행경로 중 원명원 이후에 교유인물을 삽입한 것은 원명원이 위치한 북경에서 교유가 이루어졌기 때문이다. 즉 연행경로 위주의 전체적 편차를 유지하면서도 교유인물을 부각시키기 위해 고안한 편차라고 할 수 있다.

한편 뒤에 살펴볼 『난양록』본과의 비교를 위해 눈여겨 볼 것은 모두 각 제목 아래 1수가 수록되어 있는데, '열하'와 '원명원'에는 각기 12수와 7수가 수록되어 있다는 점이다. 열하와 원명원에서 건륭제의 만수절 행사가 베풀어져 기록할 만한 견문이 많아졌고, 작품수도 그에 따라 많아지게 된 것이다. 이와 같이 여러 편으로 늘어난 시는 여행경로에 따라 편차를 구성한 기존의 방식에 따라 열하와 원명원 아래 소속시켜 놓았던 것이다. 그러나 유득공은 『난양록』으로 재편집할 때는 기존의 편차에 만족지 않고 작품마다 따로 제목을 붙이는 방식을 취한다. 열하에서 지은 12수와 원명원에서 지은 7수에 붙인 새로운 목차는 다음과 같다.

구분	목 차
熱河 (12수)	⑭熱河 ⑮扮戲 ⑯入宴 ⑰滿洲諸王 ⑱蒙古諸王 ⑲回回諸王 ⑳安南王 ㉑南掌使者 ㉒緬甸使者 ㉓臺灣生番 ㉔餘餘 ㉕視標
圓明園 (7수)	㉘圓明園扮戲 ㉙結綵 ㉚假山 ㉛西直門外 ㉜堪達漢 ㉝珊瑚樹 ㉞西山宮殿

『열하기행시주』의 기존 편차 중 19수에 새로 제목만을 붙인 개편이
지만, 이를 통하여 완성된 『난양록』은 저작의 체제에 있어서 새로운 의
미를 지닌다. 먼저 한 수의 시마다 각각의 제목을 지니고, 시에 붙인
산문 또한 일정한 분량을 유지함에 따라, 시집 전체가 '제목-시-산문'
으로 완결된 일정한 구조를 지니게 된다. 이와 같은 체제는 독자가 독
서물의 체제와 범위를 예측하며 열람하고, 일정한 분량 내에서 의미를
파악하는 방식이 반복됨에 따라 독서의 편리성과 효율성을 높이게 된
다. 비록 편차에서의 작은 변화이지만 이와 같이 정제된 체제가 독서의
편리성과 효율성을 증대시키고 저작의 전파력을 증대시킨다는 점은 소
통의 문학을 위한 저작의 기준으로 주목해야 한다.

또한 각 편마다 제목을 붙인 개편은 연속되는 시편과 시구 속에 묻
혀 있던 소재들을 제재(題材)로 부각시키는 효과를 발휘한다. 이에 따라
'몽고왕', '회회왕', '안남왕' 등을 비롯하여, '라오스 사신', '미얀마 사
신', '대만의 고산족' 등 동아시아 제 민족의 성원이 작품의 제목이자
중심인물로 등장하게 된다. 형태적으로만 따진다면 이들 모두 기윤이
나 반정균처럼 친밀하게 교유한 한족 지식인들과 동등한 비중을 차지
하고 있기 때문이다. 그뿐만 아니라 '발발(餘餘)', '시표(視標)', '결채(結
綵)', '가산(假山)', '감달한(堪達漢)', '산호수(珊瑚樹)' 등의 문물들도 독립
된 제재로 등장함에 따라 보다 분명한 존재성을 부여받게 된다.

결국 『난양록』으로 개편된 체제와 편차는 대외세계와 새로운 문물 제도에 대한 지적 요구가 반영되어 나타난 것이라 할 수 있다. 또한 독서의 편리성과 효율성을 고려한 점은 독자의 호응을 얻으며 널리 전파되기 위해 설정한 저작의 기준이라 할 수 있다.

『열하기행시주』의 개편에서 또 하나 주목할 점은 내용에 수정을 가한 부분이다. 특히 매우 의미심장한 내용을 완전히 삭제하는 경우가 종종 있다. 다음은 제14수 「열하」와 제20수 「안남왕」의 산문에서 삭제된 부분을 서체를 달리하여 표시한 것이다.

(가) 재위 55년 팔순 만수절에 번왕(番王)과 만객(蠻客)들이 사방에서 다 모였으니 천고의 제왕들이 미칠 수 없는 바이니, 뜻을 얻었다고 할 수 있다. 비록 그렇더라도 이른바 운(運)이라는 것이 있으니, 운이 떠나지 않으면 열하의 6청(廳) 지역을 버리고 고북구 관문을 닫아도 또한 연경에서 베개를 높여 편안히 지낼 것이고, 운이 진실로 떠나면 열하의 자녀와 재물이 몽고 제부(諸部)에게 턱을 움직이면서 먹히는 바가 될 것이다. 또한 각라씨(覺羅氏)의 종실(宗室)과 만주장군(滿洲將軍) 중에 금(金)나라 말엽 포선만노(蒲鮮萬奴)의 소행과 같은 자가 없다고 할 수 있겠는가?[92]

(나) 황제가 팔기(八旗)의 군대를 동원하여 남쪽을 정벌한 여세를 몰아 옛 임금을 붙잡아 없애고 새로운 임금을 불러다가 의관을 하사하여 어루만지고 총애하여 보내는데 안남의 선비들은 장차 숨을 죽이고 엎드려 있을 뿐이란 말인가? 여씨 왕조 삼백 년의 은택이 남아 있었다면, 필시 팔

92 실시학사 고전문학연구회 역(2010), 69면.

뚝을 휘두르고 눈물을 뿌리며 격문을 돌려 광평의 죄를 성토하며 무리
지어 일어나 완씨를 공격하는 자가 있었을 것이다. 이러한 때를 당하여 황
제가 내버려 두고 죄를 묻지 않는다면 권위가 손상되는 것이고, 군사를 일으켜
벌을 준다면 아무리 죽여도 다시 일어날 것이다. 장기(瘴氣)와 역병(疫病)이 창궐하
는 땅에서 군대를 자주 일으킨다면 승패는 알 수 없는 것이요, 양광(兩廣) 땅도
소요하게 되었을 것이다.[93]

위의 내용은 동아시아의 정세를 파악할 것을 주장한 심세론을 실현
한 글에 속한다. (가)는 천하의 요충지인 열하를 청이 지금 차지하고 있
지만 경우에 따라서는 금나라의 포선만노와 같은 모반세력이 등장하여
몽고에 멸망될 수 있다는 가설을 이야기한 것이다. (나)는 월남의 여씨
왕조에 모반하여 성공한 완광평(阮光平)을 청나라가 용납할 수밖에 없
었던 진퇴양란의 사정을 파헤쳐 제시하고 있다. (가) 부분은 표시한 부
분을 "그 얼마나 성대한가."라는 찬사로 바꾸었고, (나) 부분에서는 이
부분을 완전히 삭제하였다. 삭제한 부분은 당시 청나라의 정세를 매우
심도 있게 분석한 글로서 상당한 설득력을 지니고 있다. 그러나 청나라
의 입장에서 본다면 두 부분 모두 자신들의 패배를 가정하며 논리를 펼
쳤다는 점에서 정치적으로 매우 위험한 해석이라고 할 수 있다.
  사실 『열하기행시주』에서 삭제된 글 중 가장 큰 비중을 차지하는 곳
은 '봉성' 편에서 북방고토에 대한 회복의지를 피력한 부분이다. 이 부
분은 뒤에서 다시 논하겠지만, 국가의 영토문제를 다루고 있어 현실적
으로 중국과 마찰을 일으킬 수 있다는 점에서 삭제한 것으로 보인다.

---

93 앞의 책, 91~92면.

당시 한중 지식인들의 교류에서 각종 문헌과 개인적 저작들이 활발하게 왕래하였지만, 또 다른 한편으로는 매우 조심스러운 요소도 있었다. 『사고전서』의 편찬사업을 추진한 건륭제는 청나라의 정통성과 정책에 저촉되는 서적을 색출하여 소각하고, 그러한 글을 쓴 자는 대역죄로 다스리는 문자옥(文字獄)을 감행하고 있었다. 이러한 분위기는 『열하기행시주』에도 나타나는데, 앞서 살펴보았듯이 왕걸이 조선의 서책을 요구하자 기휘에 저촉될 것을 우려한 사행원들이 모두 없다고 회피한 일화가 기록되어 있다. 이와 같은 긴장감이 한중 양국 간에 아직도 존재하는 상황에서 청조의 민감한 정세나 국경의 문제를 논한다는 것은 자칫 외교적 비화로 점화될 가능성이 농후한 것이었다. 따라서 조공체제가 유지되고 있는 현실성을 고려하여 유득공은 대외관계에 문제를 야기할 만한 내용을 사전에 삭제했던 것으로 보인다.

　　그런데 여기서 주목되는 것은 유득공이 『열하기행시주』의 독자층을 중국으로까지 확대시켜 상정하고 원고를 수정하였다는 점이다. 『이십일도회고시』의 경우는 우리나라의 역사를 중국에 알리기 위한 것이므로 중국의 독자층을 고려한 점을 이해할 수 있으나, 유득공은 중국 견문록인 『열하기행시주』 또한 중국으로 전파되리라 상정하였던 것이다. 사실 조선에서 출발하여 연경에 이르는 경로와 여정은 중국 지식인들도 개인 여하에 따라 직접 경험하기 어려운 것이고, 열하와 원명원에서 직접 보며 즐긴 만수연과 궁정 내부의 다채로운 행사 역시 일반 지식인들이 직접 경험할 수 없는 대상이었다. 특히 이국인의 눈으로 본 중국의 모습이라는 점에서 중국의 지식인들도 흥미를 가질 수 있는 내용이라고 볼 수 있다. 이처럼 『열하기행시주』와 『연대재유록』에 담긴 연행 경험은 동아시아에 대한 지식정보라는 점에서 그 소통의 공간 또한 동아시아로 확대된 것이라 할 수 있다.

이상의 논의는 유득공이 상정한 저작의 주요한 기준이 무엇인지를 보여 준다. 첫째는 체제와 구성의 정제화(整齊化)이다. 시와 주석이 결합된 기존의 전통적 양식에 변화를 주어, 시의 문예적 특성은 그대로 유지하면서도 객관적 지식정보를 제공할 수 있는 새로운 체제와 구성을 모색하였다. 특히 저작의 분량 또한 거편대작보다는 독서, 필사, 장서 등에 편리한 적절한 한도를 유지하고 있다. 『이십일도회고시』, 『경도잡지』, 『난양록』, 『연대재유록』 등이 모두 큰 분량이 아닌 점은 저작의 유통과 관련하여 주목할 만하다. 둘째는 지식정보의 객관성과 신뢰성의 확보이다. 『이십일도회고시』와 『경도잡지』에서는 출전을 철저하게 밝히고 인용하는 주석의 방식을 선택하였으며, 연행기록에서도 최대한 자신의 경험을 객관적으로 전달하는 방안을 모색하여 주석을 독립된 산문으로 변화시켰는가 하면, 대화체 위주의 연행록 양식을 남기기도 하였다. 이러한 변화는 독자의 관점에서 독서의 편리성과 효율성을 고려하고, 또 독자의 지적 요구나 관점을 적극적으로 반영하고 있다는 점에서 주목된다. 조선 후기 문학사에서 독자에 대한 의식이 보다 분명한 모습을 드러내게 된 것이다.

5. 소통의 문학이 지닌 양면성

유득공이 새로운 저작의 기준을 설정하며 독자의 호응을 얻고자 하였다면 실제로 그 결과는 어떠하였을까? 먼저 『이십일도회고시』는 유득공이 서문에서 밝혀 놓았듯이, 조선문인들과 교유한 기윤, 반정균, 나빙, 이조원 등 중국 측 인사들로부터 각광을 받았으며, 그 이후에도 옹방강, 섭지선(葉志詵), 동문환(董文煥) 등 문인학자들의 관심 속에서 전

파되다가 1877년에 조지겸의 『학재총서』에 수록되어 간행되기에 이르렀다.[94]

이와 같은 전파 과정에서 흥미로운 점은 19세기 조선에 파견된 청나라 문사가 지은 『동번기요(東藩紀要)』가 『이십일도회고시』에 의거하여 조선 역사를 설명하였다는 점이다.[95] 『동번기요』는 1882년 임오군란 때 조선에 파견된 광동수사제독(廣東水師提督) 오장경(吳長慶)의 막료 설배용(薛培榕)이 조선의 역사지리와 문화풍속 및 군사전략에 필요한 정보를 수집하여 정리한 저작이다. 당시 열국과 대치하던 중국의 입장에서 조선은 중국 방어의 경계선으로 인식되며, 조선경략을 위한 지식정보가 요구되었다. 당시 오장경의 군영에서 『동번기요』를 비롯하여 주가록(周家祿)의 『오이조선삼종(奧簃朝鮮三種)』, 주명반(朱銘盤)의 『계지화헌유집(桂之華軒遺集)』 등 조선을 다룬 여러 종의 저술이 편찬된 것은 이러한 배경에서였다.[96] 『동번기요』의 첫 번째 권인 「건도통고(建都通考)」는 단군조선으로부터 고려에 이르기까지 21국의 연혁을 설명한 것인데, 내용의 대부분을 『이십일도회고시』에서 옮겨 왔다. 나라를 설명한 글을 바탕으로 삼고, 경우에 따라서는 주석의 내용도 첨가하며 일부 내용을 산삭하거나 수정하기도 하였다. 설배용이 쓴 자서(自敍)에는 조선에 대한 정보를 파악하기 위하여 서적을 구하였지만, 역사서는 출간된 것이 없고 전례(典禮) 등을 다룬 서적 또한 완질을 구할 수 없었다고 하였는데,[97] 오장경의 막료들이 『이십일도회고시』를 입수하여 열람하

---

94 박현규(1998) 참조.
95 박현규(1998), 266면 참조.
96 김성남(2011) 참조.
97 薛培榕, 『東藩紀要』, 「自敍」, "欲詢掌故, 苦無傳家, 爰搜之於書賈, 而彼國史冊例藏石室, 無印本, 雖購得典禮等籍, 又散佚不全, 古今沿革, 復有更張, 未能明晰."

였음은 함께 파견된 오종사(吳鍾史)의 「동유기(東遊記)」를 통해 확인할 수 있다.[98]

  설배용이 조선 역사의 연혁을 『이십일도회고시』에서 취한 것은 서책을 구하기 힘든 상황에서 『이십일도회고시』를 접할 수 있었기 때문이기도 하지만, 조선 역사의 전체상을 신뢰할 만한 사료에 의거하여 간요하게 정리하였다는 점도 주요한 이유였을 것으로 생각된다. 그는 "중국의 역사서는 상략(詳略)이 모두 달라, 조선의 서책 중 증거로 삼을 수 있는 것을 참조하여 분야를 나누고 순서를 정하여 팔도로 강령을 삼았다."라고 하였다. 이 글에 따르면 중국의 사료로는 파악이 어려웠던 조선 역사의 큰 얼개를 『이십일도회고시』를 통하여 파악하였음을 알 수 있다. 설배용을 비롯하여 『동번기요』에 서발을 쓴 모든 인사들은 조선 역사의 시원을 당요(唐堯) 병자년으로 잡고, 역대 제국을 21국으로 설명하고 있어 『이십일도회고시』의 관점을 그대로 따르고 있다.[99]

  한편 『동번기요』가 역사지리 분야의 전문적 저작이 아니라 외국의 경략을 위한 실용적 목적 아래 편찬되었다는 점을 고려하여 이해할 필요가 있다. 설배용은 자신의 저작에 대하여 "명확하게 속속들이 모두 살펴볼 수는 없지만 배와 수레를 타고 왕래하며 펼쳐 보기 편리하니, 여행자에게 처음부터 일조가 되지 않음이 없을 것이다."라고 하였다.[100] 즉 역사학자가 아닌 파견관리나 여행자 등의 실용적 수요를 염두에 두고 일반 교양의 수준에서 조선 역사를 다루었음을 보여 준다. 이 점은

---

98 박현규(1998), 266면 참조.

99 薛培榕, 『東藩紀要』, 「自敍」, "奧稽朝鮮開國, 肇自唐堯丙子, 始稱元歲, 武王克殷, 乃封箕子, 統古今分合而言有二十一國焉, 由檀君及今計歷四千二百十有六年."

100 앞의 글, "未必瞭若觀眉, 而舟車往來, 易於飜閱, 未始非行人之一助也."

유득공이 초학자나 중국인을 고려하여 우리나라의 역사지리에 대한 지식을 제공하고자 하였던 『이십일도회고시』의 저작 의도와 합치되는 점이다. 또한 우리나라 역사의 전체상을 명료하게 드러내고 신뢰할 수 있는 사료로서의 객관성을 확보한 개편 방향이 독자층의 호응을 얻는 주요 요인이 되었음을 보여 준다.

다음으로『난양록』과『연대재유록』등 유득공의 연행기록이 중국에서 받은 평가와 호응을 살펴본다. 두 저서가 중국 학계에 처음 알려진 것은 1933년 김육불(金毓黻, 1887~1962)의 『요해총서』제1집에 수록되어 간행되면서부터이다.[101] 『사고전서총목제요』를 본떠 1936년에 편찬한『요해총서총목제요』에는 간략한 해제가 수록되어 있는데, 두 저서에 대한 중국 독자의 평가를 엿볼 수 있다. 유득공의 연행기록에 대하여 "이 저작은 이국인이 중국의 사적(事蹟)을 기록한 것으로 이해관계에 따른 견해가 개입되지 않아 자못 진상(眞相)을 파악하였으므로 중시할 만하다."라고 하였다.[102] 또한 김육불은『요해총서』의 후속편으로 동북지역의 자료를 모아 1942년에 간행한『동북문헌영습(東北文獻零拾)』에서『연대재유록』에 대해 평하였는데, 이 글에서는 "이 기록은 매양 냉철한 눈으로 중국의 허실을 관측하였고, 또 은미한 말로 자신의 의견을 표현하였다. 베껴 놓은 여러 필기 중에 드물게 보이는 작품이다."라고 하였다.[103] 이해관계에 따른 견해가 개입되지 않았다거나, 냉철한 눈으로 중국의 허실을 관찰하였다는 것은 유득공이 보다 객관적 관점에

---

101 박현규(2001a).
102 앞의 글에서 재인용, "此爲異國人紀中朝事蹟之書, 不參利害之見, 頗能得眞, 故可貴也."
103 앞의 글에서 재인용, "此錄每以冷眼觀測中國虛實, 又嘗以微言見意, 在傳鈔諸筆記中罕見之作也."

서 중국의 정세를 파악하였음을 인정한 것이라 할 수 있다. 또한 은미한 말로 자신의 의견을 표현하였다고 한 것 또한 유득공이 대외관계에 저촉될 만한 표현이나 내용을 절제한 것이 중국 독자의 입장에서도 인식되었음을 반증한다.

유득공의 연행기록에 대한 평가는 부증상(傅增湘, 1892~1950)의 『장원군서제기(藏園群書題記)』에서 보다 구체적으로 이루어진다. 이 저작은 신해혁명 이후 북경 고궁박물원 도서관장을 역임한 저자가 고적(古籍)을 감상하면서 적은 글을 모아 편찬한 것인데, 유득공의 연행기록에 대한 발문이 수록되어 있다. 『난양록』에 쓴 발문에서는 유득공이 간파한 청나라의 정세로, 만주 황실의 후손들이 점차 문약해지고, 몽고를 견제하기 위해 피서를 핑계로 황제가 직접 열하로 행차하고, 안남국의 여씨(黎氏)왕조에 모반한 완광평이 뇌물을 바치고 안남왕에 봉해진 사실 등을 일일이 열거한 뒤 "기술한 것이 모두 정세를 적실하게 파악하였으니 그들의 나라에서 뜻이 있는 선비라 하겠다."라고 평하였다.[104] 그리고 글의 말미에 가서는 대신들이 황제에게 진귀한 보물을 진헌하고 또 한편으로 은밀히 뇌물을 받는 모습과 대신 복장안이 조선사신에게 약과 부채를 수선스럽게 구하고, 또 배우들의 수염으로 쓰기 위해 조선의 다리(가발)를 구하는 모습 그리고 황제가 번왕들과 함께 『서유기』의 불경스러운 연희를 관람하는 모습 등을 관찰하여 기술한 유득공의 글을 절취하여 인용한 뒤 다음과 같이 평하였다.

나는 항상 말하길, 고종(건륭제) 말년에 자만이 넘치고 교만한 마음이

일어나 총애를 받는 신하들이 재물을 탐하고 법령을 흩뜨렸으니, 국정의 자취가 비록 성대하다고 칭송하지만 정치의 근본은 이미 쇠퇴하여 환란의 기미가 잠복해 있다고 하였다. 그러므로 백련교 비적들이 한번 봉기하자 몇몇 다른 지방으로 퍼져 나가 여러 해 동안 정벌해서야 겨우 평정할 수 있었고, 국력이 이로 인해 크게 소진하였다. 당시 어진 신하나 보필한 선비가 없지는 않지만 언로(言路)에 엄금(嚴禁)이 많아 모두 말할 수 없었다. 가송(歌頌)이 조정에 가득 차 있을 때 뜻밖에도 해외의 신하가 그 틈새를 엿보았으니, 그 심원한 식견은 일반인들을 뛰어넘어 우리 나라 사대부들을 크게 부끄럽게 한다.[105]

유득공이 심세론의 뜻을 품고 관찰한 사실들이 결국은 청나라 말기 쇠퇴의 조짐을 간파한 것이었다고 부증상은 평가하고 있다. 당시 중국 조정의 신하들에게는 이미 익숙해져 심상한 현상이 되어 있었지만 이국인 유득공의 눈에는 그 내부의 모순과 부조리가 엿보였던 것이다.

또한 「연대재유록」에 쓴 발문에서는 유득공이 주자서의 선본(善本)을 구입하기 위해 입국하였으나 백련교도의 난에 지대한 관심을 가지고 다방면으로 탐색하여 정보를 수집했음을 소개하면서 유득공이 분석한 내용을 다음과 같이 소개하였다.

유득공이 추론하여 말하길, 첫 원인은 부역이 복잡하고 과중한 데 있었는데, 또 관리들의 핍박과 장수들의 탐욕과 안일이 더하여져 마침내 세

---

105 앞의 글, "余常謂高宗晚年, 志得意滿, 驕惰乘之, 寵任侫臣, 婪財黷法. 治軌雖號極盛, 而政本已剝, 亂機潛伏, 故教匪一起, 蔓延數省, 征討頻年, 僅得戡定, 國力因之大彈, 當時未嘗無賢臣拂士, 多鈐噤而不敢盡言, 不意歌頌盈庭之際, 而海外陪臣, 固已竊窺其隙, 其深識遠見, 度越常流, 吾國士夫, 愧此多矣."

력이 점차 커져 제압할 수 없는 지경에까지 이르게 한 것이라고 하였다. 그 말이 자못 깊고 진지하다. 거인들의 대조제도에서 나타난 폐단과 『천초선후주비사례(川楚善後籌備事例)』에서 관직을 매매하는 사례를 논한 데 이르러서는 더욱 그 잘못을 바로 말하였다. 그 저자는 대개 나라를 정탐하는[覘國] 데 정통하였으니, 단지 문학으로만 칭송할 인물이 아니다.[106]

부증상은 백련교도의 난에 대한 유득공의 분석을 인정하고, 또 당시 인재 선발과 매관매직의 폐단을 지적한 것에 대해서도 찬사를 보내고 있다. 그가 글의 결말을 '첨국(覘國)'이란 말로 요약한 것은 유득공이 『난양록』의 결론 부분에서 사신의 역할 중 '첨국'을 강조하였던바, 유득공이 자신의 주장을 잘 실천하였음을 인정한 것이라 할 수 있다. 동북아시아의 정세는 조선 문인사회에서도 가장 큰 관심과 흥미의 대상이 되었지만, 중국 지식인들 또한 관심을 가질 수밖에 없는 문제였다. 만약 유득공이 기존의 소중화주의적 입장을 고수하며 청나라를 오랑캐로 치부하였다거나 흥미 위주의 과장과 편견 등으로 대상을 왜곡시켰다면 중국의 독자들로부터 위와 같은 평가를 받는 것은 어려웠을 것이다. 근대 중국 측 학자들로부터 냉철한 관찰자이자 정밀한 분석가로 인정받았다는 사실은 그만큼 유득공이 조선은 물론 한족, 만주족, 몽고족 등 어느 한쪽에 치우치지 않는 탈중화주의의 관점에서 동아시아의 정세를 파악하였기 때문에 가능했다.

이상의 논의는 유득공의 저작이 중국 지식인에게 호응을 얻을 수 있

---

106 앞의 글, "得恭推論, 以謂其始由於賦役之繁重, 而又加以官吏之驅迫, 將帥之玩愒, 遂令坐大而不可制, 其言頗爲深摯. 至擧人大挑之弊, 善後鬻官之例, 尤正言其非. 其人蓋精於覘國事, 匪徒文學之足稱矣."

었던 주요한 이유를 보여 준다. 그렇다면 국내 지식인의 관점에서는 어떠한 호응과 평가가 있었던가. 먼저 연암그룹의 한 세대 뒤에 이루어진 서유구(徐有榘)의 『소화총서(小華叢書)』에 『이십일도회고시』를 비롯하여 『발해고』, 『사군지』, 『경도잡지』, 『난양록』 등이 선집되었던 것으로 보아 유득공은 비중 있는 저술가로 평가받았던 것으로 보인다.[107] 그러나 『이십일도회고시』의 경우 중국 측에서 누렸던 인기에 비하면 연암그룹 내부에서 어떤 호응을 찾아볼 수 없었다는 점이 다소 의아하다. 북학에 대한 열정을 공유하며 평생 동인으로서 나눈 결속을 생각한다면 의외의 냉담한 반응이라 할 수 있다. 이 반응을 어떻게 이해해야 할까? 여기서 당대 조선의 지식인 입장에서 『이십일도회고시』의 문제점을 파악해 볼 필요가 있다. 그런데 한 가지 흥미로운 점은 『이십일도회고시』의 문제점이 연암의 관점과 상충되는 지점에서 나타난다는 점이다.

먼저 문제가 되는 것은 조선의 전사(前史)를 16도(都)에 도읍한 21국으로 정리하였다는 점이다. 연암은, 홍대용과 중국 지식인이 민족과 국가를 초월하여 나눈 지기(知己)의 우정을 기록한 『회우록』에 쓴 서문의 첫 시작을 '삼한(三韓) 36도(都)의 땅을 둘러보건대'라고 시작한다. 이 대목은 좁은 땅덩어리에서 계급과 당파로 사분오열되어 진정한 교우를 얻을 수 없었던 조선의 현실을 한탄하기 위해 나온 말이다. 즉 36도란 유득공의 16도보다 많은 수량이지만 조선의 비좁음을 강조하는 맥락에서 쓰고 있다. 그런데 연암의 글을 통해 유득공은 무슨 근거로 우리나라 전체를 아울러 16도 21국이라 하였는지 의문이 제기된다. 예컨대 유득공은 가야국 편에서 5가야를 열거하며 이 중 금관가야와 대가야만을

---

107 김영진(2005b), 971~978면에 게재된 『소화총서』의 목록 참조.

21도에 포함시키고 있는데, 어떤 기준으로 취사하였는지 밝히고 있지 않다.[108] 연암의 관점에서 본다면 21도란 어떤 객관적 기준이나 근거가 없는 규정이 되며 우리나라 고대사 전체를 삼한의 좁은 강역 안으로 우겨 넣는 형국이 되어 버린다.

이러한 문제점은 유득공이 회고시라는 장르를 선택했기 때문에 발생한 문제로 볼 수도 있다. 직접 눈앞에 펼쳐진 경치를 보고 작품을 짓는 회고시의 양식으로 인해 답사가 가능한 조선의 강역으로 제한할 수밖에 없고, 또 한편으로 도읍지를 대상으로 삼았기 때문에 요동과 만주에 세력을 뻗치고 있던 고조선과 고구려의 경우도 평양으로 논의가 한정되기 때문이다. 사실상 『이십일도회고시』가 단순히 회고시만을 모아놓은 시집이라면 그리 문제 삼을 것은 없다. 그러나 『이십일도회고시』는 단순한 시집이 아니라 시와 역사가 공존하고 있었고, 그로 인하여 『동번기요』에서 볼 수 있듯이 우리나라 고대사에 대한 지식정보를 제공하는 저작으로 활용되기도 하였다.

우리나라의 역대 도읍지가 21도인가, 아니면 36도인가라는 문제는 우리나라 고대사 인식에 대한 견해차가 내재된 것이다. 우리나라 고대사의 핵심적 쟁점이었던 패수와 평양 등의 위치 지정 문제에 있어서 유득공과 연암 사이에는 인식의 차이가 존재하였다. 유득공이 패수의 대동강설을 지지하며 평양을 현 평양지역으로 상정하였던 것에 반하여, 연암은 현 평양을 기준으로 삼아 고대사의 지리를 비정하는 것에 반대하는 입장을 지니고 있었다. 평양은 세력이 이동하는 곳에 따라 붙여진

---

108 유득공은 『輿地勝覽』을 인용하며, "오가야는 高靈은 大伽倻이고 固城은 小伽倻이고 星州는 碧珍伽倻이고 咸安은 阿那伽倻이고 咸昌은 古寧伽倻이다."라고 하였다. 실시학사 고전문학연구회 역(2009), 70면 참조.

이름으로 여러 곳에 있으며, 패수의 위치 역시 같은 방식으로 보아야 한다고 연암은 주장하였다. 이 주장은 북방고토에 대한 관심이 고조되던 당시 조선의 학계에 고조선과 고구려의 고토가 요동과 만주에 있었다는 점을 입증할 수 있는 참신한 논리를 제공하는 것이었다. 연암은 당시 지식인들의 고대사 인식의 문제점을 다음과 같이 지적하였다.

아, 후세 선비들이 이러한 경계를 상세하게 알지 못하면서 함부로 한사군을 모두 압록강 안으로 한정해 몰아넣어서 억지로 끌어다 합치시키고 구구히 분배하고는, 다시 패수를 그 속에서 찾으려 하였다. 압록강을 '패수'라 하고, 혹은 청천강을 '패수'라 하며, 혹은 대동강을 '패수'라 한다. 이는 조선의 옛 영토를 싸우지도 않고 줄어들게 만든 격이다. 이렇게 된 것은 무슨 까닭인가. 평양을 한곳에 정해 놓고 패수 위치의 앞으로 당기기도 하고 뒤로 물리기도 하기 때문이다.[109]

위에서 살펴본 맥락에서 본다면 연암이 비판하고 있는 대상은 바로 유득공이 된다. 『이십일도회고시』에서 유득공은 한사군을 단군조선과 위만조선의 도읍지인 평양의 영역으로 상정하고 있고, 패수 또한 대동강설을 따르고 있기 때문이다. 연암의 관점에서 본다면 유득공의 관점이야말로 전쟁 한 번 없이 옛 영토를 빼앗기고 마는 격이 되고 만다.

유득공은 이 문제에 대하여 상당히 고민했던 것으로 보인다. 앞서 살펴보았듯이 『이십일도회고시』를 세상에 내놓은 이후 유득공은 북방 고대사에 대한 인식에 큰 변화를 겪게 된다. 『이십일도회고시』를 재편

---

109 朴趾源, 『熱河日記』, 「渡江錄」, 6월 28일조.

하면서는 고구려의 편수를 2수에서 5수로 늘리고, 『발해고』의 편찬에 착수하여 북방고토에 대한 회복의식을 적극적으로 표명하기도 하였다. 1784년에 쓴 『발해고』의 서문에서 유득공은 고려가 『삼국사』를 이어 발해를 포함한 남북국사를 편찬했어야 했는데, 『발해사』를 편찬하지 않아 두만강 이북과 압록강 이서가 누구의 땅인지 알 수 없게 되었다고 주장하며 다음과 같은 말하였다.

당시에 고려를 위하여 계획을 세우는 자는 시급히 『발해사』를 편찬하여 이를 가지고 여진에 따졌어야 했다. "왜 우리에게 발해 영토를 돌려주지 않느냐. 발해 영토는 바로 고구려의 영토이다." 그리고 한 사람의 장군을 시켜 가서 수복하게 하였더라면 토문강 이북을 차지할 수 있었을 것이다. 또 『발해사』를 가지고 거란에 따졌어야 했다. …… 그리고 한 사람의 장군을 시켜 가서 수복하게 하였더라면 압록강 서쪽의 땅을 차지할 수 있었을 것이다.[110]

위 글에서 볼 수 있듯이 유득공은 『발해사』의 편찬이 고구려의 고토를 회복하기 위한 것임을 분명하게 표명하고 있는데, 이는 연암의 북방고토 회복의식을 수용하고 있음을 분명하게 보여 준다.

그런데 『열하기행시주』의 개작 과정에서 북방고토에 대한 관심을 천명한 글이 삭제된다. 귀국 길의 마지막 경유지로 다룬 '봉황성' 편은 『열하기행시주』의 대단원이라 할 수 있는 두 가지 사항을 역설한다. 첫

---

110 『泠齋集』 卷7, 「渤海考序」, "當是時, 爲高麗計者, 宜急修渤海史, 執而責諸女眞. 曰何不歸我渤海之地, 渤海之地, 乃高句麗之地也. 使一將軍往收之, 土門以北可有也. 執而責諸契丹, 曰何不歸我渤海之地, 渤海之地, 乃高句麗之地也. 使一將軍往收之, 鴨綠以西可有也."

번째는 압록강 너머 요동지역에 관심을 촉구하는 내용이고, 두 번째는 군관·역관·마두배 등 수행원이 사신의 이목(耳目)이 되어 상대국을 정탐할 수 없는 현장을 고발하는 내용이다. 그런데『난양록』으로 재편하면서 첫 번째 사항의 1,400여 자 전체를 완전히 삭제하고, 두 번째 사항만을 남겨 놓은 것이다. 삭제된 부분에는 봉성이 위치한 요동은 왼편에 만주족이 있고, 오른편에 몽고족이 있고, 남쪽으로는 중원으로 통하는 등주(登州)와 내주(萊州)가 있어 동북아시아의 판도를 결정짓는 요충지였으며, 고구려가 이곳을 차지할 수 있었기 때문에 동방의 강대국이 되어 중원의 제국과 맞설 수 있었다는 주장이 담겨 있었다. 유득공은 "천하만사는 지난 일을 살펴서 앞으로 다가올 일을 아는 것이다."라고 하고, 요동의 전쟁에서 원(元), 금(金), 명(明)이 차례대로 패배하며 역사 속으로 사라진 과거를 돌이켜 보며 "하늘의 뜻은 알 수 없는바, 이 어찌 우리나라가 잠시라도 잊을 수 있겠는가."[111]라고 하였다. 그는 요동에 관심을 두어야 한다는 자신의 주장이 "성을 쌓고 해자를 파고 주둔하는 군사를 증강하는 것을 이르는 것이 아니요, 역대(歷代)의 사변, 전쟁의 판도, 산천의 요새, 성읍의 연혁을 가만히 살피고 알아 두는 것을 말함이다."[112]라고 하여 매우 조심스럽게 논하고 있지만, 북방고토에 대한 회복의식을 분명하게 표출하고 있다. 이 때문에 기존 연구에서는『발해고』와 더불어『난양록』또한 연암의 북방고토 회복의지를 계승한 것으로 평가하기도 하였다.[113] 그런데 바로 이 부분을 유득공 스스로 삭제한 것이다. 그 이유는 무엇일까? 1795년『열하기행시주』를

---

111 실시학사 고전문학연구회 역(2009), 178면.
112 앞의 책, 177면.
113 김명호(1988), 44면 참조.

개편하는 시점에서 북방영토에 대한 그의 인식이 애초의 상태로 후퇴 했다고 보기는 어렵다. 그보다는 청나라의 패망을 가정하며 정세를 논한 『열하기행시주』의 다른 부분이 개편 과정에서 삭제된 것같이 청나라와의 대외관계를 의식하여 삭제한 것으로 보는 것이 타당하다. 유득공은 자신의 저작이 국경을 넘어 중국으로 건너가 전파될 것이라고 생각하고 있었던바, 중국과의 분쟁을 야기할 수 있는 문제를 제거하는 것은 불가피한 선택이었다고 할 수 있다.

이상의 논의를 통하여 새로운 저작의 기준을 설정하며 시도한 유득공의 개편 작업이 실질적으로 어떠한 호응을 받았는가에 대하여 살펴보았다. 중국 지식인에게 『이십일도회고시』는 가장 신뢰할 수 있는 사료를 근거로 조선 역사의 전체상을 개관할 수 있는 저작으로 인식되었고, 『난양록』과 『연대재유록』은 객관적 관점에서 청나라의 정세를 예리하게 관찰하고 분석한 저작으로 평가받았다. 이와 같은 중국 독자들의 호응은 유득공의 개편 의도가 주효하였음을 보여 준다. 그러나 유득공이 추구한 개편 작업은 한편으로는 우리나라의 고대사를 한반도로 축소하고 북방고토에 대한 문제의식을 유보시키는 결과를 낳았다. 이러한 두 가지 측면은 유득공이 추구한 독자층의 확대가 가져온 양면성이라 할 수 있다. 유득공은 조선의 첨예한 문제의식보다 동아시아 지식 정보의 소통과 확산에 중점을 두고 있었던 것으로 보인다.

6. 맺음말

이상의 논의에서 18세기 한중 지식인 교류가 본격화되는 시대를 맞이하여 유득공이 자신의 저작활동을 통하여 양국의 지적 교류에 어떻게 대응하였는지를 살펴보았다. 유득공은 지식정보의 소통이 일국의 경계를 넘어 동아시아 세계로 확대되고 있는 상황을 간파하고, 동아시아의 지식정보를 소통시키는 저작활동을 하였다. 그가 오늘날의 '동아시아'라는 개념을 생각했다고는 보기 어렵지만, 유득공이 연행을 통하여 경험한 세계는 '중국'보다 '동아시아'라고 말하는 것이 더 적절한 표현일 것이다. 유득공은 건륭제의 만수절에 참여하여 동아시아 제 국가의 사신을 만나 교류하였고, 또 중국 내부에서 한족, 만주족, 몽고족, 회족 등 동아시아 제 민족이 긴장관계를 유지하고 있는 상황을 직접 경험하였다. 이로 인하여 『병세집』에는 중국 이외에 일본, 안남, 유구의 사신을 따로 포함시켰고, 『난양록』과 『연대재유록』 등 연행기록에서는 동아시아 각국의 사신을 통하여 각국에 대한 지식정보를 파악하는 한편 한족, 만주족, 몽고족 등 제 민족 사이의 긴장관계가 드러나는 장면을 포착하여 중국의 주요한 정세로 기술하였다.

앞에서 『이십일도회고시』와 『경도잡지』가 조선의 역사문화에 대한 지식정보를 중국의 독자에게 제공하고, 『병세집』·『난양록』·『연대재유록』 등은 동아시아에 대한 지식정보를 조선의 독자에게 제공한다는 점에서 양국의 지적 교류로 파악하였지만, 조선 역시 동아시아에 포함된다는 점에서 이 저작들은 모두 동아시아의 지식정보를 다룬 것이라 할 수 있다. 이러한 관점에서 본다면 만주, 거란, 몽고 등 이민족들과 각축을 벌이던 북방 고대국가의 역사지리를 다룬 『발해고』와 『사군지』를 비롯하여, 동북아시아 제 민족의 문화를 비교하는 내용이 가장 큰 비중을 차지하는 『고운당필기』 역시 조선을 넘어 동아시아의 지식정보를 다룬 저작이라 할 수 있다.

또한 유득공은 자신의 시문이나 저작이 중국에서 출판되어 전파되는 모습을 직접 경험하였던바, 일국을 넘어 동아시아 세계에서 소통할 수 있는 저작의 기준을 모색하였다. 먼저 유득공은 독자의 지적 요구를 파악하고, 독자의 관점에서 독서의 편리성과 효율성을 고려하며 저작의 체제와 구성을 정제화(整齊化)시켰다. 기존의 시집 체제나 연행록 양식에 변화를 주며 보다 객관적인 지식정보를 전달할 수 있는 새로운 방식을 모색한 것이다. 이러한 변화는 근본적으로 문학에 포함된 지식정보의 비중이 점차 높아지면서, 보다 풍부하고 객관적인 지식정보를 소통시킬 수 있는 방안을 모색한 결과라 할 수 있다. 『이십일도회고시』에서는 철저하게 객관적 사료에 근거를 둔 지식정보를 제공하고자 하였으며, 『난양록』과 『연대재유록』에서는 자신의 직접 경험에서 얻은 지식정보를 최대한 객관적으로 전달하고자 하였다. 각기 저작의 취지와 방식은 다르지만, 양자 모두 지식정보의 객관성에 역점을 두고 있다. 그 결과, 유득공의 저작은 당대 중국 지식인으로부터 큰 호응을 받았으며 근대초기 중국의 지식인에게서도 특별한 주목을 받았다. 그러나 다른 한편으로는 우리나라 고대사의 판도를 한반도로 축소시키고 북방고토에 대한 회복의식을 유보시키는 결과를 낳기도 하였다.

그러나 이 문제 역시 지식정보의 객관성을 중시한 유득공의 입장에서 이해할 필요가 있다. 호사 취향의 박물학적 소품을 짓던 유득공은 『이십일도회고시』를 계기로 역사지리학 분야로 관심의 방향을 돌리며 『이십일도회고시』가 야기한 북방 고대사에 대한 문제를 해결하기 위하여 『발해고』와 『사군지』를 편찬하며 북방고토에 대한 연구를 심화시켰다. 그러면서 시 전문가로 인정받던 유득공은 역사지리 전문가로 인정을 받게 된다.[114] 이 과정에서 유득공은 북방 고대사의 역사지리에 대

---

114 成海應, 『研經齋全集』, 「渤海考序」, "惠甫, 素明於地理之學, 其所援据辨核, 皆秩然有序."

한 어떤 확신을 가졌던 것으로 보인다.[115] 『발해고』에 대한 연구에 따르면, 연암의 경우는 지리 고증의 문제가 많은 『요사』의 글을 인용하여 논지를 펼친 반면, 유득공은 『발해고』를 수정해 가는 과정에서 『요사』의 오류를 극복하였다고 전한다.[116] 이를 통해 본다면 패수와 평양의 위치 지정 및 북방고토에 대하여 유득공은 사관(史觀)의 문제가 아니라 치밀한 고증의 관점에서 문제에 접근했던 것으로 보인다. 유득공에게 패수와 평양의 위치는 자국의 관점보다 동아시아 지식인들이 인정할 수 있는 객관적 고증이 가능하냐의 문제가 더 중요하였던 것이다. 독자층의 확대는 단순히 서책을 널리 전파하는 데 있는 것이 아니라 지적 소통의 범위를 확장시키는 것이었고, 이는 인식의 공유가 전제되어야 하는 것이었다. 유득공은 그 전제를 지식정보의 객관성에서 찾았던 것이다.

17세기 이후 중국 중심의 조공체제는 흔들렸지만, 지식인의 사적인 교류는 더욱 확대되어 상호 간 지식정보의 소통은 활발하게 이루어지고 있었다. 이후 당면하게 되는 서세동점의 변화를 생각한다면, 기존에 상정하던 한자문화의 공동체 의식은 보다 더 긴요하게 작동하게 된다. 서구의 폭압적 침략을 처음 경험한 아편전쟁에 의해 탄생한 위원(魏源)의 『해국도지(海國圖志)』는 조선에서도 매우 중요한 저작으로 인식되었으며 일본에서도 큰 인기를 끌었다.[117] 한·중·일 동아시아 지식인들은 『해국도지』를 통하여 소통하며 서구 세계에 대한 지식정보를 공유하고 있었다. 『해국도지』는 18세기 이후 동아시아 지식인 사이에 소통

---

115 김윤조 역(2005), 197~200면 참조.
116 송기호(2000), 28면; 김종복(2010) 참조.
117 아사히신문 취재반 지음, 백영서 외 역(2008), 14~16면 참조.

의 영역이 확대되며 어떤 공동의 지적 영역이 형성되어 가고 있었음을 시사한다. 유득공의 저작은 18세기 한중 지식인의 교류가 막 시작하는 시점에서 바로 이 공동의 지적 영역을 상정하며 동아시아 지식정보의 소통을 추구하였다는 점에서 선구적이라 평할 수 있다.

參考文獻

金昌業, 『燕行日記』, 『국역 연행록선집』, 한국고전번역원.

朴思浩, 『心田稿』, 『국역 연행록선집』, 한국고전번역원.

朴長馣, 『縞紵集』, 미국 하버드대 옌칭도서관.

朴齊家, 『貞蕤閣集』, 『한국문집총간』 261, 민족문화추진회.

朴趾源, 『熱河日記』, 『한국문집총간』 252, 민족문화추진회.

徐瀅修, 『明皐全集』, 『한국문집총간』 261, 민족문화추진회.

成海應, 『研經齋全集』, 『한국문집총간』 273~279, 민족문화추진회.

柳得恭, 『泠齋集』, 『한국문집총간』 260, 민족문화추진회.

_____, 『泠齋書種』, 국립중앙도서관.

_____, 『二十一都懷古詩』, 국립중앙도서관.

_____, 『二十一都懷古詩註』, 성균관대 존경각.

_____, 『中州十一家詩選』, 서울대 규장각.

_____ 저, 이석호 역(1973), 『동경잡지』, 대양서적.

_____ 저, 신호열 역(1982), 『연대재유록』, 한국고전번역원.

_____, 李佑成 편(1986), 『古芸堂筆記』, 아세아문화사(서벽외사 해외수일본).

_____, 李佑成 편(1986), 『熱河紀行詩注』, 아세아문화사(서벽외사 해외수일본).

_____ 저, 김윤조 역(2005), 『누가 알아주랴』, 태학사.

_____ 저, 실시학사 고전문학연구회 역(2009), 『역주 이십일도회고시』, 푸른역사.

_____ 저, 실시학사 고전문학연구회 역(2010), 『열하를 여행하며 시를 짓다－열하기행시주』, 휴머니스트.

兪晩柱, 『欽英』, 서울대 규장각.

李德懋, 『국역 청장관전서』, 한국고전번역원.

李書九, 임형택 편(2005), 『薑山全書』, 성균관대 대동문화연구원.

丁若鏞, 『국역 다산시문집』, 한국고전번역원.

鄭運經 저, 정민 역(2008), 『탐라문견록, 바다 밖의 넓은 세상』, 휴머
　　니스트.

傅增湘(2002刊), 『藏園群書題記』, 북경도서관.

朱文藻, 『日下題襟合集』, 북경대 도서관.

김명호(1990), 『열하일기연구』, 창작과비평사.

김문식(2009), 『조선 후기 지식인의 대외인식』, 새문사.

김태준(1999), 『한국문학의 동아시아적 시각 I』, 집문당.

송준호(1985), 『유득공의 시문학 연구』, 태학사.

심경호(2000), 『한국한시의 이해』, 태학사.

이경수(1995), 『한시사가의 청대시 수용 연구』, 태학사.

藤塚鄰 저, 박희영 역(1994), 『추사 김정희의 또 다른 얼굴』, 아카데미
　　하우스.

벤저민 엘먼 저, 양휘웅 역(2004), 『성리학에서 고증학으로』, 예문서원.

山井湧 저, 김석기 외 역(1994), 『명청사상사의 연구』, 학고방.

아사히신문 취재반 지음, 백영서 외 역(2008), 『동아시아를 만든 열
　　가지 사건』, 창작과비평사.

김명호(1988), 「연행록의 전통과 『열하일기(熱河日記)』」, 『한국한문
　　학연구』 11, 한국한문학회.

＿＿＿＿(2000), 「동문환의 『한객시존』과 한중 문학 교류」, 『한국한문
　　학연구』 26, 한국한문학회.

김문식(2004),「유득공의 두 번째 중국 여행」,『문헌과 해석』겨울호, 문헌과해석사.

김성남(2011),「吳長慶軍營과 그 막료들－조선 견문록 3종을 중심으로」,『대동문화연구』74, 성균관대 대동문화연구원.

김영진(2005a),「조선 후기 중국사행과 서책문화」,『연행의 사회사』, 경기문화재단, 2005.

_____(2005b),「조선 후기 실학파의 총서 편찬과 그 의미－『삼한총서』・『소화총서』를 중심으로」,『한국한문학 연구의 새 지평』, 소명.

김용태(2009),「1790년 유득공이 만난 동아시아－『열하기행시주』분석을 중심으로」,『한문학보』20, 우리한문학회.

_____(2011),「漂海錄의 전통에서 본『海外聞見錄』의 위상과 가치」,『한국한문학연구』48, 한국한문학회.

김윤조(2007a),「『고운당필기』연구－諸 異本에 대한 검토」,『大東漢文學』26, 대동한문학회.

_____(2007b),「『古芸堂筆記』연구－신발견 자료의 내용을 중심으로」,『大東漢文學』27, 대동한문학회.

_____(2011),「경도잡지 연구」,『동양한문학연구』32, 동양한문학연구회.

박현규(1998),「중국에서 간행된 조선 유득공 시문집」,『동방한문학』15, 동방한문학회.

_____(1999),「중국에서 간행된 조선후사가 저서물 총람」,『한국한문학연구』24, 한국한문학회.

_____(2001a),「중국 학자가 논평한 조선 유득공의『灤陽錄』과『燕臺再遊錄』」,『한중인문학연구』6, 한중인문학회.

_____(2001b),「북경대학장실 조선 민백순 편찬『海東詩選』落穗와

보안」, 『한민족어문학』 38, 한민족어문학회.

송기호(2000), 「유득공과 발해고」, 『발해고』, 홍익출판사.

이우성(1995), 「한국에서의 실학연구 현황과 동아시아 연대의식」, 『실시학사산고』, 창작과비평사.

이철희(2008), 「연암 박지원의 「녹앵무경서」에 담겨 있는 비판적 의미(1)」, 『한문학보』 19, 우리한문학회.

_____(2009), 「18세기 한중 문학 교류와 유득공의 「이십일도회고시」」, 『동방한문학』 38, 동방한문학회.

_____(2010), 「영사시와 회고시에 대한 시학적 이해―「이십일도회고시」의 성격 규명을 위하여」, 『한국어문학연구』 54, 한국어문학연구학회.

임형택(2005), 「조선사행의 해로 연행록: 17세기 동북아의 역사전환과 실학」, 『한국실학연구』 9, 한국실학학회.

_____(2009), 「17~19세기 동아시아, 한·중·일 간의 지식교류 양상―'이성적 대화'의 열림을 주목해서」, 『대동문화연구』 68, 성균관대 대동문화연구원.

_____(2010), 「17~19세기 동아시아 상황과 연행·연행록」, 『한국실학연구』 20, 한국실학연구회.

정 민(2011), 「18·19세기 조선 지식인의 병세의식」, 『한국문화』 54, 서울대 규장각한국학연구원.

정은주(2011), 「皇淸職貢圖 제작 경위와 조선 유입 연구」, 『명청사연구』 35, 명청사학회.

허경진, 천금매(2009), 『유득공의 『並世集』 연구』, 『한중인문학연구』 28, 한중인문학회.

황봉덕(2009), 「유득공의 『이십일도회고시』 연구」, 성균관대 석사학위논문.

楚亭 朴齊家의 書畵癖과 詩의 審美性

한영규 | 성균관대 인문과학연구소 학술연구교수

1. 문제의 제기

'경세치용(經世致用)'을 중시하는 성호(星湖) 계열의 실학자들이 농촌 토착적 환경에서 생장하여 경전의 새로운 해석과 그에 입각한 제도개혁론에 치중한 데 비하여, 도시적 분위기 속에서 자라난 서울 성중의 연암그룹(이용후생파) 학자들은 상업의 발전과 유통을 중시하며 18세기 청나라의 발달한 물질생활을 본뜨고 배울 것을 역설하였다.

이용후생(利用厚生)을 주장한 실학자 중에서도 특히 초정(楚亭) 박제가(朴齊家, 1750~1805)는 문예가 지니는 심미(審美)의 측면을 특별히 주목한 인물이었다. 그가 『북학의(北學議)』, 「고동서화(古董書畫)」 조에서 "청산과 백운은 먹는 것도 입는 것도 아니지만, 사람들이 다 그것을 좋아한다."라는 말을 통해 서화고동의 가치를 적극 옹호한 것이 그 대표적 예이다. 이러한 견해는 「백화보서(百花譜序)」 등에서 궤를 같이하며 재차 강조되었고, 시론과 시 창작에서도 발현되었다.

초정의 서화고동 인식에 대해서는 이우성 교수가 「실학파의 서화고동론(書畫古董論)-연암·초정의 경우」라는 논문을 통해 이미 예리한 통찰을 보여 준 바 있다. 이 논문에서 이우성 교수는 서화고동을 두고 초정이 한 발언에 주목하고, 이를 "선(善)의 추구만을 지상의 과제로 알고 있고 그 규범주의·명분주의의 질곡화에 따라 인간의 감정이 자유로울 수 없었던 이조후기의 성리학의 풍토 속에서 '선' 못지않게 '미(美)'의 세계 가치를 인식하고 그것을 주장하여 성리학으로부터 문학예술의 해방을 약속할 수 있었다."라고 평가하였다.[1] 초정의 서화고동에 대한 인식은 이용후생파 실학자가 도달한 그 시대 최고의 이론 수준이라 할 수 있다. 또한 이것이 18세기 서울의 도시 생활을 통하여 획득한 귀중한 체험들로부터 온 것이란 점에서 의미를 지녔다. 이들 이용후생파의 생활·의식·기분은 널리 도시 서민층에 연결되어 있었고, 상업과 유통 위주의 경제론은 당시 소상품 생산자들의 시장 확대 욕구를 대변했다 할 것이다.[2]

수십 년이 지났지만 이우성 교수의 이러한 시각은 오늘날에도 여전히 유효한 점이 존재한다. 이 논문 이후 박지원(朴趾源), 박제가 및 실학파의 서화 인식을 다룬 수 편의 글이 제출되긴 하였으나,[3] 위 논문의 문제의식을 부연하는 차원에 그친 채, 보다 진전된 시야를 확보하거나 심도 있는 분석을 수행하지 못했다고 평가된다. 따라서 이 글은 「실학파의 서화고동론」에서 제기한 문제의식을 계승하면서, 특히 초정에 초점에 맞추어 그의 서화 인식과 서화를 제재로 한 시 작품을 보다 집중적으로 거론하고자 한다.

『북학의』, 「고동서화」 조의 주장은 미의 가치를 거시적 시야에서 비유적으로 표현한 것으로, 초정이 서화를 이해하는 기본 방향이면서 총론의 성격에 해당하였다. 따라서 초정의 그러한 선언이 그 자신의 개별 시 작품에서 구체적으로 어떻게 발현되었는지에 대한 세밀한 실증이 이어져야 할 것이다.

무엇보다 초정은 그 스스로 '화벽(畵癖), 서음(書淫)'이라 밝힌 바 있고, 실제 서화 작품에 붙인 제시(題詩) 제발(題跋)이 여러 편 남아 있다.

---

1 이우성(1975).

2 이우성(1982), 64면.

3 최숙인(1989; 1999); 최신호(1990); 김경미(1990); 강명관(2002); 이태호(2004); 박은순(2007).

그는 『북학의』를 집필하기 이전 서울 도성에서 당대의 여러 서화가와 긴밀하게 교유하였으며, 또한 네 차례의 연행(燕行)에서 나빙(羅聘)을 비롯한 청나라 서화가들과 깊이 사귀면서 그들의 그림에 적지 않은 시를 써 주었다. 그 결과, 청대의 여러 문헌에 초정이 시와 그림에 능하다는 기록이 남아 있다. 또한 2, 3차 연행 이후 검서관으로 근무하며 당시 도화서(圖畫署) 등에서 창작된 서화 작품에 여러 차례 비평을 가하기도 하였다. 즉 초정은 서화에 대한 깊은 식견을 지니고 있었고, 서화가와 그들의 작품 취향을 애호하였으며, 서화를 제재로 한 다수의 시 작품을 산출했다는 점에서 실학과 문인 가운데 매우 특별한 성향을 지녔다고 평가된다. 따라서 초정 시에 있어서의 심미성의 발현 양상을 탐색하고자 할 때, 서화를 제재로 한 시의 구체적 분석이 필수적이라고 하겠다.

2. 초정의 서화벽(書畫癖)과 '문명도아(文明都雅)'

1) 도시적 감성과 서화벽

18세기 중후반의 서울은 상업과 수공업의 발달로 인해 이전 시기와는 비할 바 없는 발전의 면모를 보였다. 이러한 도시적 분위기는 당시 서울 출신 문인들에게 자극을 주어, 실학의 한 유파로서 이용후생학이 성립되었다. 홍대용(洪大容), 박지원, 박제가와 같은 실학과 문인들의 의식은 널리 서울의 도시 서민층에 연결되어 있었다.[4] 초정은 서울 성중

---

4 이우성(1982), 26~64면.

에서 나고 자라 도시적 감성을 지니고 있었고, 이 점은 그의 문예와 학문 활동에 있어서 중요한 기조로 작용하였다.

숲과 계곡, 샘물과 바위의 아름다운 경치만 하더라도, 어찌 여기를 버리고 다른 곳을 구하겠는가? 더구나 서울은 정치와 교화가 시행되는 곳이요, 인물이 사방에서 모여드는 곳이니, 벼슬아치와 벌열의 집안, 인물과 누대, 수레와 선박, 재화의 번성함 그리고 친척과 벗들과 문헌의 수요가 모두 이곳에 모여 있음에랴![5]

초정은 도성의 번화한 문화뿐 아니라 서울을 둘러싼 자연환경도 사랑하였다. 무엇보다 초정은 서울에서 의기가 투합하는 인물들과의 사귐에 큰 의의를 부여하였다. 그는 자신이 '백무일능(百無一能)'이지만 어진 인물들과의 만남과 교유에는 온종일 마음을 쏟아 그만둘 수 없다고 하였다.[6] 새로운 인간형의 출현과 결집 그리고 상호 간의 활발한 교유와 소통은 18세기 서울이 제공한 문화적 환경이었다. 박지원을 중심으로 한 이덕무(李德懋)·유득공(柳得恭)·이서구(李書九) 등과의 '백탑청연' 시절의 교유가 초정의 문학에 큰 영향을 끼쳤다는 것은 주지의 사실이다. 그런데 초정의 교유 기록을 살펴보면, 연암그룹과는 연관이 적은 인물이 의외로 발견된다.

---

5 「送李定載往公州序」; 정민 외 역(2010) 하, 112면, "雖有林壑泉石之觀, 其何以捨此而他求乎, 而況王城治化之所出, 四方之所輻輳, 其仕宦閥閱之族, 人物樓臺舟車貨財之盛, 與夫親戚友朋文獻之徵, 悉聚於此." 박제가의 시문을 번역 인용할 경우, 정민 외 역(2010)의 『정유각집』을 주로 참고하였으나 필요에 따라 필자가 일부 수정을 가하였다.

6 「戱倣王漁洋歲暮懷人六十首 幷小序」; 정민 외 역(2010) 상, 238면, "余百無一能, 樂與賢士大夫遊. 旣與之交好, 又終日矗矗不能已也. 人頗笑其無間日焉."

중화의 서적이 어떠한가 물어보니,	中華書目問如何
황하 물을 마시듯 일일이 비춰 주네.	撥鏡人人似飲河
괴이토다! 옛 벗인 양 이름을 부르는데,	怪然呼名如舊友
명청(明淸) 문사 붕어 떼처럼 많구나.	明淸士比鯽魚多[7]

1777년 첫 연행을 떠나기 전해에 쓴 회인시 중 한 편이다. 호를 낙목암(落木菴)이라 칭한 홍희영(洪希泳)이란 인물은[8] 이덕무와 한두 번 자리를 함께한 것으로 보이기는 하지만,[9] 박지원·유득공·이서구 등은 별다른 기록을 남기지 않았다. 시에서 알 수 있듯이 홍희영은 명청대의 서적과 인물을 세밀하게 이해하고 있었던 듯하다. 당벽(唐癖)이라고 불릴 만큼 중국의 지식과 문헌에 밝았던 초정도 그를 괴짜라 여기며 놀랄 정도였으니, 홍희영의 식견이 매우 굉박했음을 알 수 있다. 이 외에도 초정의 이 회인시(懷人詩)에는 이용휴(李用休), 이만운(李萬運), 황윤석(黃胤錫) 등과 같이 당색은 다르지만 당대의 명류로 칭해졌던 인물들도 상당수 포함되어 있다. 초정보다 연배가 40년 이상 차이 나는 인물도 있어, 그 교유 범위의 광범함을 실감케 한다. 즉 초정은 연령, 당색에 구애됨이 없이 당대 서울의 명사들과 두루 소통하고 있었던 것이다. 그런데 이 회인시에서 가장 주목되는 것은 서화에 대한 초정의 인식과 당대 서화가를 포착하는 그의 시각이다.

고사(高士)와 예인(藝人)을 서로 따르노라니,	高人藝士鎭相隨

---

7 「戱倣王漁洋歲暮懷人」 60수 중 제17수 '落木菴洪希泳'; 정민 외 역(2010) 상, 244면.
8 하버드대 소장 『정유각집』과 여강출판사본 『정유집』에는 '洪希穎'으로 표기되어 있다.
9 「六月十三日集落木菴」; 정민 외 역(2010) 상, 180면; 李德懋, 『靑莊館全書』, 「落木菴小醉」; 『한국문집총간』 257, 95면.

화벽(畫癖)과 서음(書淫)이라 내 절로 바보 같네.　　畫癖書淫我自癡

종일토록 농담하며 자주 웃음 터트리니,　　終日詼諧頻絕倒

사자가 공놀이하는 즐거움 그 누가 알 건가!　　誰知獅子弄毬時[10]

　위의 시에서 초정은 스스로 화벽(畫癖)과 서음(書淫)이라고 밝히고 있다. 실제 회인의 대상 46인에 포함된 서화가의 면면을 보면, 그러한 표현이 과장이 아님을 알 수 있다.

　사실 18세기 서울의 도시적 양상 가운데 서화 부문의 비약적 발전은 주목할 만한 사안으로 손꼽힌다. 연행을 통하여 명청대의 그림과 관련 서적이 유입되고, 왕실과 민간에서 서화에 대한 수요가 급격히 늘어났으며, 실경(實景) 산수화풍의 난만(爛漫)과 남종문인화풍의 유행으로 정선(鄭敾), 강세황(姜世晃) 등의 노성층으로부터 김용행(金龍行), 이희산(李羲山) 등 젊은 화가들에 이르기까지 다수의 서화가들이 서울 도성에서 활약하고 있었다. 박지원을 위시한 연암그룹은 구성원 대다수가 실제 그림에 능한 데다 서화의 감상과 비평에 있어서도 높은 안목을 지니고 있었다. 또한 이들은 상당수의 제화시(題畫詩)도 남겨 놓았다.[11]

　초정의 회인시를 통해 그가 교유한 서화가들을 살펴보면 크게 세 갈래로 파악될 수 있다. 첫째, 17세기 후반에서 18세기 전반에 걸쳐 서울 백악산 아래에서 활동한, 소위 백악시단(白岳詩壇) 계열의 서화가들이다. 초정은 김창업(金昌業)의 서자로서 화원이었던 진재(眞宰) 김윤겸(金允謙, 1711~1775)과 교유가 있었고,[12] 그의 아들 김용행(1753~1778)

10　「戲倣王漁洋歲暮懷人」 60수 중 제1수; 정민 외 역(2010) 상, 239면.

11　박지원은 8수, 이덕무 16수, 유득공 21수, 이서구는 19수인데 박제가는 39수를 남겼다.

12　「送金眞宰允謙北遊 四首」; 정민 외 역(2010) 상, 102면.

과는 막역한 사이였다.

느릅나무 이른 가을 북쪽 하늘 맑은데,　　　　黃楡秋早塞天清
말갈 땅에 석양빛 가벼이 물들리라.　　　　　鞨鞨斜陽著色輕
초벌 그림 뭉클뭉클 격문 써 내리듯 붓질할 때,　草畫淋漓如草檄
쏴아쏴아 종잇장서 변경 소리 일어나리.　　　颼颼紙面作邊聲[13]

　1774년 무렵 김윤겸이 북쪽 함경도 지방으로 떠날 때 초정이 전송하
며 지은 시이다. 김윤겸은 안동 김씨 출신의 서자(庶子)로, 그림을 잘
그려 도화서 화원이 되었고 벼슬은 찰방을 지냈다. 김윤겸은 연암그룹
과 서울 북쪽 옥류동 부근에서 누차 시회를 가졌고, 또한 김용행이 초
정의 막역한 벗이었기 때문에, 초정이 특별히 시로써 전별한 것이다.
김윤겸은 자기만의 화의를 터득하여 특히 산수화를 잘 그렸는데, 간결
한 필치와 참신한 설채법(設彩法)을 통하여 마치 수채화 같은 소쇄하고
청신한 느낌을 주었다. 초정은 이 시에서, 북방에서 진재가 거침없이
그림 그리기를 바라며 그 모습을 상상하고 있다. 마치 격문을 쓰듯 거
침없이 붓을 휘두르면 화면에서 변경의 바람 소리가 일어날 것이라고
하였다. 의태어 '뭉클뭉클[淋漓]'과 의성어 '쏴아쏴아[颼颼]'를 절묘하
게 배치하여, 호쾌하면서도 싸늘한 느낌을 불러일으킨다. 멀리 북쪽 변
방에 가더라도 이런 기운으로 그림을 그리라는 소망과 못내 안쓰러워
하는 마음이 아울러 담겨 있다. 이 시를 쓴 이듬해에 진재가 세상을 떠
나, 초정은 그를 다시 만나 보지 못하였다.

---

13 「送金眞宰允謙北遊 四首」, 제1수; 정민 외 역(2010) 상, 102~103면.

둘째, 정철조(鄭喆祚)와 서상수(徐常修)·김광수(金光遂) 등 연암그룹 관련 서화가들인데, 초정과 가장 친밀한 교유를 나눈 부류이다.

맑은 새벽 먹을 가니 온갖 생각 경쾌하고,   磨墨清晨萬慮輕
화로 연기 피어올라 주렴 가에 걸렸구나.   爐烟不斷一簾橫
차 끓임은 오직 김성중(金成仲)을 허락하니,   煎茶獨許金成仲
송풍성(松風聲) 회우성(檜雨聲)을 알아듣기 때문이지. 解聽松風檜雨聲[14]

서상수(1735~1793)는 연암이 지은 「필세설(筆洗說)」의 주인공으로 당시 서울 성중에서 서화고동 감상의 일인자였다. 성중(成仲)은 김광수(1699~1770)의 자이다. 그는 호가 상고당(尙古堂)으로 서화고동에 벽을 지녀 당대 제일의 수장가였고, 또한 차(茶)에도 깊은 조예가 있었다. 연암은 서상수와 김광수를 함께 거론하여 '상고당은 감상지학(鑑賞之學)의 개창자이고, 서여오(徐汝五, 서상수)는 거기서 한 걸음 더 나아가 더욱 묘경을 깨달은 사람으로서 감상을 잘하면서 재사(才思)도 겸한 사람'이라고 서상수를 극찬하였다.[15] 초정은 이들이 머리를 맞대고 한가로이 차를 품평하면서 아취(雅趣)를 누리는 광경을 그려 내었다.

---

14 「戲倣王漁洋歲暮懷人」 60수 중 제4수 '徐觀軒常修'; 정민 외 역(2010) 상, 239면.
15 朴趾源, 『燕巖集』, 「筆洗說」; 『한국문집총간』 252, 70면, "近世鑑賞家, 號稱尙古堂金氏, 然無才思則未盡美矣, 蓋金氏有開創之功. 而汝五有透妙之識, 觸目森羅, 卞別眞贋, 兼乎才思而善鑑賞者也. 汝五性聰慧, 能文章工小楷, 兼善小米潑墨之法, 旁通律呂. 春秋暇日, 汎掃庭宇, 焚香品茗, 嘗歎家貧而不能收藏, 又恐流俗從而噪之, 則顧鬱鬱謂余曰: 詢我以玩物喪志者, 豈眞知我哉! 夫鑑賞者, 詩之敎也. 見曲阜之履, 而豈有不感發者乎! 見漸臺之斗, 而豈有不懲創者乎! 余乃慰之曰: 鑑賞者, 九品中正之學也. 昔許劭品藻淑慝, 判若涇渭, 而未聞當世能知許劭者也. 今汝五工於鑑賞, 而能識拔此器於衆棄之中. 嗚呼, 知汝五者, 其誰歟?"

280

또한 초정은 홍대용과 유금(柳琴)이 연경에서 가져온 서화들을 함께 감상하는 자리를 갖기도 하였다.

자야곡(子夜曲) 한 곡조를 양금(洋琴)으로 연주하고,	宮商子夜西琴作
운무 낀 중당에는 절강(浙江) 그림 걸렸구나.	雲霧中堂浙畫懸[16]

매년 11월 13일이 되면 반드시 집을 깨끗하게 하고, 뜨락에 긴 상을 폈다. 자리 오른쪽에는 초상을 걸었다. 그리고 상 위에 우촌(雨村)과 필담한 것, 필첩 및 주고받은 편지와 벼루를 가지런히 늘어놓았다. 뜻이 맞는 친구를 초청하여 서로 더불어 감상하며 즐거움으로 삼았다. 집이 궁핍하여 술과 안주를 마련할 수 없을 때에는 호사자가 간혹 도와주기도 하였다. 이때, 술잔에 술을 채우고 서쪽을 향해 한 번 비우고 나서야 비로소 마시기 시작했다. 술을 마시고 나서는 장가(長歌) 한 편을 지어 우촌을 위해 축수하였다. 이날은 곧 우촌을 기념하는 생일 자리였다. 이덕무와 박제가는 모두 탄소(彈素)와 막역한 벗이었다. 우촌 기일이 되면 두 사람은 오지 않는 적이 없었다.[17]

---

16 「免喪後謁李丈熽 苦勸余以詩 云不見子落筆久矣 使其子十三件宿」 4수 중 제1수; 정민 외 역(2010) 상, 128면. 이 시의 말미에 "李文子喜經學鐵絲琴, 有杭士陸飛·嚴誠·潘庭筠畫."란 주석이 붙어 있다. 이 세 그림은 모두 종이에 수묵으로 그린 산수화인데, 육비의 그림에 병술년(1766) 청명일에 그렸다는 기록이 보인다. 본래 제목이 없던 것인데, 현재 소장처인 간송미술관에서 「蘆渚落雁」(陸飛), 「秋水釣人」(嚴誠), 「高士讀書」(潘庭筠)라는 이름을 붙였다.

17 徐有本, 『左蘇山人文集』, 「雲龍山人小照記」; 李佑成 편(1992), 486~491면, "每歲十一月十三日, 則必潔堂, 戺羅長筵, 掛圖于座右, 而鱗次問答·筆帖及贈遺書硯諸物于案上, 邀諸同志, 相與翫繹, 以爲歡然. 家故貧, 不能庀酒肴, 則好事者往往助之. 於是, 引滿浮白, 西向瀝一巵, 而後始飮. 飮罷, 賦長歌一闋, 爲雨村祝嘏. 是日, 卽雨村覽揆之辰. 而李德懋懋官·朴齊家次修, 皆彈素石交也. 至期, 二人者, 未嘗不在座焉."

첫 번째 시에서 '절강 그림'이란 육비(陸飛), 엄성(嚴誠), 반정균(潘庭筠)이 그린 산수화를 말한다. 이는 홍대용이 연경에서 강남 출신의 세 선비와 교유하고 그 징표로 받아 온 것인데, 그것을 이희경(李喜經)이 수장하고 있었던 듯하다.

두 번째 예문은 유금, 이덕무, 박제가 등이 우촌(雨村) 이조원(李調元)의 생일을 기념하는 장면을 묘사한 서유본(徐有本)의 기록이다. 이들은 매년 우촌의 생일을 맞아, 그의 초상을 걸어 놓고 부처에게 절하듯이 경건하게 생일을 기념하였다. 술잔에 술을 채우고 서쪽을 향해 한 번 비우고 나서야 비로소 마시기 시작했고, 이어 장가(長歌) 한 편씩을 지어 우촌을 위해 축수하였다. 초정은 유금으로 말미암아 유주(幽州) 연주(燕州)의 꿈 같은 추억을 하나씩 되새길 수 있다고 감탄하였고,[18] 회인시에서 우촌을 그리워하는 시를 따로 지어 청대 문인 가운데 첫머리에 놓기도 하였다.[19] 즉 이들에게 홍대용과 유금이 가져온 청대의 그림은 북학을 꿈꾸는 데 중요한 매개로 작용하였다.

셋째, 초정은 연암그룹과 특별한 교유가 없었던 강세황, 이영장(李英章, 李麟祥의 아들), 이희산(李羲山, 李胤永의 서자), 유환덕(柳煥德) 등의 사대부 화가와도 친분을 맺고 있었다.

비단과 깃, 그림 요청 날마다 재촉하니,　　　　　　紬素塡門日日催

만 개의 먹을 갈다 백발이 되었구려.　　　　　　　磨人萬墨白頭來

---

18 「幾何柳公歸自燕邸書其夾室」의 3~4구; 정민 외 역(2010) 상, 173면, "屋小庭多轉寂寥, 土恒風日菜花搖. 憑君細繹幽燕夢, 爭似香煙冉冉消.";「題幾何室所藏雲龍山人小照」; 앞의 책, 177~178면.

19 「戲倣王漁洋歲暮懷人」 60수 중 제48수 '李雨邨調元'; 정민 외 역(2010) 상, 255면, "小照東來泂水堂, 松風謖謖讀書牀. 天涯詞伯無人識, 獨爇名香畫味長."

서화에 전심(專心)하는 이 많지야 않겠지만,　　　　會心書畫無多子

요즘 사람에게 버선 만들라 하진 마시길.　　　　莫向時人抵襪材[20]

건란(建蘭)의 새 탁본을 쌍구(雙鉤)로 시험하고,　　　建蘭新榻試雙鉤

종강(鐘岡)이란 인장 찍고 소전(小篆) 글씨 구한다네.　私印鐘岡小篆求

소리장군(小李將軍)으로 그대 부름 마땅하니,　　　小李將軍堪喚汝

그림으로 수정루(水精樓)를 다시 떨쳤도다.　　　　丹青重擅水精樓[21]

　　각각 강세황과 이희산을 떠올리며 지은 시이다. 이희산은 이윤영(李
胤永, 1714~1759)의 서자로 그림을 잘 그렸다. 여기서 수정루(水精樓)란
이윤영의 서루(書樓)를 말한다.[22] 당나라 화가 이사훈(李思訓)과 그의 아
들 이소도(李昭道)를 두고 대리장군(大李將軍)과 소리장군(小李將軍)이라
칭했던 고사를 빌려 와, 이희산이 아버지 이윤영만큼 그림을 잘 그리게
되었다는 의미로 시를 지어 격려하였다.

　　20대의 초정이 서울에서 교유한 강세황, 정철조, 이희산, 유환덕 등
은 모두 문인사대부이면서 취미로 그림을 그리는 인물이었다. 이들은
그림에 재능이 있었지만 기능적 기예를 추구한 인물들은 아니었다. 18
세기 서화가에 대해 기록한 이규상(李奎象, 1727~1799)은 위의 인물들
을 '유화파(儒畫派)'라 칭하면서 "그림에 대한 전문적인 법도는 아직 갖
추어지지 않았으나 신운(神韻)을 숭상한다."라고 평하였다.[23]

20　「戲倣王漁洋歲暮懷人」60수 중 제29수 '姜豹菴世晃'; 정민 외 역(2010) 상, 248면.

21　「戲倣王漁洋歲暮懷人」60수 중 제41수 '李大雅義山'; 정민 외 역(2010) 상, 252면.

22　李麟祥, 『凌壺集』, 「水精樓記」; 『한국문집총간』 225, 52면, "李子胤之, 名其書樓曰水精,
　　識悲也. 始胤之築室盤池之上, 扁曰澹華, 繞以花竹, 室中蓄書畫古器瑰奇之觀, 槩多朋友
　　所贈, 而中有水精筆山, 乃其叔父三山李公之賜也."

요컨대 초정은 20대 후반 연행 이전까지 서울 도성에서 당시의 명사들과 교유를 나눴는데, 특히 당대 서화가들과 각별히 소통하고 있었다. 당파와 연령에 구애되지 않는 이들 서화가들과의 교유는 가히 당대의 최고 수준이라 칭할 만하였다. 초정은 이들과의 교유를 통해 서화에 대한 지식과 감상안을 제고시킬 수 있었다. 이런 점에서 초정은 스스로를 '화벽(畵癖), 서음(書淫)'이라 칭할 수 있었던 것이다. 즉 연행 이전, 초정은 서울 도성의 여러 서화가·감상가와의 광범한 교유를 통해 서화고동의 심미적 가치를 새롭게 인식하고 있었던 것이다.

2) '금(今)'의 중시와 '문명도야' 지향

1778년 초정은 연행을 다녀오고 그해 9월 『북학의』를 탈고하였다. 『북학의』에서 초정이 제기한 문제는 크게 두 가지로, 가난을 구제하는 일과 고루한 습속을 일신시키자는 것이었다. 낙후한 제도와 문물을 혁신시켜야 한다는 초정의 열망은 『북학의』의 각 조항에서 열정적으로 개진되었다.

그는 연경의 유리창에서 서화고동 시장을 목도하고 이렇게 주장하였다.

어떤 사람은 말하였다. "부(富)하기는 부(富)하지만 생민(生民)에게 아무런 보탬이 되지 못한다. 다 불태워 버려도 생활에 무슨 손해가 있겠는가?" 그 말이 정확한 것 같지만 사실은 그렇지 않다. 무릇 푸른 산과 흰

---

23 李奎象, 『幷世諸彦錄』, 「書家錄」; 민족문학사연구소 역(1997), 150면.

구름은 꼭히 먹고 입는 것이 아니지만 사람들은 이를 사랑한다. 만일 생민과 관계없다고 해서 완고하게 이를 좋아하지 않는다면, 그 사람은 과연 어떤 사람이겠는가? …… 내가 생각건대, 이와 같지 않으면 사람들이 마음의 슬기를 틔어 줄 수 없고, 천기(天機)를 체득할 수 없는 까닭이다.[24]

초정은 푸른 산[靑山]과 흰 구름[白雲]이 실용적인 물건은 아니지만 그것을 보고 좋아하지 않을 사람이 없는 것과 같이, 서화고동도 인간에게 비실용적인 듯 보이지만 실은 인간을 인간답게 하는 정취 생활에 뺄 수 없는 바라고 하였다. 초정의 이 말은 곧 인간의 심미감을 지적한 것이며, 예술의 세계에 대한 긍정적 이해와 아울러 서화고동에 대해 독자적인 가치를 부여했다는 의미를 지녔다. 또한 이 발언은 연경 유리창에서 촉발된 것으로, 예술품 시장이라는 문제와도 관련되었다. 이는 절검(節儉)을 통한 민생의 안정을 우선시하고, 인간의 문화적·심미적 욕구도 그에 한정시키려 한 성리학적 사유의 경계를 넘어서는 주장이었다. 그렇기에 초정의 이 주장은 "성리학으로부터 문학 예술의 해방을 약속할 수 있었다."라고 평가되는 것이다.[25]

우리나라 사람은 공부하는 것이 과거(科擧) 준비를 벗어나지 않고, 견문은 조선의 강역을 넘어 보지 못하였다. 그러고서는 대장경(大藏經)의 종

---

24 『北學議』, 「古董書畵」; 안대회 역(2003), 418면, "或云: 富則富矣. 而無益於生民, 盡焚之, 有何虧闕? 其言似確而實未然. 夫靑山白雲, 未必皆喫着, 而人愛之也. 若以其無關於生民, 而冥頑不知好, 則其人果何如哉? 故鳥獸·蟲魚之名物, 尊罍·彜爵之形制, 山川四時書畵之意, 易以之而取象, 詩以之而托興. 豈其無所然而然哉? 蓋不如是, 不足以資其心智·動盪天機也."
25 이우성(1975).

이를 접하면 더럽다고 여기며, 밤색 빛깔의 화로를 보고 더럽다고 간주한다. 그래서 점차 '문명도아(文明都雅)'의 세계로부터 자신을 격리시켜 놓았다. …… 아름답고 화려한 환경에서 사는 사람은 반드시 먼지가 쌓인 더러운 곳에서 생장한 자와 다르다. 나는 우리나라 사람들의 수염과 날개가 향기롭지 못할까 두렵다. …… 나는 이로써 중국이 문명의 연수(淵藪)라는 것을 알았다.[26]

초정이 말한 문명도아(文明都雅)의 세계는 경제적 번영을 전제로 할 때 가능한 것이다. 즉 청나라의 부요(富饒)·사치(奢侈)의 문화를 용인하는 입장이었다. 초정이 주장하는 세련된 문명은 당시의 조선 사회처럼 '절용·검약'을 추구할 때에는 피어나기 어려웠다. 서화를 문화상품으로 이해하는 이러한 문명의식은 초정의 도시적 감성에 기인한 것이고, 그의 감수성은 18세기 서울의 도시적 성장을 통해 배태된 것이었다.

『북학의』 탈고 이후, 문명도아에 대한 초정의 지향은 여러 양상으로 구체화되었던바, 서화와 관련하여 크게 두 가지 방향으로 나아갔다. 첫째, 서울 도성에서 자신이 접한 그림에 제시(題詩), 제발(題跋) 등을 써주면서 종래의 전통적 태도를 비판하고, 이들 서화의 미적 가치를 새롭게 부각시켰다. 즉 『북학의』에서 한 발언을 실제 서화 작품을 통해 확장시켰던 것이다. 둘째, 초정은 1790년 2·3차 연행을 통해 청나라의 서화를 직접 접하고 연경 문인들의 요청에 적극 수용함으로써, 문명도아

---

26 『北學議』, 「古董書畵」; 안대회 역(2003), 418면, "我國之人, 學不出科擧, 目不踰疆域. 藏經之紙, 以爲溷也, 栗色之爐, 以爲汚也. 駸駸然自絶于文明都雅之域. …… 生長于韶華·錦繡之中者, 必有異於汨沒於塵埃薄陋之地者. 吾恐我國之人之鬚翅不香也. …… 吾於是, 知中國之爲文明之藪也."

의 실제 현장에 한 사람의 주체로 참여하였다. 그는 18세기 후반 청대의 학술·문학에도 직접 소통하는 자세를 보였지만, 무엇보다 서화 부문에서의 활약이 두드러졌다.

초정은 1차 연행 이후 18세기 후반 서울 성안에서 여러 그림을 접하고 제시와 제발을 해 주었다. 이들 가운데 1785년 김덕형(金德亨)의 꽃 그림 화첩을 두고 쓴 서문이 가장 주목된다. 무엇보다 서화의 가치를 이해하는 그의 문제의식이 가장 예리하게 표출되었기 때문이다. 초정뿐 아니라 윤행임(尹行恁, 1762~1801)과 유득공도 김덕형의 화첩을 두고 글을 남겼다. 초정의 심미 지향을 보다 분명하게 이해하기 위해 세 사람의 문장을 비교해 보기로 한다. 먼저 윤행임의 글이다.

김덕형은 글씨에 능한 데다 그림도 잘 그린다. 특히 초목의 꽃을 잘 그린다. 그림이 글씨보다 한층 뛰어나서, 글씨로 이름나기보다는 그림으로 이름이 있다. 진실로 이난(二難)이 있는 것인데, 특히 어려운 것 가운데 어려운 것을 잘하니, 어려운 것에서 더욱 공교로운 재주를 발했다. 그는 해당화, 배꽃, 매화, 살구꽃, 앵두, 진달래, 장미, 모란, 연꽃 등 20여 장의 그림을 종별로 포치, 사람으로 하여금 눈을 현란하게 하고 마음을 도취하게 하였다. 대저 이른바 묘하고 공교로워 신(神)을 빼앗고 진(眞)에 이른 것이 아니겠는가!27

---

27 尹行恁, 『碩齋稿』, 「題金德亨畵帖後」; 『한국문집총간』 287, 277면, "金德亨旣能書, 又工於畵, 善畵草木之華, 畵長于書數格, 不以書見稱而以畵聞, 蓋盡有其二難, 而尤善乎其難於難, 而逾難而逾工也. 所畵棠·梨·梅·杏·櫻桃·躑躅·茶藦·牧丹·菱芡二十有餘種, 種種布置, 直令人目眩而心醉, 夫所謂若妙若巧, 奪神而逼眞者非耶! 德亨索余評甚勤, 余難於形容, 請屢矣而未之許也. 花之入畵, 卽以形寄影也, 欲形容其寄形之影, 其難猶如此, 厥初以形而寄之影者, 豈不難矣乎哉!"

김덕형은 자가 강중(剛仲), 호는 삼양재(三養齋) 또는 화산자(華山子)이며 본관은 김해이다. 정조 대의 규장각 서리로, 시문과 서화에 두루 능하였다. 이덕무는 검서관 시절 김덕형과 각별하게 지냈으며, 그의 그림을 높이 평가하여 "현재(玄齋) 세상 뜨고 표암 늙어 가니, 화가로는 오직이 사람뿐일세."라고 읊었다.[28] 김덕형은 그 명성이 당시 여항에 널리알려져 『진휘속고(震彙續攷)』와 『이향견문록(里鄕見聞錄)』에 서화에 능하다고 소개되어 있으며,[29] 그의 시는 『풍요삼선(風謠三選)』과 『고금영물근체시(古今詠物近體詩)』에 수록되었다. 그의 아들 김예원(金禮源)은19세기 서화가 조희룡(趙熙龍)·이재관(李在寬)과 절친하였으며, 손자 김건식(金健植)·김경식(金敬植)은 여항시인으로 활동하였다.

윤행임은 여항문화의 주요 후원자였다. 그는 중서층의 시에 관심이많아 『방시한집(方是閑集)』을 편집하였고, 『해동외사(海東外史)』라는 잡록에서 여항의 서화가들에 대한 예리한 논평을 남기기도 하였다. 윤행임은 위의 글에서, 먼저 김덕형이 글씨와 그림 두 방면에 모두 능한 것에 주목하였다. 글씨보다 그림이 더 어려운 법인데, 더 어려운 것에 더뛰어난 솜씨를 발휘했다고 칭찬하였다. 그러면서 김덕형의 꽃 그림이탈신(奪神), 핍진(逼眞)의 경지에 도달했다고 상찬하였다. 달리 논쟁이될 만한 비평은 하지 않은 채 후원자의 입장에서 그의 재능을 치하하는

---

28 李德懋, 『靑莊館全書』 卷12, 『雅亭遺稿』, 「題閣吏金德亨畫扇」; 『한국문집총간』 257, 205면, "靑靑荷一柄, 裊裊魚鷹立. 魚兒可憐點, 萍底隱鱗急."; 「題閣吏金德亨梅竹楓菊二幅」 2수 중 제2수; 앞의 책, 209면, "烏桕蕭蕭寫意新, 又添疎菊頓精神. 豹翁衰晚玄翁去, 畫派人間祇此人."

29 편자 미상, 『震彙續攷』, 「詩人」, '金德亨'. "金德亨, 閣吏, 善書畫."; 임형택 편(1991), 121면; 劉在建 편, 『里鄕見聞錄』 卷6, 「金三養齋德亨」; 실시학사 고전문학연구회 역(1997), 313면, "金三養齋德亨, 字剛仲, 善書畫, 又善詩賦, 尤工花卉. 每成一幅, 人爭取之. 時豹菴姜尙書, 甚珍重之. 有百花帖, 藏于家."

데 그쳤다.

유득공의 글은 윤행임과는 각도를 조금 달리한다.

초목의 꽃, 공작·비취 새의 깃, 저녁노을, 미인 이 네 가지는 세상의 지극한 빛깔이다. …… 김 군이 그린 32본은 초목의 온갖 종류 가운데 백에 하나 천에 하나에 불과하다. 그런데 다섯 빛깔을 다 쓰지 않으면서도 깃과 노을과 미인을 이룬 것과는 같지 않다. 아! 하나의 뛰어난 정자를 짓고 거기에 미인을 데려오고 병에는 공작의 깃을 꽂고 뜨락에 꽃을 심고서 난간에 기대어 석양의 노을을 보고 싶다. 세상에 그럴 수 있는 이가 몇이나 되겠는가! 그런데 미인은 나이 들기 쉽고, 오래된 깃털은 헤지기 쉽고, 생화는 떨어지기 쉽고, 저녁노을은 사라지기 쉽다. 나는 김 군에게서 이 화첩을 빌려 와 근심을 잊고자 한다.[30]

유득공의 기본 논조 역시 김덕형의 재능에 대한 감탄이다. 다만, 유득공은 그의 꽃 그림이 세상의 아름다운 네 가지 중의 하나라는 발상을 끌어온다. 저녁노을 등은 사라지기 쉬운 것이지만, 이 꽃 그림은 사라질 수 없다고 하였다. 그리고 글의 말미에서 "김 군에게 이 화첩을 빌려 와 나의 근심을 잊고자 한다."라는 자신의 바람을 덧붙였다. 유득공은 꽃, 공작의 깃, 노을을 끌어들여 한 편의 아취 있는 소품문을 이루어

---

30 柳得恭, 『泠齋集』 卷8, 「題三十二花帖」; 『한국문집총간』 260, 118면, "艸木之花也, 孔翠之羽也, 夕天之霞也, 美人此, 此四者, 天下之至色也, 而花爲多色. 今夫畵美人者, 朱其唇漆其瞳, 微紅其頰而止, 畵霞者匪紅匪碧, 黯淡然而止, 畵羽者暈金點綠而止, 畵花者, 吾未知其用幾色也. 金君所寫三十二本, 總計艸木之花, 不過千百之一, 而五色不能盡, 非羽也霞也美人也之所可及. 嗟乎! 搆一名亭, 貯美人, 甁揷孔翠, 庭植花, 倚欄而眺夕天霞, 天下有幾人哉! 然而美人易衰, 古羽易凋, 生花易零, 殘霞易銷. 吾從金君借此帖而忘憂."

楚亭 朴齊家의 書畵癖과 詩의 審美性　289

놓았다. 이 화첩이 지니는 문예적 의의 등은 논하지 않았다.

초정의 서문은 윤행임·유득공의 글에 비해 보다 논쟁적인 문제의식을 담고 있다. 초정은 김덕형의 화첩을 접하고 서두에서 벽(癖)의 의의를 거론하였다.

벽(癖)이 없는 사람은 아무짝에도 쓸모없는 사람이다. 벽이란 글자는 '질(疾)' 자와 '벽(辟)' 자를 합한 것이니, 병 가운데 지나치게 치우친 것이다. 그러나 홀로 자기만의 세계를 개척하는 정신을 갖추고, 전문의 기예를 익히는 것은 종종 벽이 있는 사람만이 할 수 있다. 김 군은 바삐 화원(花園)으로 달려가 꽃을 주시한 채 온종일 깜빡이지도 않고 오도카니 그 아래에 자리를 깔고 눕는다. 손님과 주인이 한 마디 말도 주고받지 않는다. 이를 보는 자는 반드시 그를 미쳤거나 멍청이라고 생각하여 웃고 손가락질하며 욕하기를 그치지 않는다. 그러나 그를 비웃는 자의 웃음소리가 끝나기도 전에 비웃는 생각은 이미 사라지고 만다. 김 군의 마음은 만물을 스승 삼고, 그의 기예는 천고에 짝이 없다. 『백화보(百花譜)』를 그린 그는 꽃의 역사에 공훈이 기록되고 향기의 나라에서 제사를 올리는 위인의 하나가 될 것이다. 벽(癖)의 공훈이 참으로 거짓이 아니다. 아아! 저 벌벌 떨고 게으름이나 피우면서 천하의 대사를 그르치면서도 스스로 편벽된 병통이 없다고 여기는 자들이 이 화첩을 본다면 경계(警戒)로 삼을 만하리라.[31]

---

31 「百花譜序」; 정민 외 역(2010) 하, 605면, "人無癖焉, 棄人也已. 夫癖之爲字, 從疾從辟, 病之偏也. 雖然具獨往之神, 習專門之藝者, 惟癖者能之. 方金君之徑造花園也, 目注於花, 終日不瞬, 兀兀乎寢臥其下. 客主不交一語, 觀之者, 必以爲非狂則癡, 嗤點笑罵之不休矣. 然而笑之者, 笑聲未絶, 而生意已盡. 金君則心師萬物, 技足千古, 所畵百花譜, 足以冊勳甁史, 配食香國, 癖之功信不誣矣. 嗚呼! 彼似似泄泄, 誤天下大事, 自以爲无病之偏者, 觀此

18세기 문화사에서 벽(癖)과 치(癡)의 문제는 매우 중요한 사안이다. 연암그룹은 대체로 문인서화가의 벽(癖)에 대해 높이 평가하였다. 이덕무는 기이하고 빼어난 기상이 없으면 어떠한 사물이든지 모두 속됨에 빠진다고 하면서, 학자가 이 기(氣)가 없으면 한 무더기 나무 묶음이요, 문인이 이것이 없으면 때가 낀 주머니에 불과하다고 하였다.[32] 초정의 벽 예찬 또한 크게 보아 이러한 주장과 궤를 같이한다. 화원(畵員)이 아니면서도 꽃 그림에 골몰한 김덕형은, 초정이 보기에 꽃에 벽이 있는 인물이었다. 초정은 연행 이전 회인시에서 서상수·김광수의 감상벽과 이만운의 역사 고증에 대한 벽, 석치(石癡) 정철조의 벼루 수집벽 등을 적극 옹호하고 예찬하였다. 초정은 벽을 통해 그 기예가 깊어지고〔專門之藝〕 그에 따라 작가의 독특한 개성〔獨往之神〕이 깃든다고 보았다. 따라서 이 벽을 가진 인물은 평범하고 상투적인 습속을 지닌 채 천편일률적으로 사고하는 부류와 구별된다. 초정은 '문명도아'의 세계가 이러한 개성 있는 전문가들의 활동을 통해 구현될 수 있다고 판단하였다.

초정은 글의 말미에서 '편벽된 병통이 없다고 자부하는 평범한 사람들'을 거론하고, 그들이 천하의 대사를 그르치고 있다고 비판하였다. 이런 부류는 곧 『북학의』, 「고동서화」 조에서 말한 '서화는 민생에 무익한 것이라 여기는 이들'과 상통한다. 곧 이들은 성리학적 규범주의·명분주의에 갇혀 선(善)만을 내세우며 미(美)의 가치를 인정할 줄 모르는 부류라고 할 수 있다. 초정은 "요즘 사람들은 아교 칠한 속된 꺼풀

帖, 可以警矣."

32 李德懋, 『青莊館全書』 卷48, 『耳目口心書』; 『한국문집총간』 258, 354면, "奇秀之氣寂然, 則無論萬品, 皆墜俗臼. 山無是氣, 則敗瓦也, 水無是氣, 則腐渤也, 學士無是氣, 則束蒭也, 方外無是氣, 則團泥也, 武夫無是氣, 則飯袋也, 文人無是氣, 則垢囊也."

같은 것이 덮여 있어서 뚫지 못한다. 학문에는 학문의 꺼풀이 있고, 문장에는 문장의 꺼풀이 있다."라고 비판한 바 있다.[33] 초정은 김덕형의 예를 통해, 18세기 후반 서울 도성에서 활동하는 새로운 인간형을 발견하고 그의 기예와 개성을 특별히 부각시켰던 것이다.

초정이 주장한 '문명도아'의 세계는 18세기 청나라의 문명적·문화적 번성을 모델로 한 것이었다. 그는 2·3차 연행을 통해 청나라의 서화를 접하고 연경 문인들의 요청에 적극적으로 응해 제화·제발을 해줌으로써 '문명도아'의 현장에 적극적으로 참여하는 자세를 취하였다. 초정은 중국의 서화를 이해함에 있어, 고전적 전범만을 떠받드는 상고주의적(尙古主義的) 태도를 지양하고, 오늘날[今]의 뛰어난 성취에 주목해야 한다고 하였다.

근래의 화가로는 왕시민(王時敏)과 왕휘(王翬) 두 사람을 손꼽지만, 우리나라 사람들은 거론하지 않는다. 이는 서가(書家)로 문징명(文徵明)과 동기창(董其昌)을 겨우 구분할 뿐, 장조(張照)가 어떠한 사람인지 알지 못하는 것과 같은 경우이다. …… 문사민(文士敏) 군은 그림에 푹 빠져 있지만 스승에게 배우지 않고 홀로 궁리하여 도달하였다. 구륵(句勒)과 선염(渲染)의 화법은 종종 양자강 이남의 필법과 유사하다. 장경(張庚)으로 하여금 보게 하지 못한 것이 애석하다. 그리했다면 틀림없이 그가 지은 『국조화징록(國朝畵徵錄)』에 수록되었을 것이다.[34]

---

33 『北學議』, 「北學辨二」; 안대회 역(2003), 193면, "今人只是一副膠漆俗膜子, 透開不得. 學問有學問之膜子, 文章有文章之膜子."

34 「題文士敏畵卷」; 정민 외 역(2010) 하, 451~452면, "近代畵手, 推煙客石谷二家, 而東人槩不問焉. 亦猶書家之僅辨文董, 而不知得天司寇爲何人也. 文君士敏酷嗜丹靑, 不由師承, 匠心獨造. 句勒渲染, 迂迂似大江以南筆意, 惜不令浦山張公之于見之. 當收入畵徵錄無疑矣."

왕시민(王時敏)과 왕휘(王翬)는 17세기의 정통파 화가로서, 왕감(王鑑)·왕원기(王原祁)와 함께 사왕(四王)이라 지칭되는 인물들이다. 그런데 조선에서는 이들의 명성과 존재에 대해 알지 못한다고 하였다. 이는 마치 서예가로는 명대의 문징명과 동기창만을 알아볼 뿐 강희 연간 관각에서 어제문자(御製文字)를 전담하며 빼어난 서체를 구사했던 장조(張照)는 알지 못하는 것과 같다고 안타까워하였다. '지금 여기〔今〕'의 뛰어난 문화적 성취에 조선 사회가 무지하다는 비판이다. 이는 곧 "옛 사람들의 시는 모두 하나의 참고물일 뿐, 지금 시를 쓰는 사람에게 전범이 될 수 없다."라고 말한 시론(詩論)의 주장의 연장에 다름 아니다.[35] 위에서 초정이 주목한 문사민(文士敏)이라는 화가는 현재 중국 서화가 사전류에 전혀 보이지 않는 무명의 인물이다. 그러나 초정은 자신이 접한 그의 화권(畵卷)을 보고 그의 재능을 높이 인정하며 『국조화징록(國朝畵徵錄)』 같은 책에 실리지 못한 것을 아쉬워하였다. 문사민의 사례를 통해 초정이 청대 서화의 동향과 성취에 지대한 관심을 기울이고 있었음을 알 수 있다.

초정의 문집에는 2·3차 연행의 현장에서 청대의 그림을 접하고 남긴 상당량의 제발(題跋), 제시(題詩)가 남아 있다. 손성연(孫星衍)의 서재 '문자당(問字堂)'에 직접 글씨를 쓴 것과 나빙의 「귀취도권(鬼趣圖卷)」에 붙인 제시가 가장 널리 알려진 경우이다. 이 밖에 장로(張路)의 「신장룡마도(神將龍馬圖)」, 황비열(黃丕烈)의 「제서도(祭書圖)」, 진전(陳鱣)의 「상우도(尙友圖)」, 이묵장(李墨莊, 李鼎元)의 「유구봉사도(琉球奉使圖)」 등에 써 준 시문 수십 편이 전하고 있다. 제화(題畵), 제발의 형식도 다양하여

---

35 「祭李士敬文」; 정민 외 역(2010) 하, 614면, "…… 唐宋元明, 過去之簿. 山川草木, 不字之句."

장편의 가행체(歌行體)로부터 짧은 절구에 이르기까지 대상 서화의 성격에 맞춰 자유롭게 시 형식을 선택하였다.

요컨대 초정은 18세기 후반 연경의 발전된 문화를 목도하고 조선 사회가 그러한 '문명도야'의 세계를 본받아야 한다고 주장하였다. 서화에 대한 조예와 식견이 탁월했던 그는 다른 어느 분야보다 '지금 여기'의 문화 창작의 현장에 한 주체로서 적극적으로 참여하였다. 이는 무엇보다 초정이 문예는 시대에 따라 변하며 오늘날의 뛰어난 성취가 옛 전범보다 가치가 있다는, 발전적이며 낙관적인 관점을 지니고 있었기 때문이다.

앞서 초정은 스스로 글씨와 그림에 벽(癖)을 지녔다고 밝히고 있지만, 이는 그림을 잘 그렸다는 의미가 아니라 그림에 대한 관심과 식견이 있다는 말로 이해되어야 할 듯하다. 지금까지 초정이 그림에 능했다는 말이 널리 퍼져 있고, 또 실제 그가 그렸다는 작품이 몇 점 전해진다. 그러나 진작(眞作) 여부가 엄밀하게 검증되지는 못했다. 현재 초정의 작으로 칭해지는 5점의 그림에는 모두 초정의 낙관이 없고 기년(紀年)도 추정되지 않는다.[36] 가장 널리 알려진 「목우도(牧牛圖)」 역시 초정이 제어(題語)만 써넣었을 수 있다는 평가가 오래전에 제기되었고,[37] 그 이상의 고증은 현재까지 이루어지지 않고 있다.

무엇보다 초정 자신의 목소리로 그림을 그렸다고 밝힌 대목이 보이지 않는다. 한말의 오경석(吳慶錫)은 초정이 그림을 그린 적이 없다고

---

36 현재 「牧牛圖」・「倚巖觀水圖」・「魚樂圖」・「野雉圖」・「延平髫齡依母圖」 등이 초정 작이라고 전해지고 있다. 이 가운데 「야치도」의 제발에만 '丙午仲夏'라는 표시가 남아 있다. 병오년은 1798년이다.

37 유복렬(1969), 592면.

단언하기도 하였다.[38] 따라서 초정이 '고고한 문기가 넘치는 그림을 그린 화가'라는 근거 불명의 평가는 유보될 필요가 있다. 이기원(李箕元)이란 인물은 초정의 화격(畵格)이 비교적 낮아 아쉽다고 말한 바 있다.[39] 그러나 초정의 서화에 대한 식견과 감상안이 무척 탁월했다는 점 그리고 그가 서화의 가치에 대해 매우 전환적 인식을 지니고 있었다는 점은 분명할 듯하다.

3. 서화 제재(題材) 시의 심미성(審美性)

이제 초정의 한시 가운데 서화와 관련된 것을 중심으로, 그 심미성의 구현 양상을 크게 세 시기로 나누어 살펴보기로 한다. 우선 초정이 연행하기 직전 1777년에 지은 1차 회인시 가운데 서화가를 다룬 시를 분석하고, 다음으로 1796년작 「연경잡절(燕京雜絶)」 140수에 수록된 서화 관련 시문과 연경 체류 중에 창작한 제화시를 대상으로 삼는다. 끝으로, 1792년에 쓴 장편시 「성시전도시(城市全圖詩)」를 집중적으로 탐색하려 한다. 「연경잡절」은 시기적으로 초정이 2·3차 연행을 다녀온 뒤에 쓴 것이지만 실제 거기에 담긴 내용은 1790년까지 세 차례 연행에서의 견문을 다룬 것들이다. 그러므로 이 장에서 고찰하게 될 서화

---

38 吳世昌, 동양고전학회 역(1988), 789면, "朴楚亭齊家, 嘗受知於正廟, 以別賣官, 三入燕京, 與當時名士, 莫不證交唱酬. 載於陳雲伯『畵林新詠』, 故致誤也. 楚亭未曾窺點染, 是何物?(『千竹齋箚錄』)"

39 李箕元, 『洪厓詩稿』, 「催粧詩」 1, 연세대 소장 필사본, "寸舌潼來駟莫追, 那齋題品楚亭辭. 身加數寸筆通畵, 海內聲名擅者誰?(楚亭身材短少, 且昧畵格, 泠齋常言, 次修若身加數三寸, 能通畵格, 則可爲天下名士.)"; 안대회(2005), 93~94면.

관련 한시는 연행 직전, 세 차례의 연행 체험 그리고 3차 연행 뒤 서울에서 산출한 시를 대상으로 하게 된다. 즉 시간의 경과에 따라 초정의 심미 인식이 어떻게 변화했는지를 살펴보고자 하는 것이다.

1) 고고한 서화가의 초상

초정은 모두 3차례의 연작체 회인시를 남겼는데 그 가운데 연행 직전에 쓴 1차 회인시가 가장 문제적이다. 무엇보다 2·3차의 회인시는 연행에서 만났던 청대 인물을 대상으로 한 반면에, 첫 번째 회인시는 주로 이덕무·박지원 등 초정 자신이 그때까지 서울에서 교유한 인물들로 채워져 있기 때문이다. 1차 회인시 60수 가운데 46수가 18세기 후반 서울에서 초정이 교유한 인물들이다. 나머지는 이조원 등 대면한 적은 없지만 간접적으로 알게 된 청대 문인과 일본인으로 채워져 있다.

초정이 교유한 46인은 모두 당대의 명사들이다. 당색이나 연령에 구애됨이 없이 교유한 당대 인물들을 망라했다는 점에서 18세기 조선의 명사 열전이라 칭할 수 있다. 이 중에서 특히 이덕무, 김용행, 유환덕 등 서화와 관련된 인물들의 회인시를 주로 살펴보고자 한다.

청장(靑莊)이 굶어 죽은들 아쉬울 게 무어리,　　　青莊饑死也何妨
세상 떠난다 해도 시·글씨·뼈에서 향기 풍기리니.　縱死詩書骨亦香
적막함과 번화함, 한결같음을 알아야 하는 법,　　寂寞繁華知一致
반들하고 초췌함으로 벼슬과 물러남 묻지를 말게.　莫將榮悴問行藏[40]

---

40 「戱倣王漁洋歲暮懷人」 60수 중 제1수 ‘青莊李德懋’; 정민 외 역(2010) 상, 239면.

이덕무에 대한 회인시는 모두 60수 가운데 두 번째에 놓여 있다. 첫 번째 시는 서문에 해당되므로, 실제로는 제일 먼저 다룬 셈이다. 우리나라 인물 46인을 대상으로 한 뒤 청나라 사람, 일본 사람을 배치했다. 초정에게 나름대로의 배치 기준이 있었던 듯하다. 우리나라 사람들의 경우 연령순은 아니다. 세 번째는 박지원, 네 번째는 서상수이다. 이덕무를 맨 앞에 놓은 이유는 무엇일까? 아마도 이 무렵 초정에게 이덕무가 가장 가까운 친구로 여겨졌기 때문일 듯하다. 초정은 첫 구에서 이덕무가 굶어 죽어도 아쉬울 게 없다고 하였다. 그가 세상을 사는 이유는 시와 글씨와 행실인데, 거기에 충심을 다했으므로 죽으면 시와 글씨, 뼈에서 향기가 날 것이라고 했다. 이덕무는 적막함과 번화함이 한 곳으로 귀결된다는 것을 안 사람이다. 그러니 그의 얼굴빛이 윤기 나거나 초췌한 것을 기준으로, 벼슬했는지 안 했는지를 따지지 말라고 하였다. 이덕무는 가난하고 병약하여 얼굴빛이 초췌하고 몸이 수척했던 모양이다. 그는 늘 초췌하고 파리하지만, 서울에서 굶어 죽는대도 한이 없을 마음으로 시 짓고 글씨 쓰고 자신의 행실을 지키며 산다는 것이다. 초정은 이덕무의 삶, 그의 위인됨을 이 짧은 칠언절구 속에 담아 놓은 것이다.

우뚝하고 가파른 자가(自家)의 풍격,	嶔崎歷落自家風
구학(丘壑)과 연운(烟雲)이 배 속에 들었구나.	丘壑雲烟腹笥中
조심스레 마음 진밀(縝密)한 곳에 이르면,	却到規模縝密處
어린 봉황 종내 절반의 영웅이로세.	鳳雛終是半英雄[41]

---

41 「戲倣王漁洋歲暮懷人」 60수 중 제13수 '金石坡龍行'; 정민 외 역(2010) 상, 243면.

진재 김윤겸의 아들 김용행을 떠올리며 지은 시이다. 석파(石坡) 김용행은 글씨와 그림에 뛰어난 재능을 지녔지만, 서족(庶族)의 강개한 마음을 품은 채 산천을 유람하다 26세에 요절하였다. 초정은 김용행이 세상을 떠나기 직전까지 같이 어울리며 단짝처럼 지내던 사이였다.[42] 서화 수장가 김광국(金光國)은 석파가 17세 때 그린 산수화를 보고, 조선에 진계유·동기창 같은 감상자가 있어 김용행의 그림을 접했더라면 심주(沈周)·문징명 같은 이들보다 더 인정받았을 것이라고 극찬하였다. 초정은 이 시 1~2구에서는 석파의 자성일가한 풍격과 내면 가득한 산수의 기운을 떠올렸다. 3~4구는 그의 가슴속 깊숙이 웅크린 곳이 드러날 때는 전도양양한 어린 봉황 같았어도 결국은 절반의 영웅일 수밖에 없다는 좌절감이 자리하고 있다는 의미로 해석된다. '절반의 영웅'이란 곧 석파가 서자 출신임을 말하는 것으로 보인다. 이 시가 김용행이 서출이라는 것을 밝히려는 의도로 쓴 것은 물론 아닐 터이다. 겉으로는 안동 김씨 명문가의 후예로 번듯하게 지내지만 문득 마음속 울분이 솟아오를 때에는 어린 봉황이 결국 절반의 영웅 신세임을 깨닫게 된다는 서자의 존재론적 딜레마를 드러내는 데 있는 것이다. 서자 김용행의 인간 조건을 여실히 간취했다는 점에서, 한 편의 회인시로서 빼어난 성취를 이루었다. 석파는 초정이 이 회인시를 쓴 이듬해에 세상을 떠났다.

전하는 서화 드물지만 품격은 더욱 높아,　　　　　書畫稀傳品更尊
도성 번잡한 속에 홀로 문을 닫거네.　　　　　滿城車馬獨關門

42　김용행과 관련된 초정의 시로 「洗劍亭水上 余結趺石坡草畫處」, 「期石坡于南漢開元寺余歷崒峴丙舍暮至」, 「南漢同石坡」가 있으며, 편지로 「與金石坡龍行」이 있다.

"이 세상 득실이야 나와 무슨 상관인가."   風塵得失吾何與

다만 말 더듬으며 말하려 하지 않네.   只是期期未敢言[43]

유환덕(1729~1777 이후)은 자가 화중(和仲), 호는 만산초부(萬山樵夫)이며, 본관은 문화(文化)로 유준모(柳俊模)의 서자이다. 1755년 문과에 급제, 벼슬은 교서관 교리를 지냈다. 유환덕은 그림에 능했는데 특히 수묵산수와 화훼를 잘 그렸으며 필치에 속기가 없었다. 또한 전서와 팔분서체를 잘 써서 명관들의 요청이 이어졌다고 한다. 이규상의 『병세제언록(幷世諸彦錄)』, 「서가(書家)」편에 그에 관한 짤막한 기록이 남아 있다.[44] 그 외 초정과의 교유가 어느 정도 깊이였는지는 알 수 없으며, 연암그룹과의 연관은 찾아지지 않는다. 유환덕은 세상의 득실과 절연한 채 살아가는 고독한 서화가였다. 초정은 유환덕이라는 인물의 고독과 독왕(獨往)을 차근차근 표현하였다. 그는 서화의 품격이 매우 높지만 전하는 서화는 드물고, 도성 번잡한 곳에 살지만 외롭게 문을 닫아거는 습관을 지녔으며, 이 세상의 득실에 오불관언(吾不關焉)의 태도를 취한다는 것이다. 여기까지의 묘사를 통해서도 그에 대한 이미지가 분명하게 떠오른다. 그런데 마지막 구절을 통해 유환덕의 인간상이 확연해진다. 그는 말을 더듬으며, 그래서 말하려 하지 않으려 한다는 것이다. 초정은 말을 더듬는 모양을 '지시기기(只是期期)'라고 표현하였다. 유환덕이라는 고독한 서화가가 처한 존재 조건이 대번에 파악된다. 초정은 여기서 그를 그리워하거나 애처로워하지 않는다. 자신의 감정은 전혀 개입시키지 않았다. 그러나 시가 끝나고 여운이 감돈다. 중요한 것은 칠

---

43 「戲倣王漁洋歲暮懷人」 60수 중 제37수 '萬山樵夫 柳煥德'; 정민 외 역(2010) 상, 251면.

44 李奎象, 『幷世諸彦錄』, 「書家錄」; 민족문학사연구소 역(1997), 137면.

언절구를 통해 유환덕이라는 인물이 온전하게 드러나고, 읽는 이는 그의 인간 면모를 돌연 깨닫게 된다는 점이다.

2) 연경의 학예와 서화에 대한 비평

초정은 연행을 앞둔 자형 임희택(任希澤)을 위해, 자신이 견문한 청나라의 모습을 「연경잡절」140수에 표현해 놓았다. 청대의 문명을 소개하고 알려주려는 데 1차적 목적이 있었겠지만, 이들 시에는 단순한 소개를 넘어 초정의 식견이 드러나 있는 작품도 다수 확인된다.

금석문은 옹정삼(翁正三),	金石正三翁
그림으로 나양봉(羅兩峰).	丹青羅兩峰
청수(淸修)함에는 손비부(孫比部),	淸修比部衍
크고도 화려할사 홍북강(洪北江).	鉅麗北江洪

이해를 돕기 위해 초정은 주석을 덧붙여 놓았다. 즉 옹방강(翁方綱)은 자가 정삼(正三)이며, 나양봉(羅兩峰)의 이름은 빙(聘)이고, 비부(比部)는 손성연이 벼슬한 관서(官署)의 별칭이요, 북강(北江) 홍양길(洪亮吉)은 학식이 넓고 변려문에 뛰어났다고 하였다.[45] 손성연의 어떤 점을 두고 '청수(淸修)'하다고 했는지는 밝히지 않았으나, 문맥으로 보아 시의 풍격에 대해 말한 듯하다. 이 네 사람은 모두 초정이 직접 대면한 당대의 거장이었다.[46] 따라서 이들 학예의 특장을 잘 포착한 뒤에 내린 단안이

---

45 「燕京雜絶」제22수; 정민 외 역(2010) 중, 320면, "翁侍郎方綱字正三, 羅兩峰名聘孫, 比部名星衍字淵如, 洪翰林亮吉博學工騈儷之文."

라 할 만하다. 초정은 별도로 이들에 대한 회인시를 각각 남겼지만, 이 시가 전달하는 유기적 함축미에는 못 미친다고 판단된다. 이 시는 두 가지 측면에서 높은 성취에 도달하였다. 우선, 이 네 명사의 뛰어난 점을 초정이 이해한 바탕 위에 그것을 명징한 언어로 특징지웠다는 점이다. '청수(淸修)'와 '거려(鉅麗)'라는 시어가 특히 그렇다. 다음으로, 이들 네 인물의 각 특장을 오언절구로 표현하는 데 성공했다는 점이다. 일견 네 사람의 각 특성을 평심하게 나열한 것으로도 보이지만, 실은 대구(對 句)의 구성과 각 구의 순서를 면밀하게 의도한 결과였다. 그로 인해 초정의 주관이 살아 있으면서도 당시 청대 학예의 정수를 절묘하게 논정(論定)하는 성취를 이루었다.

우루무치 비석의 글씨를 보면,	烏魯木齊碑
누기(婁機)도 후생(後生)이 두렵다 말하리.	婁機後生畏
심출가암승(心出家菴僧)의 서화,	心出家菴僧
그 풍격 서위(徐渭)를 압도하누나.	風格壓徐渭[47]

'우루무치 비석'이란 한대(漢代)에 세웠던 돈황태수(敦煌太守) 배잠(裵 岑)의 공적비를 말한다. 이 비석은 변방 토벌에 공을 세운 돈황태수의 사적을 예서체(隸書體)의 글씨로 새겨 넣은 것인데, 오랜 세월 땅에 묻힌 채 사장되어 있었다. 그런데 신강성(新疆省) 우루무치로 유배를 가게 된 기윤(紀昀, 1724~1805)이 그곳에서 이 비석을 발견하고, 남아 있는 글자를 탁본으로 떠서 연경으로 귀환하였다. 박제가와 유득공은 나빙

---

46 홍양길에 대해서 초정은 별도로 「洪亮吉小傳」을 남겼다.
47 「燕京雜絶」 제98수; 정민 외 역(2010) 중, 346면.

을 통해 이 흥미로운 이야기를 전해 들어 알고 있었다.[48] 누기(婁機, 1133~1211)는 송대의 서예가인데, 특히 예서(隷書)에 뛰어났던 인물로 『한예자원(漢隷字源)』이라는 저술을 남겼다. 1~2구의 의미는 예서를 잘 쓰기로 이름난 누기라 할지라도 근자에 발굴된 비석의 글씨를 보게 되면, 자신의 협애한 안목으로 인해 후생에게 두려운 마음이 들 것이라는 말이다.

심출가암승(心出家菴僧)은 곧 양주팔괴(揚州八怪)의 한 사람인 금농(金農, 1687~1763)을 지칭한다. 마음으로 출가했다는 뜻에서 붙인 자호였다. 금농과 정섭(鄭燮) 등 청대 개성주의 서화가들은 대체로 앞 시대 청등(靑藤) 서위(徐渭, 1521~1593)의 풍격을 존모하였다. 특히 정섭은 서위의 서화에 경도되어 스스로를 '청등주구(靑藤走狗)'라고 칭할 정도였다. 서위의 시문(詩文)은 명대 공안파(公安派)의 선성(先聲)으로 칭해지면서, 청대의 성령파(性靈派) 문인들에게 깊은 영향을 끼쳤다. 연암그룹에서는 특히 이덕무가 서위의 글을 탐독하였고 초정도 일찍부터 흥미를 느꼈던 듯하다. 초정은 20세 무렵 묘향산으로 유람을 갔을 때, 새벽에 일어나 원굉도(袁宏道)가 쓴 서위의 전기 「서문장전(徐文長傳)」을 읽었노라고 밝혔다. 또한 『북학의』에서는 서위가 조선의 종이를 두고 한 발언을 주요하게 인용한 바 있다.

초정이 금농의 서화에 대해 알게 된 경로와 시기는 분명치 않다. 『열하기행시주(熱河紀行詩註)』에 실린 기록으로 판단하건대, 두 번째 연행에서 나빙과 교유한 것이 계기가 되었을 것으로 추론된다. 유득공은 연행에서 돌아와 지은 시에서, 금농이 양주팔괴를 대표하는 인물로 나빙

---

48 柳得恭 저, 실시학사 고전문학연구회 역(2010), 131면.

의 스승이며 서화로 큰 명성이 있다는 사실을 상세히 기록하고, 금농이 직접 만든 커다란 먹을 김조순(金祖淳)과 심상규(沈象奎)가 소장하고 있다는 사실까지 덧붙여 놓았다.[49] 초정은 두 번째 연행(1790)에서 나빙과 막역한 교분을 나눴으므로, 그를 통해 금농의 독특한 서화 풍격을 상세하게 파악하였을 것으로 판단된다.

위의 시를 쓴 1796년의 시점에서, 초정은 금농의 서화가 그 풍격에서 서위를 압도한다고 표명하였다. 서위는 서화뿐 아니라 시문과 희곡으로도 탁월한 업적을 남겼으므로, 상호 비교가 성립할 수 없다고 여기는 논자도 있을 수 있다. 다만 초정은 글씨와 그림에 한정하여 자신의 견해를 밝혔다. 당시 조선에서는 금농과 양주팔괴가 이제 막 소개되는 시점이었는데, 초정은 여기서 한 걸음 나아가 두 서화가를 대상으로 나름의 비평을 시도한 것이다.

이 시에서 간취해야 할 핵심은 청대 문예를 평가하는 초정의 논리이다. 그는 송대의 예서보다 최근 발굴된 비석의 글씨가 더 뛰어나며, 명대를 대표하는 서화보다 당대(當代)의 것이 그 풍격에서 월등하다고 한 것이다. 즉 초정은 이전 시대의 권위 있는 전범보다 오늘날의 새로운 것이 더 뛰어날 수 있다고 여겼다. 「연경잡절」의 다른 시에서도 이런 논리가 관철되었다.

변론은 고정림(顧亭林)도 능히 꺾을 듯,	辯能詘亭林
대씨(戴氏) 집안 동원(東原)이 나타났구나.	戴氏東原出

---

49 柳得恭, 『泠齋集』, 「金冬心五百斤油墨歌」; 『한국문집총간』 260, 99면, "維揚金農, 字壽門號冬心, 或稱昔邪居士·心出家菴粥飯僧, 以畫名海內. …… 余游燕中, 與羅兩峯聘相好, 羅亦維揚人, 學畫於冬心. …… 冬心手製墨, 楓皐院閣·斗室學士, 各藏一丸, 出示余, 感而賦."

근자에 왕우군(王右軍)을 이을 솜씨는,   近頗桃右軍
사구(司寇) 지낸 득천(得天)의 필법이라네.   得天司冦筆[50]

초정은 고증학에서 고염무(顧炎武) 뒤에 대진(戴震, 1723~1777)이 나
와 그를 꼽았고, 글씨로는 왕희지(王羲之)를 이을 장조(張照, 1691~1745)
가 청대에 출현했다고 하였다. 사구(司寇)라 칭한 것은 장조가 형부상서
벼슬을 지냈기 때문이고, 득천(得天)은 그의 자(字)이다. 「연경잡절」 한
두 편에서만 시험적으로 이렇게 평해 보는 것이 아니다. 초정은 다른
글에서도 대진의 고증이 우수하고,[51] 글씨에서는 장조가 탁월하다고
누차 밝힌 바 있다.[52] 청나라에서 높이 평가받는 장조를 조선에서는 아
는 이가 없다는 개탄도 이어졌다.

장조의 글씨는 먼저 동기창을 배우고 나중에 안진경(顔眞卿)과 미불
(米芾) 사이를 넘나들어, 기백이 있으면서도 청아한 운치가 있다고 평가
된다. 특히 강희제가 장조의 글씨를 무척 좋아하여 청나라 관각체(館閣
體) 글씨의 대표적인 예로 꼽혔다. 강희제는 그의 글씨를 두고 시를 지
어, 미불의 웅장함이 있으면서 그 소략함을 배우지 않았으며 동기창의
정돈됨이 있으면서 그의 약함을 배우지 않았으니 "왕희지 이후에 이
한 사람이 있다."라고 하면서 높이 평가하였다.[53] 완원(阮元) 또한 『석거
수필(石渠隨筆)』에서 장조의 글씨야말로 '아조(我朝)의 일대가(一大家)'라

---

50 「燕京雜絶」 제97수; 정민 외 역(2010) 중, 345~346면.
51 「懷人詩仿蔣心餘」 제2수 '紀曉嵐昀'; 정민 외 역(2010) 중, 160면; 「六書策」; 정민 외
   역(2010) 하, 55면.
52 「題文士敏畵卷」; 정민 외 역(2010) 하, 451면.
53 李元度, 『國朝先正事略』, 「張文敏公事略」, "御製懷舊詩列公五詞臣中, 詩有云: '書有米
   之雄, 而無米之畧. 復有董之整, 而無董之弱. 羲之後一人, 舍照誰能若. 卽今觀其蹟, 宛似
   成於昨. 精神貫注深, 非人所能學.' 其見重如此."

고 칭하면서 동기창보다 나은 면이 있다고 하였다.[54]

초정을 제외하고 동시대 조선의 문인으로 장조의 글씨를 언급한 경우는 보이지 않는다. 추사(秋史) 김정희(金正喜)의 글에 장조의 글씨를 논한 대목이 몇 차례 확인될 뿐이다. 초정은 시론(詩論)에서 "당·송·원·명의 시는 지난날의 장부책에 불과하고 참다운 시는 목전의 산천초목이다."라고 하여,[55] 상고주의(尙古主義)를 비판하면서 '지금 여기'의 가치를 긍정해야 한다고 하였다.[56] 「연경잡절」의 시에서도 초정의 이러한 논리가 여실히 확인된다.

「연경잡절」을 논한 기존의 연구 중에는 청대 문명의 수용[57] 혹은 소개와 보고라는 시각으로 해석하는 논자도 있다.[58] 물론 연행을 앞둔 자형 임희택에게 자신이 견문했던 바를 소개하고 알려 주려는 성격이 있는 것도 사실이다. 그러나 이는 매우 소극적인 이해이고, 또한 초정 시의 본의에서 멀어지는 해석일 것이다. 이 「연경잡절」에는 단편적 지식의 소개 혹은 연행에서 느꼈던 개인적 감상이 토로되어 있기는 하지만, 견문한 바의 청대 문화를 차분하게 비평해 보려는 초정의 의도가 깔려 있다.

초정이 연경에 머물며 여러 그림에 제시(題詩)하는 과정은 보다 역동적인 모습을 보여 준다. 초정이 가장 긴밀하고도 빈번하게 교유한 화가

54　阮元,『石渠隨筆』卷7, "司寇書, 自是我朝一大家, 然間有劍拔弩張之處. 內府收藏, 不下數百種, 當以此二卷爲甲觀. 筆力直注, 圓健雄渾, 如流金出, 冶隨範鑄形, 精彩動人, 迥非他蹟可比. 內府, 亦收藏董文敏「爭坐位稿」, 以之相較, 則後來居上."

55　「祭李士敬文」; 정민 외 역(2010) 하, 614면.

56　초정의 시론에 대해서는 다음의 논문에 상세하게 기술되어 있다. 송재소(1980; 2000; 2004).

57　김병민(1992).

58　황인건(1996); 박종훈(2008).

는 나빙(1733~1799)이었다. 나빙 스스로 조선의 사신들과 만나는 것에 누구보다 적극적인 태도를 지녔다. 그는 시문(詩文)에 능하고 문인화 형식에 개성을 담아내려는 화풍을 지니고 있었기 때문에, 초정과 곧바로 의기가 상통하게 되었다. 나빙은 이별에 즈음하여 박제가의 초상을 그려 예물로 증정하였다. 이는 1790년 8월의 일로 나빙은 58세, 박제가는 41세였다. 그런데 심양을 거쳐 귀국하던 초정은 압록강을 건너던 날 정조의 특명을 받고 길을 돌려 다시 연경으로 향하게 되었다. 그해 12월 유리창에서 초정을 재회한 나빙은 8폭으로 된 「귀취도(鬼趣圖)」를 내보이며 시를 청하였다.

나빙이 그의 대표작 「귀취도」를 그린 것은 34세 때인 1766년 양주에서였다. 그 뒤 나빙은 이 그림을 가지고 북경에 와서 당대의 여러 명사들에게 제발을 받았는데, 여기에 기윤·장사전·원매·옹방강·정진방(程晉芳, 1718~1784)·전대흔(錢大昕, 1728~1804) 등이 응하였다. 어떤 기록에는 제발을 쓴 이가 백여 명에 달했다고 하였다.[59] 추한 모습의 여러 귀신을 그렸다는 점과 당대의 명사들이 여기에 시를 다투어 붙였던 덕분에, 이 「귀취도」는 당시 연경의 문사들에게 널리 알려졌다. 그림을 팔아 생계를 잇는 나빙 입장에서는 조선 사절의 제발이 화첩의 가치를 높일 수 있으리라는 계산도 고려되었을 것이다. 초정은 이 중국의 귀신 그림을 보고 칠언절구 한 수를 지었다.

먹물 자국 등잔 불빛 어지러운데,	墨痕燈影兩迷離
「귀취도」 그리고서 한바탕 웃는구나.	鬼趣圖成一笑之

---

59 李斗, 『揚州畫舫錄』 卷3, "羅聘, 字兩峰, 自稱花之寺僧, 江都人, 工詩, 居天寧門內彌陀巷, 額其堂曰朱草詩林. 善畫, 作「鬼趣圖」, 題者百餘人."

이치로 유명(幽明)을 말하기는 근거가 없지만,　　理到幽明無處説

애오라지 재주 발휘해 사람들 놀라게 하네.　　聊將伎倆嚇纖兒[60]

이 시를 통해 초정이 나빙에 대해 지녔던 친밀감을 엿볼 수 있다. 초정은 이 그림에 대해 마치 농담을 하듯, 이승과 저승의 이치는 따질 수 없는 것이어서 나빙이 귀신을 그려 사람들을 놀라게 했다고 하였다. 당괴(唐傀)라는 비난을 받을 만큼 중국의 문화와 풍속에 관심을 기울인 초정이었지만, 머리만 크고 야윈 몸뚱아리를 그려 놓은 중국 전래의 귀신 형상에는 익숙하지 않았을 법도 하다. 그 때문인지 초정은 이 그림의 내용에 대해서는 별다른 언급을 하지 않았다.

법식선(法式善, 1752~1813)은 초정이 지은 시를 보고 '풍유(諷諭)'하는 바가 깊다고 평하였다.[61] 법식선은 초정 시의 3~4구에 대해 지나치게 천착한 것이 아닌가 한다. 초정의 시에서 풍유의 어조가 감지되기는 하지만, 그리 심각한 것은 아닌 듯하다. 나빙의 빼어난 솜씨를 인정하는 화해(和諧)의 시선에 가벼운 농담의 어조를 담았을 뿐이다. 초정이 나빙의 그림에 '풍유(諷諭)'의 자세를 취할 이유 또한 없었다. 조선에 관심이 많았던 진문술(陳文述, 1771~1843)은 「귀취도」에 붙인 시가 '해외'에까지 알려졌다는 기록을 남겼는데,[62] 이는 곧 초정의 시를 두고 말한 것이다. 초정의 이러한 시문 응수가 청대 문인에게 매우 특이한 일로

---

60 「題羅峯先生鬼趣圖卷」; 정민 외 역(2010) 중, 77면.

61 法式善, 『梧門詩話』 卷4, "羅兩峰山人自畵「鬼趣圖」, 裝成長卷, 題者殆遍. 乾隆庚戌臘月, 朝鮮軍器寺正內閣檢書朴齊家, 再入京師, 與同寮官柳得恭觀覽此圖, 朴題一絶曰: …… 其諷諭者, 深矣. 朴氏爲朝鮮臣族, 柳得恭現官擒文院檢書."

62 陳文述, 『頤道堂文鈔』 卷6, 「廣陵十二烈婦祠後記」, "聘, 號遯夫, 字兩峰. …… 遯夫, 工詩善畫, 爲錢唐金壽門入室弟子, 所作「鬼趣圖」, 題詠流播海外, 著有『香葉草堂詩』. 海內識與不識, 稱兩峰先."

받아들여졌던 것이다.

1801년 네 번째 연행에서 남긴 제화시 중에는 황비열(黃丕烈, 1763~1825)의 「제서도(祭書圖)」에 붙인 장편이 가장 주목할 만하다. 양주 출신의 저명한 장서가 황비열은 서책의 안전을 기원하는 제사를 봄가을로 지내는 것을 관례로 삼고 있었다. 그 제사 지내는 광경을 화가 오리(吳履, 1740~1801)에게 부탁해 그림을 그리게 하고, 초정에게 시를 요청하였다. 동행했던 유득공도 황비열에게 시 요청을 받았으나 공무가 바쁘다는 핑계를 대고 응하지 않았다.

책에 볕 쬐고 물로 닦는다는 말 자긍에서 나왔으니,	曬書澆書俱涉矜
신의 경지 아니라면 그리하지 못하네.	未若稱神不居能
서책이 신령하다는 말 이상할 게 없나니,	謂書爲靈還自可
그 안의 문자에 천추의 지식이 들어 있네.	中有千秊言語憑
……	……
그대는 술 포 갖춰 이 의례(儀禮) 강습하며,	勸君脯酒講斯禮
봄가을로 책 제사를 빠뜨리지 마시게.	春秋不嫌書再烝
내가 축관(祝官) 맡고 그대가 집례(執禮)를 하면,	吾其祝宗君主罍
그 귀신 아니라도 여러 재액(災厄) 없을 걸세.	雖非其鬼無庶憎[63]

황비열의 이 그림에 당대의 명사 홍양길(洪亮吉), 전대흔(錢大昕), 장문도(張問陶) 등 십수 명이 참여하여 시를 남겼다. 이들의 시는 대체로 칠언율시로 짧은 감상을 표현하였다. 그에 반해 초정은 13운 26구의

---

63 「黃蕘圃祭書圖歌」; 정민 외 역(2010) 중, 505~507면.

가(歌)를 지어 황비열이 소장한 서책의 안전을 기원해 주었다. 황비열은 초정에게 정중한 장편시로 화답하면서 "나의 「제서도」에 제화를 쓸 때, 매끈한 시어와 비유가 입에서 혼연히 흘러넘쳤네. 중국에 문장가가 여럿 있지만, 이 조선의 학자가 뒷자리에 설 수 있으랴!"라고 감탄하였다.[64]

초정에 이어서 시를 쓴 연경의 한 문인은 "그림과 장편시 둘 다 묘하니, 오리(吳履)의 그림에 정유(貞蕤)의 시라네."라고 대(對)를 맞추어 읊고, 그 주석에서 "조선 규장각 검서 박제가의 시가 지극히 전아(典雅)하다."라는 평을 남겼다.[65]

이 밖에도 초정이 연경에서 써 준 제화시는 십수 편에 달하며, 초정의 문집에 거의 수록되어 있다. 실제 그림의 현존 여부와 초정의 제시가 어떤 양태로 붙어 있는지 등에 대해서는 조사된 바가 거의 없는 듯하다. 다만, 그림을 부탁받은 경위와 수응 양상에 대해서는 아들 박장엄(朴長馣)이 엮은 『호저집(縞紵集)』에 인물별로 정리되어 있다. 이를 통해 보면, 초정은 역대로 연행한 조선 사절 가운데 가장 빈번한 부탁을 받고 또 그 즉시 응수한 인물에 해당할 것이다.

그런데 초정의 연경 제화시는 외교 사절의 의례적 수창 문자와는 층위를 달리하는 성향을 지녔다. 초정의 적극적인 교유 의지와 그림을 이해하는 높은 감상안으로 인해, 그의 제화시는 연경 문인들에게 하나의

---

64 黃丕烈, "題我畫圖爲祭書, 屬辭比事方脫口. 海內文章信有人, 如此東人肯車後……." 이 시의 제목은 미상으로, 그 내용이 후지츠카 치카시(藤塚鄰)의 『淸朝文化 東傳の研究』에 인용되어 있다. 윤철규 외 역(2009), 82면.

65 潘奕雋, 『三松堂集』 詩集 卷14, 「題祭書圖爲黃堯圃」, "昔齊隱士臧榮緒, 陳設五經鼎拜之. 甄明至道著序論, 重是先聖所留貽. …… 新圖長篇妙摹寫, 苦茶庵畫貞蕤詩(圖爲秀水 吳竹虛寫, 竹虛自號苦茶庵僧. 卷中有朝鮮國奎章閣檢書朴齊家古詩一首, 極典雅. 朴自號 貞蕤居士)."

시 작품으로 높이 평가되었다. 의례적 행사에 그칠 수도 있는 자리를 보다 의미 있는 문화 소통의 장으로 올려놓을 수 있었던 것은 초정의 작시 태도에서 기인하는 듯하다. 초정이 청대 명사나 문화를 대면하여 취한 자세는 주목할 만하다. 그는 청나라의 발전된 문화를 배우려 하면서도, 배우는 측이 갖기 쉬운 저자세를 취하지 않았다. 1790년 2차 연행 이후로 이러한 태도가 더욱 분명해졌다. 「귀취도」에 쓴 시를 두고 연경의 문인이 '풍유'라고 해석할 만큼, 초정은 평자로서의 거리를 유지했다. 1796년작 「연경잡절」 시에서는 청대 학예를 비평하는 입장이 특히 두드러졌다. 1801년 마지막 연행 때 지어 준 「제서도가(祭書圖歌)」를 보고, 황비열은 초정이야말로 '동인(東人)이면서도 참 문장가'라고 말하였다. 초정의 시가 '극히 전아하다'는 평가 역시 의례적 치사로 볼 수는 없을 듯하다. 「연경잡절」과 연경 제화시를 살펴본 결과, 초정은 2·3차로 연행한 1790년에 이전보다 한층 활발히 연경의 명사들을 만나 수창하면서도, 그 문명의 화려함으로 인해 자기 주체를 잃지 않고 청조 문명을 상대화시키며 비평적 거리를 유지하였다. 그 결과 이들 시에서 『북학의』의 열기와 달리 차분한 정관(靜觀)의 자세를 확인하게 된다.

그러므로 「연경잡절」의 시를 두고 "마치 『북학의』의 각 구절을 한 편의 시로 바꾸어 놓은 듯 단편적이지만 압축적으로 이국의 문물을 소개하였다."라거나 '시라는 형식으로 보고한 북학사상의 결정판'이라는 평가는[66] 매우 일면적인 지적이다.

한편, 연경에서의 숱한 제화시 수응으로 인해 초정은 자연히 당시 청대 문단에 널리 알려지게 되었는데, 그로 인해 의외의 결과가 빚어지

---

66 박종훈(2008), 56면.

기도 하였다. 즉 초정이 그림을 잘 그린다는 평판이 어느 틈에 퍼져 나
간 듯하다. 초정을 두고 "글씨를 잘 쓰고 그림에 능하다[工書善畵]."라
고 쓴 첫 문헌은 오자(吳甹, 1755∼1821)가 지은『경연전재필기(畊硯田齋
筆記)』일 것으로 추정된다.

오자는 안휘 사람으로 시강학사(侍講學士)를 역임한 인물이다. 그는
글씨에 능하고 그림을 잘 그렸으며, 서화 관련 저술로『경연전재필기』
외에도『청화가시사(淸畵家詩史)』등을 편찬하였다. 현재『경연전재필
기』의 실물은 확인할 수 없는데 이 필기에 기록된 수백여 조목이『역
대화사휘전(歷代畵史彙傳)』에 그대로 인용되어 있다. 초정에 대한 기록
도 이 휘전에 다시 실렸다.67

오자보다 한 세대 뒤의 인물인 진문술(陳文述) 역시『화림신영(畵林新
詠)』이라는 화가 약전을 저술하면서『경연전재필기』의 기록을 그대로
인용하여 초정을 '화림(畵林)'의 한 성원으로 편입시켜 놓았다.

박정유(朴貞蕤) : 이름은 제가, 자는 수기(修其)이고 정유거사라 자호하였
으며 조선의 사신이다. 글씨에 능하였고 그림을 잘 그렸다. 여러 차례 사
명(使命)을 받들고 경사(京師)에 와서 중조(中朝)의 사대부들과 창수하며
많은 시편을 남겼다. 우리 일족인 중어(仲魚) 징군(徵君, 陳鱣)이 그의 시문
을 각하여『정유고략』을 펴냈다.

조선에서 시명 떨친 이 빼어난 인물,　　　　　　　東國聲詩此逸才

67 彭蘊璨,『歷代畵史彙傳』卷63「外蕃門·國朝」, "朴齊家, 字修其, 自號貞蕤居士, 朝鮮使
　臣也. 善畵工書, 屢奉使來京師, 與中朝士大夫多酬倡之作. 其詩文, 有『貞蕤稿略』(『畊硯
　田齋筆記』)."

누차 왕명 받들고 영대(瀛臺)[68]를 예방했네. 屢承天語侍瀛臺

밝도다, 압록강 위에 떠오른 달, 分明鴨綠江頭月

환하게 용만관(龍灣館) 비추어 푸른빛을 발하리. 照見龍灣晩翠來[69]

『화림신영』은 1827년에 편찬된 것으로 진문술이 견문한 당대의 화가 3백여 명의 약전을 소개하고, 각각 칠언절구의 시를 편자 자신이 지어 놓은 것이다. 초정의 예와 같이 앞의 약전 중 상당수는 『경연전재필기』의 기록을 그대로 인용하였다. 진문술은 옹방강의 제자로서 조선의 문화와 사신들에 대해 관심이 많았는데, 특히 초정에 관해 많은 관심을 표명하였다.[70] 『화림신영』은 조선에도 유입되어 널리 알려졌다. 초정 외에도 추사 김정희에 대한 간략한 언급도 실려 있다.[71] 이 때문인지 추사는 이 책을 구해 보고, 다시 내용을 추려 『화림초존(畵林鈔存)』이란 책을 편집하기도 하였다.[72]

홍양길(洪亮吉, 1746~1809)의 시화(詩話)에도 초정이 '시와 그림에 능

---

68 瀛台는 北京 故宮의 西苑 太液池(지금의 中南海)에 있던 누대로, 南臺라고도 불렸다.

69 陳文述, 『畵林新詠』卷2「朴貞蕤」; 書畵全書編纂委(2000), 600면, "名齊家, 字修其, 自號貞蕤居士, 朝鮮使臣也. 工書善畵, 屢奉使來京師, 與中朝士大夫多酬倡之作. 家仲魚徵君刻其詩文, 爲『貞蕤稿略』. '東國聲詩此逸才, 屢承天語侍瀛臺. 分明鴨綠江頭月, 照見龍灣晩翠來.'"

70 陳文述, 『頤道堂詩選』卷5, 「題朝鮮使臣朴齊家貞蕤稿略」, "能達藩侯翊戴誠, 雁程來件片雲輕. 中朝人物都相識, 東國聲詩舊擅名. 鴨綠江寒秋水闊, 龍灣館近月華明. 卷中宵雅眞堪肆, 四牡皇華過一生(搞略爲家仲魚徵士所刊)."; 『頤道堂詩外集』卷7, 「題朝鮮女士許蘭雪景樊詩集」 4수 중 제4수, "輶軒採得烏絲寫, 儂骨珊珊稱五銖. 爲問貞蕤老居士(謂朝鮮使臣朴齊家), 年來更有此人無."

71 陳文述, 『畵林新詠』補遺「張茶農」; 書畵全書編纂委(2000), 617면, 「張茶農」, "名深, 鎭江人, 夕庵子也. 庚午解元, 畵有家法, 而山水花卉, 尤得力于衡山‧石谷兩家. 寓京師時, 朝鮮貢使金秋史重之, 遇茶農畵, 輒購以歸. '靑衫潑墨寫烏絲, 翰墨傾心米虎兒. 絶似鷄林賢宰相, 兼金儘購百家詩.'"

72 朴榮善, 『畵林鈔存』; 규장각 편(2006), 『阮堂尺牘』 외, 375면.

했다'는 기록이 있는데,[73] 이 역시 그림에 대한 식견이 뻬어났던 점이 와전된 것이 아닌가 한다. 한편, 현재 통용되는『중국미술가인명사전』에도 '박제가'가 포함되어 있고, 이 역시『경연전재필기』의 기록을 그 근거로 들고 있다.[74]

3) 서울 시정 활기의 시적 형상

초정이 남긴 40여 편의 제화시 가운데 가장 이채를 띠는 작품은「성시전도시」이다. 정조는 1792년 도화서 화원들에게 한양 전체를 그리게 하여 병풍으로 만들고「성시전도(城市全圖)」라 이름 지은 뒤, 규장각의 문신들에게 이 그림을 대상으로 하여 100운의 장편시를 지으라고 명하였다.

여기에 응하여 여러 편의 장편시가 제출되었고, 정조는 이를 평가하여 등급을 정하고 우수한 자에게 상을 내렸다. 초정은 여기에서 신광하(申光河)에 이어 차석을 차지하여, 정조로부터 '해어화(解語畵)'라는 평을 하사받았다. 그 후 초정은 '해어화재(解語畵齋)'라는 당호를 쓰기도 하였다.

이 시를 분석하면서 유념해야 할 것은 세 차례의 연행을 경험한 초정이 어떤 시각으로 서울 성시전도를 바라보고 있으며, 서울의 어떤 점

---

73 洪亮吉,『北江詩話』卷5, "高麗使臣朴齊家, 工詩及畵. 其入貢也, 慕中國士大夫, 每有一面, 輒作見懷詩一章, 多至五十餘首, 可謂好事矣. 按, 朴本吳越著姓,『東國通鑑』云: '新羅景明王七年, 吳越國文士朴嚴, 投高麗爲春部少卿.' 吳任臣『十國春秋』吳越武肅王世家亦云: '天寶十六年, 我國文士朴嚴之裔.' 自唐末至今, 已八九百年, 尙爲其國文學侍從之臣, 世澤可云長矣."

74 兪劍華 編(1998), 194면, "朴齊家: 〔淸〕字修其, 自號貞蕤居士, 朝鮮人. 工書善畵, 屢奉使來京師, 與朝中士大夫詩畵交歡. 一時知名, 有『貞蕤詩稿』(『畊硯田齋筆記』)."

에 주목하고 있고, 또 그것을 시로 표현하면서 어떠한 특성을 보이는가
하는 점이다.

무게를 달려고 닭 한 마리 든 사람,	或試其重擧一鷄
꽥꽥 소리 성가셔 돼지 둘을 짊어진 이.	或壓其嘶負雙豕
소에 실은 섶을 사려 고삐 끄는 사람,	或買牛柴自牽彎
허리춤에 채찍 꽂고 말 이빨을 세는 자도 있네.	或相馬齒旁揷箠
두 눈을 껌뻑이며 거간꾼 불러 대고,	或瞬其目招駔儈
싸움 말리며 잘 지내라 권하기도.	或解其紛勸妯娌
새 곡조에 따라 거문고 연주하고,	或有彈琴倚新聲
어떤 자는 퉁소 불며 재주를 뽐내누나.	或有吹簫誇絶技
누가 말했나, 악기는 그려도 소리는 못 그린다고,	誰云畵樂不畵音
운지(運指)하는 법만 봐도 곡조를 알 만해라.	指法亦足審宮徵
……	……
이서(吏胥)들 절하는 법 허리까지 수그리고,	吏胥之拜拜以腰
시정 건달 침 뱉기는 이빨 새로 찍 뱉는다.	市井之唾唾以齒
안장 없이 말을 타고 어디론가 몰고 가니,	不鞍而騎何處圉
바구니 들고 선 건 누구 집 여종일까?	挾籃而拱誰家婢
맨발에 큰 버선은 황문의 내시이고,	徒而寬襪是黃門
눈 흘기며 치마 살짝 누구일까, 기생이라.	眄而蹇裳卽紅妓
……	……
한 폭 위에 대도회의 모습이 펼쳐지니,	一幅森羅大都會
세태와 인정까지 여기 모두 담겼구나.	世態人情畢輸此[75]

---

75 「城市全圖應令」의 부분; 정민 외 역(2010) 중, 221~220면.

314

이 시에서 초정의 시선은 주로 시정의 인물에 맞춰졌다. 그는 서울의 풍속과 인물의 양태를 묘사하는 데 뛰어났다. 무엇보다 초정은 그려낼 대상에 포커스를 맞추고 세밀하게 시어로 표현하면서, 한두 구절이 각각 하나의 독립된 이야기를 이루도록 구성하였다. 위의 시에서 보듯 저자 거리에서 꿱꿱대는 돼지를 두 마리씩 둘러멘 사람, 말의 이빨을 세는 사람, 추파를 던지는 기생 등의 인간 군상을 정감 있게 형상화하였다. 김홍도(金弘道)나 이인문(李寅文)이 풍속화에서 포착한 장면처럼, 시로써 시정 세태를 그려 낸 것이다. 그리하여 초정이 포착한 인물들은 살아 움직이는 듯 생동감을 드러낸다. 예컨대 이서배(吏胥輩)는 인사할 때 허리까지 수그리고, 저자 거리 건달들은 이빨 사이로 침을 찍 뱉는다는 구절을 보면, 이것이 실제 그림을 보고 시로 묘사한 것인지, 초정이 평소 보았던 시정의 광경을 떠올려 그려 낸 것인지 착각이 들 정도로 사실적이다. 이서배와 시정 건달의 대구(對句) 또한 매우 절묘하다. 초정은 사실적 표현과는 조금 다른 수법도 사용하였다. 그는 악기를 연주하는 사람을 포착한 시구에서 "운지(運指)하는 법만 봐도 곡조를 알 만해라."라고 표현하여 평면의 화면 너머 생취(生趣)를 그려 냈다. 즉 초정은 이 시를 통해 18세기 말 서울 도성의 떠들썩한 활기를 시로 형상화하는 데 성공하였던 것이다.

현재 남아 있는 9종의 「성시전도시」는 표현 방식의 면에서 크게 세 유형으로 구분할 수 있다. 첫째, 박제가와 신택권(申宅權), 이학규(李學逵)와 신관호(申觀浩)의 시는 서울 도성의 풍경을 주로 사실적이고 구체적으로 묘사한 경우에 해당한다. 둘째, 신광하와 서유구(徐有榘)는 고풍스럽고 장중하게 묘사하는 경향을 띠었다. 비속한 표현을 배제하면서 서울 도성의 모습을 중국의 옛 제도와 연관시킴으로써 의고풍이 강한 면모를 보였다. 셋째, 이만수(李晩秀)와 이덕무, 유득공은 묘사의 태도는 사실적이지만 비속한 인정 세태를 억제하면서 비교적 전아한 풍으로 그려 냈다.[76] 즉 각자의 문예적 지향과 시 창작의 성향이 유사하게 나타난 것이다.

초정의 이 시는 사실적 표현으로 인해 그동안 18세기 서울의 도시적 양상을 보여 주는 작품으로 널리 알려져 왔다. 앞에서 살핀바, 서울 도성의 모습을 생동감 넘치게 표현한 초정의 시적 성취는 높이 평가되어야 할 것이다. 다만 이 시의 성격이 어명에 따른 응제(應製) 문자라는 점도 아울러 고려해야 할 듯하다. 초정은 시구 중에서 "이 그림 어찌 세도(世道)와 무관하리.", "그림 보면 마땅히 그린 의도 말해야지."라는 표현을 통해 「성시전도」가 그려진 목적을 스스로 환기시키고 있다. 초정은 「성시전도」를 중국의 「청명상하도(淸明上河圖)」와 같이 태평한 시대를 상징하는 그림으로 이해하였고, 그 점을 염두에 두고 시를 썼던 것이다. 초정의 시는 크게 볼 때 18세기 말엽 서울의 활기를 주로 시정의 인간 군상을 통해 표현했지만, 세밀히 찾아보면 '세도'와 '그림을 그린 의도'에 맞추려 한 흔적도 아울러 발견할 수 있다.

온갖 장인 일하는 곳 사람들이 붐비나니,	百工居業人摩肩
온갖 물화 이문 좇아 수레가 연이었네.	萬貨趨利車連軌
땅이 넓고 물건 많아 없는 것이 하나 없으니,	物衆地大無不有
도둑질과 못된 짓 또한 있네.	亦能偸竊藏奸宄
태평한 문물이 중화와 맞겨루니,	太平文物侔中華
백성들 기르고 키워 온 4백여 년.	休養生成四百禩

---

76 안대회(2009), 224면.

| 놀고먹는 백성 없어 집집마다 다 부자요, | 民不遊手屋皆富 |
| 저울눈 속임 없어 풍속 모두 아름답다. | 金不欺秤俗盡美[77] |

1778년 『북학의』 저술로부터 14년, 초정이 묘사한 서울 도성의 한 면모는 수레가 연잇고 집집마다 부자가 사는 곳이라 되어 있다. 물론 이러한 한두 구절을 문제 삼아, 초정 시의 큰 방향성과 시적 성취를 트집 잡을 수는 없을 듯하다. 다만 초정이 시정(市井)의 활기를 묘사할 때와 치민(治民) 왕화(王化)와 관계되는 대목을 다룰 때, 그 시선에서 약간의 차이가 발견되는 것을 확인하게 된다. 즉 관인적 기식(氣息)이 얼마간 엿보인다고 할 수 있다. 초정 역시 검서관이 된 뒤로 정치체제의 현실질서를 이해하는 데에 일정한 변화가 있었을 것이다. 그러므로 초정 시의 묘사가 사실적이라고 말할 경우 「성시전도시」가 응제 문자이며, 초정이 규장각 검서관이라는 직분을 지니고 시를 지었다는 점을 고려해야 할 듯하다. 즉 서울 도성의 활기를 묘사하면서 현실을 사실적으로 그리되, 낙관적 전망 속에서 밝은 부분에 힘을 주어 묘사한 측면이 있다. 그럼에도 불구하고, 거시적으로 볼 때 초정의 시는 시정에 초점을 맞추고 그 활기를 생동감 있게 묘사했다는 점에서 탁월한 시적 성취를 이루었다고 할 수 있다. 여기에는 서울 도성의 시정이 지금의 활기를 기반으로 더 부유하고 번영하기를 바라는 초정의 낙관이 잠재되어 있기도 하였다.

초정의 「성시전도시」는 당시 민간에도 널리 알려졌을 뿐 아니라,[78]

---

77 「城市全圖應令」의 부분; 정민 외 역(2010) 중, 221~218면.
78 李裕元, 『林下筆記』 卷28, 「우리나라의 樂府」, "우리나라 악부 중에 신광수와 박제가가 지은 「關西樂府」와 「城市全圖」는 사람들이 모두 외워 전한다."

청나라 문인들에게도 상당수 읽히게 되었다. 초정의 『정유고략(貞蕤藁略)』에 이 시가 들어 있고, 그 책이 청대에 간행된 총서 『예해주진(藝海珠塵)』에 수록되었기 때문이다. 초정을 만난 적이 없는 후대의 장초백(蔣超伯, 1821~1875)은 초정의 「성시전도시」에 나오는 한 구절을 예로 들면서 조선에서도 도성의 거리를 '호동(衚衕)'이라고 쓴다고 흥미로워하였다.[79] 또한 이유원이 1845년 입연했을 때, 초정의 시구에서 "이서배는 허리까지 굽혀 절을 한다."라는 부분에 대해 이해가 되지 않는다며 조선의 풍속에 대해 구체적으로 질문하는 이도 있었다.[80] 이규경(李圭景, 1788~ ?)은 청나라 문인이 문제 삼은 이 구절을 고증하여, 초정이 당시의 인정 세태를 잘 묘사한 것이라 논파하기도 했다.[81] 이를 통해 볼 때 초정의 「성시전도시」는 비록 정조의 안배에 의해 차석으로 밀려났지만, 사실적이며 긍정적인 시풍은 중국에서까지 널리 인정을 받았던 것이다.

---

79 蔣超伯, 『南漘楛語』 卷4 「衚衕」, "朝鮮王城街巷, 亦名衚衕. 朴齊家「城市全圖應令」詩云: 五城衚衕列次第, 大都宮殿疏源委. 黎峴鐘樓及七牌, 是謂都城三大市."

80 李裕元, 『林下筆記』 卷30, 「城市全圖」, "성시전도는 그림이 아니고 바로 시인데, 박제가의 작품이다. 그 체가 죽지사와 같고, 온 지면에 나열된 것은 모두 우리나라의 풍속이다. 그것이 중국에 들어가게 되자 정조가 깊이 헤아려 살피고는 그 사람을 처벌하였다. 이 시는 南匯의 吳省蘭이 편집한 『藝海珠塵』에 실려 있다. 내가 중국 사람과 필담을 하는데 '성시전도시' 중에 "시정인들은 침 뱉을 때 이 사이로 침을 뱉고 吏胥들은 절할 때 허리만 굽힌다."라는 것에 대해 그 의미를 물어 왔다. 내가 대답하기를 "이 시를 처음 보아 그 뜻을 이해하지 못하겠다." 하니, 서로 돌아보며 웃고는 다시 묻지 않았다. 저 사람들이 기미를 알아차리는 민첩함이 이와 같았다."

81 李圭景, 『五洲衍文長箋散稿』 人事篇, 論禮類, 「拜禮」, "朴貞蕤齊家『城市全圖』 '吏胥之拜拜以腰, 市井之唾唾以齒', 世譏其鄙瑣猥屑, 乃善形容者也. 吏胥之拜, 果以平立屈腰而已, 故曰拜以腰. 中外奴婢之拜, 坐而回裙旋起, 不可以拜稱者, 宜正其非禮, 而存而勿論, 何也."

4. 실학파 문학에 있어서 초정 시의 위상

20대의 젊은 시절 이미 시인으로서 이름이 난 초정은 18세기 후반으로부터 오늘날에 이르기까지 뛰어난 시적 성취가 다기한 형태로 높은 평가를 받아왔다. 그 평가의 방향은 크게 두 가지 흐름으로 대별된다.

우선 초정 시가 지닌 첨신(尖新)한 측면에 대한 주목이다. 영조 대 이후로 온유돈후(溫柔敦厚)를 표방하던 전통적 시학이 쇠퇴하고 일상성을 새롭게 형상화하는 시풍이 크게 부각되었다. 이 첨신한 풍격은 기존의 성리학적 명분주의 · 규범주의와는 다른 지점에서 인간과 사물을 바라보는 새로운 사유방식에 기인한 것으로, 18세기 후반 이후의 시사(詩史)에서 뚜렷한 하나의 흐름을 이루었다. 다산(茶山) 정약용(丁若鏞)은 그 자신의 격절(激切)한 미감에 바탕을 둔 '현실주의적' 시풍을 일관되게 유지하면서도 초정의 첨신한 시풍을 일정하게 긍정함으로써,[82] 새로운 시대의 도래를 예감하였다. 19세기의 문인 강진(姜溍)은 이덕무, 유득공, 초정의 시를 '검서체(檢書體)'라고 규정하고, 이들의 시가 취재(取材)의 범위가 넓고 품격이 아결(雅潔)한 점에서 서로 공통되는 면이 있다고 지적하였다. 특히 세 시인의 특장을 세밀히 구별하여 이덕무는 초엄(峭嚴)하면서 법(法)에 능하고, 유득공은 온려(溫麗)하면서 정(情)에 능하며, 박제가는 고화 영발(高華穎拔)하면서 성조(聲調)에 능하다고 평가하였다.[83]

---

82 丁若鏞, 『與猶堂全書 1』, 「寄平陵察訪族人志鶴」; 『한국문집총간』 281, 25면, "梧井宦遊思尙苦, 楚亭詩句感應頻."

83 尹定鉉, 『梣溪先生遺稿』 卷4, 「對山詩藁序」; 『한국문집총간』 306, 107면, "正宗戊戌 (1778), 奎章閣置檢書官, 靑莊李懋官, 古芸柳惠風, 貞蕤朴次修首, 膺是選. 三家之詩, 皆卓然成家, 世號爲檢書體. 後六十年, 姜對山進汝官檢書而攻詩, 始續三家之絶響. 余於內閣, 相與晨夕談藝. 姜君之言曰: '檢書體, 非別開門戶, 靑莊峭嚴而以法勝, 古芸溫麗而以

창강(滄江) 김택영(金澤榮)은 영조 대 이후로 시의 풍상이 변화한 것을 특기하면서 이용휴・이가환(李家煥) 부자는 기궤(奇詭)함을 주로 하고, 박제가・이덕무・유득공・이서구는 첨신함을 주로 했다고 밝혔다.[84] 초정의 이러한 첨신하고 고화 영발(高華穎拔)한 시풍은 시적 대상을 미학적으로 탐구하려는 도시적 감성의 소산이었다.

초정 시를 평가하는 또 다른 입장은 그의 시가 18세기 후반 동아시아의 '새로운 현실'에 대면하여 청나라 문인들도 인정할 만큼 당대적(當代的) 현안을 다루며 탁월한 성취를 이룩했다고 보는 시각이다. 즉 시대와 세도(世道)는 변화하는 것이며, 초정의 시야말로 '지금 여기'의 사안들에 가장 전면적으로 대응했다고 보는 것이다. 예컨대 서유본은 초정에 대해 "중국의 문인들과 두루 사귐을 맺고, 시인으로서의 명성이 중국을 경동시켰으니 진실로 규성(奎星)이라 할 만하다."라고 평가하였다.[85] 즉 서유본은 초정이 당시 청나라의 문단과 직접적으로 소통한 동시대성(同時代性)의 측면을 특히 주목하였던 것이다. 실학과 문학에 있어서 초정의 시가 지닌 위상을 논할 경우, 이러한 동시대적 소통의 측면과 그 성취를 보다 부각시킬 필요가 있다고 판단한다.

앞에서 살펴본바 서화를 제재로 한 시에서 초정은 자신이 대면한 '지금 여기'의 서화에 특별한 가치를 부여하였다. 연행 이전 회인시에서는 서울 도성의 여러 서화가들이 지닌 개성과 고고한 운치를 시로 형

情勝, 貞蕤高華穎拔而以聲調勝, 各盡才力之所至而詣其極. 然取材博而鍊字必精, 隷事必穩, 要其一出於雅潔, 不染東人結習, 則三家之所同, 斯其爲檢書體乎!' 余甚韙其言."

84 金澤榮, 『韶濩堂文集』卷2,「申紫霞詩集序」;『한국문집총간』347, 251면, "自英廟以下, 則風氣一變, 如李惠寰錦帶父子, 李炯菴・柳泠齋・朴楚亭・李薑山諸家, 或主奇詭, 或主尖新."

85 徐有本, 『左蘇山人文集』,「感舊詩・貞蕤朴永平齊家」; 李佑成 편(1992), 76면, "結交中夏盡詞英, 萬口爭傳朴楚亭. 剩把詩名驚海內, 頭銜不愧應奎星."

상화하였고, 「연경잡절」 연작시에서는 연경의 명사들을 만나 수창하며 청조의 학예를 주체적으로 비평하는 태도를 보였다. 즉 그가 시론(詩論)에서 말한바 "시는 시대에 따라 변하므로, 옛 전범보다 오늘의 새로운 것이 더 나은 가치를 지닐 수 있다."라는 논리를 실제의 제화시 창작에서 분명하게 발현시켰던 것이다. 이러한 문예론은 낙후한 조선의 문명을 개선하기 위해서 '지금 여기'의 발전한 청조 문명에서 계발을 받아야 한다는 『북학의』의 주장과 그 궤를 같이한다고 할 수 있다.

초정의 이러한 문명관과 문예의식은 이용후생파 실학자가 도달한 새로운 경지를 드러내 주는 것이려니와, 동시에 19세기 실사구시파(實事求是派) 실학자에게 직·간접의 영향을 끼쳤다는 점에서 특별한 주목을 요한다. 추사 김정희는 선행 실학자들의 실증적 연구 방법을 계승하면서 금석(金石)·전고(典故) 등의 방면에서 격조 높은 학문성을 보여 주었다. 즉 학문 그 자체를 목적으로 하면서 엄격하고 객관적인 학적 자세를 견지하여 근대적 과학 연구 태도와 유사한 연모를 보였다. 그런데 이 실사구시파의 중심 인물인 김정희는 초정에게 글을 배웠을 뿐 아니라, 실제 초정이 수차의 연행을 통해 이룩해 놓은 연경의 인적 네트워크를 그대로 받아안았으며, 또한 초정이 보여 준 동아시아적 문화 소통의 정신을 그대로 계승한 면이 존재했다. 특히 청조의 학예 가운데 금석·서화 부분에 대한 동시대적 소통이라는 면에서 추사는 초정의 성취를 이어받아 보다 새로운 지평으로 올려놓았다고 할 수 있다. 이런 점에서 초정 박제가는 이용후생파 실학자의 한 일원으로서, 19세기 실사구시파의 실학이 새로운 층위로 심화되는 데 있어서 일정한 가교(架橋) 역할을 담당했다고 평가된다.

金澤榮,『韶濩堂文集』;『한국문집총간』347, 민족문화추진회.

馬聖麟,『安和堂私集』; 임형택 편(1991),『이조후기 여항문학총서』6,
　　　여강출판사.

朴榮善,『畵林鈔存』; 규장각 편(2006),『완당척독 외』, 서울대 규장각.

朴濟家,『貞蕤閣集』, 하버드대 옌칭도서관.

_____(1986刊),『貞蕤閣全集』, 여강출판사.

_____, 李佑成 편(1992),『楚亭全書』, 아세아문화사(서벽외사 해외수
　　　일본).

_____, 안대회 역(2000),『궁핍한 날의 벗─박제가 산문선』, 태학사.

_____,『北學議』; 안대회 역(2003),『북학의』, 돌베개.

_____, 정민 외 역(2010),『정유각집』(상·중·하), 돌베개.

朴趾源,『燕巖集』,『한국문집총간』252, 민족문화추진회.

徐有本, 李佑成 편(1992),『左蘇山人文集』, 여강출판사(서벽외사 해외
　　　수일본).

吳世昌, 동양고전학회 역(1988),『槿域書畵徵』, 시공사.

柳得恭 저, 실시학사 고전문학연구회 역(2010),『열하를 기행하며 시
　　　를 짓다─열하기행시주』, 휴머니스트.

_____,『泠齋集』,『한국문집총간』260, 민족문화추진회.

劉在建 편, 실시학사 고전문학연구회 역(1997),『里鄕見聞錄』, 민음사.

尹定鉉,『梣溪先生遺稿』,『한국문집총간』306, 민족문화추진회.

尹行恁,『碩齋稿』,『한국문집총간』287, 민족문화추진회.

李圭景,『五洲衍文長箋散稿』.

李奎象,『幷世諸彦錄』; 민족문학사연구소 역(1997),『18세기 조선인
　　　물지』, 창작과비평사.

李箕元,『洪厓詩稿』, 연세대도서관.

李德懋,『靑莊館全書』,『한국문집총간』257, 민족문화추진회.

李麟祥,『凌壺集』,『한국문집총간』225, 민족문화추진회.

李裕元,『林下筆記』.

丁若鏞,『與猶堂全書』,『한국문집총간』281, 민족문화추진회.

편자 미상,『震彙續攷』; 임형택 편(1991),『이조후기 여항문학총서』
　　　9, 여강출판사.

潘奕雋,『三松堂集』.

法式善,『梧門詩話』.

阮　元,『石渠隨筆』.

俞劍華 編(1998),『中國美術家人名辭典』, 上海人民美術出版社.

李　斗,『揚州畫舫錄』.

李元度,『國朝先正事略』.

蔣超伯,『南漘楛語』.

陳文述,『畵林新詠』; 書畵全書編纂委(2000),『中國書畵全書』14, 上海
　　　書畵出版社.

_____,『頤道堂文鈔』.

_____,『頤道堂詩選』.

_____,『頤道堂詩外集』.

彭蘊璨,『歷代畵史彙傳』.

洪亮吉,『北江詩話』.

송재소 외(2006),『박지원·박제가, 새로운 길을 찾다』, 경기문화재단.

안대회(1999),『18세기 한국한시사 연구』, 소명출판.

유복렬(1969), 『한국서화대관』, 문교원.

이우성(1982), 『한국의 역사상』, 창작과비평사.

藤塚鄰(1975), 『淸朝文化 東傳の硏究』, 日本: 國書刊行會; 윤철규 외 역(2009), 『추사 김정희 연구』, 과천문화원.

강명관(2002), 「조선 후기 한시와 회화의 교섭－풍속화와 기속시를 중심으로」, 『한국한문학연구』 30, 한국한문학회.

김경미(1990), 「박제가 시의 회화적 성격에 대하여」, 『열상고전연구』 3, 열상고전연구회.

김병민(1992), 「'연경잡절'에 반영된 초정 박제가의 문화의식」, 『다산학보』 13, 다산학연구원.

박무영(1998), 「'인식'과 '신기'의 시학: 초정 박제가의 시론」, 『이화어문논집』 16, 이화여대 이화어문학회.

박은순(2007), 「조선 후반기 對中 회화교섭의 조건과 양상, 그리고 성과」, 『조선 후반기 미술의 대외교섭』, 예경.

박종훈(2008), 「초정 박제가의 '연경잡절' 일고」, 『한문학논집』 27, 근역한문학회.

송재소(1980), 「초정 박제가의 미의식과 시론」, 『한국한문학연구』 5, 한국한문학회.

_____(2000), 「실학파 문학관의 일고찰－초정 박제가의 미의식과 시론을 중심으로」, 『한국한문학연구』 26, 한국한문학회.

_____(2004), 「초정 박제가의 시」, 『시와 시학』 53, 시와시학사.

안대회(2005), 「초정 박제가의 인간 면모와 일상－소실을 맞는 시문을 중심으로」, 『한국한문학연구』 36, 한국한문학회.

_____(2009), 「성시전도시와 18세기 서울의 풍경」, 『고전문학연구』 35, 고전문학연구회.

이우성(1963), 「18세기 서울의 도시적 양상—연암학파·이용후생학
파의 성립배경」, 『향토서울』 17.

_____(1975), 「실학파의 서화고동론」, 『서통』 6.

이태호(2004), 「조선 후기의 회화 경향과 실학」, 『세계화 시대의 실학
과 문화예술』, 경기문화재단.

최숙인(1989), 「조선 후기 문학에 나타난 회화성 연구」, 이화여대 박
사학위논문.

_____(1999), 「연암그룹 시문학의 문예특성」, 『우리 한문학사의 재
인식』, 집문당.

최신호(1990), 「이덕무의 문학론에 있어서의 形似와 寫意 문제」, 『고
전문학연구』 5, 한국고전문학회.

황인건(1996), 「'연경잡절'에 나타난 박제가의 중국 체험 고찰」, 『한
국시가연구』 20, 한국시가학회.

成大中의 實學的 思考와 文藝活動

손혜리 | 성균관대 대동문화연구원 책임연구원

1. 머리말

18세기 영·정조 시대에 활동한 청성(靑城) 성대중(成大中, 1732~1809)은 서족(庶族) 출신으로 문과에 급제한 뒤 영조 39년(1763) 계미(癸未)통신사행의 서기(書記)로 사행을 체험한 바 있다. 이후 성균관 전적(典籍)·승문원 검교(檢校) 및 울진현령·운산(雲山)군수 등의 내외직을 역임하였고, 정조 5년(1781) 교서관 교리에 임명된 뒤 흥해 군수로 재직했던 것을 제외하면, 9년 동안 교서관에 재임하면서 각종 국가 전적의 교수(校讎)와 편찬을 담당하였다. 그리고 문체반정이 일어났을 때 순정한 학식과 필법을 구사한다 하여 정조로부터 극찬을 받고,[1] 종3품 북청부사에 특진되기도 하였다. 즉, 성대중은 정조의 남다른 지우(知遇)를 입고 조선 후기 사상(史上) 서족 출신으로는 가장 높은 품계에 오른 인물인 것이다.

지금까지 성대중에 대한 연구는 편수가 많은 것은 아니지만 지속적으로 이루어져 왔다.[2] 그런데 이러한 연구 결과에도 불구하고, 정조의

---

1 成海應,『研經齋全集』卷10,「先府君行狀」, "上仍曰: '以彼之醇正學識, 醇正筆法, 不得爲弘文提學, 我國用人之方, 何如是隘耶.'"

2 성대중에 관한 선행 연구로는, 손혜리(2000; 2003; 2008; 2010a; 2010b), 정민(2000; 2009), 정재현(2001), 김문식(2003), 송지원(2003), 장유승(2003), 최경렬(2003), 정홍모(2007), 김준형(2009) 등이 있다. 연구의 방향과 결과를 간략하게 정리하면 다음과 같다. 첫째 성대중은 정조의 문체정책에 적극 호응한 보수적인 문인이란 점과 그와 관련된 문학론과 문장론에 대한 것, 둘째 박지원·이덕무·유득공·박제가 등 이른바 연암그룹 문사들과 절친하게 지내며 학문적·문학적으로 영향을 주고받은 것, 셋째 계미사행에 정사 서기로 참여하여 일본에서 文名을 떨친 사실과『日本錄』에 대한 논의, 넷째 성대중의 詩文을 분석하여 문학적 특징과 성과를 도출한 것 등이다. 기왕에는 정조의 문체정책, 연암그룹 문사들과의 교유, 사행문학 연구라는 비교적 큰 테제를 논의하기 위한 자료의 일부로 쓰인 반면, 최근에는『일본록』과『靑城雜記』가 번역 출간되면서

문체반정에 가장 영합한 자라는 평가가 있은 이래로 성대중은 그저 '보수적인 문인'으로 규정지어졌다.[3] 문체로 인해 견책받은 박지원(朴趾源)·이덕무(李德懋)·박제가(朴齊家) 등과 달리, 성대중은 문체로 인해 정조로부터 칭찬받고 북청부사로 특진된 점이 집중 부각되었던 때문이다. 그런데 성대중은 기왕의 평가대로 정말 보수적인 인물인가, 보수적이기만 한 인물인가라는 의구심이 생긴다. 성대중에 대한 이러한 평가는 그의 '문체'와 긴밀하게 연관되어진 것으로, 이제 문체뿐만 아니라 성대중의 전모(全貌)를 보다 다각도에서 종합적으로 검토하고 그에 타당한 평가를 내릴 필요가 있다. 성대중을 보수적인 문인으로만 규정하기에는 의구심을 품을 만한 여러 가지 정황과 논거를 포착할 수 있기 때문이다.

성대중은 혼후한 성품을 바탕으로 뛰어난 학문적·문학적 역량을 지닌 데다 40여 년에 걸친 오랜 관직생활을 한 결과 18세기 당대를 대표하는 문인학자 및 예술인들과 폭넓은 교유를 하였다. 특히 김용겸(金用謙)·원중거(元重擧)·나열(羅烈)·이한진(李漢鎭)·박지원·홍원섭(洪元燮)·이덕무·유득공(柳得恭)·박제가 등, 이른바 연암그룹의 중심축을 형성하는 인물들과 절친하게 지냈다. 성대중은 젊은 시절 원중거와 함께 사행에 참여한 바 있는데, 일본에 대한 새롭고 다양한 지식정보를

성대중의 문학에 대한 연구가 이어지고 있다.

3 이가원(1965), 108면에서, 南公轍과 성대중을 정조의 문체반정에 가장 영합한 자라는 평가를 내린 뒤로 성대중에 관한 연구에서는 대체로 이 견해를 따르고 있다. 김명호 교수는 "정조의 문체반정정책에 호응하여 가장 빛을 본 문인은 서얼 출신의 성대중이었다. 그는 과거 급제 후 功令體를 버리고 고문으로 나아가 秦·漢 시대의 글이 아니면 배우지도 않았다고 하는 철저한 擬古文主義者로서 그의 문학론은 정조의 복고적 문학론과 거의 그대로 일치하고 있다. 이와 같은 성대중의 문학론이 연암의 법고창신론과 정면으로 대립하는 것임은 말할 것도 없다."(김명호(1990), 283면)라고 평가한 바 있다.

이덕무를 비롯한 연암그룹 문사들에게 전달해 줌으로써 일본을 방문한 바 없던 그들의 일본관을 재정립하도록 만들었으며 훗날 실학사상의 형성과 전개에도 일정한 영향을 미쳤다. 또 연행하는 이들에게 병형(兵刑)과 전곽(田郭)제도와 같은 청의 앞선 문물과 제도를 잘 보고 배워 민생과 국익에 도움이 될 것을 당부하기도 하였다. 나아가 허울뿐인 양반들의 무위도식과 위선 및 서얼과 노비제도의 부조리함 등 중세 봉건사회의 제도적인 모순과 병폐를 강도 높게 비판하였다.

이처럼 성대중을 보수적인 문인으로만 규정하기엔 그는 '개방적'이고 '개혁적'인 인물이다. 이러한 몇 가지 정황과 논거에 착안하여, 성대중의 개방적 · 개혁적 면모가 실학적 사고에서 기인된 것임을 염두에 두고 이에 대해서 좀 더 주목해 보고자 한다. 성대중은 고구마나 수차(水車) 같은 일본의 물산과 기구를 도입하고 수레와 벽돌, 성곽 같은 청의 기술을 받아들여 이용후생(利用厚生)하고자 하였다. 이러한 의식은 육경(六經)을 근본으로 하여 문(文)의 효용성을 주장하고 그 결과 실용(實用)적인 학문을 통해 경세(經世)하고자 한 것으로 논리화되었다. 그리고 이는 사행을 통한 견문의 확대나 인식의 확장에서 마련된 실학적 사고에서 초래된 것으로 보여진다.

이에 필자는 성대중의 실학적 사고가 생성된 동인(動因)과 전개 과정 및 구체적 표출 양상에 대해서 면밀히 검토하고자 한다. 또 연암그룹의 선배로서 이덕무 · 유득공 · 박제가 등에게 많은 학문적 영향을 끼쳤고, 동료로서 나열 · 이한진 등과 예술적 교유를 나누었던 만큼, 그들과의 학문적 · 예술적 교유활동에 대해서 살펴볼 것이다. 이어 18세기 후반에서 19세기 전반기에 활동하며 박학 고증적인 학문을 지향한 것으로 널리 알려진 아들 성해응(成海應, 1760~1839)에게도 지대한 학문적 영향을 끼친 만큼, 실학적 사고의 전승과 의의에 대해서 자세히 논의할 것이다. 이를 통해 18~19세기 실학사상의 형성과 전개에 일정한 역할을 하고 외연을 확장시킨 성대중의 실학적 사고와 활동에 대해서 타당한 평가를 내림으로써, 그동안 일면(一面)이 지나치게 부각되었던 성대중의 면모를 보다 객관적이고 균형 잡힌 시각으로 파악할 수 있을 것이다.

2. 일본 사행과 창녕 성씨 일가의 세직(世職)

임진왜란 후 단절되었던 일본과의 국교는 일본 측의 요청과 조선의 포로 쇄환을 이유로 재개된 뒤 12차례의 통신사행이 있었다. 통신사행에는 정사(正使)·부사(副使)·종사관 등 삼사(三使)를 비롯하여 제술관과 서기 등 대략 4~5백 명에 달하는 방대한 인원이 참여하였다. 통신사행에서 제술관 1인과 서기 3인은 사문사(四文士)로 일컬어졌으니, 말하자면 통신사절단에서 꽃이었다. 이 사문사는 대체로 서족의 인물 중에서 선발하였는데, 신분상에는 결함이 있으면서도 문예의 재능이 비상히 빼어난 자들이었다.[4]

통신사행의 제술관이나 서기로 발탁되었다는 것은 이미 당대에 학적 역량을 널리 인정받은 셈이다. 이러한 사실을 염두에 둔다면, 임술(壬戌)사행의 제술관 성완(成琬)·기해(己亥)사행의 서기 성몽량(成夢良)·계미사행의 서기 성대중(成大中)이 세 번에 걸쳐 통신사행에 참여한 사실은 중요하다. 이봉환(李鳳煥)-이명오(李明五) 부자처럼 대를 이어 사행에

---

4 임형택(2000), 186~187면 참조.

참여한 경우는 있으나, 창녕(昌寧) 성씨 일가처럼 세 번이나 사행에 참여한 것은 조선통신사행에서 유일하기 때문이다. 이를 통해 제술관이나 서기가 창녕 성씨 일가의 세직(世職)임과 동시에 성대중을 비롯한 이 집안의 문한을 확인할 수 있다. 나아가 이들은 사행을 통해 견문을 넓힌 결과 인식의 확장 및 사고의 전환을 초래하였으며, 또 일본에 대한 중요한 지식과 정보를 조선 후기 지식인들에게 전달하여 그들의 대외(對外) 인식에 큰 영향을 끼친 만큼, 창녕 성씨 일가의 사행에 대해서 좀 더 자세하게 살펴볼 필요가 있다.[5]

성대중은 자는 사집(士執) 호는 청성(青城)·용연(龍淵)·동호(東湖)·순재(醇齋)이며 본관은 창녕이다. 정시 문과에 급제한 후, 32세 때인 영조 39년(1763) 11차 계미통신사행의 서기로 정사 조엄(趙曮)을 수행하였으며, 사행에서 견문한 바와 체험담을 기록한 『일본록(日本錄)』 2책을 남겼다. 성대중은 사행을 떠나기 전 "일본으로 사신 가는 것은 우리 집안 대대로 내려오는 직책인데 부친께서 연로하셔서 내가 비로소 가게 되었다."[6]라고 하여, 통신사행에 참여하는 것이 창녕 성씨 일가의 세직임을 밝혔다.

성대중의 손자인 성우증(成祐曾, 1783~1864)도 이와 비슷한 언급을 한 바 있는데, '성경(成璟)·성완(成琬)−성몽량(成夢良)−성효기(成孝基)−성대중(成大中)−성해응(成海應)'으로 이어지는 창녕 성씨가의 '오세문학(五世文學)'을 강조하였다.[7] 여기에서, 성완과 성몽량 그리고 성대중이

---

5 성완을 중심으로 한 창녕 성씨 일가의 사행 체험에 대해서는, 손혜리(2009), 49~56면에서 자세하게 논의한 바 있다. 본고에서는 성대중의 실학적 사고가 형성된 배경에 세직으로서의 사행 체험이 중요한 비중을 차지하는 만큼, 이 장에서는 선행 연구의 성과를 바탕으로 새로운 논거를 보강하여 논의를 확대 발전시켰음을 밝혀 둔다.

6 『日本錄』, "東槎固吾世職, 親老而行於我始矣."

"모두 엄격한 심사를 거쳐, 통신사의 재주를 겨루는 행차에 따라가서 문예를 겨루어 성씨의 문장이 일본에까지 드날려졌다."라는 언급은 매우 흥미롭다. 가문에 대한 강한 자부심의 바탕에는 선세(先世)들이 통신 사행에 제술관이나 서기로 참여한 사실이 큰 비중을 차지하고 있음을 알 수 있다. 실제 창녕 성씨 일가는 비록 명문 사대부가처럼 문벌을 내세울 수는 없었으나, 학문적 역량이나 문학적 재능만큼은 이미 평범한 사대부가와는 비교가 되지 않는 서족 중의 명문이었던 것이다.

창녕 성씨 일가의 사행에 대해서, 홍계희(洪啓禧, 1703~1771)는 "성씨(成氏)는 대대로 시를 지어, 취허(翠虛)가 일본에 간 후 38년이 지나 취허의 종자 몽량(夢良)이 시를 잘 지어 일본에 갔다. 몽량이 다녀온 후 45년이 지나 취허의 종증손인 대중(大中)이 또 시로써 일본에 가게 되었다."[8]라고 하였다. 또 정경순(鄭景淳, 1721~1795)은 성대중의 사행을 전송하면서 "그대 집안 3세를 이어 문필을 날렸으니, 서기가 어떠한 벼슬인지 알지 못하겠네. 한 점 문성이 푸른 바다 밖에, 응당 먼 곳의 사람들도 쳐다볼 수 있겠지."[9]라는 시를 지어 주었다. 두 사람 모두 이 집안의 문재(文才)와 함께 3세(世)를 이어 사행에 참여한 사실을 특기하고 높이 평가하였다. 성대중의 사행 체험과 인식에 대해서는 다음 장에서 구체적으로 논의하기로 하고, 성완과 성몽량의 사행과 그 특징적 면

---

7 成祐曾, 『茗山集』, 「自序」, "吾家世以文章名, 五代祖獨靑公, 與金三淵先生諸昆季遊, 其唱酬也, 輒稱以成子, 其尊慕推詡, 可知也. 獨靑公之伯氏翠虛公, 及余從高祖嘯軒公, 及祖考靑城公, 俱以峻選, 從信使較藝之行, 成氏文章, 擅於日本. …… 伯父硏經齋公, 經學深邃, 貫穿今古, 文章其緖餘也."

8 成琬, 『翠虛集』, 洪啓禧, 「翠虛集序」, "成氏世爲詩, 翠虛往日本後, 三十八年, 而翠虛從子夢良, 以詩往日本. 夢良後四十五年, 而翠虛之從曾孫大中, 又以詩往焉."

9 鄭景淳, 『修井遺稿』 水, 「贈通信成書記〔大中〕」, "三世君家筆倒瀾, 不知書記是何官. 一點文星滄海外, 也應還有遠人看."

모에 대해 간략하게 살펴보기로 한다.

성대중의 종증조부인 성완(1639~1710)은 자는 백규(伯圭) 호는 취허(翠虛)인데, 사마시에 합격한 이후 김석주(金錫冑)의 천거로 7차 임술사행(1682)의 제술관이 되었다. 그는 고국에서 제대로 인정받지 못한 문재를 낯선 이국땅에서 마음껏 발휘하였으며, 특히 신정백석(新井白石, 1657~1725)의 문집에 서문을 써 준 것은 주목을 요한다. 당시 신정백석은 약관의 이름 없는 문사일 뿐이었는데, 성완의 서문을 받음으로써 목하순암(木下順庵, 1621~1699)의 문하에 들어갈 수 있게 되었다.[10] 이후 동문수학했던 덕천가선(德川家宣)이 장군이 되자, 신정백석은 그의 최측근으로 정치개혁에 참여하였으며 축후수(筑後守)의 지위에까지 오른다. 1711년 8차 신묘(辛卯)통신사행이 방일했을 때 통신사 접대 일체를 담당하며 성완의 안부를 묻기도 하였다.[11] 성완은 사행 후 승문원 제술관에 임명되어 외국에 보내는 글을 담당하였는데, 사행의 체험과 뛰어난 문재가 바탕이 되었음을 짐작할 수 있다.

만국의 의관은 거대한 당나라를 주로 하였고,　　萬國衣冠主巨唐

---

10 당시의 상황에 대해 신정백석은 자서전에서 "금년 가을 조선의 통신사가 내방했다. 그동안 지은 시 100수의 강평을 阿比留를 통해 3학사에게 요청했다. 그들은 시집을 지은 사람을 만나 본 후 서문을 써 주겠다고 말했다 한다. 9월 1일 객관으로 향했다. 제술관 成琬·서기 李聃齡·비장 洪世泰 등을 만나 시를 짓기로 했다. 그날 밤 성완은 내 시집에 서문을 써 주었다. 아비류는 그 시집을 木下 선생에게 보여 드렸다. 조선인의 서문에 대해서도 말씀드렸다. 그러자 선생은 나를 만나고 싶다고 말씀하셨다. 그래서 아비류를 매개로 하여 처음으로 목하 선생을 만나게 되었다."라고 술회한 바 있다(新井白石(1968), 59~60면 참조).

11 신묘통신사행원들에게 성완의 안부를 물어 본 기록이 신정백석의 『江關筆談』에 수록되어 있으며, 이 필담 내용은 任守幹의 『東槎日錄』과 成海應의 『研經齋全集』, 「翠虛公墓誌」에서도 확인할 수 있다.

태종의 큰 업적은 궁벽한 곳을 개척하였네.　　太宗洪業拓窮荒
도리어 새로운 그림 속에선 왕회(王會)를 비웃으니,　却哈王會新圖裡
다만 구라파를 배척하는 것이 가장 좋은 방법이네.　但欠歐羅第一方

서태 선생은 곧 이마두라,　　　　　　　　西泰先生卽利公
십 년 동안 몸을 큰 바람에 맡겼네.　　　　十年身寄大汎風
바닷길 일찍이 팔 만 리를 경유하여,　　　海路曾經八萬里
구슬 바치고 광릉 동쪽에서 왔네.　　　　　獻珠來自廣陵東[12]

「한가한 가운데 김진욱이 서양인 알레니의 직방외기를 소매에서 꺼
내어 보여 주기에, 이를 보고 쓰다〔閑中金生振郁袖示西洋人艾儒略職方外
紀覽而書之〕」라는 제목의 시 두 수이다. 성완의 지인으로 보여지는 김진
욱(金振郁)이란 인물에 대해서는 구체적으로 알 길이 없으나, 중요한 것
은 그를 통해『직방외기(職方外紀)』를 보았다는 사실이다.『직방외기』는
명나라 말 예수회의 이탈리아 선교사 알레니(艾儒略, 1582~1649)가 한
문으로 저술한 세계지리도지(世界地理圖志)로, 마테오 리치의『만국도
지(萬國圖志)』를 증보한 것이다. 정두원(鄭斗源, 1581~?)이 1630년 진주
사(陳奏使)로 명나라에 갔다가 이듬해 귀국할 때 천리경(千里鏡)·자명
종(自鳴鐘) 등과 함께 처음으로 조선에 수입한 것으로 알려졌다. 서태(西
泰)는 마테오 리치의 자(字)인데, 그는 명나라 만력(萬曆) 8년 광동(廣東)
에 이르러 이서태(利西泰)라는 중국 이름으로 바꾸었고 그 뒤 북경에 들
어가서 천주교당을 세우고 포교 활동을 하였다.

12　成琬,『翠虛集』,「閑中金生振郁袖示西洋人艾儒略職方外紀覽而書之」.

보다 면밀한 자료적 검토가 필요하겠지만, 17세기 중후반에 활동했던 성완이 이들에 대해 평가한 의미에 대해서는 일단 놓아두더라도, 알레니와 『직방외기』 그리고 마테오 리치의 존재를 인식하고 기록화한 것은 매우 흥미롭다. 이수광(李睟光, 1563~1628)이 『지봉유설(芝峰類說)』에서 마테오 리치와 『천주실의(天主實義)』를 최초로 언급한 이후, 이익(李瀷)·안정복(安鼎福)·박지원·이덕무·이규경(李圭景) 등 조선 후기 실학자들이 『직방외기』를 읽고 그에 관한 기록을 남겼는데, 성완은 이익보다도 40여 년 앞선 인물이기 때문이다.

또 성완은 「안남사신 의재 풍극관의 오언배율에 차운하여〔次安南使馮毅齋克寬五言排律〕」·「유구국 사신을 대신하여 조선사신 지봉 이수광의 운에 차운하여〔代琉球國使臣次朝鮮使臣李芝峯韻〕」·「섬라사신을 대신하여 조선사신 지봉 이수광의 운에 차운하여〔代暹羅使臣次朝鮮使臣李芝峯韻〕」 등의 연작시를 지었는데 중국과 일본뿐만 아니라 안남(安南)과 유구(琉球), 섬라(暹羅) 등 동남아의 인물과 정세에 대해서도 상당한 식견을 가지고 있었던 것으로 보인다. 특히 섬라사신을 대신하여 지은 시에서는 섬라의 풍물과 지리적 위치를 서술하고 선진 문물을 배우려는 의지에 대하여 긍정적으로 평가하였다.

성몽량(1673~1735)은 자는 여필(汝弼) 호는 소헌(嘯軒)이며, 성대중의 종조부이다. 1719년 9차 기해사행에 서기로 참여하여 시재(詩才)를 떨쳤으며, 문집 6권이 있다고 하나 현재 전하지 않아 별도의 사행기록을 남겼는지 알 수 없다. 일본 문사와의 필담창화집에서 그 자취를 확인할 수 있는데, 그중 이등인재(伊藤仁齋)와 『동자문(童子問)』에 관해 언급한 것은 중요한 의미를 지닌다. 이등인재는 정주학(程朱學)에 반기를 내건 고의학파(古義學派)의 창시자이다. 그의 아들인 이등매우(伊藤梅宇)와 성몽량의 필담을 통해, 성몽량이 『동자문』을 조선에 들여온 인물임을 알

수 있다.[13]

1707년에 간행된 『동자문』은 조선에 최초로 전래된 고학파(古學派)의 저서이다. 이등인재의 유학에 대한 식견이 잘 정리된 책으로서 성학(聖學)의 본질, 고학의 본의 등을 문답 형식으로 서술한 입문서인데, 조선 학자들이 가장 많이 읽어 본 책이기도 하다.[14] 일본을 방문한 경험이 없는 안정복(1712~1791)은 "내가 나름대로 『동자문』 3책에서 논한 바를 보니, 대체로 맹자를 받들어 높이면서 때때로 이천(伊川)을 비판한 것이었다."[15]라고 하였으니, 그 또한 성몽량이 들여온 『동자문』을 통해 일본의 학술과 문사를 접하게 된 것이다. 1748년 10차 무진(戊辰)사행 때에는 이등매우의 장남인 이등하태(伊藤霞台)가 복산현(福山縣)의 유관이었다. 그는 서기 이봉환에게 성몽량의 소식을 물었으며, 『동자문』이 조선에서 호평받았다는 소식을 듣고 조부인 이등인재가 저술한 『논어고의(論語古義)』・『맹자고의(孟子古義)』・『중용발휘(中庸發揮)』・『대학정본(大學定本)』・『고학지요(古學指要)』를 증정하였다.

이처럼 성완과 성몽량은 사행의 체험을 바탕으로 견문과 대외인식이 확대되어 일본의 최신 서적을 조선에 수입해 오는 등 조선 후기 지

---

13 伊藤梅宇, 『備後叢書』 卷3, 『韓客唱酬錄』, "成汝弼: 본국에 있을 때 이등인재는 일본 유학자들이 가장 우러러보는 큰 학자라고 들었습니다. …… 그분이 집필한 性理의 옳고 그름을 논한 책이 분명 집에 남아 있을 것입니다. 평소 그분에 대한 존경의 마음을 품고 있었으니, 엎드려 바라건대 그 책을 가지고 돌아가 우리나라의 학자들에게 보여 줌으로써 귀국의 풍성한 유학 학풍을 알리고 싶습니다. 어떻습니까? 伊藤梅宇 : 공께서 선친의 이름을 알아주셔서 감사할 따름입니다. 선친은 평소 말이나 글을 모아 한 권의 책으로 만들었는데, 책 이름은 『동자문』입니다. 내일 雨森芳洲에게 부탁하여 드리도록 하겠습니다. 귀국에 전해지는 것은 선친도 바라는 바일 겁니다."

14 하우봉(2007), 72~75면 참조.

15 安鼎福, 『順菴集』 卷13, 「橡軒隨筆」 下, '日本學者', "竊觀其三冊所論, 大抵推尊孟子, 而時疵伊川矣."

338

식인들의 사고 전환에 일정한 역할을 하였다. 더욱이 일본 문사들은 성완과 성몽량의 안부를 다음 차(次) 사행에서도 지속적으로 묻고 있었던 만큼, 이들이 조일(朝日) 간 인적 네트워크의 중요한 부분을 담당함으로써 대일외교에 큰 영향을 끼쳤던 사실도 알 수 있다. 이들의 남다른 대외인식과 정보 그리고 인적 네트워크 등이 대를 이어 사행에 참여하게 된 성대중에게 지대한 영향을 끼쳤을 것임을 짐작하기는 그리 어렵지 않다.

3. 성대중과 계미통신사행

1) 일본의 학술과 문학에 대한 인식

성대중은 사행 후 일본의 지형과 산천, 학술과 문화 등 사행 체험을 통해 얻은 다양하고 새로운 지식과 정보를 바탕으로 『일본록』 2책을 기록하였다. 이를 통해 성대중의 일본에 대한 인식을 엿볼 수 있는데, 그중 일본의 학술과 문학에 대한 인식을 중심으로 살펴보기로 한다.

> 서경의 이등유정(伊藤惟貞)은 자가 원장(原藏), 호는 인재(仁齋)로 『동자문』을 지었는데 그의 도는 육학(陸學)에 가깝다. 강호의 물무경(物茂卿)은 이름은 쌍백(雙栢), 호는 조래(徂徠)이다. …… 문장이 뛰어나 거의 일본의 제일이지만 학술은 왜곡되어 올바르지 않고, 맹자로부터 이하 모두에게 모멸을 가하면서 스스로는 왕세정과 이반룡 덕택에 도를 깨쳤다고 말한다. 문사도 왕세정과 이반룡을 높이고 숭상하여 스승으로 삼았으니, 그 견식의 비루함이 이와 같다. 이등유정은 『논어주(論語註)』를 지었는데, 물무경은 『논어징(論語徵)』을 지어 이등유정을 논박하다 주자에까지 이르렀

음에도, 재능 있는 자는 모두 그를 따르고 있다. 비록 정주(程朱)를 높이고 숭상하는 자가 있어도 모두 나이 든 학자뿐이어서 힘이 미약하여 자립하지 못한다. 그러나 물무경 이후로 일본의 문학이 크게 진작되었다. 이전에 등원성와(藤原惺窩)와 임도춘(林道春)이 신동이나 거벽으로 일컬어졌지만 우리나라 사람들과 창화해 보면 말이 안 되는 것이 많았다. 그런데 지금은 강호 인사들의 시문이 매우 발달하여 예전과 비교할 바가 아니니 참으로 물무경이 왕세정과 이반룡의 학문으로써 창도한 것이다. 왕세정과 이반룡이 비록 부화하여 알맹이가 없으나 우리나라의 문장도 참으로 그에 힘입은 것이 많았는데, 이제 또 동쪽으로 건너가서 그 효과를 바로 보게 되었으니 진나라가 하나라의 음악에 능하게 된 것과 같다. 이후에 사신으로 가는 이들이 반드시 곤경에 처하게 될 것임을 나는 알 수 있다.[16]

일본의 고학파 학자와 저술의 특징에 대해 기록한 것으로, 특히 물무경(物茂卿), 즉 적생조래(荻生徂徠)는 맹자를 모멸하고 주자를 비판하는 데 이르렀으며 명나라 말엽에 활동한 왕세정(王世貞)과 이반룡(李攀龍)의 학문을 추숭하고 많은 영향을 받았다. 그런데 흥미로운 것은 성대중이 양명학과 비슷하다고 인식한 적생조래의 학문은 비판하였지만, 그의 문학에 대해서는 어느 정도 인정을 했다는 점이다. 계미사행을 기점으로 통신사행원들의 일본 문학에 대한 평가는 부정 일변도에서 긍

---

16 『日本錄』, "西京有伊藤惟貞字原藏, 號仁齋, 著童子問, 門路近陸學. 江戶物茂卿, 名雙栢, 號徂徠. …… 文章俊麗, 殆日東第一, 而學術詖僻. 自孟子以下, 皆加侵侮, 然自言因王李而悟道. 文辭亦尊尙王李, 以王李爲宗師, 其見識之卑如此. 惟貞作論語註, 茂卿作論語徵, 駁惟貞幷及朱子, 材俊者靡然從之, 雖或有尊崇程朱者, 皆老學究, 力弱不能自立. 然自茂卿以後, 日本文學大振, 始藤原道春, 雖稱神童巨擘, 然與我人唱和, 多不成說, 而今江戶人士, 極盛詩文, 非昔日比, 實茂卿以王李學倡之也. 王李雖浮華無實, 我國文章實多賴之, 而今又東渡, 其效立見, 秦聲能夏. 後之往者, 吾知其必困矣."

정적으로 변하고 있었다. 성대중 역시 적생조래를 중심으로 한 일본 문학의 발전적 면모를 목도하고 이를 높게 평가하였으며 조선 문사들에게 경계할 것을 당부하고 있다. 이 글을 통해 성대중이 『적생조래문집(荻生徂徠文集)』을 읽은 것은 분명해 보인다.

성대중은 귀국하는 길에 적간관(赤間關)에서 농학대(瀧鶴臺)와 재회하여 "족리(足利)학교의 고경(古經)과 기주(紀州) 산군(山君)의 저술과 같은 것은 해외의 이본인데 내가 한번 살펴볼 기회조차 없다는 것은 크게 유감이오, 귀국 준비로 매우 바빠 구입해 돌아갈 수 없는 것이 가장 안타깝소. 혹시 휴대물로 가져오지 않았소? 한번 구경하고 싶소."라고 하자, 농학대는 "고경(古經)은 아직 간행되지 않았고 『고문(考文)』도 책 수가 많습니다. 저는 가져오지 않았기 때문에 보여줄 수 없어 유감입니다."[17] 라고 대답했다. 성대중은 족리(足利)학교에 고경이 현존하는 점과 기주(紀州)의 산군(山君), 즉 기주의 산정정(山井鼎)이 이를 근거로 『칠경맹자고문(七經孟子古文)』을 지은 사실을 이미 알고 있었던 것이다. 『적생조래문집』에 실린 「칠경맹자고문서(七經孟子古文序)」에서는 고경을 지금 왜 중시해야 하는 것인지에 대해 기록되어 있었다. 『적생조래문집』은 계미통신사행의 제술관과 서기 세 사람이 모두 큰 관심을 갖고 숙독한 책이었다.[18] 이러한 까닭으로 성대중은 귀국길에 오르기까지 적생조래와 산정정의 저술을 손에 넣으려고 했던 것이다.

일본의 장기도(長崎島)는 당시 중국과 서양의 문물이 폭주하고 있었

---

17 瀧鶴臺, 『長門癸甲問槎』卷2, 「贈成龍淵」, "龍淵: 足利學校之古經, 紀州山君之著述, 如是海外異本, 而僕未得一玩, 深可恨也. 歸裝甚忙, 無由購去, 尤可歎. 行橐其或帶來耶? 願得一覽. 鶴臺: 古經未刊行, 考文亦多卷帙, 僕不携來, 不得供覽, 可憾也."
18 후마 스스무 저, 정태섭 역(2010), 237～239면 참조.

는데, 중국의 서책과 비단, 네덜란드의 보화와 기물 등이 모여 들었으며 예수교와 마테오 리치의 학문도 수입되었던 것으로 보인다. 성대중은 장기도를 방문한 뒤 예수교와 마테오 리치의 학문이 일본에 전파된 유래와 상황 그리고 이 학문을 믿은 이들이 난을 일으켜 정국을 혼란시킨 사실을 구체적으로 서술하였다.[19] 앞서 살펴보았듯이, 성대중의 종증조부 성완은 17세기 후반에 이미 마테오 리치와 그의 행적에 대해서 비교적 자세하게 알고 있었다. 계미통신사행의 기록물 중 가장 상세하다는 평가를 받는 원중거의 『승사록(乘槎錄)』과 『화국지(和國志)』에서도 이에 대한 언급은 보이지 않는다. 그러므로 예수교와 마테오 리치의 학문에 대한 서술은 분량이 소략하긴 하지만 계미통신사행에 참여한 다른 문사들의 사행록에서는 찾아볼 수 없는 귀중한 자료로, 조선 후기 일본 사상의 일면을 확인할 수 있다.[20] 성대중이 장기도에 도착하여 이곳과 연관있는 예수교와 마테오 리치를 포착하고 기록한 이면에는 성완을 통해 사전에 미리 습득한 정보와 지식이 있었기 때문으로 여겨진다.

이처럼 성대중은 일본의 학술과 문학에 지대한 관심을 가진 결과, 일본의 학술에 대해서는 부정 일변도로 비판하였지만 그들의 저술을 구해 읽었으며 아직 읽지 못한 것은 구하기 위하여 노력하였다. 또 왕세정과 이반룡을 추숭한 적생조래 이후 일본의 문학이 크게 진작되었다고 평가하였다.

---

19 『日本錄』, "耶蘇利瑪之學, 遍行天下, 而獨見敗於倭. 昔有西洋一人, 來長碕, 欲傳其道, 日本人不受, 怒而去. 然或有傳習之者, 互相糾結, 有四郞者主之, 倭人以邪徒斥之. 遂相率爲亂, 竭數州之力, 董克之. 行長獲於家康, 將死曰: '我奉耶蘇敎, 以至此.' 爲是敎者必殺, 告者賞銀二百枚, 每村, 設榜以曉之."
20 손혜리(2010a), 327면.

2) 새로운 문화와 물산의 수용

일본의 학술과 문학에 대한 성대중의 인식에 이어, 일본에서 견문한 새로운 물산과 흥미로운 이야기 등의 정보에 대한 기록을 살펴보기로 한다.

일본의 『삼랑전(三郎傳)』 언해가 우리나라에 유행하였는데, 삼랑(三郎) 의 뛰어난 무용과 원전(源瑌)의 흉포하고 탐욕스러움 그리고 월약(月藥)의 대단한 정절과 비곤(比琨)의 효성 및 의로움이 사람들의 이목을 풍미했다. 그래서 예전에는 그 내용을 외지 못하는 사람이 없어 원전의 경우는 심지 어 욕을 할 때 그의 이름을 들먹일 정도였는데 지금은 조금 시들해졌다. 삼랑은 금시(今市)에서 죽었는데 강호에서 30리 떨어진 곳이다. 우리나라 사신이 일광산에 제사 지내러 가는 길에 금시에 들르곤 했는데, 호곡 남 용익도 그를 동정하는 시를 지었다고 한다. 내가 일본에 갔을 때 그곳 사 람에게 물어보니 삼랑을 아는 자가 없었는데 하물며 금시를 알겠는가? 진자점(榛子店)에 쓰여 있다는 계문란(季文蘭)의 시를 우리나라 문인들은 모두 줄줄 외지만 정작 중국에는 아는 사람이 없으니, 삼랑의 일과 비슷 한 경우이다.[21]

일본 소설 『삼랑전(三郎傳)』이 번역되어 조선에 널리 유행한 사실과

---

[21] 『靑城雜記』, 「醒言」, "日本三郎傳, 諺行吾東, 三郎之英勇, 源瑌之凶饕, 月藥之貞烈, 比 琨之孝義, 塗人耳目, 舊時無人不誦, 則至登詈誓, 今則少衰矣. 三郎死於今市, 距江戶三十 里, 我使之致祭於日光也, 道焉, 南壺谷亦有詩憐之. 余之入日本, 問諸其人, 無有知三郎 者, 況今市乎. 榛子店季文蘭詩, 我東操觚者皆誦, 而中國則無知者, 與三郎事相類." 이하 『청성잡기』에 대한 번역은 민족문화추진회의 국역 『청성잡기』(김종태 외 옮김(2006))를 참조하여 윤문하였음을 밝혀 둔다.

소설의 대략적인 내용을 알 수 있다. 성대중의 언급처럼, 삼랑(三郞)에 대해서는 남용익(南龍翼)의 「금시(今市) 달밤에 연구(聯句)로 회포를 씀〔今市月夜聯句寫懷〕」이란 시에서 그 존재를 확인할 수 있다. 계미통신 사행원들의 기록에선 삼랑에 대한 정보를 찾아볼 수 없으며, 『삼랑전』의 공간적 배경인 금시(今市)와 매우 가까운 강호(江戶)에서조차 삼랑(三郞)과 금시를 아는 사람이 없었던 만큼, 성대중의 일본에 대한 식견과 정보력은 실로 대단하다. 성대중은 사행 전에 남용익의 사행기록을 숙독하였으며, 이를 바탕으로 일본에 가서는 삼랑과 금시의 존재에 대해서 직접 확인할 정도로 일본의 지식과 정보를 수용하는 데 적극적이었다.

성대중은 일기도(壹歧島)를 서술하면서 녹운선(綠雲仙) 이야기를 첨입하였다. 녹운선이라는 일본 기생과 중국 상인 간의 러브 스토리로 이야기 자체가 매우 흥미진진하다. 성대중은 일기도에서 이 흥미로운 이야기를 전해 듣고는 오류를 발견하였다.[22] 즉 중국 상인과 녹운선은 일기도에서 만나 사랑을 한 것으로 전해지고 있지만, 실제 성대중이 일기도에 도착하여 주변 지형을 탐색한 결과 일기도는 상선이 정박할 만한 곳이 아니므로 녹운선 이야기의 공간적 배경은 일기도가 아닌 장기도임을 설파하였다.[23] 성대중은 일본의 각 지역에 관한 흥미로운 이야기를 기록하고 잘못 알려진 것에 대해서는 오류를 바로잡아 정확한 지식과

22　『日本錄』, "壹歧島風本浦, 舊有名娼綠雲仙, 華商慕其色藝, 以珠十斗聘焉, 三年不歸. 商有老母, 因商舶寄書求面訣. 商歸至半洋, 輒復來, 如是者三. 雲曰: '君不歸以妾故也. 明日, 妾當送君.' 乃具酒饌, 曳笙瑟, 乘舟入洋中, 歌舞盡歡而曰: '郞君行矣, 妾從此訣矣.' 遂投水死. 商斂其尸葬之, 立玉浮屠而去. 余舊所聞如此, 乃今見之, 壹歧島非商舶所至. 意長碕, 亦肥州統也. 傳者誤相蒙耶."

23　손혜리(2010a), 324∼325면.

정보를 전하고자 하였다.

그는 대마주(對馬州)를 서술하면서 "고구마[甘藷]는 최근에 민광(閩廣)지방에서 들어왔는데 돌밭에 심기 좋다. 그러므로 섬사람들이 이에 힘입어 먹고살 수가 있어서 일명 효자우(孝子芋)라고도 한다."[24]라고 하여, 대표적 구황작물인 고구마의 성질과 효능을 인식하고 관련 지역에서 기록해 두었다. 계미통신사행의 가장 큰 수확 중의 하나가 바로 감저, 즉 고구마를 들여온 것인데,[25] 성대중의 아들 성해응은 「저설(藷說)」을 써서 흉년에 고구마를 적극 활용하여 구황에 힘쓸 것을 강조한 바 있다. 성해응은 성대중으로부터 고구마에 대한 보다 자세한 정보를 획득한 것으로 보인다.

성대중은 일본의 각 지역을 방문하고 기록을 남길 때 그 지역과 관련된 흥미로운 이야기를 적극 취재하여 서술하고, 때로 기존에 알고 있던 사실과 다를 경우 이를 바로잡기도 하였다. 또 다른 사행기록에서는 쉽게 찾아볼 수 없는 소재를 기록하여 소중한 정보를 제공하였다. 사행 전 선배 문사들의 사행기록을 숙독하고 기왕에 알고 있던 일본에 대한 지식과 정보를 사행을 통해 직접 확인할 만큼 새로운 문화와 물산을 수용하는 데 적극적이었으며, 이를 조선 후기 지식인들에게 전해 줌으로써 그들의 해외인식에 직접적인 영향을 주었다.

---

24 『日本錄』, "甘藷近自閩廣來, 宜於石田, 故島人賴以爲食, 一名孝子芋云."

25 이에 대해서는, 정사 趙曮의 『海槎日記』 6월 18일조에 자세하게 기록되어 있어 참고할 만하다.

4. 성대중의 실학적 사고와 인식

1) 화이(華夷)에 대한 상대적 인식

성대중은 선세(先世)인 성완과 성몽량의 사행 및 그 자신의 사행 체험을 통해 일본에 대한 남다른 지식과 정보력을 지니고 있었으며, 이로 인해 대외인식의 확장과 세계관의 변화를 초래하였다. 그 결과 '화(華)'와 '이(夷)'에 대하여 상대적 개념이라는 인식을 갖기에 이른 것으로 보인다. 이에 대하여 좀 더 면밀하게 따져 볼 필요가 있는데, 이러한 인식은 성대중의 실학적 사고와 실용지학(實用之學)을 강조하는 논리의 이론적 토대를 마련하고 있기 때문이다.

같은 하늘 아래에 살고 있지만 사는 땅이 다르고, 같은 땅에 살지만 사는 사람이 다르고, 사람은 같지만 사는 시대가 다르다. 무엇을 가지고 같은 하늘 아래에 살고 있지만 땅이 다르다고 하는가? 모든 땅은 똑같은 하늘 아래에 있다. 그렇지만 키다리 나라와 난쟁이 나라가 있으며, 팔이 긴 사람들이 사는 나라와 다리가 긴 사람들이 사는 나라가 있으며, 가슴에 구멍이 뚫린 사람들이 사는 나라와 여인들만 사는 나라가 있다. 모습과 언어가 다르고 복식과 습성이 달라 중국의 오행(五行)으로 다스릴 수 없고 오성(五性)으로 거느릴 수 없고, 오례(五禮)로 가르칠 수 없고 오륜(五倫)으로 바르게 인도할 수가 없음이 분명하다. 어찌 하늘이 다르게 하였겠는가? 지역별 풍토의 차이가 갈라놓은 것이다. 무엇을 가지고 땅은 같은데 사람이 다르다고 하는가? 땅은 만물을 생성할 뿐이니 해와 달이 비춰 주고 서리와 이슬이 내려 곤충과 초목을 모두 길러 주는데 하물며 사람에 있어서이겠는가. 오랑캐니 중국이니 하는 것은 사람들이 구분하는

것이지 땅이 어찌 차별함이 있겠는가. 무엇을 가지고 사람은 같은데 시대
가 다르다고 하는가? 장자(莊子)는 "그 시대와 풍속을 거역하는 자는 남을
해치는 사람이고, 그 시대와 풍속에 순응하는 자는 의로운 무리이다." 하
였는데, 이는 사람의 도리가 다른 것이 아니라 당시의 가치관이 다르기
때문이다.[26]

성대중은 "같은 하늘 아래에 살고 있지만 사는 땅이 다르고, 같은
땅에 살지만 사는 사람이 다르고, 사람은 같지만 사는 시대가 다르다
〔天同而地異 地同而人異 人同而時異〕."라고 전제한 뒤, 이어 차례로 '같은
하늘 아래에 살고 있지만 사는 땅이 다른 경우〔天同地異〕'와 '같은 땅에
살지만 사는 사람이 다른 경우〔地同人異〕'와 '사람은 같지만 사는 시대
가 다른 경우〔人同時異〕'에 대한 구체적인 예를 들어 자신의 주장을 논
리화하였다.

'천동지이(天同地異)'의 경우, 같은 하늘 아래에 키다리 나라와 난쟁
이 나라, 팔이 긴 사람들이 사는 나라와 다리가 긴 사람들이 사는 나라,
가슴에 구멍이 뚫린 사람들이 사는 나라와 여인들만 사는 나라가 있어
각각 그들의 모습과 언어, 복식과 습성이 다른데, 이는 하늘이 구분한
것이 아니라 '지역별 풍토〔地氣〕'의 차이가 그렇게 만든 것으로 인식하
였다. '지동인이(地同人異)'의 경우, 땅은 만물을 생성하는 것으로 해와

26　『靑城雜記』,「醒言」, "天同而地異, 地同而人異, 人同而時異. 何謂天同地異? 天之所包,
中外均爾, 然有大人國焉, 有僬僥國焉, 有長臂國焉, 有長脚國焉, 有穿胸國焉, 有女人國
焉. 狀貌異, 言語異, 服食異, 習性異, 其不可以中國之五行治也, 五性率也, 五禮敎也, 五
倫齊也, 明矣. 天豈使之異哉. 地氣判之也. 何謂地同而人異? 地則生之而已, 日月所照, 霜
露所墜, 草木昆蟲, 無不並育, 則況其人乎! 曰夷, 曰夏, 人則異之, 地豈嘗分別也. 何謂人
同而時異? 莊生曰: '差其時, 逆其俗者, 謂之簒夫, 當其時, 順其俗者, 謂之義之徒.' 非人道
之異, 時義之異也."

달이 비춰주고 서리와 이슬이 내려 곤충과 초목, 사람 등을 기르니, 오랑캐니 중국이니 하는 것은 땅이 아닌 사람들이 구분하는 것[人異]이라 하였다. '인동시이(人同時異)'의 경우, 『장자(莊子)』, 「추수(秋水)」 편의 구절을 인용하여 당시의 가치관[時義]을 따르느냐로 남을 해치는 사람이 되거나 혹은 의로운 사람이 될 수 있음을 역설하였다.

요컨대 같은 하늘 아래이지만 지기(地氣)에 따라 모습과 언어, 복식과 습성이 다른 땅이 되고, 해와 달, 서리와 이슬의 기운을 받아 같은 땅에 태어나 살고 있더라도 사람들의 구분에 따라 화(華)와 이(夷)가 되기도 하며, 또 중국인[華人]이라 하더라도 그 당시의 가치관과 부합하느냐에 따라 의인(義人)과 적인(賊人)으로 상대화될 수 있음을 논리적으로 서술하였다. 즉 화(華)와 이(夷)는 사람들이 구분해 놓은 상대적 개념임을 인식한 것으로, 성대중의 화이에 대한 인식이 잘 표출된 중요한 글이다. 성대중의 절친한 후배 문사인 이덕무는 이 글에 대하여 "이전에는 이런 논리가 없었는데 얼마나 크고 정밀한가? 서양인들이 이런 논리를 폈지만 그래도 이처럼 공평하지는 못했다."[27]라고 극찬한 바 있다. 성대중의 이러한 논리는 다음 글에서 보다 구체적으로 드러난다.

중화와 오랑캐의 구분은 사람이 한 것이지 하늘은 똑같이 아들로 여긴다. 오랑캐가 중국을 어지럽힌다는 걱정은 요임금 때부터 시작되어 『춘추』에서는 오로지 오랑캐를 물리치는 것을 법으로 삼았으니 오나라 계찰(季札)도 중화와 같은 반열에는 끼지 못하였다. 그렇지만 운수가 돌고 도는 것은 성인도 어찌할 수가 없으니, 초나라와 오나라와 월나라가 돌아가

---

27 앞의 글, "前無此論, 一何博大, 一何精微. 惟大西洋人發此論, 而猶不若此之公公平平."

며 중국의 맹주가 되었고, 진나라가 천하를 합병하고 오호(五胡)가 중국을 어지럽혔다. 송나라와 명나라 이후로는 드디어 중국 전역이 오랑캐에게 복속되었으니, 오랑캐가 본래 강하긴 하지만 중국이 또한 정녕 그들의 보복을 초래한 것이다.[28]

"중화와 오랑캐의 구분은 사람이 한 것이지 하늘은 똑같이 아들로 여긴다[華夷之別人也 天則等是子也]."라고 하여, 중화[華]와 오랑캐[夷]를 구분하고 차별한 것은 애초에 사람의 행위임을 지적하였다. 이때 화(華)와 이(夷)는 중국의 적통으로서의 종주국과 중국 내에서의 이민족을 말한 것이긴 하되, 중국과 조선·유구·일본 등 중국 밖의 이민족에 대한 관계로 확대시켜 보아도 별 무리는 없을 듯하다. '화'와 '이'를 나눈 것은 사람이며 하늘에게는 '화'와 '이' 모두가 똑같은 자식이라는 말은, 중국 중심의 세계관에서 벗어나 '이'의 존재를 인정함으로써 중국의 변방 이민족에 불과했던 청의 존재를 인정하고 선진 문물을 수용하여 민생과 국익에 도움이 될 것을 강조하는 논리와 같은 맥락이다. 다음 글역시 중국과 이적(夷狄)을 상대적으로 인식하고 중국 중심의 세계관이낳은 폐해에 대해서 지적하였다.

중국이 이적(夷狄)을 대한 방법은 결국 보복이 있는 것이 당연하다. 이적이 비록 우리와 같은 부류는 아니지만 그들도 사람이다. 하늘의 입장에서 볼 적에는 중국과 이적이 어찌 차별이 있겠는가. 성인(聖人)이 함께 양

---

28 앞의 글, "夫華夷之別, 人也, 天則等是子也. 猾夏之憂, 始於舜時, 春秋則專以攘夷爲法, 吳札亦不齒矣. 然氣數之迭變, 聖亦無如之何矣. 楚與吳越, 迭主夏盟, 秦并天下, 五胡亂華, 宋明以後, 遂以全局付之, 夷固强也, 中國正亦招其報也."

육하고 싶어 하였지만 지역이 멀어서 중국과 같이 공평하게 베풀지 못한 것일 뿐이다. 주(周)나라는 그래도 명분과 의리로 이적을 배척했지만 양한(兩漢) 때는 전적으로 무력을 가하여 오랑캐로 대하고 짐승으로 보아 반드시 섬멸한 뒤에야 그만두려고 하였다. 오랑캐도 중국을 원수로 보고 대대로 이를 갈면서 반드시 한번 보복을 하려고 하였는데, 중국이 스스로를 수양하는 것은 도리어 그들보다 못하였다. 하늘이 중국을 싫어한 지 오래이니 어찌 이런 보복이 없겠는가. 다만 보복을 당한 자가 불행할 뿐이다.[29]

이른바 정강(靖康)의 난에 대한 평가로, 금나라 태종이 송나라 서울 변경(汴京)을 쳐서 휘종(徽宗)과 흠종(欽宗)을 비롯하여 많은 신하들을 붙잡아 북으로 돌아갔는데 포로로 잡혀간 이들의 고통은 이루 말할 수 없는 형국이었다. 성대중은 이에 대해 '화(華)'가 너무 오랫동안 부귀를 누린 데다 '이(夷)'를 잔혹하게 대한 보복을 받는 것이라 평하였다. 성대중의 복수론과 화이에 대한 상대적 인식이 여실히 드러나는 지점이다. 이덕무는 이 글에 대해서 "천고에 명쾌한 의론이니 참으로 편벽된 유자가 아니다〔千古明快之論 儘非拘儒〕."라 하고 "쾌활(快活)하고 명백(明白)하여 예전에도 드문 훌륭한 논의이다."라고 높게 평가하였다.[30]

---

29 앞의 글, "中華之待夷狄, 畢竟合有其報, 夷狄縱非我類, 然亦人也, 天之視之, 華夷豈有別哉? 聖人非不欲並育也, 特以疆域之遐, 未及與之陳常也. 周猶以名義斥也, 兩漢專以武力加之, 奴虜待之, 禽獸視之, 必欲勦絶而後已, 彼亦仇視中國, 世世磨牙, 必欲一報, 而中國之自修, 乃反不如也. 天厭之久矣, 安得無此報也, 特當之者不幸爾."

30 앞의 글, "此靖康之變章及下天同而地異, 春秋嚴於攘夷, 何等快活, 何等明白, 如此大議論, 終古稀有."

2) 실용지학(實用之學)에 대한 관심과 강조

성대중은 계미통신사행을 함께 수행했던 정사(正使) 조엄의 『해사일기(海槎日記)』 서문에서, 조엄의 사행에서의 노고와 공적뿐만 아니라 영남관찰사로 재임 시 조창(漕倉)을 설치하고 배를 만들었으며 역졸을 선발하여 먹을 것을 풍부하게 해 주고 엄중하게 단속한 결과 조운의 폐단이 개혁되어 영남인들의 민생이 안정된 사실을 특기한 바 있다. 당시 영남의 세미(稅米)를 경선으로 조운하였는데 자주 배가 침몰되고, 범과(犯過)한 물건을 관아에서 빼앗고는 도리어 백성들에게 징수함으로써 영남 연해변은 피해가 막심하였다. 『해사일기』의 서문임에도 불구하고, 조엄의 일본 사행에서의 공적은 널리 알려진 반면 정작 민생에 큰 도움을 준 영남의 조운선 개혁에 대해서는 알려지지 않아 이를 중심으로 자세하게 기록한 사실을 밝히고 있다.[31]

한편 성대중은 남공철(南公轍)의 정자에 써 준 기문(記文)에서 "학(學)이 실용(實用)에 해당함이 없으면 학이 없는 것만 못하고, 문(文)이 세교(世敎)에 도움이 없다면 문이 없는 것만 못하다."[32]라고 하였으며, 원중거가 목천군수로 부임하게 되자 "군자가 학문에서 귀하게 여기는 것은 본체를 밝혀서 쓰임에 맞게 하는 것〔適用〕으로, 효험의 크고 작음은

---

31 『靑城集』卷6,「海槎日記序」, "且公之茂績, 多在於南, 其按嶺閫也, 利民之法甚多, 而漕政爲最. 始嶺稅漕用京船, 臭載數而乾沒半之, 稅則反徵於民, 嶺沿爲之凋瘵. 公習知其弊, 乃設三漕倉於水邊, 製船用戰艦之制, 選卒豐饋, 約束甚嚴, 行之四十餘年, 漕弊遂革, 此固國家萬世之利, 而在公家種德亦厚, 豈獨嶺民之幸哉? 然京船惱其失利, 今乃胥興浮言, 必欲罷嶺漕而濟其私, 賴公胤子尙書公時判度支, 奸民之計不售, 夫以擧國之利, 全嶺之惠, 而豈容奸刁輩壞之哉? 良法之可久, 正義之必伸, 於此亦可徵也. …… 謹書所覩記, 以復尙書之託, 而仍及嶺漕事, 以公之績於南者, 不獨海槎之勞, 而恫厥施之不博也. 嗚呼欽矣."

32 『靑城集』卷6,「爾雅堂記」, "嗟乎! 學無當於實用, 不如無學, 文無裨於世敎, 不如無文."

成大中의 實學的 思考와 文藝活動　351

오직 그 쓰임이 어떠한가에 달려 있을 뿐이다."[33]라고 한 바 있다. 지향해야 할 바의 언행(言行)을 기록한 「질언(質言)」에서도 "학문이 실용에 맞지 않으면 그런 학문은 하지 않는 것이 낫고 문장이 세교에 보탬이 없으면 그런 문장은 하지 않는 것이 낫다."[34]라고 하였는데, 이에 대해 이덕무는 "사집은 무용한 사람이 되는 것을 부끄러워하였으니, 이 글은 세교를 돕는 점이 있다[士執恥爲無用 語有裨世敎者]."라고 평하여, 성대중이 용(用)과 세교(世敎)를 강조한 사실을 확인시켜 주었다. 아들인 성해응은 부친의 묘지명에 "항상 학(學)의 요체는 실용에 합당해야 하고 문(文)의 요체는 세교에 보탬이 되어야 한다고 말씀하셨다."라고 기술하였다.[35]

성대중이 학문의 실용(實用)과 이를 통해 세교(世敎)를 강조하고 있음을 잘 보여 주는 예들이다. 이처럼 성대중은 학문에 있어 실용을 강조하였는데, 이는 그의 문학관과 긴밀하게 연관된다. 그는 육경(六經)을 근본으로 하여 제자(諸子)와 자사(子史)로 회통할 것을 주장하였던바, 육경을 위주로 한 학문은 사서(四書)에 바탕을 두고 존심양성(存心養性)을 강조하는 재도지학(載道之學)과는 달리 사회현실에 대한 관심이 크며 현실의 개혁을 주창한다고 하였다.[36] 즉 성대중이 강조한 실용지학(實用

---

33 『靑城集』 卷5, 「送元子才赴任木川序」, "所貴乎君子之學者, 以其明體而適用也. 效之小大, 惟其用之如何耳."

34 『靑城雜記』, 「質言」, "學無當於實用, 不如無學, 文無裨於世敎, 不如無文."

35 成海應, 『硏經齋全集』 卷16, 「先府君墓誌」, "常曰: 學要當於實用, 文要裨於世敎. 又曰: 讀書惟知聖賢有所著述, 常眷眷於風敎之際."

36 손혜리(2000), 73~79면. 성대중의 부친 成孝基는 특히 역학에 관심이 많아 동향의 학인인 金錫文의 『易學圖解』를 성대중과 黃胤錫에게 이어 주는 가교적 역할을 하였다. 성대중은 당대 주역의 대가로 평가받던 遲齋 金煥에게서 『周易』을 배웠는데, 그의 『河圖海』는 『주역』을 象數學에 근거하여 의미를 파악한 것으로 천문학과 관련이 깊다. 『주역』을 통한 객관적이고 합리적인 학문 탐구가 實用에 입각한 성대중의 학문 자세에 많은 영향

之學)은 경세지학(經世之學)으로의 실학인 것이다. 그리고 이는 다만 경세지학의 실학에서 머무르지 않고 실천지학(實踐之學)의 실학으로 점차 나아간다.

학문의 도는 음식 중에 제일 좋은 고기와 같으니, 무당이나 의술, 갖가지 기예들이 무엇인들 학(學)이 아니겠는가마는 다만 유학이 그 으뜸이 되는 것이다. 그러나 고대에 배웠던 것은 예악사어서수(禮樂射御書數)로 모두 실용적인 것들이었다. 그런데 지금은 예는 통례원의 관리에게, 악은 장악원의 악공에게, 활쏘기는 훈련원의 한량에게, 말몰이는 사복시의 이마(理馬)에게, 글씨는 사자관에게, 산수는 호조의 계사(計士)에게 맡긴 채 학자들은 관계하지 않는다. 그리고는 공자께서 드물게 말씀하신 성(性), 명(命), 천도(天道)를 표방하고 이를 도학이라 부르면서 세상에 제창한다. 그리하여 어린아이들도 모두 이를 잘 말하나 실용적인 것은 마치 쓸모없는 물건처럼 보니, 삼대의 풍속을 어떻게 다시 볼 수 있겠는가.[37]

무당이나 의술, 갖가지 기예가 모두 학(學)이며, 예악사어서수(禮樂射御書數)의 육예(六藝)는 실용적인 학문으로 옛날의 유자(儒者)들은 반드시 배웠던 것인데, 지금엔 도리어 무용한 것으로 인식하는 세태를 비판하였다. 실용적인 학문에 대한 관심을 촉구하고 중요성을 강조하며 성

을 끼쳤던 것으로 보인다. 이에 대한 자세한 것은 김문식(1996), 76면; 정재현(2001), 8면 참조.

37 『靑城雜記』, 「醒言」, "學之爲道, 猶芻豢之於飮食也, 巫醫百工, 孰非學哉, 儒特爲之宗也, 然古之爲學也, 禮樂射御書數, 並人之實用也. 今則禮屬之通禮院吏, 樂屬之掌樂院工, 射屬之訓鍊院閑良, 御屬之司僕寺理馬, 書屬之寫字官, 數屬之戶曹計士, 而儒則無與焉. 特標其性命天道夫子之所罕言者, 謂之道學, 而倡之世. 童幼皆能言之, 而實用則視若弁髦, 三代之俗, 安從以復見之耶?"

리학의 병폐를 은근히 지적하고 있다. 이때의 실용적인 학문이란 실천지학으로서의 실학을 말한 것임이 분명하다.

이러한 인식은 생산 활동을 하지 않고 허세만 부리는 양반에 대한 비판으로 강도를 더해 간다. 영남에서 소작을 주는 지주들은 '세 가지 주지 말 것〔三不給〕'으로 서로를 경계하는데, 노비와 친구 그리고 흑립(黑笠)에게 소작을 주지 말라는 것이 그것이다. 나라 풍속에 양반은 모두 흑립을 쓰고 일반 백성은 대체로 전립(氈笠)을 쓰기 때문에 흑립은 바로 양반을 지칭하는 말이다.

지금은 양반이 온 나라에 깔려 있으니, 음직도 조상의 공업(功業)도 다 끝나고 토지도 노비도 없으며 문(文)도 무(武)도 익히지 않아 모습과 언동이 평민만도 못한 주제에 그래도 조상의 훌륭한 유업을 들먹이며 남에게 사역당하는 것을 부끄러워한다. 한갓 남의 땅을 움켜쥐고서 이름만 소작일 뿐이지 자기는 쟁기질도 호미질도 제대로 않고 농부들을 부리려 드니, 농부들이 그 말을 듣겠는가. 이 때문에 농사일에 번번이 때를 놓쳐 땅 주인만 피해를 보게 되며, 땅 주인이 조금이라도 책망하면 마구 욕을 해 대고 그나마 소출도 다 주지 않는다. 사정이 이러하니 땅 주인이 땅을 빼앗지 않을 수 없고, 빼앗을 수 없으면 팔아야 하는데 팔려고 하면 틀림없이 빼앗기게 된다. 이래서 서로 땅을 주지 말라고 경계하는 것이니, 흑립을 쓴 양반들이 어찌 더욱 빈궁해지지 않을 수 있겠는가.[38]

---

38 앞의 글, "今則兩班遍國中, 先蔭渴, 祖業罄, 無田無僕, 不文不武, 面貌言動, 編戶之不若, 而猶稱先懿, 恥爲人役. 徒攬人田, 名以半作而已, 則不未鋤, 欲役凡氓, 而農氓豈聽之乎? 以故農輒失時, 田主偏罹其害, 少有責言, 輒恣詈辱, 出亦不盡給也. 其勢不得不奪, 不得奪則賣, 賣必見奪, 相戒以不給, 黑笠者, 安得不益困哉?"

지주들이 가난한 양반에게 소작 주는 것을 꺼리게 된 정황에 대해
서 자세하게 서술하였다. 원래 양반이란 동반(東班)과 서반(西班)의 정
직(正職)에 참여하고 있기 때문에 붙은 명칭인데, 지금의 양반은 관직
이 있든 없든 통틀어 양반이라고 하여 온 나라에 양반이 넘쳐 나게 되
었다.[39] 이들은 토지와 노비가 없고 문무(文武)를 익히지 않아 농민만도
못한 처지임에도 남에게 사역당하는 것을 부끄러워한다. 소작을 하면
서도 양반으로서의 체면상 쟁기질과 호미질도 제대로 하지 않아 결국
지주들에게 피해를 주고 마는 허울뿐인 양반의 허세를 강한 어조로 비
판하였다.

다시 실천지학으로서의 실용을 강조하는 성대중의 말을 들어 보기로
한다. 성대중은 정조 1년(1776) 연행하는 신사운(申思運, 1721~1801)을
전송하면서 청의 선진 문물을 수용할 것을 당부하였다.

오직 천하의 보는 것을 모아야 바야흐로 천하의 일을 이룰 수 있는 것
이니, 지금 중국은 비록 오랑캐에 침륜되었으나, 현성·예악·영웅·공
업·충신·열사·문장·제도의 자취가 아직도 남아 있다. 이제 공이 가
서 웅대하고 호방한 산과 바다, 널찍하고 툭 트인 들, 높고 웅장한 성곽,
풍부한 백성과 물산을 두루 보고 우리나라를 돌아보며 쇠약함을 진작시
킬 것을 생각하고 치우치고 작은 땅을 개척한다면 뜻은 더욱 일어설 것이
다. 우임금의 자취를 밟고 연경에 맞닥뜨리니, 아! 중국의 문물과 앞사람
의 사업을 생각하면 마음이 더욱 넓어질 것이다. 삼대의 남긴 책과 백왕
이 남긴 제도를 구구(購求)하여 돌아와 조정에서 강론한다면 학문은 더욱

---

39 앞의 글, "兩班之稱, 自高麗始, 圃隱書所謂眞兩班是也. 然兩班云者, 以其參東西班正職
也, 今之兩班, 無論官閥有無, 通謂之兩班, 夫謂之兩班之子孫則可, 謂之兩班, 則實僭也."

깊어질 것이다.[40]

동지서장관으로 연행길에 오른 신사운에게 중국의 전통과 제도 등 청의 앞선 기술과 문물을 잘 보고 배워 민생과 국익에 도움이 될 것을 권유한 글이다. 실용적인 학문을 강조하고 이에 바탕을 둔 민생과 이용후생에 대한 성대중의 강력한 의지를 읽을 수 있다. 여기에서 사회 현실의 문제점을 목도하고 현실에 대한 비판을 하거나 대안책을 제시하는 등 실천지학의 실용을 강조하는 성대중의 면모를 분명히 확인할 수 있다.

5. 성대중의 교유와 문예활동

1) 연암그룹 문사들과의 교유활동

성대중은 김용겸·원중거를 비롯하여 홍대용(洪大容)·박지원·이덕무·유득공·박제가 등에 이르기까지 이른바 연암그룹 문사들과 긴밀한 교유관계를 유지하였다. 특히 이덕무와 절친하여 오랫동안 학문적·문학적 교유를 하였으며 이는 자연스럽게 세교(世交)로 이어졌다.[41] 두

---

40 『靑城集』卷5,「送冬至書狀官申應敎思運序」, "夫惟集天下之觀, 方可以成天下之事, 今中國, 雖淪於戎狄, 然賢聖·禮樂·英雄·功業·忠臣·烈士·文章·制度之跡, 猶在也. 今公之往也, 覽觀山海之雄放·原野之衍豁·城郭之峻壯·民物之蓄庶, 而反顧吾邦, 思振其偏弱, 而拓其偏小, 則志益立矣. 履禹跡, 抵燕京, 慨然, 想中朝之文物, 前人之事業, 則心益廣矣. 購求三代之遺書, 百王之遺制, 歸而講之朝廷, 則學益深矣."

41 『靑城集』卷10,「李懋官哀辭」. 성대중이 이덕무를 처음 알게 된 것은 계미사행과 원중거를 통해서였다. 용인의 驛舍에서 원중거의 사행을 전송하며 쓴 이덕무의 시를 보게 된 성대중은 사행 후 이덕무를 찾았으며 이때부터 두 사람의 교유가 시작되었던 것이다.

사람은 저술에 대한 평가와 교정을 서로에게 부탁하곤 하였다.

바다 위에서 돌아와 한성에 머무르니,	海上歸來洛下居
오래 이별한 뒤라 이야기 진진하네.	終朝晤話久睽餘
삼언의 오묘한 해석 새로 초한 책자요,	三言妙解新抄帙
백선의 특수한 노력 옛날 교감한 서적이로세.	百選殊勞舊勘書
가을 저물어 가니 벌레 소리도 그치려 하고,	秋晚群虫吟欲歇
하늘 개이니 기러기 떼 줄이 느슨해지네.	天晴客雁字還舒
등한한 우리의 시 무엇이던가?	等閒吾輩詩何似
산에서 나무하고 물에서 낚시질하는	問答山樵與水漁[42]
사람과의 문답이로다.	

이덕무는 「비서 성사집 대중이 시를 보내어 화답을 요청하므로 그 운에 차하다〔成秘書士執大中寄詩要和仍次其韻〕」란 제목을 가진 위 시의 주(註)에서 "사집이 「췌언(揣言)」과 「질언(質言)」과 「성언(醒言)」 각 한 편을 지어 나에게 평을 요구하였고, 일찍이 나와 『어정팔자백선(御定八子百選)』의 탑본을 감동(監董)하였다."[43]라고 하였다. 시에서 언급한 '삼언(三言)'은 『청성잡기(靑城雜記)』의 '췌언·질언·성언'을 말한 것으로, 이덕무가 성대중의 부탁으로 『청성잡기』에 논평한 사실을 밝히고 있다. 『청성잡기』에 관한 이덕무의 평에 대해서는 앞 장에서 간략하게 살펴본 바 있는데, 주로 「질언」과 「성언」의 1책에서 확인할 수 있다.[44] 이덕

---

42 李德懋, 『靑莊館全書』 卷12, 「成秘書士執大中寄詩要和仍次其韻」.

43 앞의 글, "士執著揣言質言醒言各一篇, 要余評紀, 嘗與余監撝御定八子百選."

44 이는 『청성잡기』의 저술 연도와 관련이 있는바, 『청성잡기』는 1790년부터 1801년까지

무의 평은 대체적으로는 성대중의 의견에 동조하고 조언을 하거나 부연하는 식으로 이루어지는데, 간혹 반대 의견을 보이고(「질언」 49화) 잘못된 부분에 대해 지적하거나(「성언」 23, 67, 81, 102화) 의심나는 부분에 대해서 평어를 부기하였다(「성언」 45화).[45] 두 사람이 『어정팔자백선』의 교감(校勘)을 함께한 사실도 알 수 있는데, 정조는 1781년 당송팔대가의 글 백 편을 뽑아 『어정팔자백선』이라 하고 이들에게 교감을 명하였던 것이다. 이때 이덕무는 규장각의 검서관으로, 성대중은 교서관의 교리로 재직하고 있었다.

또 이덕무는 "족하가 찬한 3종의 글은 떠나려고 할 때 던져 주었으니, 감히 평론하지 않을 수 있겠습니까? 『청전국지(蜻蜓國志)』는 옥당(玉堂) 이강산(李薑山)의 집에 있고, 『황명유민전(皇明遺民傳)』은 지금 정리하지 못하고 난초(亂草) 그대로 있으므로 드리지 못합니다. 편집이 끝나면 서문 한 편 써 주시기 고대합니다."[46]라고 하여, 『청전국지』와 『황명유민전』의 서문을 성대중에게 부탁하고 있다. 이강산(李薑山)은 이서구(李書九)를 말하는 것으로, 이서구는 1786년에 홍문관 교리를 지낸 바 있으며 성대중과 이덕무는 1787년에 규장내외각에서 함께 근무하고 있었던 만큼, 이 글은 아마 이 시기를 전후하여 지어진 것으로 짐작된다.

10여 년 동안 성대중에 의해 작성되었고 그 후 5년 동안 아들인 성해응에 의해 가필되어 완성되었던 것으로 보인다. 좀 더 구체적으로 살펴보면, 1책은 1791년 여름 이전에 완성되었고, 2책과 3책은 1책 저술 이후 1801년 직후까지 완성한 것으로 추정되는데, 이덕무의 평이 「질언」과 「성언」의 1책에만 있는 것은 그의 생존 당시 2책과 3책이 완성되지 않았기 때문인 듯하다. 이에 대한 자세한 것은 김영진(2003); 손혜리(2003); 박소동(2006) 참조.

45 김경(2011), 157면.

46 李德懋, 『靑莊館全書』 卷16, 『雅亭遺稿』, 「成士執大中」, "盛撰三種, 濱行投贈, 則敢不評騭之耶? 蜻蜓國志, 在李薑山玉堂家, 皇明遺民傳, 方在亂草不整齊, 不堪持贈, 姑俟編完, 弁以一序, 千萬企企."

이덕무는 성대중이 울진현령 시절(1767~1770)에 기록한『선사만랑집(仙槎漫浪集)』에도 다양한 논평을 하였다. 1책의 권수(卷首)에서 "율시의 율은 종률의 율이요, 법률의 율이다. 청성의 율시는 종률처럼 조화롭고 법률처럼 정제되었다."[47]라고 하여 성대중의 율시를 극찬하였다. 또 2책의 권수에서는 "벗은 성명이고 산과 시내는 가산이며 새·물고기·풀·나무는 가속이니, 청성은 이들을 발하여 이와 같이 읊었을 뿐이다."[48]라고 하여, 성대중이 붕우(朋友)와 계산(溪山)·금어(禽魚)·초수(艸樹) 등 일상의 소소하고 주변적인 것을 시의 소재로 활용한 사실을 말하고 있다.

송재도(宋載道, 1706~1793)는 2책의 말미에서 성대중의 시가 '고아하고 바르며 맑고 참되고, 종용해서 급박하지 않고, 부드럽고 한담하여 항상 여지(餘地)가 있어' 시인의 뜻을 터득한 자라고 높이 평가하였다.[49] 이 역시 이덕무의 평과 크게 다르지 않으며, 성대중의『선사만랑집』을 지인들이 돌려 보고 그에 대해 논평한 사실을 다시금 확인할 수 있다. 송재도는 특히 서체에 대단한 안목을 가졌던 인물로, 성대중이 일본에서 가져왔던「다호비(多胡碑)」의 서체가 한나라 때 고법의 하나로서 지금은 전하지 않는 귀한 것이라고 설명해 준 인물이기도 하다.

성대중과 이덕무는 규장각에 함께 근무하고 서로의 집을 이웃하게 되면서 더욱 가깝게 지냈던 것으로 보인다. 성대중의 아들 성해응이 이

---

47 『仙槎漫浪集』, "律詩之律者, 鐘律之律也, 法律之律也. 靑城之爲律詩, 諧和似鐘律, 齊整似法律."

48 앞의 책, "朋友爲性命, 溪山爲家計, 禽魚艸樹眷屬以之, 靑城之發之嘯詠若是而已矣."

49 앞의 책, "吾侄德能盛道, 成士執文章, 當吾世不識一面爲大恨, 芝翁携仙槎卷視, 余剔燈展讀. 若與斯人者晤言, 須眉森然, 盖其詩, 大率雅正淸眞, 從容不迫, 紆徐閒澹, 常有餘地, 其得風人之旨者歟."『仙槎漫浪集』에 대한 이덕무의 평에 대해서는 손혜리(2010b), 337~340면 참조.

덕무의 아들인 이광규(李光葵)의 죽음을 슬퍼하며 지은 글에 이러한 상황이 잘 드러나 있다.

　나는 이해(1788) 여름에 무상(懋賞)과 함께 내각에서 벼슬하였고, 또 우리 집이 그 이웃으로 이사하여 살았기 때문에 아침저녁으로 항상 서로 만났다. 무상은 봉고(奉杲)의 숙부이다. 이때 내각의 고과(考課)가 매우 엄격하여 직임이 있는 사람은 집에 있을 수가 없었는데 청장공과 영재공, 박초정이 모두 동료였다. 이 때문에 날마다 서로 상대하였고, 가끔 일이 없을 때에는 경서와 제자서, 역사서를 오르내렸으며, 먼 곳의 특이한 소문을 가지고 담소하는 것을 낙으로 삼았다. 또한 내원(內苑)에 들어가 화조(花釣)의 잔치에 참여하는 것이 근신(近臣)에 비교할 만했고, 가끔 시문과 사부(詞賦)로 응제하거나 편찬한 문자를 교정 보는 일을 하여 다 함께 빛이 났다. 이렇게 한 지 5년 동안 위로는 국왕의 영광을 받고 아래로 동료들의 권면함에 힘입었다.[50]

　1817년 이광규가 죽자 지은 애사(哀辭)로, 무상(懋賞)은 이덕무의 아우인 이공무(李功懋)이며 봉고(奉杲)는 이광규이다. 성대중 부자와 이덕무 부자 간의 세교(世交) 및 정조의 지우(知遇)를 바탕으로 한 이덕무·유득공·박제가와의 교유에 대해서 자세하게 알려 준다. 이덕무·유득공·박제가·이공무·성해응은 1788년에 규장각 검서관으로 재직하였

50　成海應, 『研經齋全集』 卷17, 「李奉杲光葵哀辭」, "余以是歲夏, 與懋賞俱通籍內閣, 而又移家卜隣以居, 常晨夕相過從, 懋賞奉杲之叔父也. 時內閣考課甚嚴, 有職任者, 不得在家, 而靑莊公及柳泠齋朴楚亭, 皆僚也. 由是, 得日與之相對, 往往無所事, 輒上下經傳子史, 以及遠方異聞, 談笑以爲樂. 又入內苑, 得與花釣之宴, 比近臣, 間以詩文詞賦應制及考校編摩文字之役, 亦與之爛漫. 若是者五年, 上荷君上之榮, 下得寮寀之雛."

60

고 이때 성대중이 교서관 교리로 근무하면서, 이들은 규장각을 배경으로 학문적·일상적 교유를 더욱 돈독하게 유지하였던 것이다.

성대중은 "내가 비성에서 숙직하는 5년 동안 도성의 명류들이 나를 비루하다 여기지 않고 술을 싣고 서로 다가오니, 마치 양웅이 천록각에 있는 것과 같았다. 연암 박미중·경산 이중운·직하 서양여·태호 홍태화·은궤 이경심·옥류 이여량·아당 남원평·옥호 이경혼·다산 이사거·청장 이무관이 참여하였다. 지계 송덕문·해양 나자회·백석 이사종 또한 향리로부터 와서 서화와 전주(篆籀), 바둑과 술, 문사(文史)로 각각 그 즐거움을 다하였으니, 만나면 곧 해가 저물었다."[51]라고 회고한 바 있다. 즉 교서관 교리로 재직하던 성대중이 숙직을 서노라면 연암 박지원·경산 이한진·태호 홍원섭·아당 남공철·청장관 이덕무·지계 송재도·해양 나열 등 당대의 문사들이 함께 모여 서화와 바둑, 술, 문사(文史) 등으로 한껏 흥취를 돋우며 즐긴 사실이 잘 드러난다. 그러나 문운(文運)의 성대함은 1793년 이덕무가 죽음으로써 서서히 쇠락하기 시작하였다. 위에서 5년을 명시한 것은 바로 이 때문인 듯하다. 비서성에서의 아취를 함께했던 지우들이 차례로 관직에서 떠나고 병들어 귀향하거나 죽음으로써 이들은 뿔뿔이 흩어지고 낙척하게 되었던 것이다.[52]

---

51 『靑城集』 卷7, 「秘書贊屛記」, "余直秘省五年, 都下名流, 不鄙棄余, 載酒相就, 如子雲之在天祿. 燕巖朴美仲, 京山李仲雲, 稷下徐養汝, 太湖洪太和, 隱几李景深, 玉流李汝亮, 雅堂南元平, 玉壺李景混, 茶山李斯擧, 靑莊李懋官其選也. 芝溪宋德文, 海陽羅子晦, 白石李士宗, 亦自鄕而至, 書畵篆籀棊酒文史, 各盡其娛, 會輒移日."

52 成海應, 『硏經齋全集』 卷17, 「李奉杲光葵哀辭」, "旣而哭靑莊公及其尊公, 又三年上特除奉杲職, 以繼靑莊公, 復周旋于內閣, 然明僚之聚合不定, 不如曩時之盛, 而庚申抱弓劍之慟, 楚亭得罪, 竄北邊之鍾城, 旋獲宥而歸以沒. 冷齋亦落拓得疾以沒, 余又衰且病, 每循省故事, 只自凄感而已. 今又哭奉杲, 俯仰三十年中, 已哭君三世."

이처럼 이덕무와는 서로의 신분적 처지를 이해하며 학문적·문학적 역량을 인정해 준 진정한 지우였던 것이다. 그러나 서족이라는 신분적 처지를 받아들이는 두 사람의 입장에는 차이가 있었던 듯하다. 성대중은 비록 서족이긴 하지만 집안 대대로 진사와 생원을 배출하였으며 사행에 제술관이나 서기로 종사한 바 있다. 또 그 자신은 이른 나이에 문과 급제하여 종3품 북청부사를 지내는 등 별다른 부침 없이 40여 년 동안 관직생활을 하였다. 반면에 이덕무는 부친 대부터 서족이 되어 아직 자리를 잡지 못한 데다 한미한 벼슬마저 이어지지 못해 경제적인 어려움과 울울한 심경을 종종 토로한 바 있다. 이러한 입장의 차이가 그들의 문체에 일정한 영향을 끼쳤을 것임은 분명하다.[53]

성대중은 교서관 교리로 재직하면서 박제가(1750~1805)와도 친하게 지냈다. 1795년 영평(永平)현감으로 부임하는 박제가에게 써 준 서문을 들어 둔다.

재선은 곧음으로써 그 재주를 다하니 실로 세상을 구휼할 기이한 재주이다. 사한(詞翰)의 신묘함은 중국에 쓰이고도 남음이 있으니 하물며 우리나라에 있어서랴? 한 고을의 재상으로 재주가 부족한 이가 많은데 그가 연경에 들어간 것이 세 번에, 영웅·호걸 등과 사귐을 다하여 명성이 한 시대에 찬란히 비쳐지고 혹은 가만히 그 서법을 모범으로 하여, 중요한 재화를 팔아 다시 유혜보와 함께 연경에 들어가니 혜보 또한 검서관이다. 예부상서 기윤이 두 군의 명예를 기뻐하여 숙소를 방문하였으나 마침 두 군이 외출하자 명함을 두고 떠났다. 또 안남사의 시에 화답하여 저녁에

---

53 이에 대한 자세한 것은 손혜리(2000), 21~28면 참조.

보내면 아침에 이미 널리 퍼졌으니 중국에서 중하게 여겨짐이 이와 같으니 나라를 빛냈다고 이르지 않을 수 있겠는가? 그러나 우리나라는 재주를 아끼는 자가 실로 드물어 성군(聖君)의 지우(知遇)가 없었더라면 재선이 무엇으로써 이것을 이루었겠는가? 그러나 내가 재선을 걱정하는 것은 또한 이에 있다. 화려한 명성은 훼방을 매개로 하고 남다른 돌보심은 시기를 초래하고 함부로 하는 말은 허물이 많고 곧은 행동은 쉽게 넘어지는 법이니, 이것이 재선의 근심이 아니겠는가?[54]

박제가의 곧은 성품과 뛰어난 시재(詩才) 그리고 그로 인해 받는 고통 등을 잘 묘사하였다. 박제가는 초대 검서관으로 임명된 뒤 13년간 규장각 내외직을 역임하면서 학적 역량을 충분히 발현하였다. 그는 뛰어난 시재로 정조를 비롯한 많은 이의 사랑을 받았으나, 바로 그 때문에 주변의 시기를 받기도 하였다. 초쇄(嘦殺)하고 청신(淸新)한 시풍을 구사한 만큼, 그의 성격도 날카롭고 예민하여 더욱더 질시를 받았던 것이다. 신분에 얽매여 발신하지 못하는 자신의 처지를 남다르게 받아들이며 비관하고 자책한 데서 형성되었던 듯하다. 성대중은 중국과는 달리 조선에서 인정받지 못하는 박제가의 재주를 안타깝게 여겼으며, 그의 처지와 고통을 공감하고 날카로운 성격 탓에 주위의 비방을 받는 것을 경계하였다.

---

54 『靑城集』卷6, 「送朴在先赴任永平序」, "在先則直以其才致之, 在先實振世奇才也. 詞翰之妙, 用諸中國而有裕, 況吾東哉? 一宰不足多也. 其入燕都者三, 盡與其英豪交結, 名聲照爛一時, 或竊模其書法, 以售重貨, 方其再入, 與柳惠甫俱, 惠甫亦檢書也. 禮部尙書紀勻, 悅二君名譽, 訪之至舘, 適二君俱出, 留刺而去. 又和安南使詩, 夕送而朝已播, 其見重於中國如此, 可不謂之華國耶? 然吾東愛才者實鮮, 不有聖君之知, 在先何以致此, 然吾之爲在先憂者亦在此, 華名媒謗, 異眷招忌, 放言多尤, 直行易蹶, 此非在先憂耶?"

연암 박미중 공은 우리나라의 기이하고 뛰어난 선비이다. 그 문장은 탁궤(卓詭)하고 괴묘(瑰妙)하여 별도로 문경(門徑)을 열어 놓았으니 근세에 없던 일이다. …… 세상에서 고아함에는 나자회요, 전주(篆籀)에는 이중운이요, 통달한 재주는 홍태화요, 박학함은 이무관이요, 사율은 박재선이요, 문장은 공을 추켜 세우니, 이들은 모두 한 시대의 뛰어난 인물로 성은을 입고 나아간 자들이다.[55]

1800년 박지원이 양양(襄陽)부사로 부임하는 것을 전송하며 써 준 서문으로, 연암그룹 문사들의 특징을 짧지만 선명하게 부각시켰다. 성대중은 18세기 문단의 뛰어난 인물로, 박지원·나열·이한진·홍원섭·이덕무·박제가 등을 들고, 각각 그들의 특장인 고아(古雅)·전주(篆籀)·통달한 재주〔通才〕·박흡(博洽)·사율(詞律)·문장〔文〕에 대해서 특기하고 인정하였다. 이들은 모두 성대중과 절친하였던 인물로, 박지원의 문장·이덕무의 박학·박제가의 시를 높게 평가한 점은 지금의 평가와도 일치한다.

박지원에 대한 평가를 좀 더 자세히 살펴보면, 우리나라의 기이하고 뛰어난〔奇偉〕 문사로 문장이 탁궤(卓詭)하고 괴묘(瑰妙)하여 별도의 문호를 연 인물로 평가하였다. 이는 아마도 『열하일기(熱河日記)』의 문체를 염두에 두고 내린 평가인 듯하다. 특히 그의 문장을 당대 최고의 것으로 극찬한 사실은, 성대중이 과연 순정한 고문만을 추구하고 구사한 인물인가라는 의문이 여실히 생기는 지점이다. 이 문제는 매우 중요한

---

55 『靑城集』卷6,「送燕巖之官襄陽序」, "燕巖朴公美仲, 湖海奇偉士也. 其文卓詭瑰妙, 別開門徑, 近世所未有也. …… 當世古雅則羅子晦, 篆籀則李仲雲, 通才則洪太和, 博洽則李懋官, 詞律則朴在先, 而文則推公, 是皆一代之選, 而飫沐恩造者也."

만큼 지면을 달리하여 보다 면밀하게 고찰할 필요가 있다. 1792년 정조의 문체반정 때 순정한 문체를 구사한다 하여 칭찬받고 특진되었던 인물이 1800년에 박지원을 전송하면서 쓴 글에서는 그의 '탁궤하고 괴묘'한 문장을 높이 평가한 것이다. 성대중의 인식과 지향하는 문체가 그사이에 변화된 것인지 아니면 인식과 지향하는 문체가 따로 분리된 것인지, 어떤 특정한 사건에 의하여 특정한 일면이 평가자의 의도에 따라 실정과 달리 과도하게 부각된 것은 아닌지 등에 대하여 좀 더 따져 볼 필요가 있다. 분명한 것은, 정도의 차이는 있겠지만 성대중 역시 박지원을 중심으로 한 연암그룹 문사들처럼 시대의 흐름과 변화를 몸소 체험하고 사회현실의 제(諸) 문제를 민감하게 인식하였으며, 이를 고민하고 문학으로 형상화하였다는 점이다.

2) 당대 예술인들과의 교유활동

성대중은 글씨와 그림, 음악 등으로 예술적 성취가 높았던 인물들과 자주 모임을 갖고 교유를 나눈 바 있다. 다음 글은 문채가 찬란히 빛나고 뛰어난 인재가 많았던 18세기 문단의 예술적 정취를 잘 보여준다.

사집(士執, 成大中)은 붓을 잡음에 글씨가 솟아오르는 듯하고, 중운(仲雲, 李漢鎭)이 전서를 씀에 구름과 연기 같고, 화중(和中, 李光燮)은 팔분서에 능하고, 덕재(德哉, 具馨遠)는 초서에 능하다. 기공(旂公, 徐常修)은 연꽃과 연잎을 그리고, 석여(錫汝, 金洪運)는 잘 취하기도 하고 잘 깨기도 하였으며, 영숙(永叔, 白東修)은 졸려서 쓰러지고, 청장관(靑莊館, 李德懋)은 술에 지쳤고, 치천(穉川, 朴宗山)은 졸려서 글씨를 쓰지 못하고, 무상(懋

賞)·용여(龍汝)·봉고(奉杲)·사황(思黃)이 그 축에 보태서 썼다. 중래(重
騋)는 여섯 살 먹은 아이인데 이에 끼어서 '천(天)' 자를 썼고 2명의 기생
은 곁에 서서 엿보았는데 이때에 단원(檀園, 金弘道)이 파초·국화·매
죽·수성을 그리던 솜씨가 아니면 어찌 이 기쁨을 제대로 표현할 수 있
겠는가?[56]

　　정조 12년(1788) 4월, 이덕무는 모친의 생일을 맞이하여 묵희(墨戱)를
열었는데 유명한 예술인들이 많이 참여하였다. 이날의 모임에 참여한
인물을 살펴보면, 이덕무 모친의 생일인 만큼 이덕무 일가가 대부분인
데, 이덕무를 중심으로 아우 이공무·아들 이광규·조카 이중래(李重
騋)·처남 백동수(白東修)·내제 박종산(朴宗山)·사위이자 김홍운(金洪
運)의 맏아들인 김사황(金思黃)이 있다. 손님으로는 성대중과 그의 아들
성해응, 전서를 잘 쓰는 이한진, 팔분서(八分書)에 능한 종친 이광섭(李光
燮), 초서에 능한 구형원(具馨遠)·이들의 모임에 재정적 지원을 하는 서
상수(徐常修)·사돈인 김홍운 및 18세기를 대표하는 화가 김홍도(金弘道)
등이다. 이날 초대된 인물들은 대부분 서족 출신으로 성대중과도 절친
하였으며 뛰어난 예술적 역량을 지닌 이들이었다.[57]
　　이 글을 쓴 김홍운은 성대중의 글씨를 '붓을 잡으면 날아오를 것 같
다[把筆而飛騰]'고 묘사하였는데, 실제 성대중은 뛰어난 필력의 소유자
였다. 계미사행 시 일본인들이 그의 글씨를 얻기 위해 여러 날을 지새

56　李德懋,『靑莊館全書』卷71 부록 하, "士執把筆而飛騰, 仲雲寫篆如雲烟, 和中能八分, 德
　　哉亦狂草, 旅公畵連花蓮葉, 錫汝能醉能醒, 永叔倒於睡, 靑莊困於酒, 穉川睡不能書, 懋
　　賞·龍汝·奉杲·思黃, 亦是其軸而書之. 重騋以六歲童, 忝書天字, 二妓傍立而瞯, 于斯
　　時也, 若非檀園畵蕉·畵菊·畵梅竹·畵壽星, 安能飾此喜哉?"
57　손혜리(2000), 32~34면.

366

우며 기다린 것은 유명한 일화이다. 일본에서 성대중의 글씨는 최고의 인기를 끌었는데, 주굉(周宏)은 사행원 중에서 성대중의 필체를 가장 높게 평가한 바 있다.[58]

김홍도(1745~ ?)가 이날 자리를 함께한 것은 흥미롭다. 김홍도는 18세기를 대표하는 화가로 이날의 흥취를 뛰어난 솜씨로 화폭에 담아내었다. 성대중은 이전에도 김홍도와 함께 청량산을 유람한 바 있는데 그를 당대의 뛰어난 화가로 인정하였으며, 아울러 그가 퉁소를 잘 불어 생학(笙鶴)이 내려올 경지에까지 이른 사실을 알려 주었다.[59] 성해응도 「단원 김홍도의 그림 뒤에 쓰다(題檀園金弘道畵後)」란 제발(題跋)을 기록하여, 김홍도의 화가로서의 위치와 사승 관계, 정조의 어진(御眞)을 그려 연풍현감이 된 사정과 구룡연 그림에 대한 평을 간결하면서도 명료하게 서술하였다.[60] 성대중은 김홍도의 스승인 김응환(金應煥, 1742~1789)과도 친분이 있어 「복헌기 뒤에 쓰다(書復軒記後)」를 써 주었으니, 복헌(復軒)은 김응환의 호이다.

「복헌기 뒤에 쓰다」에는 성대중의 그림에 대한 인식이 드러나 있다. 「복헌기(復軒記)」가 전하지 않아 자세한 내막은 알 수 없으나, 성대중은 김응환에게 「복헌기」를 통해 옛날의 도〔古道〕를 갖춘 그림을 그릴 것을

---

58 『日本錄』,「書東槎軸後」, "長老之徒周宏, 頗鮮書法, 常來求書曰: '一行之筆, 公第一, 南公次之.' 吾盖以文采勝也."

59 『青城集』卷6,「淸涼山記」, "甲辰仲秋, 按使李公行部入山, 遂往從之, 至淸涼寺. 奉化沈倅公著, 英陽金倅明鎭, 河陽任倅希澤, 安奇金丞弘道幷來, 沈倅吾久要也, 金丞以國畵名, 山靜月朗, 散坐溪石, 金丞善簫, 勸之一弄, 聲調淸越, 上振林抄, 衆籟俱息, 餘韻猶颺, 遠而聆之, 必謂之笙鶴降也."

60 成海應, 『研經齋全集』續集 冊16,「題檀園金弘道畵後」, "檀園金弘道, 近時畵師之鋸匠也. 始學于玄齋沈思貞, 間又涉謙齋鄭敾法, 狀物尤奇. 正宗辛亥. 效勞於御眞之役, 出知延豊縣. 此帖寫九龍淵一曲, 甚奇壯."

권유한 듯하다. 이에 김응환은 성대중이 권유한 옛날의 도가 지금의 실정에 맞지 않으니, 맞지 않는 것을 억지로 할 수 없을 뿐만 아니라 세상에서도 이를 받아들이지 않을 것임을 완곡하게 주장하였다.[61]

성대중은 그림을 그리는 이가 순수하고 우아하면[粹雅] 절로 옛날의 도를 회복하고 옛날의 도가 담긴 그림을 그리게 될 것이라 하여 이상적인 그림의 도에 대해 제시하였다.[62]

성대중은 김상숙(金相肅, 1717~1792)·나열(1731~1803)·정철조(鄭喆祚, 1730~1781)와도 절친하였다. 김상숙은 '직하체(稷下體)'로 일컬어질 만큼 서체로 널리 알려진 인물이다. 직하는 김상숙이 서울에서 살던 골목 이름으로, 당시 비석을 쓰는 사람은 모두 김상숙의 글씨를 구했다고 한다.[63] 김상숙의 아들 김기서(金箕書, 1766~1822)는 그림을 잘 그리는 것으로 유명하였는데, 성대중은 그의 그림을 보고 "먼 산이 호수에 비쳐 환한데, 가을 나무가 반은 붉고 반은 푸르구나. 빈 난간은 누굴 위해 열어 놓았나, 물가의 구름이 밤에 와서 자라고."[64]라는 시를 써 감동을 잘 표현하였다.

나열은 성대중과 진사 시험에 동방(同榜) 합격하면서 교유를 시작하게 되어 평생 동안 절친하게 지냈다. 성대중은 나열의 묘지명에서 "시

---

61 『靑城集』卷8,「書復軒記後」, "子之言畵道, 是也. 然子之所言者, 古道也, 吾之所執者, 今藝也, 古道豈諧於今哉, 非所諧而强之, 非吾之所能也, 縱吾能之, 世豈許之乎?"

62 앞의 글, "生乎今之世, 反古之道, 君子之所戒也. 畵獨不然哉? 我之所言, 宜君之難之也. 然我亦非必君之如我言也, 第言畵之道, 如是而已. …… 斂君之氣, 無或浮, 蓄君之志, 無或肆, 整君之筆, 無或雜, 端君之視, 無或放, 奇峭也而運意則粹, 艶濃也而寓興則雅."

63 『靑城集』卷8,「書坯窩重言帖後」.

64 『靑城集』卷4,「題琅玕居士金稚圭畵」, "湖山杳空明, 秋樹半紅綠. 虛檻爲誰開, 汀雲夜便宿." 참고로 두 번째 수는 다음과 같다. "水烟凝欲雨, 山翠曖將夕. 茅屋隔林多, 漁樵摠遠跡."

는 소릉(少陵)을 본받고 글씨는 우군(右軍)을 배워서 기이하고 건장하고 오묘했으니, 아우 또한 그러했다."[65]라고 하여, 나열과 그의 아우 나걸 (羅杰) 형제의 시와 글씨를 높게 평가하였다. 나걸은 『필경(筆經)』을 저술한 바 있는데, 성대중은 그 서문에서 "우리나라의 필가는 많지만 김생과 한호가 가장 낫다. 그러나 저들은 다만 공력(工力)으로써 뛰어난 것이지 학문(學問)을 말미암아 이른 것은 아니다. 학문은 옥동(玉洞) 이서(李漵)로부터 시작하였으니 식자들은 이서가 공력은 한호에 미치지 못하나 학문은 낫다고 이른다. 지금의 글씨로써 이름난 자들은 공력과 학문을 아울렀다."[66]라고 하였다. 이때의 학문과 공력은 그림에 있어 고도(古道)와 금예(今藝)와 같은 맥락이다. 여기서도 성대중은 단지 공력만 뛰어난 글씨가 아니라, 학문에 바탕을 두고 공력이 뛰어난 글씨를 높게 평가한 것임을 알 수 있다.[67]

정철조는 홍대용과 함께 김원행(金元行)의 문하에서 수학하였다. 박지원과는 인척 관계이며, 이덕무·유득공·박제가 등 연암그룹 문사들과 교유하였다. 정철조의 그림에 쓴 성대중의 제화시가 있어 전문을 소개한다.

옛날 석치 집에서 취했을 적에,	昔醉石癡宅
황자(국화)가 실로 앞에서 인도했었지.	黃子實前導
석치는 나를 처음 보고서도,	石癡初見我

65 『青城集』卷9,「敦寧都正羅公墓誌銘」, "詩宗少陵, 書學右軍, 奇健奧妙, 季氏亦然."
66 『青城集』卷5,「羅仲興杰筆經序」, "我東筆家, 非不多也. 惟金生韓濩爲最, 然彼直以工力勝, 非由學而至也. 學自玉洞李漵始, 識者謂漵工力不及濩, 而學則勝之. 今之以書名者, 并其派也."
67 손혜리(2000), 37~40면.

옛날 친구 만난 듯 반가워했지.	驩然似宿好
마루에다 붓과 벼루를 내놓고,	中堂開筆硯
덮여 있던 먼지를 비로소 손수 쓸어 내는구나.	凝塵始自掃
술 한 잔 마시자 곧 흥이 나서,	一觴徑跌宕
한 마디 말로 곧 친해졌네.	片語已傾倒
술이 취하자 나를 보고 웃으면서,	酒酣視余笑
왼손으로 하얀 비단을 펼쳐 놓았지.	左手展霜縞
사슴 한 마리 붓끝에서 생겨나는데,	仙麛觸毫生
발이며 귀가 산 사슴과 꼭 같게 되었다.	蹄耳奪天造
혼자 푸른 풀 언덕에서 꾸벅꾸벅 졸고 있으니,	獨眠青草坡
가랑비가 그 털을 반드르르 적셔 준다.	烟雨潤香旄
등허리의 붉은 반점은,	半脊丹砂痕
아마도 노자의 부엌에서 나왔나 보다.	疑自老君竈
그 재미있는 그림 내 생각과 꼭 맞아,	奇珍落我懷
좋아라 하고 날뛰다 갓이 거꾸로 매달렸다.	狂喜倒頂帽
생각건대, 너를 타고 가,	意欲騎之去
산마루와 물가를 달리고 싶다.	山巓及水澳
나의 시 또한 너무 영광스러운데,	吾詩亦已榮
좋은 화축에 맑은 호까지 쓰게 되다니.	華軸媲清號
둘러앉은 손님들 돌려 가며 구경하고,	坐客方傳玩
한 잔 술로 서로 위로하네.	樽酒正相勞
곁에서 이(李)가 취해 넘어지자 깜짝 놀래,	傍驚醉李顚
당장 외강즙을 내서 먹이라고 했다.	指爪任殘暴
구슬이 깨지면 누가 붙여 놓을 건가,	珠玉碎誰補
술 깨고 나니 후회 막심하구나.	及醒謾悵懊

바야흐로 그림 솜씨 묘한 줄을 알게 되었으나,	方知丹靑妙
또한 귀신의 시기를 받았나 보다.	亦被鬼神媚
그대는 이 보배를 온전하게 만들어 주게나,	丐君完此寶
아무리 옷 벗기가 귀찮더라도.	重煩解衣傲
답하기를 "조금만 기다리게.	答云且小須
내가 흥이 날 때까지 좀 참아."	容我逸興到
주현(朱絃)이 갑자기 중간에 끊어졌으니,	朱絃忽中斷
반짝이는 눈을 누구 때문에 감았는고.	炯眼爲誰冒
강산이 다 망가져 버렸으니,	江山盡空缺
작은 사슴을 어찌 족히 말하랴.	少麚詎足道
그때 그림 그릴 적에,	猶堪粉繪間
몸을 곧추 세우고 고상한 자취를 바라보았지.	竦身見高蹈
얼음과 서리는 계군(季君)의 눈물이요,	氷霜季君涕
거문고와 피리는 이공(李公)의 슬픔이다.	絲竹李公悼
홀로 대궐 옆에 섰노라니,	獨立金門側
등불이 저 소장 사이로 비치는구나.	燈火隔緫幬
이생과 같이 구경할 만하니,	李生可同賞
내일 아침에 편지 한 장 전해 주오.	明日尺書報[68]

「석치의 사슴 그림 뒤에 쓰다(題石癡畫鹿後)」라는 제목을 가진 이 시의 말미에는 "석치의 중씨(仲氏)가 마침 평양으로 가려 하다가 부고를 듣고 돌아왔고, 나는 이수봉(李壽鳳)의 집에서 거문고와 피리를 듣고 있

---

68 『靑城集』卷2,「題石癡畫鹿後」.

다가 갑자기 석치가 죽었다는 말을 들었다[石癡仲氏適作西行 聞訃而迴 余於李公壽鳳宅聽絲竹 猝聞石癡凶報]."라고 부기되어 있다. 성대중이 정철조가 죽었다는 소식을 듣고 그의 사슴 그림 뒤에 쓴 제화시인 것이다.

이 시는 크게 네 단락으로 나눌 수 있다. 첫째 단락은 1∼10구로 성대중이 처음 정철조를 만났던 때를 회상하고 있는데, 두 사람이 만나자마자 의기투합하는 과정이 잘 드러난다. 두 번째 단락은 11∼20구인데, 정철조의 사슴 그림에 대하여 구체적으로 묘사하고 있다. 정철조는 특히 정밀한 그림에 뛰어나 정조의 초상화를 그린 인물이기도 하다. 그런만큼 가랑비가 내리는 풀밭에서 졸고 있는 사슴의 모습을 디테일하게 그려 내었으며, 성대중은 이에 감동하여 정철조의 그림 솜씨를 칭찬하며 감각적인 필치로 상쾌하게 그려 내고 있다. 셋째 단락은 21∼34구로 좌중의 손님들과 정철조의 그림을 돌려 보며 흥겨운 술자리를 이어 가고 있음을 서술하였다. 마지막 단락은 35∼46구로 정철조의 죽음을 듣고서 슬퍼하며 사슴 그림을 그리고 즐거워하던 때를 회상하였다. 이 시는 감각적인 필치로 정철조의 뛰어난 그림 솜씨를 잘 묘사한 수작으로, 청신하면서도 생동감 넘치는 사슴 그림을 통해 정철조의 죽음이 더욱 슬프게 느껴진다.

6. 실학적 사고의 전승과 활동의 의의

창녕 성씨 일가는 성완을 비롯하여 3세(世)가 사행을 체험하였다. 성대중의 종증조부 성완은 1682년 임술사행의 제술관으로 일본에서 시재(詩才)를 떨쳤으며, 사행 후에는 이탈리아 선교사 알레니(艾儒略)가 저술한『직방외기』를 열람하고 시의 소재로 활용하였다.『직방외기』는 정두원이 1631년 조선에 들여온 이후 실학자들이 많은 관심을 보이고 탐독하던 세계지리도지이다. 성완이 비교적 이른 시기에 마테오 리치와 서구의 존재에 대해 인식하고 있었음을 알 수 있다. 또 그는 승문원 제술관으로 재직하면서 중국과 일본·안남·유구·섬라 등 동아시아의 여러 나라에 대한 시를 두루 지었는데, 섬라 즉 지금의 태국에 대해서는 이국적 풍물과 지리적 위치를 구체적으로 묘사하였으며 선진 문물을 배우려는 의지에 대하여 긍정적으로 평가하기도 하였다.

성대중의 종조부 성몽량은 1719년 기해사행의 서기로 활약하였으며 귀국할 때 이등인재(伊藤仁齋)의 『동자문』을 들여왔다. 『동자문』은 조선에 최초로 전래된 일본 고학파(古學派)의 저서이며 조선 후기 학자들이 가장 많이 읽은 책 중의 하나이다. 성대중은 1763년 계미사행의 서기로 참여하여 『일본록』 2책을 기록하였다. 『일본록』은 계미사행에 함께 참여했던 문사들의 사행기록에 비해 분량이 소략하긴 하지만, 예수교와 마테오 리치, 녹운선, 『삼랑전』 등 『일본록』에서만 확인할 수 있는 주목할 만한 내용들이 있다.

성대중과 절친한 이규상(李奎象, 1727~1799)은 "사신으로 가는 자는 물론이요, 나처럼 문을 나서지 못한 이라 하더라도 앉아서 강호와 대판에 대해서 이야기할 수 있게 되었다."[69]라고 하며 『일본록』이 끼친 영향에 대해서 언급하였다. 이어 조선을 대표할 만한 사행록으로 강항(姜沆)의 『간양록(看羊錄)』과 신유한(申維翰)의 『해유록(海遊錄)』 및 성대중의 『일본록』을 뽑은 뒤, 이 3권의 책을 지리지와 함께 간행하여 사행하

---

69 李長載, 『靑丘稗說』, 「題成靑城日本錄」, "近世成靑城從東槎行, 述日本錄, 其山川道里及世代沿革, 著要於綱領, 末附申靑泉海遊錄節目, 遂詳於六十六州源平之迭主矣. 奉使者勿論, 雖如余不出戶者, 固將坐談於江戶大坂之際也."

는 이들의 지남철로 삼아 줄 것을 당부하였다. 성대중과의 친분을 의식한 발언이라 하더라도, 18세기 조선의 인물지인 『병세재언록(幷世諸彦錄)』을 저술한 이규상이 성대중의 『일본록』을 극찬한 사실을 통해, 『일본록』의 자료적 가치를 다시금 확인할 수 있다.[70]

이로써 성대중의 일본에 대한 폭넓은 지식과 정보의 수준을 가늠할 수 있는데, 여기에는 성완과 성몽량의 사행 체험을 통한 지식과 정보의 사전 체득이 큰 비중을 차지한 것으로 보인다. 성완과 성몽량에서 성대중으로 이어지는 창녕 성씨 일가의 사행 체험은 조선에 유일한 경우이다. 남다른 해외 체험의 결과, 이들은 조선 후기 지식인들에게 영향을 끼칠 만한 서적을 포착하고 그 중요성을 인지하여 조선에 최초로 들여오는 등 중국과 일본의 최신 학술서적을 수입하는 데 적극적이었다. 이는 무엇보다 세직(世職)으로서의 사행을 통해 마련된 국제적인 감각과 소양 및 다양한 지식정보에 기인해서일 터이다.

선세(先世)들로부터 성대중에게 전해진 일본에 대한 지식정보는 당시 성대중이 절친하게 지내던 이덕무와 유득공, 박제가 등 소위 연암그룹 문사들에게 전달되어 이들의 일본관을 재정립하도록 했을 뿐 아니라, 실학사상의 형성에도 일정하게 영향을 미쳤다. 이덕무를 비롯한 연암그룹 문사들은 일본을 방문한 적이 없음에도 일본의 학술과 사상, 문화, 문학, 문사들에 대한 많은 정보를 지니고 있었다. 이는 바로 연암그룹의 선배 문사로서 실제 사행을 다녀온 바 있으며 막역하게 지내던 원

---

70 앞의 글, "聞靑城言曰: '姜睡隱看羊錄, 一不爽於數百年物色, 幷持靑泉游海錄, 則日本如視掌云.' 此又靑城就人之善矣. 是三篇, 固不但爲一人之枕寶, 合刊於職方氏之圖籍, 畀後使者指南, 則卉服之驚服, 寧不如宋使之得書歟? 覽是書, 則雨森東源正之亦彼之豪傑士也, 不有是書, 亦何以傳其人於殊方也, 日本錄又不可無於彼邦也. 辛亥初春, 一夢翁題."

중거와 성대중으로부터 영향을 받은 것이다.

이덕무의 『청령국지(蜻蛉國志)』는 원중거의 『화국지』와 유사한 항목이 많다. 또 이덕무가 『청령국지』의 서문을 성대중에게 부탁한 사실을 앞서 살펴본 바 있다. 「겸가당아집도(蒹葭堂雅集圖)」에 대한 기록이 『이목구심서(耳目口心書)』에 수록되어 있다. 겸가당은 대판(大板) 상인인 목홍공(木弘恭)의 정자인데 성대중의 부탁으로 목홍공이 「겸가당아집도」를 그려 준 것이다. 이덕무는 바로 성대중에게서 「겸가당아집도」가 그려지게 된 상황을 전해 듣고 이에 대한 기록을 남긴 것이다.[71] 유득공은 원중거의 『화국지』를 인용하여 『고운당필기(古芸堂筆記)』, 「왜어왜자(倭語倭字)」를 기록하였다. 박제가는 『북학의(北學議)』, 「관론(官論)·녹제(祿制)」편에서 원중거의 일본에서의 일화를 인용하였다.[72] 이처럼 성대중과 원중거는 이덕무·유득공·박제가 등 연암그룹 문사들이 중국 중심에서 벗어나 일본으로 시야를 확장하는 데 중요한 역할을 담당하였다.

이들 외에도 성대중에게서 가장 많은 영향을 받은 인물 중 하나가 아들인 연경재(研經齋) 성해응이다. 그는 방대한 분량의 『연경재전집(研經齋全集)』을 저술했던바, 문집의 곳곳에서 부친으로부터 받은 영향을

---

71 李德懋, 『青莊館全書』 卷32, "蒹葭之集, 以文同也. 而其人各異志, 其道不同, 其能使洽然樂怡然適者, 豈徒以文而已哉? 盖異者易戾也, 世肅能諧之以和, 同者易沂也, 世肅能齊之以禮, 此蒹葭之所以集也. 世肅既禮且和, 以故交文儒韻士, 一鄉一國, 以至於四海, 無不揄揚伊人於蒹葭之上焉. 世肅之交, 不亦富乎. 乃今會朝鮮諸公之東至也, 如世肅者, 皆執謁館中, 諸公則悅世肅, 如舊相識, 及其將返, 龍淵成公, 請使世肅, 作蒹葭雅集圖, 同社者, 各題其末曰: '齊歸以爲萬里顔面.'云爾. 嗚呼! 成公之心, 與夫置身蒹葭之堂者, 豈有異哉. 則世肅之交, 一鄉一國, 以至四海固矣夫. 今何以得之異域萬里之外, 惟國家之待大賓, 可謂儼然重矣, 而至其私親之愉愉也, 顧與世肅輩爲之矣. 雖世肅之禮且和乎, 苟非國家所與, 其能如是乎. 余也文非其道, 然亦辱成公之視猶世肅也, 其感於異域萬里之交, 不能無鬱乎內, 而著乎外也, 作蒹葭雅集圖後序."

72 박채영(2009), 59~65면 참조.

확인하는 것은 어렵지 않다. 앞서 성대중이 강호와 대판에서 일본 유학자로부터 고학파 학자들의 교감학 업적과 그에 관한 현존 고서적에 대하여 정보를 전해 받은 사실을 살펴보았다.

성해응은 "왜인은 원래 가짜를 좋아한다. 최근에 또한 서적이 점점 많아짐에 따라 거짓도 심해졌다. 황간(黃侃)의 『논어의소』가 중국으로 전해진 일도 전혀 이상할 것이 없다. 『논어의소』 가운데 하안(何晏)의 문장과 다른 부분은 모두 날조이니 원류(源流)를 수수(授受)한다고 말할 수 있겠는가?"[73]라고 하여, 일본의 판본 교감학에서의 성과를 폄하하였다. 일본인들의 진실성에 대한 근본적인 회의로부터 일본 학자들에 대한 비난에 가까운 비판이다. 성해응은 한학(漢學)과 송학(宋學)을 합하여 그 요체를 잡음으로써 박문약례(博文約禮)할 것을 주장한 인물이다. 그는 한송의 겸장(兼掌)을 주장하였으며, 한유(漢儒)의 전문성과 수수(授受)의 확고함, 그리고 사승(師承)의 돈독함 등 한학의 장점에 대해 보다 높게 평가하였다.[74] 하지만 어맹(語孟)의 경우 주자의 주석에 근본하여 하안(何晏)과 조기(趙岐)의 주석을 보려고도 하였다.[75] 여기에서 『논어의소』의 진위 문제는 차치하고, 보다 중요한 것은 성해응이 이 책을 읽은 뒤 가짜라고 판명한 사실이다. 『논어의소』에 대한 정보원은 사행에서 일본 학자와 교유하고 일본 고학파의 저술을 구해 읽었으며, 이를 조선에 수입하려 한 부친 성대중임이 분명해 보이기 때문이다.[76]

---

73 成海應, 『研經齋全集』 續集 冊12, 「題倭本黃侃論語義疏後」, "倭人素好贗作, 近又書籍寖
    盛, 益滋其詐. 皇侃疏流傳海外者, 誠亦無怪. 彼與今何晏本異者, 皆偽撰也, 可謂之授受源
    流乎?"
74 이에 대한 자세한 것은, 손혜리(2011), 91~107면 참조.
75 함영대(2011), 400~401면 참조.
76 손혜리(2010a), 335~336면 참조.

성해응은 부친을 통해 일본의 학술과 서적뿐만 아니라 구황작물인 고구마의 존재와 효능에 대해서도 알게 되었다.[77] 고구마는 계미사행의 정사(正使) 조엄이 조선에 들여온 것이다. 성해응은 "우리나라는 본디 메벼가 넉넉하여 사람들은 아침저녁으로 밥을 장만할 수 있었으니, 이와 같지 않았다면 먹지 못하는 자가 비록 구황을 위해 고구마를 심었다 하더라도 사람들은 도리어 가벼이 여겼을 것이다. 작년에 큰 흉년이 들었는데 호남이 더욱 심하여 굶어 죽은 자가 이어졌는데도 고구마로 구제했다는 말은 듣지 못했으니, 저들이 힘써 다스리지 않았음을 짐작할 수 있을 뿐이다. 그들의 습속을 옮기는 것이 어찌 그리 어려운가? 지금 담파나(淡巴菰, 담배)도 일본의 종자이다. 임진년 때부터 통용되어 온 나라에 모두 적용되었고, 목면은 처음에는 민(閩) 땅에서 와서 겨우 전하여 심어져 지금은 크게 번성하였으니 습속이 옮긴 바이다. 사람들이 진실로 고구마를 담파나나 목면처럼 여겨 다스린다면 어찌 번식하지 않겠는가?"[78]라고 하여, 구황의 계책으로 고구마를 활용할 것을 강조하였다. 담배와 목면도 일본과 중국 등 외국에서 들여온 것이지만 지금은 온 나라에 두루 통용되듯이 고구마도 담배와 목면처럼 민생을 위하여 적극적으로 번식시켜야 함을 주장한 것이다. 성해응의 이용후생을 통한 실학적 사고가 여실히 드러난다.

이처럼 성대중은 선세(先世)와 그 자신의 사행 체험을 통하여 견문이

---

77 成海應, 『研經齋全集』 卷14, 「諸說」, "英廟癸未, 先君子入日本, 李七灘匡呂書托種諸法, 至對馬島佐須浦始得之, 卽所稱孝子芋也."

78 앞의 글, "東土素饒粳稻, 人得以朝夕具飯, 不如是則如不食者, 藷雖爲救荒而設, 人反輕之. 昨歲大歉, 湖南尤甚, 餓死者相續, 不聞以藷而得濟, 想彼不力治耳, 何其習俗之難移也. 今之淡巴菰, 卽亦倭種也. 自壬辰時得通, 遍國中而皆宜, 木綿始亦由閩而至, 僅傳種, 而今亦大盛, 俗之所趨也. 人苟視諸如淡巴菰木綿而治之, 寧渠不蕃哉."

成大中의 實學的 思考와 文藝活動 377

넓어지고 대외인식의 지평이 확장되었던바, 일본의 학술과 문학, 문물 등에 대한 새롭고 다양한 지식과 정보를 당시 절친하게 지내던 이덕무·유득공·박제가 등 연암그룹 문사들에게 전해 주었다. 이는 자연스럽게 연암그룹의 종장인 박지원에게도 전해졌을 것으로 보인다. 또 이규상을 비롯하여, 18세기 후반에서 19세기 초반에 활동했던 대표적인 실학자, 아들 성해응에게도 일본의 학술과 최신 서적 등에 대한 지식과 정보를 전해 준 사실을 확인하였다.

요컨대 성대중은 세직으로서의 사행을 통해 일본에 대한 많은 지식과 정보를 소유하고 있었으며, 선진 문물과 학술의 성과를 받아들이는 데 적극적이었다. 그리고 이를 후속 세대의 학자들에게 전달해 주어, 그들의 일본관 형성에 큰 영향을 끼쳤으며 실학사상의 형성에 일정한 역할을 하였다. 성대중은 남다른 국제적 감각과 소양을 갖추었으며 그 결과 실학적 사고를 견지하고 실용지학을 추구하여 몸소 실천한 인물이다. 그런 만큼 박지원이나 박제가처럼 강력한 어조로 현실을 비판하고 사회개혁에 대한 의지를 적극 피력한 것은 아니지만, 그를 18세기 실학자군(群)의 일원으로 자리매김해도 손색이 없을 듯하다.

參 考 文 獻

朴宗采, 『過庭錄』, 서울대 규장각한국학연구원 소장.

成大中, 『仙槎漫浪集』, 고려대 육당문고 소장.

_____, 『日本錄』, 고려대 육당문고 소장.

_____, 『靑城雜記』, 고려대 육당문고 소장.

_____, 『靑城集』, 『한국문집총간』 248, 민족문화추진회.

_____ 저, 김종태 외 옮김(2006), 국역 『청성잡기』, 민족문화추진회.

_____ 저, 홍학희 역(2006), 『부사산 비파호를 날듯이 건너』, 소명
　　　 출판.

成　琬, 『翠虛集』, 국립중앙도서관 소장.

成祐曾, 『茗山集』, 창녕 성씨 가장본.

成海應, 『硏經齋全集』, 『한국문집총간』 273~279, 민족문화추진회.

安鼎福, 『順菴集』, 『한국문집총간』 242, 민족문화추진회.

元重擧, 『和國志』, 서벽외사 해외수일본.

李德懋, 『靑莊館全書』, 『한국문집총간』 257~259, 민족문화추진회.

李長載, 『靑丘稗說』, 성균관대 존경각 소장.

任　埅, 『天倪錄』, 국립중앙도서관 소장.

鄭景淳, 『修井遺稿』, 국립중앙도서관 소장.

趙　曮, 『海槎日記』, 민족문화추진회.

『承政院日記』, 성균관대 존경각 소장.

瀧鶴臺, 『長門癸甲問槎』.

伊藤梅宇, 『備後叢書』.

김명호(1990), 『열하일기연구』, 창작과비평사.

김문식(1996), 『조선 후기 경학사상연구』, 일조각.

손혜리(2011), 『연경래 성해응 문학 연구』, 소명출판.

이가원(1965), 『연암소설연구』, 정음사.

임형택(1992), 『이조시대 서사시』 下, 창작과비평사.

정　민(2009), 『성대중 처세어록』, 푸르뫼.

후마 스스무 저, 정태섭 역(2010), 『연행사와 통신사』, 신서원.

新井白石(1968), 『折りたく柴の記』, 岩波文庫.

김　경(2011), 「이덕무의 『청성잡기』평어 연구」, 『동양한문학연구』 33, 동양한문학회.

김문식(2003), 「성대중의 가계와 교유 인물」, 『문헌과 해석』 22, 문헌과해석사.

김영진(2003), 「청성과 청장관의 교유, 『청성잡기』에 대하여」, 『문헌과 해석』 22, 문헌과해석사.

김준형(2009), 「『靑城雜記』를 통해 본 거지와 거지 이야기」, 『민족문학사연구』 40, 민족문학사학회.

김채식(2008), 「李圭景의 『五洲衍文長箋散稿』 硏究」, 성균관대 박사학위논문.

박소동(2006), 「국역 『청성잡기』 해제」, 민족문화추진회.

박채영(2009), 「玄川 元重擧의 通信社行錄 硏究」, 이화여대 석사학위논문.

손혜리(2000), 「성대중의 문학활동과 문학론」, 성균관대 석사학위논문.

＿＿＿＿(2003), 「『청성잡기』에 대한 일고찰-「성언」을 중심으로」, 『동방한문학연구』 24, 동방한문학회.

＿＿＿＿(2008), 「青城 成大中 記文 硏究」, 『한문학보』 18, 우리한문학회.

_____(2009), 「成琬의 『日東錄』 연구」, 『한국실학연구』 17, 한국실학
학회.

_____(2010a), 「成大中의 사행체험과 『日本錄』」, 『한문학보』 22, 우
리한문학회.

_____(2010b), 「成大中의 『仙槎漫浪集』 研究」, 『대동한문학』 33, 대
동한문학회.

송지원(2003), 「성대중이 묘사한 18세기 음악사회의 몇 가지 풍경」,
『문헌과 해석』 22, 문헌과해석사.

임형택(2000), 「實學者들의 日本觀과 實學」, 『실사구시의 한국학』, 창
작과비평사.

장유승(2003), 「청성 성대중의 친필 필사본 『임화정시집』」, 『문헌과
해석』 22, 문헌과해석사.

정 민(2000), 「『嬰處集』에 실린 成大中의 친필 서문」, 『문헌과 해석』
10, 문헌과해석사.

정재현(2001), 「청성 성대중의 산문집 연구」, 부산대 석사학위논문.

정홍모(2007), 「성대중의 삶과 그의 문학」, 『인문학연구』 3, 대진대
인문학연구소.

최경렬(2003), 「『청성잡기』연구」, 성균관대 석사학위논문.

하우봉(2007), 「조선 후기 실학과 일본근세 고학의 비교연구 시론」,
『18세기 한일문화교류의 양상』, 한국18세기학회.

함영대(2011), 「조선 후기 한일학술교류에 대한 일고찰」, 『한문학보』
24, 우리한문학회.

실학과 문학 연구는 재단법인 실시학사가 2011년에 2차 연도 연구총서를 기획하며 담헌(湛軒) 홍대용(洪大容)과 연암(燕巖) 박지원(朴趾源)에 이어 세 번째로 선정한 주제이다. 이 책에는 연암을 비롯하여 이덕무(李德懋), 유득공(柳得恭), 박제가(朴齊家)와 성대중(成大中) 등 5명의 인물을 다루고 있다. 담헌과 연암, 그리고 그들과 긴밀하게 교유하며 학문과 사상을 공유한 인물들을 2차 연도 연구에 함께 진행함으로써 이용후생파(利用厚生派)의 전체상을 조명해 보고자 한 것이다.

18세기 후반 서울의 도시적 분위기를 배경으로 신예의 지식층과 예술인들이 연암을 중심으로 모였는데, 특히 이덕무, 유득공, 박제가는 청년시절부터 동지적 우애를 나누며 북학의 열정을 공유하는 한편 왕성한 지적 욕구를 바탕으로 박물학(博物學)적 저작이나 소품문의 창작에 몰두하며 불우한 서족(庶族) 문사로서의 울분과 열정을 발산하였다. 이들의 재능은 마침내 정조의 문치(文治)주의에 견인되어 연행을 다녀오며 중국의 선진문물을 직접 체험할 수 있었고, 또 규장각 검서관으로 발탁되어 국가의 문헌편찬사업에 참여하며 실증실용의 학문을 성숙시킬 수 있었다. 이로써 당대 문인지식층 중 가장 선진적 위치에 섰던 이들은 각자의 특장과 취지에 따라 다양한 분야의 저술과 작품을 남겼다. 한편 문예 면에서 혁신을 추구한 연암을 중심으로 동인활동을 하며 문사로서 발신하였던 이들의 성취는 문예운동으로 나타나게 된다. 따라서 이들을 아우르는 연구의 초점을 문학예술에 두어 '실학파 문학 연구'라 칭하게 된 것이다.

여기에는 다섯 연구자의 논문이 수록되어 있다. 먼저 이지양은 연암의 인간관과 진정론(眞情論)의 연관관계를 규명하면서, 연암 문학의 특성이 기존의 성리학적 인식으로부터 이탈해 나간 과정을 다양한 관점에서 탐색하였다. 다음 이현우는 실학자로서는 다소 모호한 평가를 받아 온 이덕무에 대하여 경세실용(經世實用) 사상을 집중적으로 조명하며 그의 저작 속에 담겨 있는 이용후생의 실용정신과 창신과 개성을 추구한 문학관을 추출하여 실학파 문인으로서의 위상을 정립시키고자 하였다. 한편 이철희는 18세기 한중 지식인의 교류가 본격화되는 시대에 대응하여 유득공이 동아시아의 지식정보를 소통시키기 위해 모색한 문학적 변화의 양상을 규명하였고, 한영규는 고동서화(古董書畵)에 독자적 가치를 부여한 박제가의 심미세계와 서화를 제재로 한 시문학을 구체적으로 분석하여, 19세기 실사구시파(實事求是派)의 선하를 열어 놓은 박제가의 역할을 조명하였다. 끝으로, 앞서 다룬 연암그룹과는 다소 거리가 있는 성대중을 다룬 손혜리는 그의 실학적 사고와 연암그룹과의 교유관계를 조명하고 위의 네 사람들과는 달리 일본에 다녀와서 일본문화를 소개한 사실을 고찰하여 이용후생파로서의 위상을 규명하고자 하였다.

이상의 논문들은 각각의 인물들이 지닌 실학파 지식층으로서의 성격을 조명하면서 문예 방면에서의 특성을 고찰하는 데 초점을 맞추었다. 현실문제를 다룬 저작과 작품 이외의 대상에서 실학파 문학의 성격을 규명하기 위한 연구방법론을 고민하면서 기존 연구의 공백이나 문제점을 극복하기 위한 새로운 문제의식을 모색하고자 하였다.

위의 글을 쓴 연구진은 다른 총서의 연구진들과 달리 실시학사 고전문학연구회에서 오랜 기간 벽사 선생님을 모시고 강독 및 번역 작업을 수행해 온 회원으로 구성되었다. 그동안 축적해 온 고전문학에 대한 독해능력을 실제 논문에서 발휘하여 연구자 본연의 자세를 확립할 수 있도록 기회를 부여한 것이다. 뿐만 아니라 각 논문은 벽사 선생님의 각별한 관심과 지도 아래 이루어졌다. 제목과 목차는 물론 일부 연구자에게는 원고를 한 줄 한 줄 읽게 하여 용어나 문맥의 오류를 바로잡아 주셨고, 과잉된 의식이나 거친 마음이 드러나면 그 실상을 캐물으시며 엄정한 학문의 자세를 일깨워 주셨다. 제자의 미흡함을 자신의 책임으로 돌리시는 듯 노심초사하시는 모습을 보며 각 연구자들은 해이해진 정신을 반성하며 한층 더 매진하게 되었다. 이러한 스승의 가르침에 대해 각 연구자가 각고의 노력으로 얼마나 자신을 추동시켰는지는 이제 이 논문집을 통해 보여 줄 수밖에 없게 되었다. 그러나 이 연구에 참여한 모든 연구자들에게 이 한 편의 논문은 학자로서 자신을 재정립시키는 새로운 출발점이 되었으리라 생각한다.

2012년 4월 30일
집필진을 대표하여 이철희

부록

찾아보기

가

408

집필진(원고 게재 순)

이지양 · 연세대학교 국학연구원 연구교수
이현우 · 성균관대학교 강사
이철희 · 성균관대학교 강사
한영규 · 성균관대학교 인문과학연구소 학술연구교수
손혜리 · 성균관대학교 대동문화연구원 책임연구원

실시학사 실학연구총서 05

실학파 문학 연구

1판 1쇄 발행 2012년 6월 30일
1판 2쇄 발행 2013년 9월 30일

기획 | 재단법인 실시학사
집필진 | 이지양 · 이현우 · 이철희 · 한영규 · 손혜리

펴낸이 | 김준영
출판부장 | 박광민
편집 | 신철호 · 현상철 · 구남희
디자인 | 이민영
마케팅 | 박인봉 · 박정수
관리 | 조승현 · 김지현
외주디자인 | 김상보 · 고연
용지 | 화인페이퍼
출력 | 아이앤지프로세스
인쇄 · 제책 | 삼화인쇄

펴낸곳 | 성균관대학교 출판부 · 사람의무늬
등록 | 1975년 5월 21일 제1975-9호
주소 | 110-745 서울특별시 종로구 성균관로 25-2
전화 | 02)760-1252~4 팩스 | 02)762-7452
홈페이지 | http://press.skku.edu

ⓒ 2012, 재단법인 실시학사
ISBN 978-89-7986-928-6 94150
      978-89-7986-923-1 (세트)
값 25,000원